삼국사기 사서비교를 통한

# 삼한사의 재조명 3

## 三國前期移民史

김 상

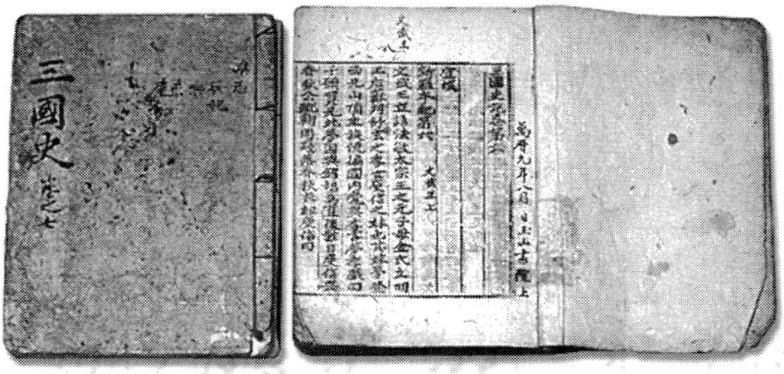


북스힐

# 序文

생물학에서 종이 소멸하는 가장 빠른 방법은 고립이라고 한다. 이것은 인간사회에도 그대로 적용된다. 섬에 갇혀 외부 유전자가 일정 정도 이상 들어오지 않으면 유전적으로도 안 좋은 형질들이 나타나기 쉽다. 한국사가 수천 년을 지속해오면서 소멸되지 않은 것은 지속적인 이민 때문이었다고 감히 말하고 싶다.

시대가 바뀌는 것은 역사의 주도세력이 바뀌기 때문이다. 중국사가 북방으로부터 끊임없이 새로운 기술을 가지고 들어온 사람들이 새로운 왕조를 세우며 발전해왔듯이, 삼국시대 한국사 역시 아시아대륙으로부터 끊임없이 새로운 기술을 가지고 들어온 사람들에 의하여 발전하였다. 일본고대사도 예외가 아니어서 한반도로부터 끊임없이 새로운 기술을 가지고 들어온 사람들에 의하여 성장했고 시대 구분도 당연히 이에 따른다.

많은 숫자의 이주민이 들어오거나 나가면 사회에 큰 혼란이 발생하는데 한국사가 이를 어떻게 극복했는지, 사용하는 말과 글이 다른 사람들이 들어왔을 때는 어떻게 적응하였는지, 이민자들은 어떤 문화를 가지고 들어와 한국사에 어떻게 기여했는지, 이민 나간 사람들이 다시 돌아올 때는 어떤 문제가 있었는지 등을 삼국사기 기록들을 토대로 다룰 것이다.

시대를 구분하는 기준은 사람마다 다르다. 하지만 나는 한국고대사를 BC 2세기 이전을 고조선시대, BC 1세기 이후를 삼국시대로 하여 크게 둘로 구분한다. 또한 삼국시대는 4세기 말~5세기 초에 고구려와 백제의 전쟁에 의하여 백제의 삼한 소국체제가 해체되는 시점을 경계로 이전을 전기, 이후를 후기로 구분한다. 이 책의 시간적 범위는 기본적으로 전기 삼국시대지만 사건의 연속성으로 인하여 그 앞뒤도 일부 다룬다.

사서의 정확성이라는 것은 몇 년 몇 월에 무슨 일이 있었다고 하면 당시에 실제로 그런 일이 있었는지를 검증하는 것이다. 누가 누구의 동생이요, 아들이요, 딸이요,... 같은 것들은 생물학적으로 전혀 무관한 사람들을 서로 엮어 지배층을 형성하는 과정을 의미하므로 혈연관계 기록은 이를 감안해야 한다.

학교 교육에서 4세기 이전의 삼국시대 전기사를 자세히 가르치지 않는데 여기에는 정말로 흥미로운 사건들이 많다. 이 책에서는 그 중에 이민을 중심으로 사건들을 뽑아 보았다. 여기서 이민이란 만주와 한반도로 들어오는 이민과 나가는 이민을 모두 포함한다. 이 책에서는 삼국시대 전기에 대륙으로부터의 이주가 우리 역사에 큰 영향을 끼진 사례 몇 가지를 뽑아 다루었다. 그리하여 '삼한사의 재조명(1)'의 부제는 '전기진왕시대연구', '삼한사의 재조명 2'의 부제는 '진왕제연구'인 반면에 '삼한사의 재조명 3'의 부제는 '삼국전기이민사'로 정했다. 동시에 이전 책들에서 오류라고 생각되는 것들을 정정하였다.

새로운 부제로 책을 써보려고 하니 책의 분량이 굉장히 많아져 이전 책들에 나온 내용은 가급적 쓰지 않고, 인용이 필요하면 각주 형태로 달기로 하였다. '네티즌과 함께 풀어보는 한국고대사의 수수

께끼(2001, 주류성)'는 『네티즌 고대사』로, '삼한사의 재조명(2004, 북스힐)'은 『재조명1』로, '삼한사의 재조명 2(2011, 북스힐)'는 『재조명2』로 단축형 제목을 써서 인용하였다.

따라서 앞의 책 3권을 읽지 않은 독자는 이 3권의 책을 가지고 함께 읽어야 한다. 그렇지 않으면 이해하기 어려운 이상한 내용으로 가득 찬 책이라고 느낄 것이다. 반면에 인터넷에서 내 글을 오랫동안 읽어온 사람에게는 오래전부터 들어온 지루한 이야기들일 것이다. 실제로 내용의 절반은 앞의 책들에서 한 이야기들이다. 단 다른 책에서도 쉽게 찾아볼 수 있는 내용은 가급적 배제하였다. 본문에 여러 질문들이 나오는데 인터넷에서 받은 질문들을 기반으로 만든 것이다.

삼국사기의 기본 구조는 백제사에 의하여 결정되었다. 396년과 477년의 2개의 연도에 대한 이해가 삼국사기 전기 기록을 이해하려면 꼭 필요하다. 일본서기에 대한 이해 역시 이 2개의 연도에 대한 이해가 선행되어야 한다. 이 2개의 연도는 삼국사기를 읽는 방법을 제시하는데 5세기 이전 삼국사기를 읽는 기본은 삼국사기에 나올 수 있는 기록과 나올 수 없는 기록을 구분하는 것이다. 이 2개의 연도로 인하여 삼국사기의 원본이 된 구삼국사를 집필할 당시 저자들 사이에 큰 논쟁이 있었을 것이다. 그 이유는 역사란 과거에 머물지 않고 미래에 국가가 나아갈 방향을 결정하기 때문이다. 그런 면에서 역사학이란 가장 미래지향적인 학문이다.

일본서기에 관해서는 이번에는 이전 책들과 다르게 동북아역사재단에서 나온 일본서기 번역본을 참조하였다. 일본서기는 5세기 중반 이전 기록의 사건 연도를 정확하게 읽는 것이 중요하다. 부록이 있는 내 일본서기 연표는 인터넷 공간에서 20년 동안 익명의 무수한 사람들에 의하여 검증된 것이다.

이 책에서는 이전과 다르게 한국고대사의 특급 사료인 광개토왕비문은 직접적으로 언급하지 않는 방식을 택했다. 그 이유는 당시 한·중·일 사료만 보아도 광개토왕비문의 내용을 대부분 추정할 수 있다는 것을 보이기 위함이다. 칠지도도 마찬가지인데 사료만 보아도 당시 입장에서 판단해보면 칼 표면에 어떤 글자가 새겨져 있을지 대부분 추정할 수 있다.

역사학이란 주관적 감정을 배제하고 철저히 객관적 사료에 의한 판단이 이루어져야 하는 학문이다. 하지만 누구나 이 세상에 발을 붙이고 살면서 선입견에 의해 길들여졌기 때문에 쉬운 것이 아니다. 동시에 역사책을 읽는 것은 마치 음악작품이나 미술작품을 감상하는 것과 비슷하다. 같은 작품이라도 듣거나 보는 사람마다 자신의 배경에 따라 그 감동의 정도가 다르기 때문이다.

이 책에서 기존의 주장들이 무엇이 맞고 무엇이 틀렸다고 일일이 지적하지 않는다. 대신 이 책을 읽는 독자들의 배경 지식이 일정 수준 이상이라고 보고 읽어보면서 스스로 비교하고 판단할 수 있게 하였다. 역사책인 만큼 漢字 사용을 피할 수 없으나 사용을 최소화하여 신세대도 읽기에 무리가 없도록 하였다.

역사학은 단순히 지나간 사료를 암기하는 것이 아니다. 합리적 사고가 바탕이 되어, 과학적으로 분석하고, 논리적으로 판단해야 한다. 사실 역사책뿐만 아니라 모든 책에 다 적용되는 말이다. 이 책도 마찬가지로 독자들이 냉정하게 읽고 객관적으로 판단하기를 권한다.

토론의 장을 만들어준 다음 카페의 여휘백제방 운영진과 역사사이트 히스토피아 운영진, 교정과 검토를 맡아주신 여러분들, 그리고 책이 나오도록 해주신 북스힐의 조승식 사장님께 깊은 감사의 말씀을 드린다.

2021년 1월

一道安士

# 차 례

# 1장

# 사료의 감상과 예측

## 1.1 후한서와 삼국지로 보는 미추홀의 위치

[질문자] 3세기 진왕이 도읍하던 소국을 삼국지는 월지국이라고 하고 후한서는 목지국이라고 하고 있습니다. 어느 쪽이 옳습니까?

· 삼국지: 大國萬餘家 小國數千家 總十餘萬戶 辰王治〈月支國〉°
· 후한서: 東西以海爲限 皆古之辰國也 馬韓最大 共立其種爲辰王都〈目支國〉

[一道安士] 선입견을 배제하여 게임을 공평하게 하도록 아예 사료의 글자가 동시에 마모되어 다음처럼 되어있다고 가정하고 판단하기로 하겠습니다.

· 삼국지: 大國萬餘家 小國數千家 總十餘萬戶 辰王治(1)□□國°
· 후한서: 東西以海爲限 皆古之辰國也 馬韓最大 共立其種爲辰王都(2)□□國.

삼국지 동이전의 삼한 80여소국은 오늘날 남한에서 기초 행정구역인 시/군의 기반이 되었다. 즉 2천년이 유지되었다는 것은 명칭의 신뢰성이 그만큼 높다는 뜻이다. 그 신뢰성은 삼국사기의 동일 지역 기록인 백제본기 및 신라본기와의 비교를 통해 더욱 확실히 알 수 있다.

### 마한 소국들 이름

1 爰襄國、원양국
2 牟水國、모수국, m–s
3 桑外國、상외국
4 小石索國、소석삭국
5 大石索國、대석삭국
6 優休牟涿國、우휴모탁국
7 臣濆沽國、신분고국

8 伯濟國、백제국
9 速盧不斯國、속노부사국(속로불사국)
10 日華國、일화국
11 古誕者國、고탄자국, k-ch
12 古離國、고리국
13 怒藍國、노남국
14 月支國、월지국, w-ch
15 咨離牟盧國、자리모노국
16 素謂乾國、소위건국
17 古爰國、고원국
18 莫盧國、막노국, m-n
19 卑離國、비리국
20 占離卑國、점리비국
21 臣釁國、신흔국
22 支侵國、지침국, j-ch
23 狗盧國、구노국
24 卑彌國、비미국
25 監奚卑離國、감해비리국
26 古蒲國、고포국
27 致利鞠國、치리국국
28 冉路國、염노국
29 兒林國、아림국
30 駟盧國、사노국
31 內卑離國、내비리국
32 感奚國、감해국

33 萬盧國、 만노국, m-n

34 辟卑離國、 벽비리국

35 臼斯烏旦國、 구사오단국

36 一離國、 일리국

37 不彌國、 부미국(불미국)

38 支半國、 지반국

39 狗素國、 구소국

40 捷盧國、 첩노국

41 牟盧卑離國、 모노비리국, m-b

42 臣蘇塗國、 신소도국

43 莫盧國、 막노국, m-n

44 古臘國、 고납국

45 臨素半國、 림소반국

46 臣雲新國、 신운신국

47 如來卑離國、 여내비리국

48 楚山塗卑離國、 초산도비리국

49 一難國、 일난국

50 狗奚國、 구해국

51 不雲國、 부운국

52 不斯濆邪國、 부사분사국(불사분사국)

53 爰池國、 원지국, w-ch

54 乾馬國、 건마국

55 楚離國, 초리국

## 변진한 소국들 이름

1 已柢國, 이저국, y-ch
2 不斯國, 부사국
3 弁辰彌離彌凍國, 변진미리미동국
4 弁辰接塗國, 변진접도국
5 勤耆國, 근기국
6 難彌離彌凍國, 난미리미동국
7 弁辰古資彌凍國, 변진고자미동국
8 弁辰古淳是國, 변진고순시국
9 冉奚國, 염해국
10 弁辰半路國, 변진반로국
11 弁樂奴國, 변악노국
12 軍彌國, 군미국
13 弁軍彌國, 변군미국
14 弁辰彌烏邪馬國, 변진미오사마국, m-s
15 如湛國, 여담국
16 弁辰甘路國, 변진감로국
17 戶路國, 호로국
18 州鮮國, 주선국
19 馬延國, 마연국, m-y
20 弁辰狗邪國, 변진구사국
21 弁辰走漕馬國, 변진주조마국
22 弁辰安邪國, 변진안사국
23 馬延國, 마연국, m-y
24 弁辰瀆盧國, 변진독로국

25 斯盧國, 사로국

26 優由(中)國, ~~우유국(우중국)~~

### 마한편

馬韓在西 其民土著 種植 知蠶桑 作綿布 各有長帥 大者自名爲臣智 其次爲邑借 散在山海間 無城郭.... [1]凡五十餘國 大國萬餘家 小國數千家 總十餘萬戶 辰王治□□國. [2]臣智 或加優呼 臣雲遣支報 安邪踧支濆 臣離兒不例 拘邪秦支 廉之號

### 변진한편

辰韓在馬韓之東 其耆老傳世.... [3]始有六國 稍分爲十二國 弁辰亦十二國 .... [4]弁辰韓合 二十四國 大國四五千家 小國六七百家 總四五萬戶 [5]其十二國屬辰王.

### 진왕의 출신과 즉위

[6]辰王常用馬韓人作之 世世相繼 辰王不得自立爲王

### 해설

[1] 마한은 변진한과 다르게 숫자를 직시하지 않고 그냥 50여국이라 했는데 이는 삼국사기와 일본서기로 확인할 수 있다. 당시 삼국사기 백제본기 고이왕조를 보면 백제는 신라를 제외하고는 더 이상 적이 없다. 삼한의 다른 지역은 진왕[1]에

1. 삼국지와 후한서의 辰王을 7세기 사서인 梁書, 北史, 晉書 등은 신라조에서 辰韓이나 辰韓王으로 쓰기도 하는데 이는 신라가 진한지역의 지배자로 흥기한 이후라 혼동을 일으킨 것이다.

게 이미 평정되었다.2.

마한이나 변진한이나 기본적으로 지명에 國자를 붙여 소국명이 만들어졌다. 따라서 어느 지역의 지명을 알 수 있으면, 그 지명 중의 하나에 國자를 붙여서 만들었을 것이므로 나라 이름을 추론하는 것이 가능하다.

후한서는 마한이 54국이라고 하는데 삼국지는 55국이라고 한다. 魏－高句麗 전쟁을 기준으로 후한서는 前이고 삼국지는 後인데, 다소 시간적 차이가 있음에도 불구하고 단 1국 차이밖에 안 난다. 그 동안 마한지역은 행정구역 개편이 별로 없었다는 것을 알 수 있다. 마한의 주류는 고구려와 마찬가지로 만주에서 남하한 부여인들이다. 따라서 백제를 부여의 별종이라고 한 것이나, 고구려를 마한이라고 한 것은 다 합리적 근거가 있다.

[2] 臣智는 한자로는 '신지'로 읽고 우리말로는 '엄지'(염지, 음지)라고 읽는데 대장이라는 뜻이다. 엄지손가락은 대장손가락이라는 의미다. 삼한을 방문한 위나라 관리는 臣을 중국과 전혀 다르게 발음하는 것이 인상적이었는지 '염(엄, 음)으로 발음한다(廉之號).'고 적었는데 이는 정확하다.

[3] 삼국지 동이전의 배경이 되는 3세기 중반을 보면 신라는 백제와 치열하게 싸우고 있다. 백제는 진왕세력인 마한의 핵심국가다. 따라서 신라는 변진한지역에 있었으나 진왕이 통치하는 진한에는 들어가지 않았다는 뜻이다.

---

2. 『재조명1』 제10장, 3 삼한체제의 확립시기, p. 191.

진한이 처음에는 6국이었는데 점차 나뉘어 12국이 되었다고 하는데(始有六國 稍分爲十二國) 이는 삼국사기에서 확인할 수 있다. 그 이유는 신라가 진한에 속했던 적이 있었기 때문이다. 유례이사금이 죽던 298년부터 前燕의 모용황이 고구려를 침략하는 343년까지 45년 동안 진왕의 변진한에 들어가 있었다. 왕력상으로 4세기 전반의 기림-흘해이사금의 시대다. 따라서 삼국지의 진한지역 분국 기록이 옳다면 이 시기에 신라도 분국이 일어나고, 그런 중요한 일이라면 그 흔적이 어디엔가 있을 가능성이 높다. 삼국사기 신라본기의 기림-흘해이사금조에서 국가 분할의 흔적을 찾아보자.

* 흘해이사금 21년(330); 처음으로 벽골지를 열었는데 그 둑의 길이가 1,800보였다 (始開碧骨池岸長一千八百步).

김제 벽골지는 고고학적으로도 4세기 전반에 축조되었다. 신라가 김제지역과 경주지역의 2국으로 분할되었다.[3] 여기서 분할이란 진왕이 정복한 나라의 백성들을 강제로 이주시켜 단행한 것임을 알 수 있다. 벽골지 축조가 수십년이 걸린 대공사임을 감안하면 신라는 298년에 진한에 들어간 직후에 분할되었을 것이다.

[4] 변진한 24국 국명이 믿을 만하다는 것도 삼국사기로 확인이 가능하다. 우선 국명을 보면 마연국이 2개 있는데 한반도에 비슷한 지명이 수두룩하기 때문에 자연스럽다. 마한과 변진한에도 부사국(불사국)이라는 겹치는 지명이 존재한다. 그런

3. 『재조명1』 제16장 신라의 진한시대, p. 311.

데 이 지명은 오늘날 마한지역이었던 전주와 변진한지역이었던 창녕부근에 존재하여 삼국지 기록의 신뢰성을 뒷받침한다. 전주의 전북대학교 축제가 비사벌 축제다.

변진한지역의 국명도 믿을 만하다. 삼국사기 신라본기 파사이사금조를 보면 이전에 신라가 만났던 변진한지역의 여러 소국들이 나온다. 가야가 대표적이고, 음집벌국, 실직곡국, 압독국, 비지국, 다벌국, 초팔국 등이다. 가야를 비롯하여 이들은 삼국사기에서 3세기 초까지 모두 사라진다. 그런데 변진한에 들어가게 되면 어떻게 되는가가 삼국사기 신라본기에 나온다.

※ 기림이사금 10년(307); 국호를 다시 신라로 변경하였다.

즉 국명을 변경하는 것이다. 삼국지를 보면 '군미국'과 '변군미국'이 각각 있어 서로 다르다는 것을 알 수 있다. 나라이름 자체를 변경하거나 나라 이름 앞에 '弁辰'자를 붙여 변경하는 것임을 알 수 있다. 물론 나라 이름을 정하는데 아무 이름이나 하지 않고 무엇인가 관계있는 것으로 했을 것이다. 따라서 변진한 소국 명에 신라가 만났으나 이미 변진한에 들어간 나라들 이름은 나와서는 안 된다. 국명을 비교해보면 당시 변진한에 들어가지 않은 사로국, 즉 신라를 제외하고는 하나도 안 겹쳐 삼국지와 삼국사기가 소국 명에 대하여 일치함을 알 수 있다.

왜 삼국지가 변진한을 마한과 다르게 24국이라고 못 박았는지를 알 수 있다. 진왕 휘하의 백제와 전쟁하던 신라는 변진한에 들어가지 않기 때문에 24국 밖에 있어야 하는데 세어보면 25번째에 있다. 따라서 옳다. 만일 사로국이 24번째 이내에 들어가면 기록이 틀린 것이다. 당시 신라인 사로국과 우유(중)국(울릉도 추정)만 제외하고 나머지 국가들은 모두 변진한에 들어가 있었던 것이다.

신라는 4세기 전반에 진한에 들어가는데, 만일 당시의 변진한 소국의 이름을 모두 적은 사료가 존재한다면 그때는 24국이라 하지 않고 마한처럼 간단히 '20여국이다.'라고 하여 신라를 별도로 구분하지 않았을 것이다.

[5] 3세기 초기 기록인 후한서는 변진한이 모두 진왕에 속한다고 기록한 것에 비하여 삼국지는 변진한 24국 중 절반인 12국이 진왕에 속한다고 했는데 이것도 삼국사기로 확인할 수 있다. 삼국지 한전의 배경은 고구려와 위의 전쟁 후 약 20년이 지난 260년대가 유력하다. 신라의 첨해~미추이사금 시대다. 이 시기에는 신라를 줄기차게 공격하던 倭가 더 이상 신라를 공격하지 않는다. 오히려 신라의 최고 권력자였던 석우로를 제거하여 미추이사금의 즉위를 돕는다.4.

- 동천왕 19년(245); 겨울 10월, 관구검이 환도성을 공격하여 함락시키고 백성들을 도륙하였다. 그리고 곧 장군 왕기를 보내 왕을 추격하였다. ... 겨울 10월, 군사를 출동시켜 신라 북쪽 변방을 침공하였다.5.

- 조분이사금 16년(245); 겨울 10월, 고구려가 북쪽 변경을 침범하자 우로가 군사를 이끌고 공격하다가 이기지 못하고 물러나 마두책을 수비하였다.

4. 『재조명1』 제14장 북방계 남하, p. 270

5. 모두 동천왕 19년인 245년임. 백제본기 고이왕조도 1년 틀림. 『재조명1』 제14장 북방계 남하, p. 270.

[6] 진왕은 마한인이 하며 스스로는 왕이 될 수 없다고 하였는데 이 풍습은 부여에서 온 것이다. 후한서의 '共立'이 무엇인지는 무령왕릉 지석과 일본서기에 나온다. 진왕은 즉위해도 공립되지 못하면 대외적으로 왕이 아니라 왕세자를 칭해야 했다.6.

삼국사기 백제본기는 마한지역 소국에 대하여 딱 한 나라를 언급하고 있다. 바로 비류가 미추홀에 세웠다는 국가다. 이 국가는 '東夷强國'이 되었다고 하였으므로 이 정도면 삼국지에 흔적을 남겼을 것이다. 단 비류가 국가를 건국할 때와 삼국지 동이전이 쓰인 시기와는 2백년 이상 시간차가 나기 때문에 국가 이름이 다소 변했을 가능성은 있다.

삼한 소국들의 명칭이 지명에 國자를 붙인 꼴이므로 비류가 미추홀에 세운 국가는 '미추국'이어야 한다. 또 그곳에 성이 있다면 '미추성'이어야 한다.7. 더욱이 변진한 소국들처럼 멸망한 것이 아니라 동이강국이 되었다고 하였으므로 국명을 바꾸지 않았을 것이다. 당시 삼한에서 동이강국이라면 진왕의 나라뿐이다.

시간이 지나면 모음은 잘 변하지만 자음은 잘 변하지 않는다. 거의 2천년이 지난 지금까지도 많은 소국들 지명이 비슷하게 남아있는 것을 볼 때, 2백년 이상 지났어도 '미추'의 자음인 m-ch 발음은 남아있을 가능성이 높다. 따라서 마한소국들 이름 중에서 발음이 m-ch로 되는 나라를 찾아보자.

---

6. 『재조명2』 제28장 진왕제의 기원, p. 3.

7. 『재조명1』 제23장, 2. 미추홀의 위치 비정, p. 443.

위의 마한 소국들을 보면 없다.

혹시 '진왕을 마한인이 한다.'는 삼국지 기록이 틀렸을 수도 있기 때문에 변진한 소국 이름 중에서도 m-ch로 발음되는 국가가 있는지 찾아보자. 위의 변진한 소국들 중에도 없다.

사서에는 誤字도 발생한다. 즉 기록하다 틀렸을 가능성도 있다. 그러면 둘 중에 하나만 일치하는 것, 즉 앞이 m이거나 뒤가 ch로 발음되는 나라 이름이 있는지 찾아보자. 한쪽만 발음이 일치하는 소국은 다음처럼 마한지역에 9개, 변진한지역에 4개, 합해서 13개가 있다.

**m과 ch중 발음이 하나만 일치하는 마한소국들**

2 牟水國、모수국, m-s
11 古誕者國、고탄자국, k-ch
14 月支國、월지국, w-ch
18 莫盧國、막노국, m-n
22 支侵國、지침국, j-ch
33 萬盧國、만노국, m-n
41 牟盧卑離國、모노비리국, m-b
43 莫盧國、막노국, m-n
53 爰池國、원지국, w-ch

**m과 ch중 발음이 하나만 일치하는 변진한 소국들**

1 已柢國, 이저국, y-ch
14 弁辰彌烏邪馬國, 변진미오사마국, m-s
19 馬延國, 마연국, m-y

23 馬延國, 마연국, m-y

이 나라들 이름을 잘 보자. 오자가 나기 쉬운, 즉 살짝만 고치면 m-ch로 발음되는 나라 있는지. 딱 하나가 있다. 마한 14번의 月支國이다. 만일 月자가 目자의 오자라면 발음이 m-ch로 삼국사기의 미추국과 딱 일치하게 된다. 더욱이 삼국사기 기록대로 월지국이 마한지역에 있어 신빙성이 높다. 그래서 (1)의 삼국지 기록에 들어갈 진왕의 치소는 月支國이 아닐까 상상해 본다.

후한서를 쓰면서 삼국지를 참조하였고 오자라고 생각되는 곳을 많이 고쳤다. 한전은 진왕 기록이 핵심인데, 월지국이 오자라면 후한서에서 이것을 목지국으로 고쳤을 것이다. 따라서 (2)의 후한서 기록에 들어갈 진왕의 치소는 目支國이 아닐까 상상해 본다.

## 1.2 비류와 온조의 분립

[질문자] 백제 시조 비류가 도읍하였다는 미추홀의 위치에 대하여 어느 쪽이 옳습니까?

· **삼국사기** : 仁州 (한강하류 인천)
· **삼국유사** : 今仁州 (아산만 인주)

백제를 건국한 비류와 온조가 낙랑과 말갈을 피하여 백성들을 이끌고 황해를 건너 상륙한 미추홀은 인천이 아니라 인주, 즉 삼국유사의 기록대로 충남과 경기의 경계부근인 지금의 아산만이다.[8]

---

8. 『재조명1』 제7장 백제의 건국, p. 131.

인천은 백제의 건국과 무관하다. 고고학적으로도 인천이 아니라 아산만 부근에서 당시 유물들이 나온다.

이후 두 사람은 갈라섰는데, 세력이 컸던 형 세력은 미추홀에 남아 해양국가를 건설했고, 세력이 작았던 동생 세력은 [그림 1.1]에서 북쪽으로 이동했다. 동생인 온조 세력은 천안의 직산 위례성(삼국유사)을 거쳐 점차 북상하여 최종적으로 한강 중류인 서울에 도읍했다. 이후 내륙국가를 건설했다가, 475년에 고구려 장수왕에게 패하여 왕(개로왕)이 죽고, 왜국에 가 있던 곤지의 도움을 받아 비류계의 거점이던 남쪽의 웅진으로 천도했다.[9]

이를 요약하면 민족 대이동기인 BC 1세기에 비류가 아산만 일대 미추홀에 미추국을 건국했다. 비류는 AD 9년에 마한으로부터 왕권을 탈취한 후 진왕(辰王=大王)이 되는데 서른 명의 왕이 약 7백년을

**그림 1.1** 1세기 초 비류와 온조 세력의 분립시 백제의 중심지.

9. 『재조명1』 제27장 후기진왕시대로의 전환, 5 곤지회상, p. 545.

영위했다. 미추국을 중심으로 주변의 마한과 변진한에 위치한 여러 나라를 합한 소국연합체체를 百濟라 불렀다. 삼국사기의 백제는 온조 세력이 북상하여 만든 나라로서 백제를 구성하던 삼한 소국들 중 마한지역인 한강유역에 위치했던 나라였다.

다음은 2013년 대전일보 기사를 인용한 것이다.

충남의 서북부권인 아산만과 삽교천(揷橋川) 유역은 고대사의 열쇠를 쥐고 있는 곳이다. 바로 이곳이 백제 이전의 충남, 마한문화권의 핵심이기 때문이다. 특히 삽교천 유역은 많은 토성과 지석묘, 선돌, 사찰 유허, 고분, 청동제 물품이 다수 출토된 곳이다.

이 삽교천을 중심으로 한 예산군 삽교읍 성리(城里)는 옛 지명이 '궁(宮)마루 · 宮牟婁' 또는 '목시'라고 불렸다. 눈 여겨 볼 점은 궁이 있었던 곳과 함께 '목시'라는 이름이다. 바로 마한 연맹체의 최상위 지배층이었던 목지국(目支國)과 무관하지 않다.

내포의 정체성을 더듬는 과정에서 삽교의 어원을 찾는 일이 소중한 것도 이런 이유다. 옛 지명(古地名)에서 '사(沙)'는 '새', '신(新)'과 동일하게 쓰였다. 향토사학자 박태신 선생은 '사읍'은 바로 '신읍(新邑)'이라고 설명했다. 새로운 도읍이라는 의미다. 그리고 '구읍(舊邑)'으로 '목시'라고 불렸던 성리를 지목했다. 성리에서 5 km 거슬러 올라가면 금마천(金馬川)이 흐르는데 바로 이곳이 마한 목지국의 원류라는 것이다. 박 선생은 "한국의 면단위 행정구역 가운데 삽(揷)이라는 문자를 쓰는 곳은 예산이 유일하다"며 "우랄알타이어계에서 ㅅ, ㅈ, ㅊ은 공용되는 음이라는 점에서 삽, 잡, 찹 등의 음을 가진 지명을 찾아봤지만 단 한 곳도 나오지 않았다"고 말했다.

삽교뿐만이 아니다. 아직 삽교읍 일원에는 의미 있는 유적과 지명이 너무 많다. 삽교읍 수촌리의 '원반챙이' 마을과 2리의 '안다락미', 홍성군 홍북면 용산리의 '밖다락미' 등이 그렇다. 원반챙이 마을에는 넓은 평지토성과 선돌을 이용해 만든 큰 석불과 고인돌이 발견되고, 안다락미와

밖다락미 두 곳에서는 '능(陵)미'라는 거대한 분묘 3-4기가 남아있다. 이 지역에서 백제 이전의 토기 파편이 다수 발견되는 것은 의미가 있다.

— 대전일보, 2013.04.02

목지국이 최종적으로 웅진에 도읍했음은 삼국사기로 알 수 있다.

- 문주왕 원년(475); 겨울 10월, 수도를 웅진으로 옮겼다.
- 문주왕 3년(477); 봄 2월, 궁궐을 수리하였다.

새로 수도를 건설하고 궁궐을 짓는 데는 수년 이상 걸린다. 그런데 국가가 전쟁에서 패망하여 천도하는데 수도를 새로 건설하고 궁궐을 지을 자금이나 인력이 있을 리 없다. 문주왕이 475년에 하필 웅진으로 천도한 이유는 그곳이 과거 목지국의 수도로서 폐허가 된 목지국 궁궐이 있었기 때문이었다. 따라서 비상시국을 당하여 이전 궁궐을 수리하여 쓰기로 한 것이다.

온조가 위례에 건국한 백제는 최종적으로 한성에 도읍하므로 이를 한성백제라고 부르겠다. 반면에 비류가 미추홀에 건국한 백제는 최종적으로 웅진에 도읍하므로 이를 웅진백제라 부르겠다. 웅진백제를 비류백제, 삼한백제, 진왕백제, 목지국백제, 구태백제 등으로 부르기도 한다.

결과적으로 웅진백제란 2가지 개념이다. (1)비류에 의해 건국되어 396년 9월에 응신에 의해 왜국으로 천도하기 전까지의 목지국과, (2)목지국이 응략 때 다시 한반도로 천도하는 477년부터 성왕이 538년에 사비로 천도하기 전까지의 백제다.

## 1.3 발해만 이주민의 아산만 상륙

중국의 秦漢 교체기의 대혼란과 고조선 멸망으로 인하여 BC 2세기부터 중국 북부, 발해만, 만주 등지로부터 한반도로 민족 대이동이 벌어진다. 육로로 들어온 집단도 있고 해로로 들어온 집단도 있는데 발해만에서는 주로 해로로 들어왔다고 보고 있다. 당시는 육로가 아직 개척되지 않아 대규모 인원이 이주하기에는 해로가 더 적합하였다.

평야가 많아 생산력이 높았던 한반도 서부 마한지역은 가장 선호되던 지역으로 이민시대의 비교적 초창기에 강력한 세력들이 몰려왔다. 마한지역에는 압록강을 건너 육로로 이주한 집단도 있었고, 발해만에서 선단을 이용하여 이주한 집단도 있었다. 백제의 이주 역시 부여에서 발해만을 거쳐 해로를 이용하여 마한지역으로 온 여러 이주민들 집단 중에 하나였다.

BC 3세기부터 고조선 지역인 발해만에서 한반도 서부로의 선단을 통한 대규모 이주가 있었는데 이들이 상륙하던 주요 항구가 아산만이라는 임영진의 연구가 있어 요약하여 소개한다.[10] ▸ 이하는 필자의 설명이다.

1. "고조선 준왕이 망명하였을 때의 한은 비파형동검으로 대표되었던 청동기사회가 세형동검과 철기를 사용하는 새로운 사회로 발전해 나가고 있었다."

   ▸ BC 194년에 북경지역 이주민이었던 위만에게 왕권을 빼긴 준왕이 대동강의 평양으로 천도한 사건이다.

---

10. http://www.kwangju.co.kr/article.php?aid=1579014000687301310

2. "마한은 발해만 일대 고조선인의 디아스포라에 의해 성립되었던 것이다."

▶ 한반도 서부인 마한지역 이주민의 주류는 발해만에 살던 고조선 유민들이다. 삼국사기 신라본기 혁거세조에 서라벌국이 마한지역인 한강유역에 내려와 보니 조선 유민들이 흩어져 살고 있었다는 증언과 일치한다.

3. "이때 고조선은 평양으로 도읍을 옮겼을 가능성이 높은데, 일부 주민들은 배를 타고 남하하여 아산만 지역을 중심으로 정착하기 시작하였던 것으로 보인다. 충남 아산 남성리와 예산 동서리 유적이 대표적인데 요령지역 고조선 유적과 상통한다. 광주·전남지역에서는 화순 대곡리나 함평 초포리 유적이 초기에 속하는데 아산만지역보다 약간 늦은 기원전 2세기에 해당한다."

▶ 준왕이 평양으로 천도한 후 약 백년이 지나 고조선이 완전히 멸망하고 그 유민들이 다시 평양으로 몰려온다.

4. "마한의 성립 시기는 기원전 3세기 초이고, 성립 지역은 아산만 일대였으며, 성립 배경은 발해만 지역의 고조선이 연나라 (진개의) 침략을 받은 역사적 사건과 관련되어 있다. 당시 고조선인들의 선택은 다양하였으며, 일부는 바닷길을 따라 서남지역으로 이주하여 청동기인들을 규합하면서 새로운 사회를 만들어 나갔다."

▶ 발해만으로부터의 이주와 마한의 성립은 다르다. 마한은 BC 2세기에 준왕이 대동강유역 평양에 도읍하며 시작되었고, "고구려=마한"설이 여기서 나왔다고 생각한다.

편의상 부여에서 내려와 고조선에 살다가 한반도로 들어온 집단은 고조선인, 부여에서 고조선을 거치지 않고 바로 한반도로 들어온 집단은 부여인으로 구분하기로 한다. 위의 내용에 따르면 아산만은 발해만에서 배를 타고, 한반도 서북부를 거치지 않고, 바로 한반도 중부 이남의 마한지역으로 들어오던 대표적인 장소였다.11. 백제 역시 발해만에서 왔는데 그들은 고조선 유민이 아니라 부여에서 왕권 다툼에서 밀린 집단이었다.

결론적으로 요서에 살던 고조선 유민들과 부여인들이 육로로 한반도 북부로 들어와 낙랑국을 건국하기도 하고, 해로로 한반도 중남부로 들어와 마한을 구성하기도 했다는 뜻이다. 반면에 요동에 살던 辰國 유민들은 대부분 육로로 한반도에 들어와 변진한을 구성하게 되었다.

유럽에서 로마가 지중해를 중심으로 국가를 발전시키던 시기에 동아시아에서도 유사한 일이 벌어졌는데, 황해를 중심으로 발전한 백제의 등장이 그것이다. 황해는 지중해보다 좁다. 우리는 해방 후에 냉전체제와 분단상황에서 황해를 보기 때문에 해양교류가 어려운 것처럼 느끼나, 통일되면 서해안에서 개인 요트를 타고 대련으로, 천진으로, 연태로 여행가는 날이 올 것이다.

## 1.4 일본서기 신공황후 52년조 읽기

역사공부는 사료비판으로부터 시작한다. 기록이 어디까지가 사실인지를 알아야 그것을 바탕으로 정확한 당시의 모습을 재구성해볼 수 있기 때문이다. 사료비판이 가장 필요한 역사책인 일본서기에서 기사를 하나 골랐다. 칠지도가 나오는 유명한 신공 52년조 기록인

---

11. 『재조명1』 제7장 백제의 건국, 1 요서와 한반도 중서부의 삼족기, p. 131.

데 어느 기록을 신뢰하고 어느 기록을 신뢰할 수 없을까? 그 판단 기준은 무엇일까?

(1) 五十二年 秋九月 丁卯朔 丙子 (신공황후 52년, 가을 9월, 정묘삭 병자(10일)에)

(2) <久氐>等從<千熊長彦>詣之 ( (백제인) 구저 등이 (왜인) 천웅장언을 따라왔다.)

(3) 則獻七枝刀一口·七子鏡一面 及種種重寶 (칠지도 한 자루와 칠자경 한 개, 그리고 여러 가지 귀중한 보물을 바쳤다.)

(4) 仍啓曰 臣國以西有水 源出自谷那鐵山 其邈七日行 之不及 當飮是水 便取是山鐵 以永奉聖朝 (그리고 "신의 나라 서쪽에 강이 있는데, 그 수원은 곡나철산입니다. 너무 멀어서 7일 동안 가도 이를 수가 없습니다. 그 물을 마시다가 문득 그 산의 철을 얻으니 영원토록 성조에 바치고자 합니다."라고 아뢰었다.)

(5) 乃謂孫枕流王曰 今我所通 海東貴國 是天所啓. 是以 垂天恩 割海西而賜我. 由是 國基永固 汝當善脩和好 聚斂土物 奉貢不絶 雖死何恨 (이에 (백제왕이) 손자 침류왕에게 일러 말하기를 "지금 내가 교류하고 있는 바다 동쪽의 귀국은 하늘이 계시하여 세운 나라이다. 그러므로 천은을 베풀어 바다 서쪽을 나누어 나에게 주니, 나라의 기틀이 영원히 견고해졌다. 너도 마땅히 우호를 잘 닦아 토물을 모아 공물을 끊임없이 친다면 죽어도 무슨 한이 남겠느냐?"라고 일러두었다.)

(6) 自是後 每年相續朝貢焉 (이후로 매년 끊임없이 조공하였다.)

(7) 신공황후 55년, 百濟肖古王薨 (백제 초고왕이 죽었다.)

(8) 신공황후 56년, 百濟王子貴須立爲王 (백제 왕자 귀수가 왕위에 올랐다.)

어떻게 사료를 읽고 판단해야 하는지에 관해서 이제부터 하나씩 살펴보자.

[1] 여기서 가장 신뢰할만한 기록은 <가을 9월>이다. 일본서기는 해는 자주 속여도 달은 잘 속이지 않기 때문이다. 일본서기 달의 정확성은 삼국사기 등을 통하여 여러 번 검증되었다.

[2] 구저나 천웅장언은 다른 사료에는 안 나오고 일본서기에서도 신공조에만 나온다. 구저는 백제인으로 46년~52년조 사이에만 나오고, 천웅장언은 왜인으로 47년~52년조 사이에만 나온다. 이는 후대의 인물 이름을 가져다 대치한다거나 하지 않았다는 뜻이다. 따라서 이 기록은 신뢰할 수 있다.

[3] 물건은 잘 속이지 않는다. 더구나 개수까지 나온다. 개수도 과장을 위하여 부풀린 것이 없는 각 1개씩이다. 따라서 백제에서 왜국으로 칠지도와 칠자경이 갔다는 것은 신뢰성이 높다. 이 구절의 '바쳤다(則獻)'에 대하여 하사했느냐 바쳤느냐를 가지고 싸운다면 둘 다 바보다.

[4] "... 곡나철산입니다." 까지만 있으면 믿기 어렵다. 그런데 뒤에 7일을 간다는 것과 물맛을 보고 철산지를 찾는다는(물맛을 보고 철산지를 찾는 것은 고대의 철광 찾는 방법임.) 것이 맞기 때문에 신뢰성이 높다. 곡나철산은 황해도 내륙인데, 실제로 철산지가 있으며, 금강유역에서 가는데 7일 걸린다.

신공조에는 중부 이하 한반도 지명들이 여럿 나오지만, 한강유역 지명은 단 하나도 안 나온다. '아! 그러면 한강유역 기록인 삼국사기 백제본기에는 안 나오겠구나.' 하고 판단할 수 있다. 안 나와야 삼국사기와 일본서기가 일치하는 것이기 때문이다.

[5] 지명도 없고, 물건 이름도 없고, 전쟁 같은 사건도 없다. 왕

명인 침류왕 외에 인명도 안 나온다. 즉 조작이 용이한 기록이다. 이 기록은 일본서기 원사료에는 없던 기록으로 훗날 어떤 정치적 목적을 가지고 첨가된 것으로 보아야 한다. 따라서 이 기록은 버린다.

[6] 매년 끊임없이 조공했다고 했는데, 몇 월 달에 했는지, 누구를 보냈는지, 무슨 물건을 조공했는지,.. 하나도 없다. 따라서 버린다.

일본서기는 8세기에 초판이 나왔지만 현존하는 가장 오래된 것은 임진왜란이 있던 16세기 본이고, 본마다 내용이 상당히 다르다. 8세기 이후 계속 고쳐 써졌는데 주로 천황가의 위신을 높일 필요가 있을 때마다 기록에 손을 댔다고 한다. 그러면 주로 한반도 관련 기록이다. 반면에 원본 그대로 남아있는 것은 한반도와 무관한 기록들일 가능성이 크다.

[7] 백제 초고왕이 죽어 왜국에 무슨 일이 있었는가? 아무 관련도 없는 외국 기록이다. 당대의 기록이지만 일본서기 편집진이 기년 조작이라는 목적을 가지고 집어넣은 것이다. 따라서 고대 일본사 연구와 무관하므로 버린다.

[8] 위의 [7]과 동일하다. 버린다.

이를 요약하면 [5]-[8]은 버리고 [1]-[4]만으로 역사를 해석해야 오류가 발생할 가능성이 줄어든다는 것이다. 대개 이런 방식인데 이것은 일본서기에만 해당되는 것이 아니고 모든 사료를 읽을 때 동일하게 적용된다.

만일 어떤 사람이 삼국지에 나오므로 맞는다고 한다면 이는 역사학을 포기한 것이다. 삼국지건 사국지건 다 사람이 쓴 것으로 하나씩 확인해보고, 합리적인 기록일 때 역사판단의 자료가 되는 것이다. 따라서 어느 사료든 기록이 맞는지 틀리는지를 먼저 검사하고 그에 따라 역사를 해석해야 한다.

> **[복습문제]** [4]의 곡나철산 기록은 이후 대방지역(황해도)에 왜인이 얼씬 거렸다는 뜻이다. 과연 이 기록이 사실인지를 확인하려면 대방지역에 왜가 나오는 중국 사서의 기록의 있는지를 찾아보아야 한다. 해당 부분을 찾아라.
>
> * 힌트: 삼국지 동이전에 나온다.

## 1.5 칠지도 글자 예측

일본서기 신공황후 52년조에는 백제에서 가지가 7개인 칠지도라는 칼을 보내왔다고 한다. 그 이유는 3년 전인 신공 49년도 3월에 백제가 가야 7국을 정발하는데 왜국이 군사를 보내 도와주었기 때문이다. 그리고 백제에게 정복된 가야 7국의 이름까지 죽 적어놓았는데 여기에 대가야(가라)와 금관가야(남가라)도 있다.

- 신공 49년; 봄 3월, ... 비자발(比自炑), 남가라(南加羅)[12], 탁국(喙國)[13], 안라(安羅), 다라(多羅), 탁순(卓淳), 가라(加羅)[14]의 7국을 평정하였다.

- 일본서기

---

12. 김해의 금관가야.
13. 글자가 불확실하여 '연국'으로 읽는 경우도 있다.
14. 고령의 대가야

이때 신라도 군대를 보내 가야를 도와 탁순국 등지에서 가야-신라 연합군이 백제-왜 연합군과 싸웠다고 한다. 전쟁의 결과 가야-신라 연합군이 져서 가야는 망했으나 신라는 망하지 않았다고 한다.

우리는 이게 사실인지 궁금하다. 우선 정말로 가야가 중간에 한 번 망한 적이 있는지, 망했다면 실제로 7국이 망한 것인지, 아니면 1, 2국이 망한 것을 부풀린 것인지, 3월에 망했다고 하는데 이게 사실인지, 진짜로 이 전쟁에 신라가 참전했는지, 일본서기의 신라가 삼국사기의 신라인지, 신라는 안 망했다고 하는데 이것이 사실인지, ... 다 궁금하다.

신공 52년조에 나오는 칠지도가 만일 발굴된다면, 그리고 칼 표면에 글자가 새겨져 있다면 거기에 어떤 글자가 나올까? 사서만으로 한 번 예측해보자.

### 가. 기년 예측

후한시대 칼들을 보면 칼 표면에 칼을 만든 해의 기년이 적혀있는 경우가 허다하다. 따라서 칠지도에도 만든 해의 기년이 나올 가능성이 크다.

삼국사기를 한 번 보자. 망한 나라들 중에 삼국사기에 나오는 남가야(금관가야)가 있으니 가야사를 검토하여 중간에 긴 기록 공백이 있는지를 확인하면 된다. 나라가 중간에 망했으면, 그리고 기록이 정확하다면 반드시 그 기간에 해당하는 기록 공백이 있어야하기 때문이다.

삼국사기에서 가야가 나오는 것은 신라본기이므로 신라본기에서 가야 기록을 모두 뽑아본다.

(1) 탈해 21년(77); 秋八月, 阿湌吉門與<加耶>兵 戰於黃山津口 獲一千餘級 以吉門爲波珍湌賞功也

(2) 파사 15년(94); 春二月, <加耶>賊圍馬頭城 遣阿湌吉元 將騎一千擊走之

(3) 파사 17년(96); 秋九月, <加耶>人襲南鄙 遣加城主長世 拒之 爲賊所殺 王怒 率勇士五千 出戰敗之 虜獲甚多

(4) 파사 18년(97); 春正月, 擧兵 欲伐<加耶> 其國主遣使請罪 乃止

(5) 파사 23년(102); 秋八月, 音汁伐國與悉直谷國爭疆 詣王請決 王難之謂 <金官國>首露王 年老 多智識 召問之 首露立議 以所爭之地 屬音汁伐國 於是 王命六部 會饗首露王 五部皆以伊湌爲主 唯漢祇部 以位卑者主之 首露怒 命奴耽下里 殺漢祇部主保齊而歸 奴逃依音汁伐主陀鄒干家 王使人索其奴 陁鄒不送 王怒 以兵伐音汁伐國 其主與衆自降 悉直-押督二國王來降

(6) 파사 27년(106); 秋八月, 命馬頭城主 伐<加耶>

(7) 지마 4년(115); 春二月, <加耶>寇南邊 秋七月 親征加耶 帥步騎度黃山河 加耶人伏兵林薄 以待之 王不覺直前 伏發圍數重 王揮軍奮擊 決圍而退

(8) 지마 5년(116); 秋八月, 遣將侵<加耶> 王帥精兵一萬 以繼之 <加耶>嬰城固守 會久雨 乃還

(9) 내해 6년(201); 春二月, <加耶>國請和

(10) 내해 14년(209); 秋七月, 浦上八國 謀侵<加羅>(加羅 勿稽子傳皆作阿羅) <加羅>王子來請救 王命太子于老 與伊伐湌利音 將六部兵 往救之 擊殺八國將軍 奪所虜六千人 還之

(11) 내해 17년(212); 春三月, <加耶>送王子爲質 - **전기가야 마지막 기사**

**- 기록 공백기 268년 -**

(12) 소지 3년(481); 春三月, 高句麗與靺鞨入北邊 取狐鳴等七城 又進軍於

彌秩夫 我軍與百濟 <加耶> 援兵 分道禦之 賊敗退 追擊破之泥河西 斬首千餘級 – **후기가야 첫 번째 기사**

(13) 소지 18년(496); 春二月, <加耶>國送百雉 尾長五尺

(14) 법흥 9년(522); 春三月, <加耶>國王遣使請婚 王以伊湌比助夫之妹送之

(15) 법흥 11년(524); 秋九月, 王出巡南境拓地 <加耶>國王來會

(16) 법흥 19년(532); **(달이 없음)** <金官國>主金仇亥 與妃及三子 長曰奴宗 仲曰武德 季曰武力 以國帑寶物來降 王禮待之 授位上等 以本國爲食邑 子武力仕至角干

(17) 진흥 12년(551); 春三月, 王巡守次娘城 聞于勒及其弟子尼文知音樂 特喚之 王駐河臨宮 令奏其樂 二人各製新歌奏之 先是 <加耶>國嘉悉王 製十二弦琴 以象十二月之律 乃命于勒製其曲 及其國亂 操樂器投我 其樂名加耶琴 王命居柒夫等 侵高句麗 乘勝取十郡

(18) 진흥 23년(562); 秋九月, <加耶>叛 王命異斯夫討之 斯多含副之 斯多含領五千騎 先馳入栴檀門 立白旗 城中恐懼 不知所爲 異斯夫引兵臨之 一時盡降 論功 斯多含爲最 王賞以良田及所虜二百口 斯多含三讓 王强之 乃受其生口 放爲良人 田分與戰士 國人美之

가야사 중간에 268년의 공백기가 있어서 한 때 남가야가 토벌되어 망했다는 일본서기의 기록이 합당하다는 것을 알 수 있다. 따라서 가야가 중간에 망했고, 그 시기는 공백기 마지막 기록이 나오는 내해이사금 17년 직후여야 한다. 더욱이 이 시기가 신빙성이 높은 것은 이 무렵에 가야가 (10)포상팔국의 공격을 받는 등 약해지고 있기 때문이다.

일본서기 기록대로 신라가 가야를 도와 이 전쟁에 참전하였다면, 백제가 한 나라를 정복하고 이동하고, 또 다음 나라를 정복하고 이동하고, ... 7국을 정복하려면, 1국당 5일만 잡아도 35일로 2달이 소요된다. 이 정도 전쟁이면 신라본기에 어떤 형식으로건 흔적이 있을 가능성이 높다. 물론 신공 49년조의 신라가 삼국사기의 신라인 경우에 한해서다.

일본서기 기록대로 3월에 일곱 나라가 망했다면 신라본기를 펴고 가야 기록이 끝나는 직후의 기록에서 신라군이 2~3월에 출병한 기록이 있는지를 찾는다. 그리고 신라군이 지금의 창원부근인 탁순국에서 전투가 있었고, 가야쪽으로 출병했으므로, 출병 방향은 경주에서 볼 때 서남쪽이 되어야 한다. 혹시 서남쪽으로 출병한 기록이 있는지를 찾는다. 신라는 전투에서 안 망하고 살아남았으므로 혹시 신라를 구한 영웅에 대한 흔적이 있는지를 찾는다. 신라본기 내해이사금조의 가야가 사라진 다음 기록인 19년조부터 본다.

(1) 내해 17년; 春三月, 加耶送王子爲質. 夏五月, 大雨, 漂毁民屋. : 전기 가야 마지막 기록

(2) 내해 19년; 春三月, 大風折木. 秋七月, 百濟來攻國西<腰車城>, 殺城主<薛夫>. 王命伊伐湌<利音>, 率精兵六千伐百濟, 破<沙峴城>. 冬十二月, 雷.

(3) 내해 23년; 秋七月, 武庫兵物自出. 百濟人來國圍<獐山城>, 王親率兵出擊走之.

(4) 내해 25년; 春三月, 伊伐湌<利音>卒. 以<忠萱>爲伊伐湌, 兼知兵馬事. 秋七月, 大閱<楊山>西.

(5) 내해 27년; 夏四月, 雹傷菽麥 <南新縣>人死 歷月復活. 冬十月, 百濟兵入<牛頭州> 伊伐湌<忠萱>將兵拒之. 至<熊谷> 爲賊所敗 單騎而返. 貶爲鎭主, 以<連珍>爲伊伐湌 兼知兵馬事.

(6) 내해 29년; 秋七月, 伊伐湌<連珍>與百濟戰 <烽山>下破之 殺獲一千餘級. 八月, 築<烽山城>.

(7) 내해 31년; 春 不雨, 至秋七月乃雨 民飢 發倉廩賑給. 冬十月, 錄內外獄囚 原輕罪.

(8) 내해 32년; 春二月, 巡狩<西南>郡邑, 三月, 還. 拜波珍飡<康萱>爲伊飡.

(9) 내해 34년; 夏四月, 蛇鳴南庫三日. 秋九月, 地震. 冬十月, 大雪深五尺.

(10) 내해 35년; 春三月, 王薨.

저 신라본기 기록들 중에 앞에서 말한 조건을 하나라도 만족하는 조건이 있는가? (8) 내해 32년조의 기록을 다시 본다.

신라왕이 군대를 이끌고 2월에 가서 3월에 왔으니 일본서기와 달이 일치한다. 따라서 일곱 나라가 멸망한 것이 정확할 가능성이 크다. 출병 방향이 서남쪽으로 일본서기와 일치한다. 이 직후 강훤이 이찬으로 승진하고 있는데 승진 이유는 앞의 2~3월의 출병과 관련이 있다고 보아야 합당하다.

신공 49년에 전쟁이 끝나고 3년 후에 칠지도가 왔다고 한다. 내해 32년이 227년이나 3년을 더하면 230년이다. 외교에서는 가장 일반적으로 통용되는 연호를 쓴다. 우리가 서기 쓰는 것이나 마찬가지다. 당시 동아시아에서 가장 큰 나라는 魏다. 위나라의 230년 연호를 찾아보면 魏 明帝 泰和(또는 太和)4년이다. 따라서 만일 그 칠지도가 발견된다면 그 칼에는 다음과 같은 연호가 적혀있을 가능성이 높다.

**泰和四年 또는 太和四年**

### 나. 길상구 예측

칠지도가 230년에 간 것이라면 2~3세기 후한시대의 풍습에 따라 칼에는 다음 3가지가 있는 것이 보통이다.

(1) 태양의 기가 높음을 상징하는 길상구

(2) 칼을 준 사람

(3) 칼을 받을 사람

중국의 漢·魏·晉 代의 경(鏡)·검(劍)·대구(帶鉤) 등의 명문에서 태양의 기가 가장 왕성할 때를 상징하는 길상구로 태양의 기가 높다는 의미로 丙午라는 간지(午가 정오를 상징함)를 쓰고, 그 뒤에 태양이 머리 위 가장 높은 곳을 비춘다는 日中을 쓴다. 물론 正午도 가능하다. 따라서 관례에 따라 병오와 함께 태양이 머리 위에 있다는 뜻의 길상구를 쓸 가능성이 높다. 태양 또는 햇볕을 뜻하는 한자는 日일 외에 陽, 光 등이 있다. 중앙을 뜻하는 한자에는 中 외에 央, 正, 心 등이 있다.

태양의 고도가 가장 높은 절기가 양력인 하지인데, 음력으로는 보통 5월 중순이므로 달은 음력으로 하지를 뜻하는 5월(만일 날짜까지 쓰면 5월 중순)을 쓴다. 실제로 자외선 지수는 기온이 가장 높은 7~8월보다 태양 고도가 높은 5~6월이 더 높다. 즉 칠지도가 2~3세기 동아시아 관습을 따른다면 다음 글자가 나올 가능성이 높다.

**丙午, 日中 또는 正午**

**五月 또는 五月+(중순 날짜)**

## 다. 칠지도를 준 사람 예측

신공 49년에 전쟁이 종료되었으면 그해 보내거나 늦어도 다음 해에는 칠지도를 보내는 것이 상식이다. 그런데 3년이나 지난 다음에 칼을 보냈다는 것은 백제 내부에 어떤 중대한 사건이 일어난 것이다. 외교를 늦출 정도의 중대 사건이라면 왕권교체다. 227년에 왕이 죽고 바로 새 왕이 즉위하지 못하고 혼란이 계속되다, 3년이 지난 230년에 새 왕이 즉위한 것이다.

하지만 이런 경우 아직 왕후를 세우지 못했다고 보아야 하니 공립 전이고, 그러면 대외적으로 왕이 아니라 4세기 백제 왕세자 여휘나 5세기 왜 왕세자 흥처럼 왕세자를 칭해야 한다. 따라서 230년에 즉위한 목지국 진왕은 '백제 왕세자'를 칭할 수밖에 없다. 백제왕이란 공립된 목지국 진왕의 호칭이기 때문이다. 따라서 칼을 보낸 사람은 다음처럼 써야 한다.

百濟王世子

칠지도를 주는 사람이 백제왕이라면 삼한의 통치자이므로 다른 수식어가 불필요하다. 그런데 아직 공립되지 못한 백제 왕세자라면 임명장이나 마찬가지인 칠지도를 받는다는 것은 찜찜하다. 마치 아직 청문회를 통과하지 않은 장관이 국제조약에 서명을 하는 것이나 같다. 그러면 장관은 상대에게 자기는 그냥 장관이 아니라 청문회 통과 정도는 문제가 없는 확실한 장관이라고 강조할 것이다.

백제왕이면 문제가 없는데 백제 왕세자이기 때문에 안심시키기 위해서라도 자기가 문제없는, 곧 백제왕이 될 신분이라는 것을 표현할 것이다. 그러면 적어도 두 가지가 필요하다. 신분과 실력이다. 고대는 신분이 중요하므로 내가 신분이 다르다는 이야기와, 내가 힘을 가진 모든 삼한 소국들의 엄(염, 음)들의 왕이라는 이야기다. 기술 순서는 '(1)(신분) (2)(권력) 百濟王世子'처럼 태어난 것이 먼저고, 권력자가 된 것이 다음이다.

따라서 백제 왕세자 앞에 나와 수식할 수 있는 글자는 다음 중에서 추정한다. 좁은 칼 위에 쓰려면 최대한 줄여야 하니 각각 2자씩으로 예상한다. 잘 사용하지 않는 글자나 안 좋은 의미로 쓰일 가능성이 있는 글자는 당연히 제외하고, 진왕의 고고함과 함께 위엄을 나타낼 수 있는 글자여야 할 것이다.

(1)□□ (2)□□ 百濟王世子

(1)□□ : '신분이 다르다'는 뜻의 두 글자의 조합이다. 자신의 출신이 일반인들과 다르게 고귀하다는 표현일 것이다.

앞쪽은 貴, 奇, 高, 純,... 중에 가능한대로 좋은 글자

뒤쪽은 誕, 生, 出, ... 중에 가능한대로 좋은 글자

(2)□□ : '엄들의 왕'이라는 뜻의 두 글자의 조합이다. 엄은 순수한 우리말이니 비슷한 발음을 내는 한자에서 선택한다.[15] 하지만 왕엄 같은 것은 안 쓸 것이다. 칼을 받는 왜왕도 왕인데 어떻게 똑같이 왕을 쓸 수 있겠는가? 그리고 왕보다 낮은 표기인 대엄이나 태엄 같은 글자도 안 쓸 것이다. 그리고 골라보자.

高, 聖, 皇,... 중에 가능한대로 좋은 글자

廉, 念, 閻 , 嚴, 儼, 音, 噾, 崟, 愔, 窨, 荶, ... 엄(또는 염, 음)에 해당하는 소리를 내는 글자들 중에 가능한대로 좋은 글자

## 라. 칠지도를 받은 사람 예측

삼국지 동이전을 보면 당시 구주에는 10여개 이상의 소국이 있었는데 이들의 통치자들도 侯 또는 王이었다. 그리고 일부는 친 야마대국이었고 일부는 반 야마대국이었다. 당시 소국 1국이 동원할

---

15. 칠지도는 백제에서 이두를 늦어도 3세기부터 사용했다는 증거다.

수 있는 최대 군사력은, 고도로 무장되어 있었던 3세기 초 한성백제의 군사력을 참고해보면, 기껏해야 몇 백 명에 불과하였다. 따라서 이들이 신라-가야 연합군과의 전쟁에 도움이 되려면 친 야마대국 군사력을 총 동원해야 할 것이다. 승리의 결과로 야마대국의 비미호를 이들의 지도자격인 왜왕에 임명한다는 것이 이 칼을 준 의미다.

왜 소국들이 군사를 동원한 대가는 당시에 지금의 원유보다 중요한 자원이었던 철정을 준다는 것이다. 하지만 이 철정을 야마대국이 독식해서는 안 되고 왜소국 후왕들에게 골고루 나누어주어야 할 것이다. 독식하지 않고 골고루 나누어주니 후왕들의 지도자격인 왜왕이 되는 것이다. 따라서 다음 글자가 나올 가능성이 크다.

**侯王, 供與 또는 供給**

'무엇으로 임명하다' 또는 '무엇이 되다' 할 때는 직책 앞에 爲자를 붙인다. 따라서 爲자는 외교문서에 함부로 쓰는 글자가 아니다. 칼을 받을 사람은 비미호인데 비미호를 왜왕으로 책봉하는 경우에는 卑彌呼爲倭王이라고 써야 한다. 그런데 비미호라고 쓰면 다음 왜왕은 누가 될지도 모르는 데 그 칼을 버리게 될 것이다. 爲倭女王도 마찬가지다. 다음 왕이 남왕이 될지 여왕이 될지 모르는데 여왕이라고 쓸 수 없다. 따라서 '왜왕이 되니'라는 뜻으로 爲倭王이라고 써야 한다. 倭王 대신에 倭侯도 있으나 아달라이사금조를 보면 비미호는 왜 여왕이니 侯는 아니라고 보아야 한다.

**爲倭王**

칼을 잘 간직하여 다음 왜왕에게 주어 후대에 전하라는 뜻으로 後世와 傳자가 나올 가능성이 크다. 만일 어느 왕으로부터 시작해서 17대다 하면 十七代孫이라고 하지 않고 十七世孫이라고 쓰는 것이다. 따라서 後代라고 쓰면 틀린다. 즉 칼을 받을 사람은 다음처럼 표기될 가능성이 높다.

**後世, 傳.**

목지국 진왕이 왜왕 비미호에게 칠지도를 보낸 이유는 가야 7국과 제주도를 비롯한 남해안 일대를 통합하여 삼국지에 나오는 삼한 소국 체제를 확립하는데 군대를 동원하여 협력하였기 때문이다. 따라서 칼에는 이와 관련된 공적이 나올 것이다. 戰爭에서 兵士 또는 軍士를 동원하여 功을 세웠다 같은 것이다. 따라서 다음과 관련된 내용을 예측한다.

**戰爭, 兵士 또는 軍士, 功**

### 마. 칼의 재료와 구조 예측

가지가 7개인 칼의 재료와 모양도 예측이 가능하다. 4세기 후반이 되면 금강유역에 손잡이에 용이나 봉황을 만들어 넣은 환두대도가 등장한다. 백제는 칼, 신라는 말, 고구려는 활 문화다. 실용품이 아닌 의례품으로서의 장식대도는 충청이남의 한반도와 일본열도에서만 나온다. 한강유역은 말갈문화권, 즉 고구려문화권으로 전투용이 아닌 의례용 장식대도는 아직까지 나온 적이 없다.

따라서 3세기의 칠지도 손잡이에 4세기 후반에 출현하는 용무늬나 봉황무늬 조형이 있을 가능성은 없다. 고리칼(환두대도)도 아니다. 3세기 무렵에는 칼 표면에 홈을 파고 재료를 집어넣어 글자를 새기는 상감대도가 유행이었으므로 칠지도는 상감대도일 가능성이 높다.

**최근의 칠지도 글자 재판독**

상식적인 이야기인데 글자가 오래되면 획이 떨어져나가 다음처럼 보일 수 있으니 판독에 주의해야 한다.

(1) 十, 二 → 一

(2) 三 → 二

(3) 五, 千, 七 → 十

몇 년 전에 일본 학계에서 칠지도 글자를 재판독하였다는 소식을 들었다. 특히 5월이 아니라 다른 달로 판명되었다는 것이다. 五자가 오래되어 획이 떨어져 중앙만 남아 十자로 판독되는 것 외에 어떤 다른 글자로 판독되었는지 궁금했다. 그래서 보고서를 찾아보려고 하였다.

그러던 중에 5월의 五자가 十자로 '새롭게' 판독되었다는 소식을 들었다. 보고서를 구할 필요가 없어졌다.

## 1.6 진왕의 공립 방법

[질문자1] 삼국지에 삼한의 진왕은 스스로 왕이 못되고 마한인이 세운다고 하였는데(辰王常用馬韓人作之 世世相繼 辰王不得自立爲王), 그러면 진왕은 힘이 없는 것이 아닙니까?

[질문자2] 진왕은 목지국만 통치합니까?(辰王治月支國) 아니면 마한과 진한도 통치합니까?(弁辰韓合二十四國 ... 其十二國屬辰王)

[질문자3] 후한서는 진왕이 공립된다고 하였는데(馬韓最大〈共立〉其種爲辰王) 어떻게 공립합니까?

이 문제를 이해하려면 부여로 가야 한다.[16] 그 이유는 부여에서 나온 집단이 고구려와 백제를 세웠는데, 고구려는 본류라 초기에 부여의 전통이 사라지고, 지류인 백제에 그 전통이 오래 남아있었기 때문이다. 삼한이란 주로 부여인들이 내려와 만든 나라다.

삼국지를 보면 부여는 강력한 왕권을 가진 전제국가가 아니라 부족들 간의 합의에 의해 운영되는 현대의 민주정부에 가까운 연방제 국가로서 왕은 조정자의 역할을 한다. 고대에는 동서양을 막론하고 이런 경우 왕은 두 세력들 사이의 혼인동맹에 의해 추대되는 것이 보통이다. 그 이유는 왕권이 부자간에 세습되는 경우 혼인만큼 강력한 결합이 없기 때문이다. 신라의 3성교체도 혼인에 의한 것으로 기록되어 있다.

부여를 계승한 삼한의 진왕은 두 번 즉위를 한다. 한 번은 목지국의 왕이 되는 것이고, 다른 한 번은 삼한 전체의 왕이 되는 것이다. 편의상 앞을 '예비즉위,' 뒤를 '본즉위'라고 하겠다. 다른 나라에서 볼 때 예비즉위를 하여 목지국만 통치하는 것은 관심이 없다. 하지만 본즉위를 하여 삼한 전체를 통치하게 되면 주변국에 강력한 영향을 미치게 되는데 후한서는 이를 공립되었다고 한다.

예비즉위와 본즉위 둘을 한꺼번에 하는 것이 가장 좋다. 예비즉위와 본즉위를 분리한다고 해도 2년 이내에 이루어져야지 2년을 넘게 되면 왕권이 흔들려 다른 경쟁자들이 왕권을 넘보게 된다. 그러면 실권을 상실하고, 제사를 지내거나 하는 정신적 지도자가 된다. 진왕은 늦어도 2년째에 본즉위를 해야 된다는 것은 삼국사기뿐만 아니라 5세기 일본서기로도 알 수 있다.

일반적으로 선왕에 의해 왕세자로 책봉되었다가 선왕이 퇴위하

---

16. 『재조명2』 第28장 진왕제의 기원, p. 3.

고 자연스럽게 왕위를 물려받은 사람은 후계를 준비할 시간이 충분하여 둘이 동시에 이루어진다. 반면에 왕세자가 아니었다가 자신의 능력으로 왕이 된 사람은, 후계를 준비할 시간이 충분치 않았으므로, 일반적으로 첫 해에 예비즉위하고 두 번째 해에 본즉위한다.

진왕이 본즉위를 하는 방법은 무령왕릉 지석에 나와있다. 진왕은 강력한 소국 출신의 여인을 왕후로 세우는 것이다. 3세기에 진왕은 마한지역 최대 실력자와 혼인했다. 그러면 자기 가문의 여인을 진왕에게 시집보낸 사람은 마한왕 또는 마한주가 된다.[17]

금강유역을 통치하던 진왕이 3세기에 영산강유역을 합병하며 영산강유역 최대 세력인 부여씨와 혼인했다고 본다.[18] 진왕과 혼인하여 수도로 올라가게 되면 왕후 혼자 가는 것이 아니고 자기 가문의 여러 사람들이 함께 가는데, 진왕은 함께 온 사람들에게 관직을 내려 두 세력이 혼인동맹을 맺는 것이다. 국혼을 하면 얼마나 많은 사람들이 함께 오는가는 일본서기에 있다.

> ◦ 계체천황 23년(529); 봄 3월, 가라왕은 신라의 왕녀와 혼인하여 드디어 자식을 낳았다. 신라가 처음 왕녀를 보낼 때, 아울러 1백 명을 시종으로 보냈다. 이들을 받아들여 각 현에 나누어 배치하고 신라의 의관을 착용토록 하였다.
>
> – 일본서기

가야보다 훨씬 큰 나라인 백제와 신라간에 혼인이 이루어지면 더 많은 사람들의 교류가 있었을 것이다. 이것도 이주의 한 형태다. 무왕과 선화공주 이야기를 보면 이런 방식은 백제가 망할 때까지 계속되었다.

---

17. 『재조명2』 제29장, 1 삼국지 동이전의 진왕기록 검증, p. 20.
18. 『재조명2』 제45장 백제 부여씨의 흥기, p. 335.

# 2장

# 김해바다와 경주항

## 2.1 신라가 국초에 만난 세력들

신라본기에 나오는 낙랑은 모두 한반도 대동강유역의 낙랑이다. 박혁거세가 낙랑을 통과해 내려왔고 건국하였을 때 주변 가까운 북쪽에 낙랑이 있는 것은 한강 중상류에서는 당연한 것이다. 고구려가 대동강유역의 낙랑을 멸하자 낙랑인들이 신라로 망명한 기록도 자연스럽다. 신라가 경주로 남하한 후에는 낙랑이 사라지는데 이것도 당연하다. 1.혁거세거서간, 2.남해차차웅, 3.유리이사금때 함흥평야의 동옥저와1. 강원도의 예왕이 나오고,2. 북쪽에 맥국이 있는데3. 매우 자연스럽다. 백제도 국초에 낙랑을 만나지만 신라의 낙랑과 단 하나도 사건이 겹치지 않는데, 그 이유는 두 낙랑이 서로 다른 곳에 위치하기 때문이다.

당시 한강 하류에는 마한이 있었다. 오늘날 대한민국 수도 서울이라는 말도 박혁거세가 서울에 서라벌4.을 건국하여 비롯된 것이다. 박씨신라가 오환족의 부체제를 가지고 시작한 것은 그들이 오환족이었기 때문이다.5.

그러면 당시 내륙국이던 신라가 倭를 해안가에서 만난 것은 어찌된 일이냐고 묻는다. 왜 기록은 경주에 먼저 도착한 석탈해가 만나 것으로서 대보왕 대신에 탈해가 신라 왕력에 들어가며 함께 들어간 것이다. 그러면 또 묻는다. 탈해 이전에도 왜 기록이 2개가

---

1. 혁거세 53년.
2. 남해 16년.
3. 유리 17년, 19년.
4. 동쪽 벌판이라는 뜻으로 '서울'의 원형.
5. 『재조명1』 제5장 신라의 건국, p. 93.

나온다는 것이다. 아래의 (1)번과 (2)번이다. 신라가 한강 중류에 있으면 왜를 못 만나는데 이것은 무엇이냐는 것이다.

(1) 1대 혁거세 8년(BC 50); 왜인이 군사를 동원하여 변경을 침범하려다가 시조에게 하늘에서 내려준 덕이 있다는 말을 듣고 돌아갔다.

(2.1) 2대 남해 11년(14); 왜인이 병선 백여 척을 보내 해변의 민가를 노략질하므로 6부의 정병을 보내 이를 막게 하였다.

(2.2) 2대 남해 11년(14); 낙랑이 우리나라의 내부에 빈틈이 있다고 보고, 금성을 공격하여오니 상황이 위급하였다. 밤에 유성이 적의 진영에 떨어지자 적병이 두려워하며 퇴각하다가 알천가에 주둔하면서, 돌무더기 20개를 쌓아놓고 물러갔다. 6부 군사 1천 명이 그들을 추격하다가, 토함산 동쪽으로부터 알천에 이르러 이 돌무더기를 보고는 적병이 많은 것으로 알고 추격을 멈추었다.

- **3대 유리이사금 재위 34년 동안에는 왜 기록이 없음.**

(3) 4대 탈해 3년(59); 봄 3월, 왕이 토함산에 올라가니 우산 모양의 검은 구름이 왕의 머리 위에 피어났다가 한참 후에 흩어졌다. 여름 5월. 왜국과 더불어 친교를 맺고 사신을 교환하였다.

(4) 4대 탈해 17년(73); 왜인이 목출도를 침범하였다. 왕이 각간 우오를 보내 막게 하였으나 이기지 못 하고 우오가 죽었다

(1)번은 아무 일도 안 생겼다. 역사 판단의 대상이 아니므로 제외한다.

(2)번은 사건인데 2가지의 전혀 다른 기록이 섞여 있다. (2.2)번은 낙랑기록으로 이전에도 신라와 낙랑이 충돌하였으므로 자연스럽다. 서라벌 외에도 금성,[6] 알천, 토함산을 비롯한 여러 지명들이 신

---

6. 쇠성, 새성,

라가 남하하며 함께 남하하였다. 반면에 (2.1)번은 왜와 관련된 기록인데 어떤 이유로 여기에 갑자기 이런 기록이 나오는지 이해하기 어렵다. 남해차차웅조 어디를 보아도 바다가 나온다거나 왜 기록이 등장할만한 배경사건이 전혀 없다. 그리고 3대인 유리이사금대에도 왜와 관련된 기록은 전혀 없다.

그런데 (3)번을 보면 5월에 왜국과 친교를 맺었다고 하는데, 이는 그 전에 두 나라 사이에 전쟁 같은 갈등이 있었다는 뜻이다. 그 갈등이 바로 (2.1)번의 병선 백여 척의 침범 기록으로 보아야 합리적이다. 왕의 머리에 검은 구름이 몰려왔다가 흩어졌다고 하였는데 이는 불길한 징조로서 왜국이 공격하였다가 물러났다는 사건의 은유적 표현으로 본다. 따라서 45년 전으로 기록된 (2.1)번이 원인으로써 (3)번과 합해져야 완전한 기록이 된다. (2.1)번이 사건의 달이 없는 것도 그런 생각을 들게 한다. 즉 (2.1)번의 남해 11년은 본래 (3)번의 탈해 3년 3월 기록이 잘못 옮겨간 것으로, 45년 전이 아니라 2달 전에 발생한 사건이다. 6부의 군사란 신라 군사란 뜻이다.

남해차차웅조의 사건 연대가 옮겨졌을 것이라고 생각하는 또 하나의 이유는 일식 기록들 때문이다. 2세기 이전 삼국사기 신라본기의 일식기록들 가운데 연도가 틀린 것은 남해차차웅조에 실린 2개뿐이다. 기록을 옮길 때 일식 기록도 함께 옮겨져 연도가 틀린 것이다.

- 남해차차웅 3년; 겨울 10월, 초하루 병진에 일식이 있었다. - 연도 오류
- 남해차차웅 13년; 가을 7월, 그믐 무자에 일식이 있었다. - 연도 오류

이상을 요약하면 신라 건국 초에 왜를 만나지 않았고, 왜를 처

---

서라벌성, 서울성

음 만난 것은 4대 탈해이사금 시기다. 탈해이사금이 왜를 만난 기록이 살아남은 것은 훗날 석씨가 왕권을 차지하고 충북지역을 통해 남하하던 박씨왕 대신에 석탈해를 신라 왕력에 넣었기 때문이다.

신라본기에 나오는 낙랑 기록들은 모두 혁거세-남해-유리의 3대인데 이때 신라가 서울 동쪽에 있었기 때문이다.

(1) 혁거세 30년(BC 28); <낙랑>이 군사를 동원하여 침범하려다가 국경 부근 사람들이 밤에도 문을 잠그지 않으며 노적가리가 들에 가득 쌓인 것을 보고 서로 말했다. "이 지방 사람들은 ..." 그들은 군사를 거두어 돌아갔다.

(2) 혁거세 38년(BC 20); 봄 2월, 호공이 대답하였다. "우리나라에 두 분의 성인이 출현하면서 사회가 안정되고 천시가 조화를 이루어 창고가 가득 차고 백성들은 공경과 겸양을 알게 되었습니다. 그리하여 진한의 유민들로부터 변한, <낙랑>, 왜인에 이르기까지 우리를 두려워하고 심복하지 않는 자가 없습니다. ..."

(3) 남해 원년(4); 가을 7월, <낙랑> 군사가 금성을 여러 겹으로 포위하였다. 왕이 측근들에게 말하기를, " 두 분의 성인이 ...." 얼마 후에 그들이 물러갔다.

(4) 남해 11년(14); <낙랑>이 우리나라의 내부에 빈틈이 있다고 보고, 금성을 공격하여오니 상황이 위급하였다. 밤에 유성이 적의 진영에 떨어지자 적병이 두려워하며 퇴각하다가 알천가에 주둔하면서 돌무더기 20개를 쌓아놓고 물러갔다.

(5) 유리 13년(36); 가을 8월, <낙랑>이 북쪽 변경을 침범하여 타산성(朶山城)을 점령하였다.

(6) 유리 14년(37); 고구려왕 무휼이 <낙랑>을 습격하여 멸망시키자 그 백성 5천 명이 투항해왔다. 그들을 6부에 나누어 살게 하였다.

혁거세거서간 때의 낙랑 기록은 실제로 벌어졌다고 보기 어려운 상징적인 기록들이다. 혁거세 때는 남하하지 않다가 유리이사금 이후에 남하한 이유 중에 하나가 남해-유리 시기에 낙랑인들이 공격해왔기 때문이다. 신라본기에 실린 내용들이 한강유역에서부터 기록된 것이라 삼국사기에 안 나오는 것일 뿐, 대동강 상류를 건너며 낙랑과 치열한 공방전이 있었을 것이다. 만일 대동강유역에서도 한강유역처럼 백년 정도 머물렀으면 신라의 건국을 대동강유역부터 기록했을 것이고, 나아가 낙랑국을 정복했다면 신라는 아예 대동강유역 국가가 되었을 것이다.

신라가 낙랑인들을 흡수하는 것으로부터 몽골 초원에서부터 남하하며 중간에 만난 여러 민족들을 흡수하며 경주까지 내려갔음을 알 수 있다. 이때 금성이나 알천 같은 지명도 함께 이동하는 것을 알 수 있다. 이후 경주부근에서 대동강유역의 묘제인 목곽묘가 축조되는 것으로부터 초기 신라가 낙랑인들을 데리고 내려갔다는 기록이 정확함을 알 수 있다.

## 2.2 목출도의 위치

지금의 김해평야는 1세기에 석탈해가 경주에 도착할 무렵에 김해바다였다. 지금의 김해평야에 있는 산들은 당시에는 섬이었다. 그러다 3세기 중반 이후 아시아 대륙의 평균기온이 낮아지는 한랭화가 찾아온다. 몽골 초원의 목초지가 만리장성 남쪽으로 이동하게 되고 이를 따라 가축을 기르던 유목민족들도 만리장성 이남으로 남하하게 되니 4세기에 중국 대륙이 대혼란에 휩싸이게 되는데 이를 흔히 5호16국시대라 부른다. 이 시기를 통하여 중국 漢族의 주류가 북방계로 바뀐다.

4세기 이전에 경주는 항구였다. 석탈해 선단은 남해안을 항해하다, 거제도 남단에서 방향을 북쪽으로 틀어 김해와 부산 사이의 바다를 통과하여 북상한 후, 경주의 남쪽 항구에 상륙한 것이다. 따라서 김해바다에 들어가는 입구에 있던 수로왕의 김해가야(남가야)를 만난 것은 당연하다. 본래는 김해지역에 상륙하려 하였으나 여기에 먼저 와 있던 김해가야에게 밀려 상륙하지 못하고 계속 북상하여 경주항에 상륙한 것이다. 석탈해 선단 외에도 수많은 선단들이 가야(낙동강 서쪽)와 임나(낙동강 동쪽)[7] 사이의 바다를 통해 김해바다로 들어갔겠지만 승리한 집단들만이 자신들의 역사를 기록으로 남겼다.

김해바다는 3세기 후반 이후 해수면이 낮아지며, 4~5세기에 걸쳐 서서히 메워지기 시작하여 '바다 → 호수 → 강'의 변화과정을 거쳤다. 김해바다를 통하여 100척 규모의 대규모 선단이 항해가 가능했던 것은 3세기 이전이었고, 이후부터 점차 메워져 5세기 초에는 대규모 기마군단이 지나갈 정도로 육지화된 것이다. 이후 지금까지 천 5백년 동안 토사가 몰려와 쌓여 지대가 높아졌을 것이므로, 현재 김해평야의 퇴적층별 연도와 규모에 대한 연구 없이는 당시의 지형을 정확히 알기 어렵다.

- 탈해이사금 17년(73); 왜인이 木出島를 침범하였다. 왕이 각간 우오를 보내 막게 하였으나 이기지 못하고 우오는 거기서 죽었다.

이 기록은 1세기 후반에 왜인들이 목출도라는 섬에 쳐들어오자 왕이 우오라는 장군을 시켜 군사를 이끌고 나가 막게 하였으나 패

---

7. 『재조명1』 제2장, 5 임나가야와 대가야의 비교, p. 38.

하였다는 기록이다. 이후 목출도는 나오지 않는데 왜에게 빼앗겼을 것이다. 그런데 이 목출도라는 섬은 지금의 어디일까?

신라에서 임나를 가려면 두 가지 방법이 있는데, 하나는 배를 타고 바다를 건너는 것이고, 다른 하나는 동변으로 길게 연결된 반도지형을 따라 육로로 가는 것이었다. 삼국사기 신라본기를 보면 왜가 남변으로 침입하기도 하고 동변으로 침입하기도 하는데, 남변은 해로와 육로가 모두 가능하지만 동변은 모두 육로로 침입하는 것이다. 후대로 갈수록 동변 침입이 많아지는 것은 남변은 김해바다가 메워져 대규모 선단이 항해할 수 없기 때문에 육로인 동변을 택한 것이다.

2세기의 신라인은 경주항에서 바다를 건너면 임나에 이르고, 임나에서 다시 바다를 건너면 대마도에 이르고, 대마도에서 다시 바다를 건너면 구주에 이르렀는데, 이를 통칭하여 왜라 불렀다는 것을 알 수 있다. 이들 지역은 모두 가야인들이 개척한 땅이다.

다음 일본서기 고왕조 초기 기록은 숭신이 죽어 임나에서 조문사절이 왔다가 3년 상을 마치고 돌아간 것을 기록한 것인데, 신라본기 지마이사금조에 해당하는 내용이 나와 삼국사기와 일본서기 모두 연대가 정확함을 알 수 있다.8.

- 숭신천황 65년(115), 가을 7월, 임나국(任那國)이 소나갈질지(蘇那曷叱知)를 파견하여 조공하였다. 임나는 축자국(筑紫國)을 떠나 2천여 리, 북으로 바다를 사이에 두고 계림(鷄林)의 서남에 있다.

  – 일본서기

- 수인천황 2년(118); 이 해에 임나인 소나갈질지(蘇那曷叱智)가 "나라

---

8. 『재조명1』 4 수인천황과 신라의 낙동강 하류지역 철수, p. 158,

에 돌아가고 싶다."고 청하였다. 아마도 선왕의 시대에 알현하러 와서 아직 돌아가지 않았던 것인가? 그래서 소나갈질지에게 융숭하게 상을 주었다. 아울러 붉은 비단 1백 필을 주어 임나왕에게 하사하였다. 그러나 신라인이 길을 막아 이것을 빼앗아버렸다. 양국의 원한이 이때 처음으로 생겼다.

- 일본서기

임나는 북으로 바다를 사이에 두고 신라(계림)와 나뉘어 있다고 하였는데 이는 2세기의 김해바다 지형을 정확히 설명하고 있다. 이후 돌아가던 임나 사신이 신라군에게 선물을 뺏기는 일이 발생하여 두 나라의 원한이 이때부터 시작되었다고 하는데, 5세기 이전에 신라가 부산 일대에 내려왔던 것은 2세기 초 지마이사금 때뿐이다. 이후 신라가 다시 내려오는 것은 6세기 법흥왕 때다. 따라서 이 기록은 지마이사금 때 발생했을 가능성이 높다.

- 신공황후 섭정 전년(401); 겨울 10월, 배를 따라온 파도가 멀리 나라 안에까지 미쳤다. ... 신라왕은 전전긍긍하며 어찌할 바를 몰랐다. 여러 사람을 불러 모아 "신라의 건국이래 바닷물이 나라 안까지 들어온 일은 아직 없었다(新羅之建國以來 未嘗聞海水凌國). ... 신라왕 파사매금(波沙寐錦)은 즉시 미질기지파진간기(微叱己知波珍干岐)를 인질로 삼아 금은채색(金銀彩色) 및 능라겸견(綾羅縑絹)을 80척의 배에 실어 관군을 따라가게 하였다.

- 일본서기

일본서기 신공조에 나온 신라 정벌이 401년인데 당시까지도 경주항을 넘어 도성에까지 바닷물이 들어왔었다. 미사흔을 왜국에 인질로 보낸 것은 다음 해인 실성이사금 원년(402)이다. 삼국유사를 보면 418년에 미사흔왕자가 왜국을 탈출하여 신라로 돌아올 때도 경주까지 해로로 왔다. 당시까지도 경주에 물이 들어와 배를 댈 수 있었다.

**그림 2.1** 임나와 가야는 동서로 나란히 위치한 나라였다(竝在國)

일본서기는 내물이사금을 '파사매금'이라고 부르는데 이는 '서역에서 온 신라왕'이란 뜻으로 마립간신라의 기원까지 설명하는 구절이다. 신라에 '파사'라는 왕명은 2세의 파사이사금이 또 있는데, 둘다 북방에서 강력한 기마군단을 이끌고 경주에 내려왔다는 공통점이 있다.

현재 김해평야에 있는 산들은 1세기 당시에는 섬이었다. 따라서 목출도는 지금의 가지산과 신불산 일대로 추정된다. 木出島라는 이름이 나무가 많이 나는 섬이란 뜻인데, 가지산과 신불산이 山이라서 섬의 이름이 예사롭지 않다.

## 2.3 박씨와 진골 김씨 집단의 기원

BC 3~BC 2세기는 몽골 초원의 권력이 東胡에서 匈奴로 교체되고, 중원에서는 秦에서 漢으로 권력이 교체되던 시기다. 그리고 그 영향으로 고조선이 멸망하는 등 정치적 대혼란기로서 아시아 대륙으로부터 한반도로 대규모로 민족 이동이 이루어지게 된다. 삼국의 건국은 그 결과들 중의 일부다. 신라는 1~4세기에 박-석-김 3성이 교대로 왕위를 이어가는데 이들 역시 아시아 대륙으로부터의 이주 결과다.

박씨는 북아시아 초원을 수천년 동안 지배하던 유목민족 국가인 동호가 전한시대에 흉노와의 쟁패에서 패하여 오환족과 선비족으로 나뉘고, 이후에도 오환족이 계속된 패배로 인하여 BC 87년 이후 대거 만리장성 남쪽으로 남하는데, 그들 중 일파가 한반도로 들어온 것으로 본다.[9]

신라사를 쓸 때 몽골 초원에서부터 쓸 것인가, 만주에서부터 쓸 것인가, 압록강을 건너 한반도로 들어올 때부터 쓸 것인가, 한강유역에 백년 정도 정착했을 때부터 쓸 것인가, 경주에 들어왔을 때부터 쓸 것인가. ,,, 등등을 두고 논의가 있었을 것이다. 이 중에 남하를 시작한지 한 세대가 지난 BC 57년의 한강유역부터 쓰기로 결정한 이유는 남하기간 중에 한강유역에서 상당히 오래 정착했기 때문이었을 것이다. 만일 압록강을 건너 한반도에 들어왔을 때부터 쓰기로 했다면 국초에 낙랑과의 치열한 전투가 있었을 것이다. 그리고 여기서 승리하였다면 신라는 BC 57년보다 더 이른 시기에 평안도에 건국되었을 것이다.

이후 탈해시기에 충청북도를 거쳐 남하하는데 삼국사기에는 한성백제와의 전투만 기록되어 있으나 거리가 가까운 목지국과 훨씬

---

9. 『재조명2』 제40장, 1 박혁거세 집단의 기원, p. 233.

더 많은 전투를 치렀을 것이다. 만일 여기서 이겼다면 신라는 충청도나 전라도의 마한지역에 자리 잡았을 것이나 그렇지 못해 경상도로 들어가게 된다.

파사이사금이 경북 북부를 거쳐 남하하는데, 경남지역으로 들어가지 못한 이유는 가야에게 밀렸기 때문이다. 최종적으로 경주에 도착한 파사이사금은 101년에 월성을 쌓고 경주시대를 여는데, 이 무렵에 경주에 먼저 들어온 석씨를 흡수했다고 생각된다.

이 과정이 약 2백년 걸렸는데 몽골 초원을 떠난 집단이 그대로 경주에 오는 것이 아니고, 남하하면서 일부는 흩어지는 동시에 주변 민족들을 흡수하여 함께 남하하기도 한다. 신라가 흡수한 대표적인 민족이 박혁거세 때 한강유역에서 흡수한 고조선 유민들이다. 오환족은 정복한 지역에 部를 설치하는데 초기신라 건국 무렵 외에도 3세기 중반에 고구려를 침공한 오환계 魏군도 정복한 지역에 部를 설치한다. 따라서 몽골 초원을 떠날 때의 신라는 경주에 들어왔을 때의 신라와 상당히 다른 모습이었을 것이다. 신라가 최종적으로 안착한 곳이 진한지역이라 시간이 지나며 신라는 진한화의 과정을 거쳤다.

신라 건국기의 박씨 8왕을 거주지별로 구분하면 아래와 같다. 남하 중인 신라는 실제로는 박씨왕이 통치하고 있었고[10]. 경주에 있었던 탈해는 석씨지만 편의상 여기에 둔다.

### 가. 경기시대, 약 100년

· 1대 : 혁거세

---

10. 『재조명1』 제5장 , 6 석탈해 기록의 이중성, p. 106.

· 2대 : 남해
· 3대 : 유리

### 나. 충북시대, 약 20년

· 4대 : 탈해 (박씨왕도 존재하였다.)

### 다. 경북시대, 약 100년

· 5대 : 파사
· 6대 : 지마
· 7대 : 일성
· 8대 : 아달라

진골 김씨는 1세기에 한반도에 들어오게 되는데 본래 前漢과 협력하여 대제국을 운영해본 사람들이다. 그리고 왕망과 협력하여 新이라는 국가를 건국해본 사람들이다. 그런데 1세기에 後漢이 건국되면 정치적 박해를 받게 되자 그들의 집단 거주지인 산동반도에서 육로로, 또는 해로로 한반도로 이주하게 된다.[11]

이들은 본래 몽골 초원을 지배하던 흉노족으로 武帝 시기에 만리장성 이남으로 남하하여 前漢에 들어온 유목민족들이다. 유목민족들은 농경민족과 다르게 한 곳에 정착하지 않고 이동하므로 영역이 넓고 다른 유목민족들과 이합집산을 되풀이 한다. 민족적 특성도 이 과정에서 만들어지고 또 소멸한다. 따라서 어디까지가 흉노족이고 어디까지가 오환족인지 구분하기 어렵다. 유목민족이란 말 자체도 '유목생활을 하는 사람들'이란 뜻으로서 생활양식을 의미하

---

11. 『재조명2』 제40장 1세기 이전의 논점, 2 김알지 집단의 기원, p. 236,

는 것이지 특정 종족을 의미하는 것이 아니다.

이들이 박씨 신라를 처음 만나 것은 1세기 말 충청북도를 거쳐 경북 북부로 남하하던 파사이사금 때로서 왕비족으로 박씨 신라와 결합하게 된다. 시조인 김알지는 한반도로 들어올 때의 지도자로 추정된다. 진골 김씨 시조로 알려진 星漢王은[12]. 김알지거나 한반도에 들어와 자리를 잡은 첫 번째 왕이었을 것이다. 진골 김씨는 7세기 중반에 무열왕과 문무왕이 가야계와 연합하여 세력에 약해진 성골 김씨를 밀어내고 진골 왕통을 열게 된다.

삼국 초기는 육로보다 해로를 이용한 사람들의 이동이 활발하였을 때다. 육로는 중간 통로에 어떤 정치집단이 있으면 이주가 차단되기 쉬우나, 해로는 상대적으로 차단이 쉽지 않아 더 장기간 이주가 이루어졌다. 삼국 초기에 수백 척의 선단 기록이 등장하는 것은 신라본기의 왜로서 부산의 임나가야다. 따라서 한국사 최초의 본격적인 해양국가는 가야라고 본다.

신라는 3대 유리왕 때 17관등을 두었다고 하고 있다. 이후에 많은 변화를 거치는데 기본은 같다. 삼국사기 잡지에 나와 있는 17등급 중 상위 7등급이 다음과 같다.

· 1등: 이벌찬, 이벌간, 우벌찬, 각간, 각찬, 서발한, 서불한
· 2등: 이척찬, 혹은 이찬
· 3등: 잡찬, 혹은 잡판, 소판
· 4등: 파진찬, 해간, 파미간
· 5등: 대아찬
· 6등: 아찬, 혹은 아척간

12. 문무왕릉비문, 진철대사탑비문, 흥덕왕릉비문, 진공대사탑비문.

· 7등 : 일길찬, 혹은 을길간

가야계 지명이 압록강 중류에서 남하하는 것으로 보아 가야인들은 육로로 한반도에 들어왔다.13. 가야 초기의 고분이 대동강유역의 낙랑처럼 목곽묘인 것으로 보아 대동강유역을 거쳤다. 이들은 고조선 멸망 이후 낙랑과 함께 한반도로 남하한 집단이다. 부여계는 아니며 본래 북중국에 살다 秦나라의 장성 축조를 피해 동쪽으로 이주한 진한과 유사한 집단으로 생각된다.

## 2.4 석탈해 집단의 기원

3~4세기에 미추이사금과 내물이사금을 배출하며 성골 김씨가 신라의 왕권을 장악한 것은, 박씨 지배 하에서 세력을 키운 결과가 아니라, 북방에서 훨씬 발전된 문명을 가지고 남하한 이민에 의해서였다. 1세기 중반에 신라에 들어온 석씨가 2세기 후반에 신라 왕권을 장악한 것은 박씨 지배 하에서 세력을 키워 성장한 것이 아니라, 성골 김씨와 마찬가지로 1~2세기에 걸쳐 꾸준히 이민이 이루어졌기 때문이다.

박씨는 가장 북쪽인 몽골 초원에서, 진골 김씨는 그보다는 남쪽인 산동반도에서 왔다. 그러면 석씨는 어디에서 왔을까? 석씨는 박씨나 김씨와 다르게 모두 해로로 배를 타고 왔다. 그러면 경주로 들어오는 한반도 주변의 해류 방향을 알아볼 필요가 있다. 대만과

13. 김성호, 한국사학논총 上(박영석교수 회갑기념 논총간행위원회, 1992), 임나·김해가야사 연구, p. 107.

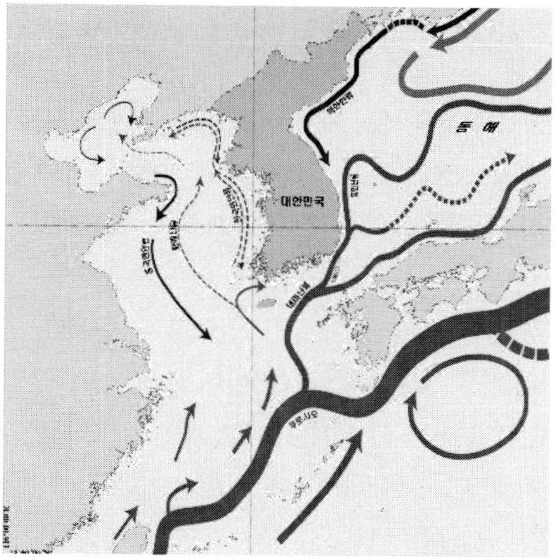


**그림 2.2** 한반도 남부의 해류[14].

중국 남부에서 한반도 남해안과 일본열도 쪽으로 따뜻한 쓰시마 해류와 쿠로시오 해류가 흘러 배를 타면 이동이 쉽다.

삼국사기 신라본기는 석탈해의 출신지에 대하여 다파나국에서 왔는데 왜국 동북 1천리에 있다고 한다. 1천리란 아주 먼 곳이라는 뜻이다. 삼국지 동이전을 보면 왜조에는 일본열도만 나오는 것이 아니고 흑치국 등 필리핀도 나온다. 따라서 당시에는 일본열도와 필리핀열도를 통칭하여 왜국이라고 불렀음을 알 수 있다. 석탈해 집단의 출신지로 추정되는 양자강유역은 필리핀열도에서 보면 동북방이라서 방위에 모순이 없다.

양자강 하류인 절강성은 한국식 고인돌이 분포하는 지역으로서 청동기시대부터 오랫동안 황해를 사이에 두고 한반도와 교류가 있

14. http://www.ecotiger.co.kr/news/articleView.html?idxno=15816, 해양조사원지도

었던 지역이다.[15] 절강성 해안지대에는 신라라는 지명들이 있는데 언제부터 존재했는지는 모르나 3세기 기록에 이미 등장한다.[16]

중국인의 2/3가 사용하는 북경어는 西安을 중심으로 한 중국 서부 언어였는데 秦-漢대에 중국에서 가장 많이 사용하는 언어가 되었다. 한국어의 한자 발음이 육로로 연결된 북경어보다 바다로 격리된 중국 남부 언어인 광동어와 더 비슷한데, 이는 과거에 중국 남부와 바다를 통한 상당한 교류가 있었다는 뜻이다. 양자강유역에서 이민이 신라로만 이루어진 것은 아니고 한반도 남부의 마한지역으로도 동시에 이루어졌을 것이다.

인도 타밀지방 언어에 한국어와 비슷한 단어들이 상당히 보이는데, 이것도 인도인들이 동남아시아를 거쳐 중국 남부에 거주하다가, 이때 석씨들과 함께 해로로 들어온 것이 아닌가 생각된다. 아니면 석씨들도 양자강유역에 살기 전에 인도 등 다른 지방에서 함께 왔을 수도 있다. 허씨는 가야의 왕비족으로 김해에 정착했으나, 석씨는 세력이 훨씬 커서 가야의 왕권을 위협했기 때문에 가야지역에 정착하지 못하고 김해바다를 북상하여 경주항에 상륙하였다고 본다.

육로로 이주한 박씨는 1세기에 고구려가 북방을 차단한 이후 이주가 중단되었으나, 해로로 이주한 석씨는 통로가 막히지 않아 3세기 초까지 이주가 계속되었다. 진나라 시황제가 전국시대를 통일했을 때의 영토는 양자강 이남은 제외한 지역이었다. 이후 전한시대에 양자강유역의 개발되기 시작하여, 1~2세기 후한시대에는 중앙정부의 직접 지배가 이루어지고, 3세기 초에 吳가 건국된다. 이 기

---

15. 『재조명1』 제13장 월주신라, p. 249.
16. 『네티즌 고대사』 제4부, 나 해양신라. p. 215.

간 중에 후한의 지방 지배가 흔들리는 2세기 중반에 한반도로의 집중 이주가 이루어졌고, 그 결과 벌휴이사금에 의한 석씨 왕통의 성립을 보게 되었다고 본다.

신라본기에 나오는 양자강유역 일식 기록이 내해이사금 6년인 201년이 마지막인 것으로부터, 손권의 오나라 세력이 양자강유역을 장악하던 3세기 초에 한반도 남부로의 이민도 끊겼다고 본다. 반면에 신라에서는 3, 4세기에 성골 김씨에 의한 이민이 이루어져 왕권이 석씨에서 성골 김씨로 이동하는 계기가 된다. 석씨의 원주지였던 양자강유역은 삼국시대 오나라지역으로, 이후 백제에 계승되었음을 5세기 일본서기에 나오는 吳國 기록으로 다시 한 번 확인한다.

3장

# 기루왕과 지마이사금의 시대

## 3.1 백제 건국기의 패수와 대수

백제 건국기에 출현하는 중요한 강이 패수와 대수인데, 패수는 평야에 펼쳐 흐른다는 뜻이고, 대수는 허리띠처럼 휘어져 흐른다는 뜻이다. 당시의 패수와 대수에 대하여 여러 개의 기록이 존재하는데 몇 개의 예를 들면 다음과 같다.

(1) BC 1세기; 삼국사기 백제본기 건국조의 이설(一云)

- 비류가 동생 온조와 함께 무리를 이끌고 패수와 대수를 건너 미추홀에 도착했다.

만일 육로로 고구려에서 아산만까지 왔으면 압록강→청천강→대동강→한강의 4개의 큰 강을 건너야 하는데 패수와 대수 2개만 건넜다.

(2) AD 1세기; 삼국사기 백제본기 온조왕

- 온조 37년(19); 한수의 동북쪽 부락에 흉년이 들어 고구려로 도망하여 간 자가 1천호에 이르렀고, (이로 인하여) 패수와 대수 사이가 텅 비어 사는 사람이 없었다.

이 한수는 한강이므로 浿水와 帶水는 한반도에 있어야 한다. 그런데 당시 한반도에서 가장 문명이 발달한 곳은 청천강과 대동강 사이의 낙랑이었으므로 인구도 가장 많았을 것이다. 따라서 패수와 대수가 청천강과 대동강은 될 수 없다. 또 온조왕 38년(20)조를 보면 한강유역을 장악한 후 북쪽 국경을 패하라고 하여 패수와 구분하였으므로 패수가 임진강은 될 수 없다.

(3) BC 2세기; 사기 조선열전

- 위만이 연나라에서 동쪽으로 도망하여 패수를 건너 조선에 들어갔

다. 위만이 조선의 서쪽 변경을 지키는 임무를 맡았다.

(4) BC 2세기; 삼국지 한조

- 조선은 연과 패수를 경계로 하게 되었다. 조선의 준왕이 위만에게 조선의 서쪽 변경을 지키는 임무를 주었다.

조선과 연은 동서로 위치하며 북경부근에서 조선에 들어갈 때 큰 강을 하나만 건넌다는 것을 알 수 있다. 다른 기록들도 당시 연 또는 전한과 조선의 국경을 패수라고 하여 일관성이 있다.

(5) BC 2~AD 1세기; 수경주

- 패수는 낙랑군 누방현에서 나와 동쪽으로 바다에 들어간다.

압록강 이남의 한반도 서쪽 강들은 모두 서쪽으로 흘러 바다에 들어가므로 패수가 한반도에 있는 강은 될 수 없다. 이 기록을 만족하는 강들은 난하와 요동반도 사이에서 발해만으로 들어가는 강들뿐이다. 단 지금의 요택이라고 불리는 요하 하구의 습지는 당시에 바다였으며, 북쪽 훨씬 안쪽으로 바다물이 들어와 요동만이 지금보다 넓었다고 한다. 그러면 현재 요하 하류의 지류들이 당시에는 동쪽으로 또는 서쪽으로 바다인 요동만에 들어가게 된다. 당시는 요동만이 메워지기 전이라 사라진 지류들도 있어 물길이 지금과 같았다고 볼 수 없다.

이 외에도 당시의 패수와 대수에 관한 기록들은 더 있고, 이후에도 삼국사기를 비롯한 사서에 계속 출현한다. 하지만 이상의 기록들을 모두 만족시키기 위해서는, 패수와 대수와 미추홀이 본래는 넓은 요동만이나 발해만에 있었는데, 요동만과 발해만에 살던 사람들이 한반도로 이동하며 지명들도 함께 이동했다고 해석하는 방법밖에 없다.

## 3.2 백제 건국기의 말갈

4세기 이전의 삼국시대 전기에 백제가 가장 많이 만난 외국은 말갈이고, 신라가 가장 많이 만난 외국은 왜다. 따라서 말갈에 대한 이해가 백제 전기사 이해의 기본이고, 왜에 대한 이해가 신라 전기사 이해의 기본이다.

4세기 이전 삼국사기 백제본기에서 말갈 관련 기사를 모두 뽑으면 22개가 나오는데 백제에 크게 3차례로 나누어 출현한다. 2세기 이전, 3세기, 그리고 4세기 이후다.

### 가. 말갈의 1차 출현기 : 건국과 동시에 출현

(1) 온조 2년(BC 17) ; 봄 정월, 왕이 군신들에게 말했다. "<말갈>이 우리의 북부 국경과 인접하여 있는데, 그 사람들은 용맹스러우면서도 거짓말을 잘 한다. 그러므로 우리는 병기를 수선하고 식량을 저축하여, 그들을 방어할 계획을 세워야 한다."

(2) 온조 3년(BC 16) ; 가을 9월, <말갈>이 북쪽 국경을 침범하였다. 왕은 정예군을 이끌고 재빨리 공격하여 그들을 크게 격파하였다. 적군 중에 살아 돌아간 자가 열 사람 중에 한 두 명이었다.

(3) 온조 8년(BC 11) ; 봄 2월, <말갈>군 3천 명이 침입하여 위례성을 포위했다. 왕은 성문을 닫고 나가지 않았다. 열흘이 지나자 적은 군량이 떨어져 돌아갔다. 왕은 정예군을 선발하여 대부현까지 추격하여 단번에 이기고, 적병 5백여 명을 죽이고 사로잡았다.

(4) 온조 10년(BC 9) ; 가을 9월, 왕이 사냥하다가 신기한 사슴을 잡았다. 이를 마한에 보냈다.[1] 겨울 10월, <말갈>이 북부 국경을 침략하

---

1. 마한을 만남으로서 왕과 선발대가 한반도에 도착했다.

였다. 왕이 2백 명의 군사를 보내 곤미천에서 싸웠다. 그러나 우리 군사가 패하여 청목산을 거점으로 자체 수비를 하고 있었다. 왕은 직접 백 명의 정예 기병을 거느리고 봉현으로 나와 구원하였다. 적들이 이를 보고 즉시 퇴각하였다.

(5) 온조 11년(BC 9) ; 여름 4월, 낙랑이 <말갈>을 사주하여 병산의 목책을 습격해서 파괴하고 백여 명을 죽이거나 사로잡았다.

(6) 온조 18년(BC 1) ; 겨울 10월, <말갈>이 습격해왔다. 왕은 군사를 거느리고 칠중하에서 그들과 싸웠다. 추장 소모를 생포하여 마한에 보내고, 그 나머지는 모두 생매장하였다. 11월, 왕이 낙랑의 우두산성을 습격하기 위하여 구곡까지 갔다. 그러나 눈이 크게 내렸으므로 되돌아왔다.[2]

(7) 온조 22년(4) ; 9월, 왕이 1천 명의 기병을 거느리고 부현 동쪽 지방에서 사냥하다가, <말갈>의 적군을 만나 한 번 싸워서 깨뜨리고 이때 잡은 포로들을 장병들에게 나누어 주었다.

(8) 온조 40년(22) ; 가을 9월, <말갈>이 술천성을 침공하였다. 겨울 11월, <말갈>이 다시 부현성을 습격하여 백여 명을 죽이고 약탈하였다. 왕이 2백 명의 정예 기병을 보내 방어하였다.

(9) 다루 3년(30) ; 겨울 10월, 동부 흘우가 마수산 서쪽에서 <말갈>과 싸워 승리하였다. 이 전투에서 죽이거나 생포한 자가 매우 많았다. 왕이 기뻐하여 흘우에게 말 열필과 벼 5백석을 상으로 주었다.

(10) 다루 4년(31) ; 가을 8월, 고목성 곤우가 <말갈>과 싸워 크게 이겼다. 2백여명의 머리를 베었다.

(11) 다루 7년(34) ; 가을 9월, <말갈>이 마수성을 침공하여 함락시키고 불을 질러 백성들의 가옥을 태웠다. 겨울 10월, 그들이 또 병산책

---

2. 온조왕조 마지막 낙랑 기록으로 후발대가 요하유역을 떠나 한반도로의 이주가 끝났다.

을 습격하였다.

- 다루 10년(37); 겨울 10월, 우보 흘우를 좌보로 삼고, <북부>의 **眞會**로 우보를 삼았다.

(12) 다루 28년(55) ; 가을 8월, <말갈>이 북쪽 변경을 침범하였다.

(13) 기루 32년(108) ; 가을 7월, <말갈>이 우곡에 침입하여 주민들을 약탈하고 돌아갔다.

(14) 기루 49년(125) ; 신라가 <말갈>에게 침략을 당하자 서신을 보내와 구원병을 요청하였다. 왕이 다섯 명의 장수를 보내 구원하게 하였다.

- 지마이사금 14년; 백제가 신라를 도우려한다는 소문을 듣고 <말갈>이 물러났다.

## 나. 말갈의 2차 출현기 : 3세기 초에 85년 만에 출현

(15) 초고 45년(210) ; 겨울 10월, <말갈>이 사도성에 와서 공격하다가 이기지 못하자 성문에 불을 지르고 도망하였다.

(16) 초고 49년(214) ; 가을 9월, 북부의 **眞果**에게 명령하여 군사 1천 명을 거느리고 <말갈>의 석문성을 습격하여 빼앗게 하였다. 겨울 10월, <말갈>이 정예 기병을 거느리고 침입하여 우술천에 이르렀다. 왕이 사망하였다.

(17) 구수 3년(216) ; 가을 8월, <말갈>이 적현성에 와서 포위했으나 성주가 굳게 수비하니 적이 퇴각하였다. 왕이 정예 기병 8백 명을 거느리고 그들을 추격하여, 사도성 밖에서 격파하였는데, 죽이거나 사로잡은 적병이 많았다.

(18) 구수 7년(220) ; 겨울 10월, 왕성 서문에 화재가 났다. <말갈>이 북쪽 변경을 침략하므로 군사를 보내 방어하였다.

(19) 구수 16년(229) ; 11월, <말갈>이 우곡에 들어와 사람과 재물을 약탈하였다. 왕은 정예군 3백 명을 보내 방어하게 하였다. 그러나 적의 복병이 양쪽에서 협공하여 우리 군사가 대패하였다. - **약 20년**

**에 걸친 말갈과의 전쟁이 말갈의 승리로 끝남.**

(20) 고이 25년(258) ; **봄,** <말갈>의 추장 나갈이 좋은 말 10필을 바쳤다. 왕이 그 사자를 우대하여 돌려보냈다.

## 다. 말갈의 3차 출현기 : 4세기 말에 160년 만에 출현

(21) 진사 3년(387) ; 가을 9월, 관미령에서 <말갈>과 싸웠으나 승리하지 못했다.

(22) 진사 7년(391) ; 여름 4월, <말갈>이 북쪽 변경의 적현성을 공격하여 함락시켰다.

북부여에서 왕권투쟁에 패한 집단이 졸본부여로 이주한다. 그리고 그 이주자들의 지도자가 졸본부여 왕의 사위가 된다. 이후 졸본부여의 왕이 죽자 그 사위가 왕권을 계승하는데 이것이 동명왕[3]에 의한 고구려의 건국이다. 졸본부여 공주 출신인 왕비가 아들을 낳아 장성하자 세자로 임명하려고 하는데 북부여 출신들이 반대한다. 그리고 북부여에서 먼저 결혼하여 낳은 왕자를 데려오니 고구려에 왕위계승을 두고 내란이 벌어진다. 이 내란의 결과 북부여출신 왕자가 승리하여 고구려 2대왕이 되니 유리명왕이다.

내란 중에 동명왕은 죽고 왕비가 왕자들과 함께 자신을 따르는 백성들을 이끌고 남하하게 된다. BC 18년에 요하 하류에 이르러 고구려 동명왕의 사당을 세우니 이것이 백제의 건국이다. 고구려보다 백제가 먼저 동명왕의 사당을 세우는 것으로부터 내란 중에 죽은 동명왕이 자신의 후계자로 어느 쪽에 마음이 있었는지를 유추할 수 있다.

---

3. 동명성왕이란 국가의 아침을 연 왕이란 뜻으로 시조 또는 태조란 뜻이다.

고구려에서 왕권투쟁에서 패한 집단이 남하하는데 말갈이 계속 추격한다. 요하 상류의 졸본부여에서[4] 벌어진 왕권투쟁에서 패하여 요하 하류로 계속 남하하다가, 발해만에 이르러 바다에 막혀 더 이상 남하할 수 없자 배를 타고 한반도 중부로 들어온 것이다.[5] 당시는 육로가 아직 개발되지 않아 해로가 대규모 인원의 이동에 유리하였다. 온조왕조는 그 이동 기록이다. 백제는 건국 후 10년 만에 마한을 만나는데 이때 왕을 비롯한 주력은 이미 한반도에 들어왔다.

(4)번을 보면 건국 10년 만에 마한을 만나 마한왕에게 선물을 보내는데 이는 자신들이 한반도에 들어왔음을 알리는 것이다. 온조왕 13년조를 보면 왕이 천도한 이유를 설명하는데, 국가의 동쪽에 낙랑이 있고 북쪽에 말갈이 있어 괴롭힘을 당했기 때문이라고 한다. 백제가 요하를 따라 하류로 남하하는데 말갈군이 추격해왔기 말갈은 북쪽에 있는 것이고, 백제는 요하유역 낙랑군 지역의 서쪽에서 건국하였기 때문에 국가의 동쪽에 낙랑이 있는 것이다. 백제는 요하 하류에서 건국했으므로 최초 건국지는 요하 중류에 위치했던 낙랑군의 서남쪽이다.

백제의 주력이 한반도로 건너왔지만 잔여 세력이 아직 요하 하류에 남아있으므로 낙랑군에게 아직도 백제는 적이다. 낙랑군이 한반도로 이동한 백제의 주력을 공격하려면 대규모 선단을 이용하여 황해를 건너야 하는데 그럴 능력이 없다. 낙랑군은 요서에 남은 백제의 잔병을 공격할 수 있을 뿐이다. 반면에 말갈은 고구려 변방의 모든 곳에 위치한다. (5)번을 보면 낙랑군이 한반도의 백제를 공격

4. 『재조명1』 第6장 고구려의 건국, p. 113.
5. 『재조명1』 第7장 백제의 건국, p. 131.

하는 방법이 나오는데 한반도의 말갈을 시켜 대신 공격하게 하는 것이다.

해운능력이 있는 백제는 황해를 건너 요하유역의 낙랑군을 공격할 수 있으나 해운능력이 없는 낙랑군은 황해를 건너 한반도의 한강유역을 직접 공격하지 못한다는 것은 백제본기 분서왕 7년조를 통해서도 알 수 있다.

* 분서왕 7년(304); 봄 2월, 몰래 군사를 출동시켜 낙랑(군)의 서현을 습격하여 빼앗았다. 겨울 10월, 왕이 낙랑태수가 보낸 자객에 의하여 살해되었다.

바다를 건널 해운능력이 없는 낙랑군은 요서의 백제만 공격이 가능하지 한반도의 백제 수도에 대한 직접 공격이 불가능하다. 따라서 자객을 보내 백제를 공격할 수 있을 뿐이다.

* 온조왕 4년(BC 15); 가을 8월, 낙랑에 우호 사신을 보냈다.

  – 낙랑을 만남.

* 온조왕 17년(BC 2); 봄, 낙랑이 쳐들어와 위례성을 불살랐다. 여름 4월, 사당을 세우고 국모에게 제사를 지냈다.

  – 낙랑과 헤어짐.

백제 건국기록인 온조왕조를 보면 온조 4년에 낙랑군을 만나 온조 17년에 헤어지는데 처음 만났을 때 낙랑군에 우호 사신을 보내지만 낙랑태수는 강경하며 백제를 공격한다. 이는 백제가 고구려를 탈출한지 4년 후에 낙랑군 영내에 들어왔다는 뜻이다. 따라서 낙랑태수의 반응은 아주 자연스럽다.

진서에 따르면 4세기에 요서를 통치하던 전연의 모용황이 조선공의 작위를 받는데[6] 그 이유는 그곳이 과거에 고조선 영역이었기 때문이다. 삼국사기에 기록된 3세기 초 대방군 설치 후 한반도 중부지역으로의 대규모 민족 이동이 일어난 것을 보면 낙랑군 설치 후 어떤 일이 발생하였는지를 추정할 수 있다.

이후 백제는 낙랑군 영내에 14년 있다가 완전히 한반도 중부로 이주했다. 즉 이주에 14년이 걸렸다. 온조왕을 비롯한 주력은 온조 10년(BC 9)에 마한을 만날 때 이주하였다. 온조 17년 봄에 낙랑이 침입하여 수도인 위례성을 불살랐는데도 백제의 방어 기록이 없는데 이는 빈 성이었기 때문이다. 그 해에 사당을 세우고 국모를 제사지낸 것은 위례성이 한반도로 옮겨오며 한반도로의 이주를 완료했기 때문이다. 중국 사서에는 백제가 국초에 바다를 건넜다고 하고 있는데(初以百家濟海因號<百濟>) 백제라는 이름 자체가 백제의 건국기록이다.

(8)~(11)번을 보면 1세기 초에 10년 이상 장기적으로 북쪽에서 말갈인들이 대규모로 이주하고 있다. 그런데 전투에서 패한 말갈이 다시 북쪽으로 돌아갔다는 말이 없다. 이 말은 백제가 말갈 이주민들을 수도의 북쪽에 정착시켰다는 뜻이다. 그리고 나타나는 것이 백제본기 최초의 진씨인 진회인데 그를 북부출신이라고 하여 출신을 명기하였다. 진회는 이 당시 말갈 이주민의 지도자였던 것이다.

(16)번을 보면 진과를 북부출신이라고 하여 또 나온다. 백제의 북부는 말갈부였다. 眞씨는 한성백제의 왕비족이었으며, 국방을 담당하는 중요한 역할을 했고, 훗날 백제 8성대족의 하나였다. 이와 비슷한 경우가 신라본기에도 나온다.

---

6. 慕容皝 字元眞 廆第三子也. 龍顔版齒 身長七尺八寸 雄毅多權略 尙經學 善天文. 廆爲遼東公 立爲世子. 建武初 拜爲冠軍將軍 左賢王 封望平侯, 率衆征討累有功 太寧末 拜平北將軍 進封<朝鮮公>. -『晉書』慕容皝

- 내해 8년(203); 겨울 10월, <말갈>이 국경을 침범하였다.
- 내해 10년(205); 봄 2월, 眞忠을 일벌찬에 임명하여 국정에 참여시켰다.

내해이사금은 203년에 신라에 항복한 말갈군 지도자를 205년에 일벌찬으로 임명하여 국정에 참여시키고 있는 것이다. 이런 정책이 신라를 최후의 승자로 만들었다고 본다. 특히 내해 8년조의 기록은 사라진 말갈이 80년 만에 나타난 것인데, 신라본기가 기록한 대방군 설치 연도다. 이 말갈 기록은 대방인들이 공손씨의 대방군 설치를 피하여 한반도 중부로 몰려들어온 것을 신라인들의 입장에서 본 것이다.

## 3.3 태조왕조의 마한과 지마이사금조의 말갈

말갈이 백제를 계속 공격하다 (13)기루왕 32년(108)을 끝으로 더 이상 공격하지 않는다. 그리고 17년 후에 (14)기루왕 49년(125)에 말갈이 신라를 공격하자, 신라 지마이사금은 말갈을 방어하려하지 않고 대신에 백제 기루왕에게 사신을 보내 구원을 요청한다. 기루왕이 다섯 장군을 보내 신라를 구원한다는 소문이 돌자 말갈군은 싸우려 하지 않고 신라에서 철군했다는 것이다. 이 사건의 전후를 살펴보자.

고구려에서는 왕권투쟁에서 패한 동족을 남쪽으로 몰아내 백제를 건국하게 한 해씨 왕조가 끝나고 태조대왕(국조왕)에 의한 고씨 왕조가 수립된다. 중국에서는 왕망에 의한 新이 망하고 후한이 건국된다. 하지만 후한과의 사이가 안 좋아 요서에서 두 나라가 계속 충돌하고 고구려는 어려움을 겪는다. 고구려를 경계하던 부여는 후한에 밀착한 상태라서 자신들을 도와줄 나라는 한반도로 남하하여 백제라는 해양국가를 건국한 자신들의 동족뿐이었다.

비류가 건국한 금강유역의 진왕백제는 황해를 건너며 해양국가로 발전하였으나, 아직은 금강유역과 한강유역 등 마한지역만을 통치하고 있었고, 영산강유역을 비롯하여 진한지역과 변한지역은 사로국(신라)과 가야제국을 비롯한 여러 소국들이 독립된 상태였다. 북에서 말갈의 공격이 계속되는 한 삼한을 통합할 여력이 없었다.

온조가 세운 한성백제의 기루왕조는 52년까지 있는데 왕 1명의 기록이 아니고 2명의 기록이다. 이때는 진왕제 시기로 왕은 강력한 주변국과 혼인하여 공립될 때 백제왕의 시호를 받을 수 있었다. 당시 백제로부터 가까운 거리에 있는 강력한 나라는 신라였다. 백제는 기루왕 37년(113) 봄에 신라 지마이사금(2년)과 혼인하였다고 본다. 앞으로도 계속 나오는데, 백제와 신라 간에 봄에 친선 사절이 교환되면 국혼의 가능성을 따져보아야 한다.

이 전에는 백제왕이 사신을 보내는 것이 아니고 백제가 사신을 보냈다고 한 것으로부터 왕후를 세우지 못해 공립이 안 되었다는 것을 알 수 있다. 만일 이 다음에 백제에서 사신이 오면 이제는 백제왕의 사신이 왔다고 기록할 것이다. 기루왕조 앞부분을 통치한 왕은 공립되지 못하여 왕의 시호와 대수를 받지 못하고 뒤의 공립된 왕의 재위기간에 흡수되어 버렸다.[7]

진왕제는 개루왕으로 끝나고 166년에 즉위한 초고왕부터는 백제왕의 시호를 쓸 수 없는 진왕의 담로국이 된다. 한성백제가 다시 백제왕의 시호를 쓰게 되는 것은 거의 2백년이 지난 368년에 신라

---

7. 『재조명1』 제9장 고구려 3대왕과 백제 3루왕의 시대, p. 162.

내물이사금과 혼인한 근초고왕부터다.[8] 초고왕이 못한 것을 근초고왕이 해냈다.

다음은 2세기 초 삼국이 얽힌 사건의 시간적 진행이다.

(1) 백제, 기루 32년(108); 가을 7월, 말갈이 우곡에 침입하여 주민들을 약탈하고 돌아갔다.

▶ 말갈의 마지막 공격으로 이후 말갈의 공격이 사라짐.

(2) 고구려, 태조 59년(111); 漢에 사신을 보내 방물을 바치고 현토에 소속되기를 요청하였다. [「통감」에는 "이 해 3월에 고구려왕 宮이 예맥과 함께 현토를 침범하였다."고 기록되어 있는데, 한편으로는 속하기를 원하고, 다른 편으로는 침범한 것인지도 모르겠다. 아니면 어느 한 쪽이 잘못 기록한 것인가?]

(3) 신라, 지마 2년(113, 기루 37년); **봄 3월**, 백제가 사신을 보내 예방해왔다.

(4) 고구려, 태조 62년(114); 가을 8월, 왕이 남해를 순행하였다. 겨울 10월, 왕이 남해에서 돌아왔다.

(5) 고구려, 태조 66년(118); 여름 6월, 왕이 예맥과 함께 漢의 현토를 습격하여 화려성을 쳤다.

(6) 고구려, 태조 69년(121); 봄, 漢의 유주자사 풍환·현토태수 요광·요동태수 채풍 등이 군사를 거느리고 침입하여 예맥의 우두머리를 죽이고 무기와 말과 재물을 모두 약탈하였다. (후한과의 대규모 전투가 계속됨.) 겨울 12월, 왕이 <마한>과 예맥의 기병 1만여 명을 거느리고 현토성을 포위하였다. 부여왕이 아들 위구태를 시켜 군사 2만 명을 거느리고, 한의 군사와 힘을 합쳐 대항케 하니 우리 군사가

---

8. 근초고왕의 近이란 시기적으로 가깝다는 뜻도 있지만 '큰 초고왕'의 이두식 표기다.

크게 패하였다.

(7) 고구려, 태조 70년(122); 왕이 <마한>・예맥과 함께 요동을 공격하였다. 부여 왕이 군사를 파견하여 漢을 구원하고, 우리 군사를 격파하였다.

(8) 신라, 지마 14년(125); 봄 정월, 말갈이 북쪽 변경을 크게 공격하여 관리와 백성들을 죽이고 약탈했다. 가을 7월, 말갈이 다시 대령 책을 습격하고 이하를 넘어왔다. 왕은 백제에 글을 보내 구원을 요청하였다. 백제가 다섯 명의 장군을 보내 돕는다고 하니 말갈은 이 소문을 듣고 물러갔다.

이제 사건 전후가 보일 것이다. 후한의 압력을 받던 태조왕의 고구려는 동족인 백제를 끌어들이기로 한 것이다. 고구려 정부는 한강북부의 말갈군단에 명령을 내려 백제에 대한 공격을 중지시켰다. 그리고 태조왕이 친히 남쪽 바다를 2개월 동안이나 순행한다. 고구려사에 평시에 왕이 수도를 2달 동안 비우는 일은 없었다. 장기 순행은 대개 외국 방문인데 이것은 지금도 마찬가지다. 태조왕이 남쪽 바다를 다녀오자 마한 군대가 요서에 출현하여 고구려를 돕는다.

하지만 말갈의 신라에 대한 공격은 계속되는데 이번에는 신라정부가 말갈군을 막으려 하지 않고 대신 백제에 구원을 요청한다. 백제 기루왕이 다섯 장군을 보내 신라를 구원한다는 소문이 돌자 말갈군이 철군한다. 말갈군은 전투에서 물러섬이 없는데 소문만 듣고 철군한 것은 이것이 유일하다.

지마이사금은 요서에서 어떤 일이 일어나고 있는지를 잘 알고 있었고, 기루왕이 자신의 요청을 거절할 수 없다는 것도 잘 알고 있었다. 그 이유가 바로 (3)의 113년 봄의 친선 사신 기록이다. 진왕제에서는 강력한 소국과 혼인해야 공립이 되어 백제왕을 칭할 수 있는데 이것이 담로제로서 신라 왕실의 여인이면 자격이 충분한 것이다. 그리고 백제에서는 봄에 왕비를 세우기 때문인데 특히 춥지도 덥지도 않은 3월을 선호한다. 즉 (3)은 두 나라 사이의 혼인 기록이다.

말갈군 지휘부는 신라를 공격하는데 백제가 구원한다는 소문이 돌자 즉시 공격을 중단하고 고구려 정부에 연락병을 보내 상황을 보고하고 지시를 요청했을 것이다. 고구려 정부의 입장에서 지금 백제의 마한군이 도와주어 후한을 막는데 어떻게 백제의 의사를 거스를 수 있겠는가? 말갈군에게 철군명령을 내렸을 것이고, 다시 연락병은 한강유역으로 남하하여 말갈군 지휘부에게 고구려 정부의 철군지시를 전달했을 것이다.

여기서 중요한 것은 말갈군이 요동에서 한강유역까지 자유롭게 이동한다는 것이다. 그 중간에 존재하는 대동강유역의 낙랑은 고구려에게 전혀 문제가 되지 않았다. 이것은 대동강유역이 이미 고구려 세력권이라는 뜻이기도 하다. 삼국사기를 보면 대동강유역의 낙랑은 고구려 3대 대무신왕 때 이미 고구려 세력권에 편입되었다. 앞으로 낙랑사를 연구하는 사람은 고구려 태조왕조의 마한 기록과 함께 신라 지마이사금의 외교정책을 반드시 언급해야 할 것이다.

## 3.4 지마이사금의 부산지역 진출

삼국사기 신라본기를 보면 신라는 2세기 지마이사금 때 부산지역에 진출한다. 그리고는 일본서기를 보면 4백년이 지난 6세기 법흥왕 때 다시 임나가야에 진출한다. 다음이 지마이사금의 부산지역 임나가야로의 진출 기록이다.

- 지마이사금 10년(121) : 봄 2월, 대증산성을 쌓았다. 여름 4월, 왜인이 동쪽 변경을 침범하였다.
- 지마이사금 12년(123) : 봄 3월, 왜국과 강화하였다.

- 이후 80년 동안 왜와 전쟁이 없음

대증산성은 지금의 부산지역으로 신라군이 배를 타고 김해바다를 남하하여 상륙한 것이고, 성을 쌓는다는 것은 영속적인 지배의사를 보이는 것이다. 따라서 왜가 반격한 것은 당연하고, 결국 강화하게 되는데 80년 동안 왜와의 전쟁이 없는 것을 보면 이후 신라군은 부산지역에서 철수했다.

과연 2세기 초에 신라군이 부산지역에서 활동했는가에 대하여 일본서기에 관련 기록들이 있다. 1세기 중반에 가야가 건국된 후에 임나가야인들이 바다를 건너 100년에 구주에 국가를 건국하니 이것이 숭신에 의한 야마대국 건국이다. 2세기에 숭신－수인－경행－성무－중애의 5왕이 통치한 후 173년에 내란이 발생한다. 6년간의 내란이 끝나고 179년에 비미호라는 여왕이 즉위한다. 그 중에 숭신과 수인의 교체기에 대한 일본서기의 기록이다.

- 숭신 65년(115) : 가을 7월, 임나국이 소나갈질지를 파견하여 조공하였다. 임나는 축자국을 떠나 2천여리, 북으로 바다를 사이에 두고 계림의 서남에있다 (北阻海以在鷄林之西南).

- 일본서기

- 숭신 68년(116) : 겨울 12월, 천황이 무신삭 임자(5일)에 죽었다. 그때 나이가 120세였다. 다음해 가을 8월, 갑진삭 갑인(11일)에 산변도상릉에 장사지냈다.

- 일본서기

- 수인 2년(118) : 이 해에 임나인 소나갈질지(蘇那曷叱智)가 "나라에 돌아가고 싶다."고 청하였다. 아마도 선황의 시대에 알현하러 와서 아

> 직 돌아가지 않았던 것인가? 그래서 소나갈질지에게 융숭하게 상을 주었다. 아울러 붉은 비단 1백 필을 주어 임나왕에게 하사하였다. 그러나 신라인이 길을 막아 이것을 빼앗아버렸다. 양국(임나와 신라)의 원한이 이때 처음으로 생겼다.
>
> – 일본서기

숭신 65년조가 믿을만하다는 것은 임나에 관한 당시의 지리적 표현이 북쪽의 김해바다를 설명하고 있어서 합당하기 때문이다. 그런데 숭신이 죽어 소나갈질지라는 임나 사신이 조문사로 왔다가 돌아가다 신라군에게 붙들려 왜국에서 받은 선물을 뺏겼다는 것이다.

신라본기와 비교해보면 소나갈질지가 떠날 때는 신라인들이 부산 부근에 온 것을 알지 못했다. 따라서 신라는 116~117년에 부산일대에 상륙하였고, 118년에 왜국에 다녀오던 소나갈질지를 만났으며, 121년에 대증산성을 쌓고 장기 주둔을 꾀했으나, 임나의 저항에 부딪혀 123년에 왜국과 강화를 맺고 부산지역에서 철수한 것으로 볼 수 있다. 이후 신라가 부산지역에 다시 오는 것은 이로부터 4백년이 지난 6세기 법흥왕 때다.

## 3.5 수인천황조의 천일창 이주

경주시대 1~2세기 박씨 4왕이 파사–지마–일성–아달라이사금이다. 이 중에 마지막 두 왕인 일성–아달라 시기는 남쪽 전선이 안정되어 왜나 가야로부터 공격이 없다. 대신 말갈이나 한성백제 등 북쪽 세력들과의 갈등이 있다. 임나 사신 소나갈질지가 야마대에서 받은 선물을 신라군에게 뺏긴 사건이 발생한 다음 해에 신라에서 천일창(天日槍)이라는 왕자가 많은 선물을 가지고 야마대에 도착한다.

* 수인 3년(119) : 봄 3월, 신라왕자 천일창이 건너왔다. 가지고 온 물건은 우태옥(羽太玉) 한 개, 족고옥(足高玉) 한 개, 제록록(鵜鹿鹿)의 적석옥(赤石玉) 한 개, 출석(出石)의 소도(小刀) 한 구, 출석의 창 한 자루, 일경(日鏡) 한 면, 웅신리(熊神籬) 한 구 등 모두 7가지 물건이었다. 곧 단마국(但馬國)에 간직하고 항상 신물(神物)로 삼았다.

어떤 책에서는 말하길, 처음에 천일창이 배를 타고 파마국(播磨國)에 정박하여 육속읍(宍粟邑)에 있었다. 이때 천황이 삼륜군(三輪君)의 선조 대우주(大友主)와 왜직(倭直)의 선조 장오시(長尾市)를 파마에 보내어 천일창에게 "그대는 누구인가? 또 어느 나라 사람인가?"라고 물었다. 천일창이 "저는 신라국의 왕자입니다. 그러나 일본국에 聖皇이 계시다는 것을 듣고 저의 나라를 아우 知古에게 주고 귀화하였습니다."라고 대답하였다. 그리고 바친 물건은 엽세주(葉細珠), 족고주(足高珠), 제록록(鵜鹿鹿)의 적석주(赤石珠), 출석의 칼, 출석의 창, 일경, 웅신리, 협천(膽狹淺)의 큰 칼 등 모두 8가지 물건이었다.

\- 일본서기

수인 3년이면 신라 지마이사금 8년인 119년이다. 천일창이 가져온 물건들을 보면 3세기 이전 일본 야요이시대를 대표하는 유물들이어서 천일창 기록은 신빙성이 높다. 천일창이 말하기를 자신의 동생이 신라왕이라고 하였다. 이 부근 박씨 왕 4명의 왕자 기록들을 보면 다음과 같다.

· 5대 파사이사금 : 유리왕 第二子, 혹은 유리의 아우 나로의 아들
· 6대 지마이사금 : 파사왕 嫡子
· 7대 일성이사금 : 유리왕 長子, 혹은 일지갈문왕의 아들
· 8대 아달라이금 : 일성왕 長子

삼국사기 신라본기에는 嫡子라는 표현을 한 왕이 3명 나온다.

남해차차웅, 지마이사금, 그리고 혜공왕이다.

(1) 南解次次雄立 [次次雄或云慈充]. 赫居世**嫡子**也. 身長大 性沈厚 多智略.
母閼英夫人, 妃雲帝夫人.[一云 阿婁夫人]

(2) 祗摩尼師今立 [或云 祇味] 婆娑王**嫡子**.
母史省夫人, 妃金氏愛禮夫人, 葛文王摩帝之女也.

(3) 惠恭王立. 諱乾運, 景德王之**嫡子**.
母金氏滿月夫人, 舒弗邯義忠之女. 王卽位時年八歲, 太后攝政.

적자란 정실부인의 아들이란 말로서 서자가 아니라는 말이다. 당연한 것을 왜 이렇게 썼는지 의아해할 수 있는데 이는 즉위과정이 순탄하지 않았다는 뜻이다. 즉 본래는 서열상 왕이 될 입장이 아니었지만 힘으로 즉위한 경우다.

남해차차웅은 왕이 된 이유가 심성이 후하고 지략이 뛰어났기 때문이라는 것인데 이는 본래 왕이 될 입장이 아니었다는 뜻이다. 남해차차웅은 건국에 가장 공이 큰 왕자가 아니었는가 생각된다. 아버지인 혁거세는 그에게 왕위를 줄 생각이 없었지만 훗날 조선의 태종처럼 힘으로 즉위한 경우다.

지마이사금은 파사이사금의 아들인데 그의 외가에 대한 서술이 장황하다. 이는 왕이 될 입장이 아니었지만 장인인 갈문왕 마제의 힘으로 즉위했다는 뜻이다. 갈문왕은 본래 박씨 신라의 제도인데 이 제도가 죽 이어졌다. 지증왕 초기인 503년에 세워진 포항 냉수리 신라비를 보면 지증왕을 至都盧葛文王이라고 호칭하고 있어 갈문왕 출신 왕이었다는 것을 알 수 있다.

혜공왕은 확실히 외가의 힘으로 즉위하였다. 혜공왕때 여러 번 반란이 일어나는데 그 원인 중의 하나도 보수적 신분사회였던 신라에서 본래 왕이 될 입장이 아니었던 그의 정통성이 문제가 된 것이다.

천일창이 자신의 아우 지고가 신라의 왕이라고 하였는데 '지고'와 '지마'는 '지'라는 발음도 같다. 지마이사금이 적자인 것으로 보아 천일창이 그의 형인데, 천일창은 왕위에서 밀려나 있다가 외교사절이 되어 자신을 따르는 백성을 데리고 왜국으로 이주한 것으로 보인다.

# 4장

# 아달라이사금과 초고왕의 시대

## 4.1 한성백제의 국명 변경

[질문자] 『삼한사의 재조명』에서 삼한 소국은 망해서 韓에 들어가면 국명을 변경해야 하는데 그 근거로 신라가 3세기 말에 망해서 韓의 변진한에 들어가자 4세기 초에 사로국에서 신라로 국명을 변경한 것을 들었습니다.

그렇다면 한성백제도 역시 韓의 마한에 들어가는 2세기 초고왕 때 국호를 변경해야 하는 것 아닙니까? 변경한다면 무엇으로 변경했습니까?

이 질문의 내용은 신라의 진한시대 기록인 다음에 해당한다.

- 기림이사금 10년(307); 국호를 다시 신라로 변경하였다.

신라가 진왕이 통치하는 진한에 들어가며 국호를 변경한 것으로 왜 파사이사금조에 나오는 여러 변진한 국가들의 이름이 삼국지 동이전 변진한조에 안 나오는지를 알 수 있는 대목이다. 파사이사금조에는 아직 변진한에 들어가기 전이고, 삼국지는 변진한에 들어간 다음이라서 국명이 다른 것이다. 대표적인 예가 가야제국으로 삼국지 변진한조에는 가야(가라)라는 이름의 국가가 없다. 이때는 가야가 삼국사기에서 사라진 시점이므로 두 사서의 기록이 동일하다.

5세기 이전 삼국사기 신라본기를 보다 보면 어떤 경우는 백제의 사신이 왔다고 하고, 어떤 경우는 백제왕의 사신이 왔다고 한다. 몇 개의 예를 들면 다음과 같다.

- 첨해 15년(261); **봄** 3월, <백제>가 사신을 보내 화친을 요청하였으나 허락하지 않았다.(고이왕)

- 유례 3년(286); **봄** 정월, <백제>가 사신을 파견하여 화친을 요청하였다.(고이왕)
- 내물 13년(368); **봄**, <백제>가 사신을 보내 **좋은 말** 두 필을 바쳤다.(근초고왕)
- 내물 18년(373); 백제 독산성주가 백성 3백 명을 이끌고 투항하였다. 왕은 이들을 받아 들여 6부에 나누어 살게 하였다. <백제왕>은 "두 나라가 화목하여 형제처럼 지내기로 약속하였다.(근초고왕)
- 눌지 17년(433); 가을 7월, <백제>가 사신을 파견하여 화친을 요청하였으므로 이에 응하였다.(비유왕)
- 눌지 18년(434); **봄** 2월, <백제왕>이 **좋은 말** 두 필을 보내왔다.(비유왕)

신라본기를 보면 국초의 온조에서 3루왕 시대까지는 백제왕이라 부른다. 그러다 초고왕대부터는 백제라고 부른다. 그리고 근초고왕 후반 이후에는 다시 백제왕이라고 부른다. 5세기에는 백제와 백제왕이 섞여 있다가, 5세기 후반 웅진천도 이후에는 모두 백제왕이다.

만일 박원순 서울시장이 중국에 사신을 보내면 중국 기록에 무엇이라고 적을까? 답은 '대한민국에서 사신을 보냈다.'다. 여기에 '대한민국 대통령'이 사신을 보냈다고 하면 오류가 된다. 이제 문재인 대통령이 중국에 사신을 보냈다고 치자. 그러면 중국 기록에 무엇이라고 적을까? 답은 '대한민국 대통령이 사신을 보냈다.'다. 그리고 만일 박원순 서울시장이 대통령이 되었다고 하면 취임 후에는 '대한민국 대통령이 사신을 보냈다.'다. 즉 중간에 호칭이 바뀌는 것이다. 이렇게 일정한 원칙에 따라 쓰는 것이다.

당시 백제는 진왕제 국가였다. 한성백제는 왕이 공립되지 못하면 공식문서에서 백제왕을 칭할 수 없었다. 단지 백제를 구성하는 마한의 한 소국 지도자로서 한 명의 侯王이었다. 왕비 역시 后라는 글자를 쓸 수 없었고, 국호 역시 百濟를 사용할 수 없었다. 목지국 진왕만이 국호 百濟와 왕비에게 后를 사용할 수 있었다. 왕후가 백제본기 근초고왕조에 딱 한 번 나오는데 그것이 한 예다. 이것이 백제본기에서 대부분의 왕비 기록이 삭제된 이유다. 대신 백제본기에 봄에 외국과의 친선 사신 기록이 나오면 왕비의 존재와 출신을 추정하는 것이다.

그러면 초고왕이 百濟 대신에 어떤 국호를 사용했을까? 신라를 보면 진한에 들어간 후 사로국에서 신라로 변경한다. 즉 아무 국호로나 변경하지 않고 무엇인가 관련이 있는, 즉 발음이 비슷하면서도 의미도 있는 글자로 변경한다는 것이다. 따라서 百濟와 발음이 비슷하면서도 다소 뜻이 연결되는 한자로 변경했을 것이다.

유력한 가능성은 百濟 두 글자 중에서 한 글자를 바꾸는 것이다. 어느 글자를 바꾸었을까? 가장 먼저 생각나는 것은 큰 집인 목지국이 百濟이므로, 濟를 그냥 두고 크다는 뜻인 百자를 작은 집이라는 뜻에서 十자로 바꾸었지 않았을까?

그렇지 않고 발음을 우선시한다면 (흰)白, (맏)伯, (비단)帛, (나무이름)栢 등이 있는데, 白이나 栢은 의미상 쓸 수 없고, 그래도 의미가 좋은 伯자나 帛자로 바꾸지 않았을까? 만일 초고왕이 伯나 帛 중에 하나를 고른다면 무슨 글자를 골랐을까? 百과 조금이라도 비슷한 伯자 아니었을까?

신라가 근초고왕의 사신에 대하여 처음에는 백제 사신이라고 부른 것은 그가 백제왕이 아니었기 때문이다. 그러다 368년에 신라 왕실의 여인을 왕비로 세우고 共立되자 그 이후에는 백제왕의 사신이라고 기록한 것이다. 368년에 근초고왕이 공립되었다는 뜻은 그 해에 황해도와 경기도와 강원도 일대의 모든 지역이 근초고왕의 臣

民이 되었다는 뜻이다. 고구려의 입장에서 자신들의 屬民이었던 지역이 정치적으로 한성백제의 신민이 되었으니 분노하는 것은 당연하다. 그 다음해인 369년에 고국원왕이 군사를 몰아 남하한다.

5세기 이전 백제본기에 말을 선물로 주고받는 기록이 3세기에 1번, 4세기에 1번, 그리고 5세기에 한 번 나오는데 모두 국혼 선물이다. 선물의 계절도 모두 봄으로써 기록에 일관성이 있다.

백제사에서 어느 왕을 가장 낮게 평가했을까? 그것은 초고왕이라고 본다. 삼국사기 백제본기 기본적으로 모든 왕에 대하여 출신이나 외모, 성격 등에 대하여 미사여구를 붙여 설명하고 있으나 초고왕에 대해서는 아무 말도 않고 침묵으로 일관하고 있다. 무려 49년이라는 장구한 세월을 재위하였으면서도 왕비를 세우지 못해 더 이상 백제왕을 칭하지 못하고 마한의 1국이 되었기 때문이다.

[복습문제]

다음 5세기 이전 백제왕들과 그 성격에 맞는 삼국사기의 표현을 연결하시오.

(가) 의지와 기품이 웅대하였다.
(나) 책략이 뛰어났다
(다) 도량이 너그럽고 크며 위엄과 신망이 있었다.
(라) 언변이 뛰어났다
(마) 원대한 식견이 있었다.
(바) 너그럽고 인자하였다.
(사) 사소한 일에 마음을 두지 않았다.
(아) 성격이 공손하였다.

**보기**

[1] 다루왕 [2] 기루왕
[3] 개루왕 [4] 책계왕

[5] 비류왕　　　　　　[6] 근초고왕
[7] 진사왕　　　　　　[8] 비유왕

**답안의 예**

(라)의 언변이 뛰어났다는 것은 핑계를 대야 할 일이 생겼다는 것으로서 왕통이 교체될 때 나타나는 것이 보통이다. 백제의 왕통교체라면 고이왕과 비유왕인데 보기에 비유왕만 나오므로 답은 비유왕이다.

## 4.2 일성이사금이 본 진왕의 진한지역 통합

[질문자] 삼국사기 신라본기 일성이사금 9년조를 보면 왕이 말갈을 공격하려 하자 신하들이 불가하다고 반대합니다. 불가한 이유가 무엇입니까?

* 일성이사금 9년(142); 가을 7월, 왕이 여러 신하들을 불러 말갈을 공격할 것을 논의하였으나 이찬 웅선이 불가하다고 아뢰자 이를 중지하였다.

[一道安士] 그 이유가 후한서, 삼국지, 그리고 바로 다음 왕인 아달라이사금조에 나옵니다.

3세시 전반과 중반의 한반도 모습을 그린 후한서와 삼국지를 보면 진왕이 통치하는 삼한체제가 갖추어져 있다. 즉 한반도에서 변진한의 사로국(신라)과 우유국(울릉도 추정)을 제외한 모든 소국이 진왕체제에 들어가 있는 것이다. 삼국사기를 보면 신라는 백제 및 왜와 싸우고 있어 사로국은 삼한체제에 들어가지 않았다는 삼국지의 기록이 정확함을 알 수 있다. 그러면 한은 언제 삼한체제를 완성했을까? 그에 관한 논의를 위하여 [표 3.1]에 신라와 중국 왕조 비교표

| 중국왕조 | | 신라 | | 주요사건 |
|---|---|---|---|---|
| 후한 | 안제(107-125) | 박씨 | 지마이사금(112-134) | 여제 밀월 시대 시작 |
| | 순제(125-144) | | 일성이사금(134-154) | |
| | 환제(147-168) | | 아달라이사금(154-184) | 중부 통합 (한예강성) |
| | 영제(168-189) | | | |
| | 헌제(189-220) | 석씨 | 벌휴이사금(184-196) | |
| 조위 | 문제(220-226) | | 내해이사금(196-230) | 남부 통합 (가야멸망) |
| | 명제(226-239) | | 조분이사금(230-247) | |

**표 3.1** 신라와 중국왕조의 왕력 비교표

를 만들었다.

2세기 지마이사금때 목지국 진왕은 요서에 군대를 파견하여 고구려를 돕는데 당시는 삼한 중에 마한의 일부인 한강유역과 금강유역만 통치하고 있어 마한 군대만 보낼 수 있었다. 내해이사금 시기에 한반도 남부가 진왕의 통치하에 들어간다. 3세기 초의 칠지도는 진왕의 삼한체제 완성을 뜻하는 상징물이다. 百濟란 본래 목지국의 국호였다. 따라서 후한서와 삼국지가 기록한 삼한체제는 2세기 중반부터 3세기 초반에 완성된 것을 알 수 있다.

진왕이 요서에 군대를 파견하여 고구려를 도운 이유는 단순히 말갈의 공격을 멈추기 위해서 뿐만 아니라 삼한을 통합하기 위한 것이었다. 이때부터 4세기 중반까지 고구려와 백제의 밀월시기가 계속된다. 그 기간인 2~4세기에 두 나라 사이에 많은 친선 사신이 왕래하였음은 일본서기로 알 수 있다.

3세기 내해이사금 시기에 진왕은 낙동강유역의 가야제국을 멸망시키고 영산강유역과 제주도를 흡수하여 한반도 남부를 통합한다. 그러면 한반도 중부인 진한지역은 언제 통합했을까? 그에 대한 기록이 일성-아달라-벌휴이사금조에 있다. 일성이사금은 진왕에 의

한 진한지역 통합이 시작되는 것을 목격한 사람으로 그의 주요 기록은 다음과 같다. 삼국사기 초기 왕들 중에 일성이사금처럼 거의 매년 기록이 다 있는 경우는 보기 힘들다. 반면에 백제본기는 개루 왕조의 33년이라는 긴 기록 공백이 이어진다.

(1) 일성이사금이 왕위에 올랐다. 그는 유리왕의 長子다.[혹은 日知葛文王의 아들이라고도 한다.] 왕비는 박씨인데 支所禮王의 딸이다.

(2) 일성 원년(134); 9월, 죄수들을 크게 사면하였다.

(3) 일성 2년(135); 봄 정월, 왕이 직접 시조묘에 제사를 지냈다.

(4) 일성 3년(136); 봄 정월, 웅선을 이찬에 임명하고, 중앙과 지방의 군사 일을 겸하여 맡아보게 하였다. 근종을 일길찬으로 삼았다.

(5) 일성 4년(137); 봄 2월, 말갈이 국경을 침범하여 長嶺의 다섯 곳의 책을 불태웠다.

(6) 일성 5년(138); 봄 2월, 금성에 政事堂을 설치하였다. 가을 7월, 알천 서쪽에서 군대를 크게 사열하였다(大閱<閼川>西). 겨울 10월, 왕이 북쪽으로 순행하고, 태백산에서 직접 제사를 지냈다.

(7) 일성 6년(139); 가을 7월, 서리가 내려 콩이 죽었다. 8월, 말갈이 長嶺을 습격하여 약탈하고 주민들을 잡아갔다. 겨울 10월, 말갈이 다시 습격해왔으나 눈이 심하게 내리자 물러갔다.

(8) 일성 7년(140); 봄 2월, 長嶺에 목책을 세워 말갈을 방어하였다.

(9) 일성 9년(142); 가을 7월, 왕이 여러 신하들을 불러 말갈을 공격할 것을 논의하였으나 이찬 웅선이 불가하다고 아뢰자 이를 중지하였다.(召群公議征<靺鞨> 伊湌<雄宣>上言: “不可” 乃止)

(10) 일성 10년(143); 봄 2월, 궁실을 수리하였다(修葺宮室).

(11) 일성 11년(144); 봄 2월, 왕이 “농사는 정치의 근본이요, 먹는 것은 백성들에게 하늘처럼 귀중한 것이다.(農者政本 食惟民天) 모든 주와

군에서는 제방을 수리하고 밭과 들을 개간하여 넓히라"는 명령을 내렸다. 또한 "민간에서 금·은·주옥의 사용을 금하라"는 명령을 내렸다.

(12) 일성 12년(145); 봄과 여름에 가뭄이 들었다. 남쪽 지방이 가장 심하여 백성들이 굶주렸으므로, 식량을 운반하여 그들에게 공급하였다.

(13) 일성 13년(146); 겨울 10월, 압독이 반하자(押督叛) 군사를 보내 평정하고 남은 무리들을 남쪽 지방으로 옮겼다.

(14) 일성 14년(147); 가을 7월, 신하들에게 명하여 장수가 될 만한 지혜와 용맹을 갖춘 자를 각각 천거하게 하였다.

(15) 일성 15년(148); 박아도를 갈문왕에 봉했다.[신라에서는 추봉한 왕을 모두 갈문왕이라고 부르는데, 그 의미는 확실하지 않다.]

(16) 일성 16년(149); 봄 정월, 득훈을 사찬, 선충을 내마로 삼았다. 겨울 11월, 우레가 있었고, 서울에 전염병이 크게 돌았다.

(17) 일성 18년(151); 봄 2월, 이찬 웅선이 죽자, 대선을 이찬으로 임명하고 중앙과 지방의 군사 일을 겸하여 맡아보게 하였다

(18) 일성 20년(153); 겨울 10월, 궁궐 대문에 불이 났다.

(19) 일성 21년(154); 봄 2월, 왕이 죽었다.

## 해설

[1][15] 갈문왕이란 조선시대의 대원군이나 부원군 같은 의미로 생각된다.

[5]~[8] 선왕인 지마이사금이 외교를 잘 하여 한성백제와의 분쟁도 없고 임나(신라본기의 왜)를 비롯한 가야제국과도 분쟁이 없다. 그런데 북쪽에서 말갈이 공격해오고 북쪽 국경이

장령이라는 고개다. 그런데 요서에 마한이 출현하여 고구려를 도운 이후 백제본기를 보면 말갈은 백제는 공격하지 않는다. 고구려와 웅진백제간의 밀월시대가 도래한 것이다.

[9] 일성 9년과 일성 13년 기록이 일성이사금조의 핵심이다. 왕과 신하가 문답을 하는데 신하가 안 된다고 한다. 그러면 당연히 왕은 그 이유를 묻고 신하는 답변을 해야 한다. 그런데 대화의 중간이 잘려나갔다. 구삼국사 편집진이 본 사료에는 이유가 적혀있었을 것이다. 하지만 진왕관련 기록이라 삭제했을 것이다. 그 이유는, '말갈을 치려면 진한지역을 통과해야 하는데 그 지역 소국들이 진왕에 복속하고 있어 불가합니다.'였을 것이다.

신라가 진한지역을 통과하려면 감당하기 어려운 엄청난 군사력이 필요한 것이다. 다음 왕인 아달라이사금 때 진한지역을 뚫고 한강유역을 공격하게 되는데, 왜 일성이사금 당시 이찬 웅선이 불가하다고 하였는지 이해가 된다.[1]

[10]~[12] 왕의 권위를 높이고 백성들을 구제하여 진한지역을 두고 웅진백제와 경쟁하고 있는 것이다.

[13] 당시 고구려는 요동의 낙랑군을 통과할 수 없어서 요서에 진출할 수 없었다. 하지만 대동강의 낙랑은 2세기 이후 고구려의 영향 하에 있어서 말갈군이 자유롭게 통과하고 있다. 고구려가 백제의 진한지역 통합을 지원하는 것이다. 통합이란 진한지역 소국들로 하여금 진왕을 따르도록 하는

---

1. 『재조명1』 제10장, 3 삼한체제의 확립시기, p. 191.

것이다. 그 중에 이전에 신라를 따르던 소국들도 있었는데 압독국에 대해서는 신라가 참지 못하고 군대를 보내 평정한다.

신라에 자연재해가 많은 것으로부터 당시 진한지역 소국들이 먹고 살기 어려워 이를 해결해주겠다는 진왕을 따른 것으로 보인다. 즉 진왕의 진한지역 통합은 군사력보다 경제력으로 이루어졌다고 본다.

[14]~[17] 신라가 위기를 느끼고 있다. 일성과 아달라 시기에 진한지역을 통합하는 웅진백제를 보고 중국 사서는 환제와 영제 시기에 한예가 강성해져 자신들이 제어할 수 없다고 하였다. 후한은 대동강유역의 낙랑을 이용하여 삼한 소국들에게 영향을 미치고 싶어 했기 때문에 진왕의 웅진백제가 세력이 커지는 것을 못 마땅하게 생각한 것이지만자신들이 대혼란기라서 어쩔 수 없었다. 2세기 후반 한예강성 기록의 정확함은 이후 3세기에 중부 이하 한반도를 진왕이 통치하고 있음으로서 확인한다.

신라는 일성이사금 이후 아달라이사금과 조분이사금때 진한지역에 진출하고 소문국을 쳐서 반격한다. 하지만 이미 대세가 크게 기울어 3세기 중반에 신라(사로국)와 우유국만 웅진백제의 통치에 들어가지 않고 남았다.

[18][19] 일성이사금의 퇴위가 자연사가 아닐 가능성을 준다.

## 4.3 아달라이사금의 한강유역 공격과 석씨 왕통의 수립

[문제] 고대 그리스의 아테네는 2천 명의 군사를 가지고 있다. 페르시아가 아테네를 공격하여 정복하려면 어느 정도의 군사가 필요할까?

[一道安士] 이에 대하여 공격군이 수비군보다 2~3배의 군사가 필요하므로 페르시아가 아테네를 정복하려면 5천 명 정도가 필요하다고 답변할 사람은 아마 없을 것이다. 그리스에는 아테네 외에도 스파르타, 테베, 코린트, 마케도니아, ... 등 여러 소국들이 있어서 아테네를 정복하려면 이들 소국 전체와 맞서야 하므로 적어도 2천 명의 10배 이상인 2만~3만 명은 필요할 것이기 때문이다.

삼국사기 백제본기를 보면 초고왕 무렵 백제의 군사규모는 1~2천 명에 불과하다. 하지만 한강유역에서 15~20개 정도의 마한소국이 있었을 것이므로 신라가 초고왕의 백제를 공격하려면 2~3만명 규모의 군대가 필요하다.

박씨 마지막 왕인 아달라이사금은 31년을 통치했는데 그의 재위기간은 크게 셋으로 나뉜다.

### 가. 정복기

- 아달라 원년(154); 계원을 이찬으로 삼아 국정을 맡김
- 아달라 2년(155); 흥선을 일길찬으로 임명
- 아달라 3년(156); 계립령 설치
- 아달라 4년(157); 감물현, 마산현 설치, 장령진 순행
- 아달라 5년(158); 죽령 설치
- 아달라 9년(162); 사도성 순행

## 나. 내란기

· 아달라 11년(164); 봄 2월, 수도에 용 출현

· 아달라 12년(165); 겨울 10월, 아찬 길선이 반역을 도모하다가 발각되자 처형을 두려워하여 백제로 도망갔다. 왕이 글을 보내 그를 넘겨줄 것을 요구했으나 백제가 응하지 않았다. 왕이 노하여 군사를 보내 백제를 공격하자, 백제는 성을 닫고 굳게 지키며 나오지 않았다. 우리 군사는 식량이 떨어져 돌아왔다.

· 아달라 14년(167); 가을 7월, 백제가 서쪽의 두 성을 격파하고 주민 1천명을 잡아 갔다. 8월, 일길찬 흥선으로 하여금 군사 2만을 거느리고 그들을 공격하게 하였다. 또한 왕은 기병 8천을 거느리고 한수를 건너 그 곳에 도착하였다. 백제는 크게 두려워하여 잡아갔던 남녀를 돌려주고 화친을 청했다.

· 아달라 15년(168); 계원이 죽어 흥선을 이찬으로 삼음

· 아달라 19년(172); 정월, 구도를 파진찬, 구수혜를 일길찬으로 삼음, 2월, 시조묘에 변고

## 다. 침묵기

· 아달라 20년(173); 왜 여왕 비미호의 사신 방문

· 아달라 31년(184); 봄 3월, 왕이 죽었다.

일성이사금 때까지는 잔잔했던 신라가 아달라이사금 첫 10년 동안에 갑자기 주변 지역에 대한 대대적인 정복사업을 통해 영토를 늘린다. 갑자기 군사력이 커졌는데 2세기 중반 후한시대 혼란이 시작되자 양자강유역에서 대규모 이민이 들어온 결과로 본다. 아달라는 몽골어로 '아버지' 또는 '지도자'라는 의미라고 한다. 5세기 훈족왕 아틸라의 이름도 같은 의미다. 신라의 정복사업 결과 많은 이주민이 발생했을 것이다. 신라의 정복을 피해 왜국으로 피신했다고

하는 연오랑-세오녀 설화는 그 한 예다.

두 번째 10년은 내란기인데 신라 군사력의 실체가 드러난다. 신라군이 한성백제 도성까지 육박한 것은 이때가 처음이다. 이후 6세기 중반까지 신라는 백제에 눌려있게 된다. 백제를 공격하는데 2만 8천 명의 대군이 동원되는데 이는 신라 인구가 백만 명은 된다는 뜻이다. 그런데 군대 전체를 왕이 지휘하는 것이 아니라, 2만 대군은 훗날의 벌휴이사금으로 추정되는 흥선이 지휘하고, 이어서 왕이 8천 기병대를 이끌고 간다. 이 말은 앞의 2만 군대는 친 석씨 군대고, 뒤의 8천 군대는 친 박씨 군대라는 뜻이다. 한강유역 회군 후 흥선의 2만 대군이 아달라이사금의 8천 기병대를 제압함으로써 석씨 왕통이 수립되었다고 본다.

아달라 11년에 수도에 용이 출현했다는 것은 지배층 내부에 변고가 발생한 것이다. 모반에 실패한 길선이 한성백제로 달아난 것은 그의 딸이 한성백제의 왕비였기 때문이다. 당시 백제본기 개루왕조는 앞의 5년을 재위한 왕은 왕비를 세우고 공립되어 백제왕의 대수와 시호를 받았다. 하지만 뒤의 34년을 통치한 왕은 길선의 딸을 왕비로 맞아 공립되려고 했으나, 그만 실패하여 왕의 대수와 시호를 못 받은 것이다. 그리고 이전에 공립된 개루왕의 통치기간에 흡수되어버린 것이다.

만일 길선의 모반이 성공하였으면 신라는 어떻게 되었을까? 그것은 4세기의 신라본기와 백제본기에 나온다. 기림이사금조의 장흔, 흘해이사금조의 급리, 비류왕조의 진의처럼 왕은 실권을 상실하고 명목상의 통치자가 되며, 장흔이나 급리나 진의가 승진하여 엄지(臣智)가 되어 국가를 통치하게 되는 것이다. 동시에 장흔이나 급리는 변진한지역 최대 세력가인 왜왕에게, 진의는 마한지역 최대 세력가인 웅진백제 진왕에게 자신의 딸을 시집보내는 것이다. 이것이 담로제다.

아달라이사금 19년 정월에 구도와 구수혜라는 인물이 등장하여 정부 요직을 차지하는데 이들은 모두 석씨거나 친 석씨계열일 것이다. 그리고 바로 다음 달에 시조인 박혁거세 묘에 변고가 생겼는데 이는 박씨 왕통이 끝났다는 뜻이다. 이후 죽을 때까지 10년 동안 기록이 없는데 아달라이사금은 유폐상태가 아니었는가 생각된다.

아달라이사금 20년의 왜 여왕 비미호의 사신 기록으로 마지막 기록인데,[2] 당시 야마대국 왕비였던 비미호는 왕이 죽어 자신이 왕이 되었으나 내란이 발발하여 급히 누군가의 도움이 필요한 시점이었다. 비미호의 사신이 신라에서 본 것은 실권을 상실한 아달라이사금이었을 것이다. 6년간의 내란이 끝나고 179년에 비미호가 야마대 왕으로 즉위한다.

## 4.4 삼국사기로 보는 2세기 후반 왜국 대란

중국 사서는 2세기 왜국 대란에 대하여 여러 가지 기록을 남기고 있다. 그 이유는 3세기에 만난 왜국 관리가 2세기 왜국 대란을 겪은 사람들의 후예여서 그에 대한 정보를 주었기 때문이다. 중국 사서가 남긴 2세기 왜국 대란의 시기는 아래와 같다.

---

2. 삼국사기 신라본기 阿達羅尼師今 20年(173); 夏五月, <倭>女王<卑彌乎>遣使來聘.

## 가. 후한서

: 환제(146~167), 영제(167~189)

환제(146-167)와 영제(168-189) 사이에 왜국에 큰 난이 있어 서로 공격하고 벌하니 그 여러해 동안 주인이 없었다. 한 여자가 있으니 이름이 '비미호'로 나이가 많으나 시집을 가지 않았다. 귀신의 도를 부리고 능히 기이하여 이로써 무리를 미혹케 하니 이로써 함께 왕으로 추대하였다.

## 나. 삼국지

: 환제(146~167), 영제(167~189)

그 나라(야마대국)는 본래 남자가 왕이었다. 70-80년 후에 왜국에 난이 있어 서로 공격하고 벌하며 지내다가 함께 여자를 왕으로 세웠다. 일명 '비미호'로 귀신을 부리고 능히 백성을 미혹케 하여 이미 성인인데도 남편이 없다. 남자 동생이 있어 나라를 다스림을 도왔다.

## 다. 양서, 북사, 위지

: 영제 광화중(178~183)에 왜국에 난이 있었다.

## 라. 일본 中平刀 명문

: 중평(184~189) 이전에 왜국 대란이 끝났다.

삼국사기와 일본서기에 의하면 왜국 대란은 영제 시기인 173~179년 사이이며, 비미호는 173년에 왕이 되었으나 즉위하지 못하고 179년에 즉위한다. 따라서 왜국 대란의 시기는 환제와 영제 중에 영제가 옳다. **라.**는 정확함을 알 수 있다. 비미호가 173년에 왕이 되었어도 내란 기간에 즉위하지 못한 것을 볼 때, 이 시기에 왕이 없었다는 후한서의 기록은 믿을 만하다. 그러면 왜 이때 큰 내란이 발생하였느냐는 것인데, 내란은 사회의 모순이 누적되어 해결방법을 찾지 못할 때 발생한다. 그러면 일본열도에 왜 이때 문제가 발생하였을까?

일본서기는 중애 말년을 173년에, 신공원년을 179년에 배당하여 내란기간 6년을 삭제하였다. 하지만 내란의 흔적은 있다. 5명의 고왕조 왕들(숭신-수인-경행-성무-중애) 중에 앞의 3명은 정상적으로 재위하였는데, 뒤의 2명인 성무(163~169)와 중애(170~173)가 비정상적으로 단명하기 때문이다. 따라서 이는 성무시기부터 왜국에 혼란이 발생하여 내란의 징조가 보였다는 뜻이다.

숭신-중애의 고왕조 기록에 웅습과의 전쟁 기록이 나오는 것은 4세기 말~5세기 초(396~408) 응신 기록이다. 일본서기를 쓰려니 4세기 이전 기록이 부족하여 응신시대의 기록을 떼어다 그 앞에 적절히 배치하였기 때문이다. 신공 앞부분도 마찬가지로 5세기 초 응신의 왕후 중희의 기록들이다.

이는 8세기에 일본서기를 쓸 때 일본열도를 다 뒤져 옛날 기록들을 찾았으나 응신 앞을 채울만한 기록들의 양이 매우 부족했다는 뜻이다. 역사를 기록할 정도가 되려면 사관이 있어야 하고, 그러기 위해서는 체계를 가진 국가가 필요하다.

일본서기 고왕조 기록들 중에 본래 일본서기 편자들이 받은 원사료는 무엇일까? 다음은 13.성무-14.중애조인데 여기서 후대인 5세기 초의 응신관련 기록을 빼면 다음 정도가 남는다. 천황의 시호라든가 대수라든가 연도는 8세기에 일본서기 편자들이 새로 만들어 넣은 것이다.

일본서기 (13대) 치족언천황(稚足彦天皇) 성무천황(成務天皇)

- 성무 원년; 봄 정월 갑신삭 무자(5일)에 황태자가 자리에 올랐다.

- 성무 60년; 여름 6월 기사삭 기묘(11일)에 천황이 죽었다.

일본서기 (14대) 족중언천황(足仲彦天皇) 중애천황(仲哀天皇)

- 중애 원년; 봄 정월 경인삭 경자(11일)에 태자가 천황으로 즉위하였다.
- 중애 2년; 봄 정월 갑인삭 갑자(11일)에 기장족희존(氣長足姫尊)을 황후로 세웠다.
- 중애 9년; 봄 2월 계묘삭 정미(5일)에 천황이 갑자기 몸이 아프더니 다음날 죽었다.

이것이 전부였다고 본다. 일본서기 편집진이 찾은 비미호 기록 역시 다음 두 기록 외에는 아무 것도 없었다고 본다.

- 중애 9년; 여름 5월, 왕비가 신라에 사신을 보냈다.
- 신공 69년; 여름 4월, 태후가 죽었는데 나이가 100세라고 한다.

일본에 기록이라고 할 만한 것 자체가 별로 없었으니 일본서기 편집진의 고민을 알만하다. 하지만 이것만 가지고도 많은 정보를 알 수 있다. 첫 번째는 2세기 후반이 역사를 기술하기 어려울 정도로 혼란기였다는 것과, 두 번째는 내란 직전에 비미호를 왕비로 삼았다는 것이다. 위 기록에서 중요한 것은 중애 9년이 비미호가 왕이 되어 신라에 사신을 보낸 173년이라는 것이다.

만일 두 세력 중 한쪽이 월등하면 내란이 오래 가지 않는다. 그런데 장기간 내란이 지속되었다는 것은 두 세력의 힘이 엇비슷했다는 뜻이다. 또 삼국지가 한쪽이 다른 한쪽을 정복한 것이 아니라 서로 공격했다(相伐)고 한 것을 보아도 두 세력의 힘은 엇비슷했다.

BC 1세기에 한반도에 여러 소국들이 건국되었듯이 이 직후 일본열도에도 여러 소국들이 건국되었다. 일본열도의 지형에 맞추어 소국들이 구주에서는 주로 남북으로 배열되어 있었고, 기내에서는 주로 동서로 배열되어 있었다. 기내라면 오사카, 교토, 나고야 등이나 편의상 가장 큰 도시인 오사카로 통칭한다. 구주를 대표하던 세력이 북쪽의 야마대와 남쪽의 구로국이었다. 대표적인 나라가 1세기 후반에 임나인들이 바다를 건너가 구주에 건국한 야마대고, 이 초대 왕이 일본서기의 숭신인데 후한서의 수승이다.3.

웅진백제와 아달라이사금의 경쟁적인 진한지역 통합으로 인하여 150년대와 160년대에 많은 사람들이 구주로 이주하였는데 구주에 가보니 여러 소국들이 있었다. 이들은 비록 한반도에서 밀려왔지만 구주인들에 비하여 우세한 문명을 가지고 있었다. 아달라이사금의 정복이 끝날 무렵에는 이들 숫자가 점점 늘어나며 강력한 세력으로 등장한 것이다. 163년에 즉위한 성무는 새로운 이민 집단을 맞아 새 질서를 구축해야 하는 형편이었다. 성무가 단명한 것으로 볼 때 그는 이들을 힘으로 누르려다 실패한 것으로 보인다.

성무를 이어 중애가 즉위하였는데 그는 방법이 달랐다. 그는 171년에 기장족희(氣長足姬)라는 여인을 왕비로 맞이한 것이다. 그녀가 바다를 건너 왜국으로 오기 전에 부산지역에서 살았다고 보는 이유는 그녀의 이름 때문이다. 구왕조 창업자인 10대 숭신을 '미마기(임나)천황'이라고 하는데 이는 임나에서 온 천황의 이두식 표현이다. 마찬가지로 신공황후를 '기장벌댁'이라고 부르는데 이 말은 '기장벌여자'의 이두식 표현으로 지금의 부산시 기장에서 왔다는 뜻이다.

결국 비미호는 신이민자들의 대표였다. 중애는 혼인을 통하여

---

3. 『재조명2』 제41장 2, 3세기의 논점, 1 숭신천황의 사도장군 파견기록의 검증, p. 252.

두 세력 사이의 통합을 시도했으나 그만 2년 만에 실패하고 죽은 것이다. 173년에 중애가 죽고 내란이 발생하자 기장족희가 신라에 사신을 보낸 것이 아달라이사금 20년조의 왜 여왕 비미호의 기록이다. 이 기록이 한·중·일 사서를 하나로 연결하는 열쇠다. 2세기 후반에 왜국에 대란이 있었음은 전쟁의 고고학적 흔적이 북구주의 長岐縣 등에서 발견되어 확실하다.

다음은 삼국사기로 복원한 일본서기 고왕조(10.숭신~14.중애)의 2세기 후반 기록을 요약한 것이다.

100, 파사 21, 숭신 원년; 야마대 건국
...
...
167, 아달라 14, 성무 5년
168, 아달라 15, 성무 48년
169, 아달라 16, 성무 60년; 성무 54세 사망
170, 아달라 17, 중애 원년
171, 아달라 18, 중애 2년
172, 아달라 19, 중애 3년
173, 아달라 20, 중애 9년; 중애 47세 사망, 비미호 신라 접촉, 왜국 대란 시작

---

174, 아달라 21
175, 아달라 22
176, 아달라 23 (일본서기의 왕통 공백)
177, 아달라 24
178, 아달라 25

---

179, 아달라 26, 신공 원년; 왜국 대란 끝, 비미호 즉위
180, 아달라 27, 신공 2년
181, 아달라 28, 신공 3년
182, 아달라 29, 신공 4년
183, 아달라 30, 신공 5년; 418년의 기록이 있음
184, 벌휴 1, 신공 6년; 신라에 석씨 왕통 등장
185, 벌휴 2, 신공 7년

왜 여왕 비미호의 사신이 내빙하였다는 아달라 20년(173년)에 야마대왕 중애가 죽고 대란이 발생하였다. 삼국지는 남왕이 70 - 80년 다스리다 내란이 발생하였다고 하였는데 정확히는 74년이다. 또 수년간 내란이 있었다고 했는데 정확히는 173～179년 사이의 6년이다.

일본서기 편자들은 173년에 비미호의 정변에 의해 내란이 발생하여 중애가 죽고 비미호는 신라에 사신을 파견한 기록을 가지고 있었다. 비미호가 신라에 사신을 파견한 이유는 구원군 파견 같은 협조요청이었을 것이다. 그러나 당시 신라는 아달라이사금 말기로 박씨 왕통의 지도력이 흔들려 왜국을 원조해줄 만큼 여유가 없었다. 이후 아달라이사금 마지막 10년 동안 기록이 없는데 왜국의 내란시기에 맞추어 신라도 권력 교체의 혼란기였기 때문이다. 이후 새로운 왕통이 등장하니 벌휴이사금의 석씨 왕조다.

일본서기 편자들은 중애 말년인 173년에 내란을 일으킨 비미호가 신라에 원조를 요청하는 사신을 보낸 사건 위에, 401년에 있었던 내물이사금(파사매금)을 위협하여 미사흔왕자를 인질로 데려왔던 기록을 덮어 씌웠다. 이것이 신공황후의 신라 정벌설이다.

5장

# 내해이사금과 왜 여왕 비미호의 시대

5.1 왜 여왕 비미호의 생애

5.2 내해이사금이 본 대방군 설치와 전기가야의 멸망

5.3 신공황후조가 기록한 가야 7국 멸망

5.4 삼국유사 가락국기의 금관가야 왕력

5.5 진왕의 담로제

## 5.1 왜 여왕 비미호의 생애

비미호는 한·중·일 3국 사서에 기록을 남기고 있기 때문에 한·중·일 사서의 연대를 하나로 연결시키는 중요한 인물이다. 2~3세기 동아시아 고대사 연구의 문을 열고 들어가는 열쇠 같은 인물이다.

일본서기를 쓰던 8세기에 비류에서 여휘에 이르는 백제왕 14명을 잘라내고 대신 응신 앞을 메우기 위하여 일본 전역을 뒤져본 결과 과거 2~3세기에 임나가야인들이 구주에 세웠던 야마대국 기록이 나왔다. 이 외에도 또 무슨 기록이 나왔는지는 알 수 없지만 일본서기 편집진은 야마대국 기록을 응신 앞에 붙이기로 하였다. 그런데 야마대국을 보니 남왕 5명이 통치하던 전기와 비미호라는 여왕이 통치하던 후기로 나뉘고 중간에 내란이 있었는데, 남왕들의 기록도 적었지만 여왕의 기록은 무려 69년이나 재위했음에도 불구하고 즉위와 퇴위를 제외하고는 남아있는 것이 거의 없었다.

이 비미호라는 여왕은 본래 야마대국 마지막 왕의 왕비로 173년에 정변이 일어나 남편대신 왜왕이 되었으나, 6년간의 내란이 벌어져 179년에야 즉위를 하였고, 69년을 재위한 후 247년에 죽었다. 말이 통치지 거의 장막 뒤에 존재하는 무속인 같은 상징적 존재여서 기록이 별로 없었던 것이다.

일본서기 편자들은 응신시대 기록으로 신무천황부터 신공황후에 이르는 고왕조의 기록을 메우기로 하였다. 390년에 즉위한 응신의 즉위 간지를 지키고 비미호에 연결하려면 즉위 연도를 60년 올리거나 120년 올려야 한다. 그에 따라 2가지 안이 제시되었다.

<1안> 390년에 즉위한 응신을 60년 올려 330년에 즉위한 것으

로 하고, 247년에 퇴위한 비미호를 82년 내려 329년에 죽은 것으로 한다.

<2안> 390년에 즉위한 응신을 120년 올려 270년에 즉위한 것으로 하고, 247년에 퇴위한 비미호를 22년 내려 269년에 죽은 것으로 한다.

이 중에 <2안>이 채택되었다. 그 이유는 <1안>을 선택하면 4세기 기록이 필요한데 아무 것도 없었기 때문이다. 반면에 <2안>을 선택하면 비미호가 3세기 초에 자신(百濟)들과 접촉한 기록들이 남아있어 이 기록들을 추려 후반부를 메우면 되기 때문이다. 더욱이 중국 기록을 보니 3세기 중반에 魏에 조공한 기록이 있어 이것도 왕력을 쓰는데 도움이 된다고 판단했을 것이다. 이렇게 비미호 재위기간 69년을 기반으로 왕력을 구성하였으나 비미호가 여왕이 된 179년부터의 전반기를 채울 수 없는 것이 또 문제였다.

173년에 야마대국 마지막 남왕(중애)이 죽었는데 이때 왕비가 비미호였지만 이후 그녀의 기록이 별로 없었다. 그래서 일본서기 편집진은 403년에 응신이 죽은 후 그의 왕후인 중희의 기록이 남아있어서 그것으로 중애 말년부터 시작하여 신공황후조 초반기를 채우기로 하였다. 그러고도 어쩔 수 없는 14년부터 38년까지의 25년은 별다른 방법이 없어 비워둘 수밖에 없었다.

마지막 남왕이던 중애와 비미호 즉위년 사이의 내란에 의한 6년 공백은 삭제하고 연결하기로 하였다. 아마 무정부상태의 혼란기라 공식 기록이 없었을 것이다. 그리고 공백을 없애야 중애 9년부터 나오는 응신의 왕후 기록으로 자연스럽게 연결할 수 있다. 따라서 신공 초반에 나오는 황후가 중희이기 때문에 황태자는 응신이 아니라 응신의 아들인 토도치랑자다.

중희의 고민은 응신의 죽음 이후 왕이 된 태자 토도치랑자를 어떻게 공립하여 왕권을 지키느냐 였다. 하지만 408년에 토도치랑자가 죽고 409년에 인덕이 즉위한다. 토도치랑자는 공립되지 못하였으므로 그의 재위기간은 그의 아버지인 응신의 재위기간에 통합되어 일본서기에 기록된 것이다. 이것이 진왕제의 기록 원칙이다.

이를 요약하면 신공황후조는 크게 5부분으로 나뉜다.

· [1기] 원년 - 13년; 5세기 초 중희(응신의 왕후) 기록 - 자체 기록
· [2기] 14년 - 38년; (25년 기록 공백기)
· [3기] 39년 - 40년; 3세기 중반 삼국지의 비미호 기록 - 외국 사료를 베낀 것
· [4기] 46년 - 52년; 3세기 초 웅진백제의 비미호 기록 - 외국 사료를 베낀 것
· [5기] 55년 - 말년; 4세기 후반 한성백제 왕력 - 외국 사료를 베낀 것

이를 시대를 올려가며 연도별로 자세히 쓰면 다음과 같다.

· [5기] 신공황후조 말기: 4세기 후반 한성백제 기록을 보고 베낀 것

신공 69; 247; 신공 죽은 해, 비미호 죽은 해
신공 68; 246
신공 67; 245
신공 66; 244
신공 65; 243
신공 64; 242

신공 63; 241
신공 62; 240
신공 61; 239
신공 60; 238
신공 59; 237
신공 58; 236
신공 57; 235
신공 56; 234
신공 55; 233; 한성백제 왕력 기술 시작
신공 54; 232
신공 53; 231

· [4기] 신공황후 후반기: 웅진백제 기록에서 비미호 기록을 발췌한 것

신공 52; 230; 웅진백제가 칠지도를 보냄
신공 51; 229
신공 50; 228
신공 49; 227; 웅진백제의 가야제국 통합, 변진한 체제 완성
신공 48; 226
신공 47; 225
신공 46; 224; 웅진백제와 왜국의 교섭 시작
신공 45; 223
신공 44; 222

· [3기] 신공황후 중반기: 삼국지 보고 베낀 것

신공 43; 221; 비미호 사신 기록
신공 42; 220
신공 41; 219

신공 40; 218; 비미호 사신 기록
신공 39; 217; 비미호 사신 기록

· [2기] 신공황후 전반기: 25년 기록 공백기
신공 38; 216; 전기 기록 공백 끝
...
신공 14; 192; 전기 기록 공백 시작

· [1기] 신공황후 초반기: 응신의 왕후였던 중희의 5세기 초 기록
신공 13; 191
신공 12; 190
신공 11; 189
신공 10; 188
신공 09; 187
신공 08; 186
신공 07; 185
신공 06; 184
신공 05; 183
신공 04; 182
신공 03; 181
신공 02; 180; 광화 3년
신공 01; 179; 광화 2년, 비미호 즉위년

<내란기 6년 삭제>

중애 09년: 173; 희평 2년; 중애가 죽고 비미호가 신라에 사신 파견
중애 08년: 172; 희평 원년

중애 02년: 171; 건영 4년
중애 원년: 170; 건영 3년
성무 60년: 169; 건영 2년
성무 48년: 168; 건영 원년(후한 영제)
성무 05년: 167; 영강 원년(후한 환제)
…

* 桓·靈間 倭國大亂 更相攻伐 歷年無主 有一女子名曰<卑彌呼> 年長不嫁 事鬼神道 能以妖惑衆 於是共立爲王 – 후한서 왜조

(환제와 영제 때에 왜국에 큰 난이 있어 서로를 공격하였는데 여러 해가 지나도록 주인(왕)이 없었다. 비미호라 이름 하는 한 여자가 있었는데 ... 이에 함께 왕으로 세웠다.)

후한서의 이 기록이 대체로 맞으나 연도가 다소 애매하다. 정확히 쓰려면 환.영제간이 아니라 '후한 영제 희평 2년부터 후한 영제 광화 2년까지 6년 동안 큰 난이 있었다.'라고 써야 한다. 하지만 내란이 갑자기 발생한 것이 아니라 성무시기부터 이미 왜국 정세가 불안하였기 때문에 그것까지 따지면 환제라는 표현도 꼭 틀렸다고는 할 수 없다. 후한서는 왜국 내란의 상황을 적었는데 이 왜국의 정세불안 원인은 2세기 중반 웅진백제와 신라의 진한지역 정복에 의하여 많은 사람들이 구주로 이주했기 때문이다.

신공황후가 죽었다는 신공 69년은 서기 247년으로 왜 여왕 비미호가 죽은 해다. 중국 사서는 비미호가 247년에 죽었고 오래 살았다는 이야기만 하지, 몇 년 재위하였는지, 몇 살에 죽었는지는 이야기 하지 않는다. 따라서 이것은 일본서기 집필진이 중국 사서를 보고 적은 것이 아니라 자체의 비미호 재위연도를 가지고 있었다는 뜻이다. 그렇다면 죽을 때 나이가 100세였다는 것도 비미호의 기록일 가능성이 크다.

비미호가 247년에 100세면 그녀는 147년생이다. 신라에서 태어나 어린 시절을 보내고, 약 10살 정도 되던 때 신라의 대대적인 지방 정벌을 피해 부산지역으로 내려왔다. 비미호가 바다를 건너 구주로 갈 무렵은 160년대인 성무시기로 추정된다. 나이는 대략 20세 무렵으로 성인이 된 직후다. 성무-중애 시기는 후한서에서 말하는 환제-영제 시기로, 왜국은 한반도로부터의 신 이민 집단 등장으로 인하여 구 이민 집단과의 사이에 갈등이 쌓이기 시작했다. 당시 비미호는 신 이민 집단의 종교적, 정신적 지도자였던 것으로 추정된다.

2세기에 일본열도는 한반도와 마찬가지로 많은 소국으로 나뉘어져 있었지만 둘 사이에는 큰 차이가 있었다. 한반도는 웅진백제 진왕이 삼한의 중심인 금강유역에 자리를 잡고 많은 작은 소국들을 통치하고 있었으나, 일본열도는 그런 통일정권이 없어서 소국들 사이에 편을 갈라 지속적인 분쟁이 일어나고 있었다는 것이다.

비미호 등장하기 이전 고왕조 마지막 왕인 중애의 재위기간을 보면 다음과 같다.

· 중애 1년 (170); 비미호 23세
· 중애 2년 (171); 비미호 24세
· 중애 8년 (172); 비미호 25세
· 중애 9년 (173); 비미호 26세

비미호가 중애의 비가 된 것은 20대 초중반인데, 중애는 양측의 갈등으로 나라가 혼란스러워지자 신 이민 집단의 지도자인 젊은 여인을 왕비로 맞아 나름대로 국가의 안정을 찾으려 했던 것 같다. 하지만 중애의 노력도 헛되어 173년에 정변이 발생하여 중애가 죽고, 왕비이던 비미호가 왕이 되어 신라에 사신을 파견하게 되는데,

이때 나이가 26세다.

내란이 발생하여 무려 6년을 지속한 끝에 179년에 야마대국 왕으로 즉위하니 32세이다. 일본서기를 보면 신공원년을 179년에 맞추어놓아 당시 비미호의 즉위와 퇴위에 관한 기록이 존재했음을 알 수 있다.

· 신공 1년 (179); 비미호 32세
· 신공 2년 (180); 비미호 33세
· 신공 3년 (181); 비미호 34세

백제 진왕의 지시에 의해 가야 7국 평정에 군사를 보태던 신공 49년(227)에 비미호는 80세였다. 그리고 그 공로로 진왕으로부터 받은 칠지도를 통해 왜왕 책봉을 받던 신공 52년(230)에 83세였다. 이후 위나라에 사신을 보내 왜왕 책봉을 받던 때는 90세 전후의 할머니로 인생의 말년 무렵이었다.

## 5.2 내해이사금이 본 대방군 설치와 전기가야의 멸망

2세기에 고구려와 화해하고 더 이상 북쪽으로부터 말갈의 공격이 없자 진왕의 웅진백제는 삼한통일에 나선다. 3세기 초에는 가야지역과 신라지역에 대한 압박이 거세지는데 내해이사금 때 절정에 이른다. 내해이사금의 재위 35년 동안의 기록은 가야제국이 모두 멸망하는 가운데 국가를 지켜낸 기록이다. 북방에서는 이 무렵에 요하유역에서 자립한 공손씨에 의하여 대방군이 설치되고 있었다.

신라의 석씨 왕통은 '벌휴-내해-조분-첨해'로 이어지는데 이를 '석씨 4왕'이라고 하고 또 이때가 전성기다. 이후에 '미추-기림

-흘해'를 거쳐 내물이사금이 등장한다. '석씨 4왕'중에 내해이사금은 35년을 재위하면서 어려운 국난을 극복하게 된다.

내해이사금조는 일본서기 신공 46년조부터 52년조(46, 49, 50, 51, 52) 사이에 이에 해당하는 기록이 있어 좋은 비교가 된다. 특히 기록이 상세한 49년조는 삼국사기에 간략하게 기록된 내해이사금 32년의 사건 내막을 알 수 있게 해 준다. 내해이사금조의 기록을 요약하면 다음과 같다.

### 가. 내해 원년~내해 8년

* 내해(나해)이사금이 왕위에 올랐다. 그는 벌휴왕의 손자이다. 어머니는 내례부인이다. 왕비 석씨는 조분왕의 누이이다.

(196)

(197) 내해 2년; 봄 정월, 왕이 시조묘에 참배하였다.

(198) 내해 3년; 5월, 나라의 서쪽에 홍수가 나자 수재를 당한 주와 현에 1년의 세금을 면제하였고, 가을 7월, 사신을 보내 위문하였다.

(199) 내해 4년; 가을 7월, 백제가 국경을 침범하였다.

(200) 내해 5년; 알천에서 크게 군대를 사열하였다.

(201) 내해 6년; 봄 2월, 가야국이 화친을 청해왔다. 3월, 서울과 지방의 죄수들을 조사하여 죄질이 가벼운 자는 석방하였다.

**- 가야가 85년(지마 5년인 116년)만에 출현, 1차 대사면**

(202)

(203) 내해 8년; 겨울 10월, 말갈이 국경을 침범하였다.

**- 말갈이 80년(지마 14년인 125년)만에 출현, 대방군 설치기록**

(204)

### 해설 1

내해이사금은 아버지가 벌휴왕의 둘째 왕자 伊賣(이매)인데 일찍 죽었고 어머니의 힘으로 왕위에 올랐다. 2세기 초에 고구려와 협력한 대가로 북쪽으로부터의 말갈의 공격이 사라지자 웅진백제 진왕은 삼한통일에 나선다. 한강유역과 금강유역의 마한소국들과 낙동강유역의 변진한 소국들에게 명령하여 신라와 가야제국들을 공격하게 한다. 영산강유역의 마한세력은 진왕에게 복속되지는 않았으나 진왕계나 마찬가지로 부여계로 진왕에게 적대적 세력은 아니었다고 생각된다.

3세기 초에 신라본기와 백제본기에 말갈이 약 80년만에 다시 대규모로 나타나는데 203년에 신라에 먼저 나타난다. 그 이유는 백제를 만나러 한강유역에 오려면 북쪽의 여러 마한 소국들을 격파해야 하나 신라 북쪽은 그런 장벽이 덜했기 때문이다.

## 나. 내해 10년~내해 29년

(205) 내해 10년; 봄 2월, 진충을 일벌찬에 임명하여 국정에 참여시켰다.

(206)

(207) 내해 12년; 봄 정월, 왕의 아들 利音[혹은 奈音이라고도 한다.]을 이벌찬에 임명하고, 중앙과 지방의 군사 일을 겸해 맡겼다.

(208) 내해 13년; 봄 2월, 왕이 서쪽의 군과 읍을 순찰하고(西巡郡邑) 열흘 만에 돌아왔다. 여름 4월, 왜인이 변경을 침범하므로 이벌찬 이음으로 하여금 군사를 거느리고 가서 막게 하였다.

**- 왜가 90년 만에(지마 10년인 121년) 공격**

(209) 내해 14년; 가을 7월, 바닷가의 여덟나라(浦上八國)가 공모하여 가라를 침범하자 가라 왕자가 구원을 요청했다. 왕이 태자 우로와 이벌찬 이음에게 6부 군사를 거느리고 가서 구원하게 하였다. 그들은 여덟 나라 장군을 죽이고, 포로 6천 명을 빼앗아 되돌려

왔다.

(210) 내해 15년; 봄과 여름에 가뭄이 들자 사신을 보내 군읍의 죄수들을 조사하여 두 가지의 사형죄를 제외하고 나머지는 모두 석방하였다.

- **2차 대사면**

(211) 내해 16년, 봄 정월에 萱堅을 이찬에 임명하고 允宗을 일길찬에 임명하였다.

(212) 내해 17년; 봄 3월, 가야가 왕자를 보내 볼모로 삼았다.

- **전기가야 마지막 기사(이후 268년 동안 가야사 공백, 다음 기록은 소지 3년인 481년).**

(213)

(214) 내해 19년; 봄 3월, 큰 바람이 불어 나무가 꺾였다. 가을 7월, 백제가 서쪽 지방 요거성을 공격하여 성주 薛夫를 죽였다. 왕이 이벌찬 이음으로 하여금 정병 6천을 거느리고 백제를 치게 하여 사현성을 격파하였다.

(215)

(216)

(217)

(218) 내해 23년; 가을 7월, 무기고의 병기가 저절로 밖으로 나왔다. 백제가 장산성을 포위하였으므로 왕이 직접 군사를 이끌고 가서 이를 격퇴하였다.

(219)

(220) 내해 25년; 봄 3월, 이벌찬 이음이 사망하자 忠萱을 이벌찬에 임명하고 군사에 관한 일을 겸하여 맡게 하였다. 가을 7월, 양산 서쪽에서 크게 군대를 사열하였다.

(221)

(222) 내해 27년; 겨울 10월, 백제 군사가 우두주에 들어 왔으므로 이벌찬 충훤이 군사를 거느리고 가서 그들을 막으려 하였으나, 웅곡에 이르러 적에게 패하자 혼자 말을 타고 돌아왔다. 왕은 그를

鎭主로 강등시키고 連珍을 이벌찬에 임명하여 군사에 관한 일을 겸하여 맡게 하였다.

(223)

(224) 내해 29년(신공 46년); 가을 7월, 이벌찬 연진이 백제와 전투를 하였다. 그는 봉산 아래에서 백제와 싸워 격파하고 1천여 명을 죽이거나 사로잡았다. 8월, 봉산성을 쌓았다.

## 해설 2

웅진백제의 낙동강유역 정복의 주력은 초고왕과 구수왕의 한성백제가 아니라 208년의 왜(임나)와 209년의 포상팔국이었는데 신라의 간섭으로 실패한다. 신라군이 구출한 포로만 6천 명이라고 하는 것을 볼 때 양측이 수만 대군을 동원한 남해안의 대 전쟁이었음을 알 수 있다.

내해이사금 중반기까지는 백제가 신라를 계속 공격하다 후반기에는 공격하지 않는데, 3세기 초에 한강유역이 말갈로부터 대대적인 공격을 받고 있어서 이들 방어에 급급해 신라를 공격할 여력이 없는 것이다. 특히 내해 29년(224)을 보면 백제가 천 명의 병력을 잃었는데 당시 한성백제 초고왕의 군대 규모가 2천 명 정도로 추정되어 이후 거의 전투 불능 상태에 이르렀다고 생각된다. 당시 신라의 병력은 적어도 2만 명 이상이었다고 생각된다. 이에 대하여 2천 명의 군사를 가진 나라가 2만 명의 군사를 가진 나라를 공격하다니 말이 되느냐고 할 수 있다. 하지만 한강유역에는 한성백제만 있는 것이 아니고 15~20개의 소국들이 있었다. 150년 후인 근초고왕조를 보면 당시에 한강유역만 모아도 3만 대군이다. 전투의 결과도 한성백제만 천 명을 상실한 것이 아니고 다른 한강유역 마한 소국 군대들도 신라군에게 패배하고 많은 병력을 잃었을 것이다.

여러 소국들이 군대를 이끌고 오면 지휘가 생명인 군대에서 어떻게 일사분란하게 지휘를 하느냐는 의문이 따른다. 이에 대하여 약 150년 후 근초고왕조가 알려준다. 방법은 깃발을 통일하는 것이다. 또 각 소국 군대가 전투의 결과 각자 물자를 노획한다면 어떻게 되느냐고 물을 수 있다. 이것도 근초고왕조가 알려준다. 왕이 나누어주었다는 형식을 빌려 여러 소국 군대들이 각자 가져가는 것이다. 이는 마치 후삼국시대 왕건의 군대나 비슷하다. 왕건 자신의 군사는 얼마 없고 대부분 지방 세력가들이 끌고 온 군대인 것이다.

구수왕 16년(229)에 한성백제군이 말갈군에게 대패함으로써 진왕은 한강유역 마한 소국들의 군대를 더 이상 신라 공격에 동원할 수 없게 되었다. 이 무렵에 한성백제만 말갈에게 패한 것이 아니고 다른 한강유역 마한 소국들도 모두 말갈에게 패했을 것이기 때문이다.[1] 따라서 진왕은 한강유역 군대를 더 이상 동원할 수 없으니 다른 방법을 생각해보는 것은 당연하다, 그래서 남해안에서 가까운 일본열도의 왜국 군대를 동원하기로 한 것이다.

삼국사기의 한성백제가 언제 웅진백제 진왕의 담로국이 되었는지는 신라본기를 보면 알 수 있다.

- 파사 6년(85); 봄 정월, 백제가 변경을 침입하였다.

  – 이후 약 80년 동안 백제와 평화가 계속됨.

- 파사 26년(105, 기루 29년); 봄 정월, 백제가 사신을 보내 화친을 청하였다.
- 아달라 14년(167); 백제가 서쪽 두 성을 습격하여 깨뜨리고 백성 일천 명을 잡아갔다.

---

1. 『재조명1』 제11장 말갈백제, p. 207.

파사이사금 6년 이후 신라와 백제 사이에 80년 동안 긴 평화가 계속된다. 특히 파사 26년에 백제에서 화친 사신이 오는데 봄이다. 봄에 화친 사신이 교환되는 경우는 국혼인 경우가 많기 때문에 삼국사기를 읽을 때 화친 사신이 봄이 오면 유의하여 보아야 한다. 앞으로도 계속 나오게 되는데, 백제라는 사회는 부여의 풍습을 이어받아 주변의 강력한 소국과 혼인하여야 왕 대우를 받을 수 있는 것이다. 이를 후한서와 삼국지는 진왕의 공립이라 하였다. 당시 풍습은 국혼의 시기는 봄이며, 특히 춥지도 덥지도 않은 양력 4~5월에 해당하는 음력 3월을 선호하였다.

80년 동안 두 나라 사이에 전혀 전쟁 분위기가 없는 가운데 167년에 갑자기 백제가 신라를 공격한다. 이는 백제군이 신라 공격에 동원된 것이다. 그 이유가 무엇인지 백제본기를 보면 한성백제는 개루왕 이후 공립이 되지 못하자, 166년에 초고왕이라는 새 왕이 들어서고, 백제왕도 칭하지 못하고, 국명도 百濟에서 다른 이름으로 바꾸고, 웅진백제 진왕의 담로국이 된 것이다. 군사도 별로 없지만 진왕의 명령에 따라 다른 한강유역 마한 소국들과 함께 신라를 공격하는 것이다.

그러면 임나가야는 언제 웅진백제의 담로국이 되었을까? 백제가 왜국 군대를 동원하려면 교통로가 확보되어야 하는데 그 길목에 임나가 있기 때문이다. 208년에 거의 90년 만에 왜(임나)가 신라를 공격하는데 이는 이 직전에 왜(임나)가 웅진백제에게 점령되어 담로국이 되고 새 왕이 들어선 것이다. 따라서 207년에 웅진백제는 부산지역을 담로화하였다고 판단하는 것이다.

## 다. 내해 31년~내해 35년

(225) (신공 47년)

(226) 내해 31년; 겨울 10월, 서울과 지방의 죄수를 조사하여 죄질이 가벼운 자는 석방하였다. - 3차 대사면

(227) **내해 32년(신공 49년)**; 봄 2월에 왕이 서남쪽 군읍을 순수하고 3월에 돌아왔다(春二月 巡狩西南郡邑, 三月 還). 파진찬 강훤을 이찬에 임명하였다.

(228) (신공 50년)

(229) 내해 34년(신공 51년); 여름 4월, 뱀이 남쪽 창고에서 사흘 동안 울었다. 가을 9월, 지진이 있었다. 겨울 10월, 눈이 크게 내려 다섯 자나 쌓였다.

(230) 내해 35년(신공 52년); 봄 3월, 왕이 죽었다.

### 해설 3

내해이사금 32년에 변진한 지역의 가야 7국이 멸망하고 영산강 유역은 진왕에게 무혈로 항복하면서 삼국지 한조에 나오는 삼한체제가 완성된다. 이 과정이 일본서기 신공황후 49년조에 상세히 기술되어 있는데 이 기록도 인명 등 고친 것들이 많아 주의 깊게 보아야 한다.

내해 32년조가 일본서기의 신공 49년조의 기록이라는 것도 물론 중요하지만, 더 중요한 것은 구삼국사에서 원사료를 어떤 방식으로 삭제했는지를 알 수 있다는 것이다. 원사료는 아주 정확하여 기록이 단 1달도 안 틀리며, 연도나 달은 그대로 두고 사건의 이유와 접촉 상대를 삭제하는 방식을 썼다. 그래도 상대가 드러날 경우는 전체를 삭제하여 상대의 존재를 지웠다. 이는 삼국사기를 읽을 때 사건의 이유가 불분명한 기록에 대하서는 어떻게 읽어야 하는지를 가르쳐준다.

진왕의 담로국이 되면 국명을 변경하는데 그 변경된 국명들이 3세기 중반의 한반도를 기록한 삼국지 한조에 모두 나오는 것이다. 삼국지 변진한조에 '가야'나 '가라'라는 국가가 단 하나도 없는 것으로부터 3세기 초에 가야제국이 멸망했다는 삼국사기와 일본서기 기록이 정확함을 알 수 있다. 또한 양쪽의 소국 명을 비교함으로써 국명을 바꿀 때 아무렇게나 바꾸는 것이 아니고 나름대로 규칙이 있었다는 것도 알 수 있다.

## 5.3 신공황후조가 기록한 가야 7국 멸망

가야제국을 정복한 진왕은, 7대 정도로 추정되는데, 자신들의 담로국인 임나가야인들이 건설한 일본열도 구주의 야마대국에 군사동원을 제안을 한다. 당시 야마대왕은 비미호라는 여왕이었다. 왜국에서 가장 필요했던 철을 공급할 것이니 대신에 남해안 정벌에 군대를 동원하라는 것이다. 야마대국 하나로는 군사력이 얼마 안 되니 여러 왜 소국(주로 구주 지역 소국들)을 모두 동원하고, 전쟁에 공을 세우면 비미호로 하여금 여러 소국의 侯王들에게 철을 공급하게 한다는 것이다. 이러면 비미호는 자연스럽게 왜왕이 되는 것이니 매력적인 제안이다. 이에 관한 내용이 신공황후조 중·후반기에 6개 연도(46,47,49,50,51,52)에 걸쳐 기록되어 있다. 이를 요약하면 다음과 같다. 단 근거 없이 후대에 집어넣은 기록은 생략한다.

(1) 신공 46년(224); 봄 3월, 을해삭(1일)에 사마숙녜(斯摩宿禰)를 탁순국(卓淳國)에 파견하였다. 이때 탁순왕(卓淳王) 말금한기(末錦旱岐)가 사마숙녜에게 다음과 같이 말하였다. "갑자년(甲子年) 7월 중에 백제인 구저(久氐), 미주류(彌州流), 막고(莫古) 세 사람이 우리나라에 와

서, '만약 신들에게 길을 가르쳐 통할 수 있게 해준다면 우리 왕은 반드시 군왕(君王)에게 깊이 감사할 것입니다.'라고 말하였다. 그때 왕이 백제인 구저 등에게 '본디 동쪽에 귀국이 있다는 것을 들은 바 있지만, 아직 왕래한 적이 없기 때문에 그 길을 알지 못한다. 다만 바닷길이 멀고 파도가 거칠어서 큰 배를 타고서야 겨우 왕래할 수 있을 것이다. 비록 길이 있다고 해도 어찌 능히 도달할 수 있겠는가?'라고 말하였다. 이에 구저 등이 '그러면 지금 당장은 건너갈 수 없겠습니다. 다시 돌아가 선박을 준비한 다음에 왕래하는 것이 좋겠습니다.'라고 말하였다. 또한 '만약 귀국의 사신이 오면 반드시 우리 나라에 알려주십시오.'라고 당부하고 이내 돌아갔다."

사마숙녜는 곧바로 겸인(傔人) 이파이(爾波移)와 탁순인 과고(過古) 두 명을 백제국에 파견하여 그 왕을 위로하였다. 그때 백제의 초고왕(肖古王)은 매우 기뻐하며 후하게 대접하였다. 이에 오색채견(五色綵絹) 각 한필과 각궁전(角弓箭), 그리고 철정 40매를 이파이에게 선물하였다. 게다가 다시 보물 창고를 열어서 각종 진귀한 보물들을 보여주며, "우리나라에는 이러한 진귀한 보물들이 많다. 귀국에 조공하고자 하여도 길을 알지 못하여 뜻은 있는데 생각대로 되지 않았다. 그러나 이제 사자에게 부탁하여 공물을 계속해서 바치겠다."고 말하였다. 그래서 이파이는 그 일을 맡아 돌아가 지마숙녜(志摩宿禰)에게 보고하였다. 지마숙녜는 탁순에서 돌아왔다.

(2) 신공 47년(225); 여름 4월, 백제왕은 구저, 미주류, 막고를 보내어 조공하도록 하였다. 그때 신라국의 조사(調{使)도 구저와 함께 왔다. 이에 황태후(皇太后)와 태자 예전별존(譽田別尊)은 크게 기뻐하며 두 나라의 공물을 비교 검사(檢校)하였다. 이에 신라의 공물은 진귀한 것이 실로 많았지만 백제의 공물은 적고 보잘 것 없었다. 그래서 구저 등에게 "백제의 공물이 신라에 미치지 못하는 것은 무슨 까닭이냐?"라고 물었다.

이에 "신들은 길을 잃어 신라의 사비(沙比)에 이르렀는데, 신라인이 저희들을 붙잡아 감옥에 감금하였습니다. 그리고 석 달이 지나자 죽이려고 하였습니다. 그때 구저 등은 하늘을 향해 저주를 하였습니다. 신라인은 그 저주를 두려워하여 죽이지 못하였습니다. 그렇지만 우리의 공물을 빼앗아 자기 나라의 공물로 대신하고, 신라의 천한 물건으로 신의 나라의 공물과 바꾸었습니다. 그리고 신들에게 '만약 이 사건을 누설하면 돌아오는 날에 너희들을 죽이겠다!'고 하였습니다. 구저 등은 두려워서 이를 따랐을 뿐입니다. 그래서 가까스로 천조(天朝)에 올 수 있었습니다."라고 대답하였다. 그때 황태후와 예전별존은 신라의 사자를 꾸짖고, 천신(天神)에게 "누구를 백제에 파견하여 장차사건의 진위를 검사하도록 할 것이며, 또한 누구를 신라에 보내어 그 죄를 물으면 좋겠습니까?"라고 기도하였다. 이에 천웅장언을 신라에 파견하여 백제의 헌상물을 함부로 바꾼 것을 꾸짖었다.

(3) 신공 49년(227); 봄 3월, 황전별(荒田別), 녹아별(鹿我別)을 장군으로 임명하였다. 그리하여 구저 등과 함께 군사를 정돈하여 바다를 건너가 탁순국에 이르러 신라를 공격하고자 하였다. 그때 누군가가 "군사의 수가 적어서 신라를 깨뜨릴 수 없습니다. 그러니 다시 사백개로(沙白蓋盧)를 보내 군사를 증원해달라고 요청하십시오."라고 말하였다. 곧 목라근자(木羅斤資), 사사노궤(沙沙奴跪)에게 명령하여 정병을 이끌고 사백개로와 함께 가도록 하였다. 그 후 모두 탁순에 집결하여 신라를 공격하여 깨뜨리고 비자발(比自炑),[2] 남가라 (南加羅),[3] 탁국(㖨國),[4] 안라(安羅),[5] 다라(多羅),[6] 탁순(卓淳),[7] 가라(加羅)[8] 7국을 평정하였다.

그리고 군사를 옮겨 서쪽으로 돌아서 고해진(古奚津)[9]에 이르러

---

2. 경남 창녕
3. 경남 김해
4. 경북 경산
5. 경남 함안
6. 경남 섬천(陝川)
7. 경남 창원
8. 경북 고령

남만(南蠻) 침미다례(忱彌多禮)[10]를 무찌르고 백제에게 주었다. 이에 백제왕 초고(肖古)와 왕자 귀수(貴須) 또한 군대를 이끌고 와서 만났다. 그때 비리(比利), 벽중(辟中), 포미지(布彌支), 반고(半古) 4읍(四邑)[11]이 스스로 항복하였다. 이에 백제왕 부자와 황전별, 녹아별 등은 함께 의류촌(意流村)[12]에 모였다[지금은 주류수기(州流須祇)라고 한다.]. 서로 보며 기뻐하며 예를 두텁게 하여 보냈다. 다만 천웅장언과 백제왕은 백제국에 가서 벽지산(辟支山)[13]에 올라 맹약하였다. 그리고 다시 고사산(古沙山)에 올라서 함께 반석(磐石) 위에 앉았다. 그리고는 천웅장언을 데리고 백제의 도읍에 이르러 더욱 두터이 예우하고 구저 등을 딸려서 보냈다.

(4) 신공 50년(228); 여름 5월, 천웅장언, 구저 등이 백제에서 돌아왔다. 황태후는 칙을 내려 다사성(多沙城)[14]을 더해 주고 왕래하는 길의 역(驛)으로 삼도록 하였다.

(5) 신공 51년(229); 봄 3월, 백제왕은 다시 구저를 보내 조공하였다. 그 해에 천웅장언을 구저 등에게 딸려서 백제국에 보냈다.

(6) 신공 52년(230); 가을 9월, 정묘삭 병자(10일)에 구저 등이 천웅장언을 따라왔다. 이때에 七枝刀 한 자루와 七子鏡[15] 한 개를 비롯하여 여러 가지 귀중한 보물을 바쳤다. 그리고 "신국의 서쪽에 강이 있는데, 그 수원은 곡나철산(谷那鐵山)[16]입니다. 너무 멀어서 7일 동안

---

9. 전남 강진
10. 응신 8년조를 보면 웅진백제를 구성하던 5개 영역 중의 하나다. 남해안보다 남쪽에서 그런 큰 영토는 제주도뿐이다.
11. 전북지역
12. 전북 부안
13. 전북 김제
14. 섬진강 하구
15. 7자경은 7개의 돌기가 박힌 구리 거울인데 왕권을 상징한다. 5세기의 傳 인덕릉과(靑蓋獸帶鏡), 6세기의 무령왕릉에서(七乳獸帶鏡) 나온 적이 있다.

가도 이를 수가 없습니다. 그 물을 마시다가 문득 그 산의 철을 얻으니 영원토록 성조(聖朝)에 바치고자 합니다."라고 아뢰었다.

## 해설

[1] 신공 46년조는 백제가 왜국을 불러 군사동원을 제안하는 모습이다. 비단, 각궁, 철정 등은 삼국지 동이전에도 나오는 3세기의 가장 중요한 교역물품들이다.

[2] 신공 47년조는 왜국이 당시 대규모로 전쟁 중인 웅진백제와 신라 사이에서 등거리 외교를 하는 모습이다. 어느 쪽에 줄을 서야 할 것인가를 고민하다 백제에 줄을 서기로 한 이유를 설명하고 있다. 백제가 더 줄 것이 많다는 것이다.

[3] 신공 49년은 남해안에서 대규모 전쟁이 벌어졌는데 백제군을 도와 가야 7국을 멸망시키고, 돌아오며 영산강유역으로부터 항복을 받았다는 이야기다. 이 가야 7국이 비자발(比自炑), 남가라(南加羅),[17] 탁국(喙國), 안라(安羅), 다라(多羅), 탁순(卓淳), 가라(加羅)인데, 남가야가 김해가야고 가라가 대가야다. 7국의 기재순서는 정복한 순서로 본다.

가야를 멸망시킬 때 신라도 대군을 동원하여 가야를 도왔는데 신라군도 격파하였다는 뜻이다. 하지만 신라는 멸망하지 않았다. 이때 신라를 구한 영웅이 삼국사기에 나오는데 파진찬 강훤이다. 그는 이 공로로 이찬으로 승진한다.

---

16. 황해도

17. 김해(금관)가야를 남가야라고 불렀다.

이로써 왜 가야가 삼국사기에서 268년간 사라지는 지를 이해할 수 있다. 임나가야를 제외하고 모든 가야가 삼국사기 뿐만 아니라 삼국유사는 물론이고 동아시아의 모든 사료에서 사라진다.

[4] 전쟁에 승리하였으면 백제가 약속을 지켜야 하는데 안 지키고 있다는 뜻이다. 그 이유는 왕이 없기 때문이다. 왕이 죽었는데 49년조에 나오는 왕자 귀수가 새 왕이 되지 못했다는 뜻이다. 나는 이 7대 정도로 추정되는 진왕을 <가야통합왕>으로 부른다.

[5] 백제왕이 나오는 것으로부터 웅진백제에 새 진왕이 나타났다는 것을 알 수 있다. 즉 229년 3월에 누가 상황을 장악한 것이다. 그러면 그 다음 해에는 즉위할 수 있다.

[6] 전쟁이 끝나고 바로 보내야 하는 칠지도가 3년이 지난 후에 왔다. 새 진왕이 230년이 즉위하고 바로 칠지도를 보내 왜국과의 외교문제를 마무리한 것이다. 따라서 그는 아직 왕후를 세우지 못했을(공립되지 않았을) 가능성이 크고, 그러면 칠지도에 칼을 주는 사람을 "백제왕"이 아니라 "백제왕세자라"고 써야 한다. 나는 이 8대 정도로 추정되는 진왕을 <칠지도왕>으로 부른다. 이 왕은 훗날 고이왕과 만나게 된다.

이 신공조 6개년의 기록을 보면 특이한 것이 당시 왜국에 대하서는 인명(사마숙네, 지마숙네, 이파이, 천웅장언, 황전별, 녹아별)을 제외하고는 아무 정보도 없다는 것이다. 일본열도의 지명, 기후, 풍습, 제도, ... 아무 것도 없다. 그 외에 사백개로, 사사노궤, 목라근자 등 백제의 귀족성인 사씨와 목씨가 나오는 데, 이들은 4세기 이

후에 등장하는 영산강유역의 성씨들로 백제 팔성대족으로 알려져 있다. 즉 후대의 인명들이다. 사료조작에서 후대의 자료가 많이 남아 있는 인명 고치는 것이 가장 용이하다.

심지어 3세기 중반의 일본열도를 기록한 삼국지 동이전에도 왜국에는 소, 말, 호랑이, 표범, 양, 까치가 없다고 하여 문화가 나온다. 그런데 여기서 중요한 것은 말이다. 국가를 세우는데 반드시 필요한 말은 고고학적으로도 5세기 이후에 갑자기 나오기 때문이다. 일본은 4세기까지도 미주 대륙이나 마찬가지로 건국에 필수요소인 말이 없었다. 당시 한반도는 수천 명의 기병을 동원한 대규모 전투가 자주 일어났다. 최남단인 가야지역에서도 3세기 후반에 말 발걸이인 등자(鐙子)가 나온다.

반면에 백제에 대해서는 지명이 풍부하고 거리와 방위가 있는데, 이런 것들은 잘 속이는 인명과 다르게 통상 속이지 않는 것들이다. 또 왕이 산에 올라가 맹약을 한다고 하여 진왕이 제사장의 위치를 겸하고 있음을 알 수 있다.

8세기에 일본서기를 쓸 때 15대 응신부터는 자료가 많이 있었으나 그 이전 왜국 기록이 거의 없었다. 그래서 전국을 뒤졌는데 2~3세기 야마대국 기록이 나왔다. 5왕(숭신-수인-경행-성무-중애)이 74년(100~173)을 통치하였고 이후 6년 동안(173~179)의 내란이 발생하여 왕이 없었고, 내란이 끝난 후 비미호라는 여왕이 179년에 즉위하여 69년(179~247)을 재위한 기록이었다. 즉 다음의 삼국지 동이전 기록은 믿을 만하다.

> * 본래 남자가 왕으로 70~80년을 이어오다 왜국에 난이 일어 여러 해에 걸쳐 공벌(攻伐)하였다. 이에 한 여인을 왕으로 함께 세웠는데 이름은 비미호(卑彌呼)라 한다. 기괴한 술법을 행하고 능

> 히 백성을 미혹시켰는데 나이가 먹도록 남편이 없었다. 남자 동생이 있어 통치를 보좌했다.
>
> – 삼국지 동이전 왜조

그런데 기록이 부실하여 고왕조 5왕의 기록도 혼란기인 뒤의 2명은 거의 없고, 여왕도 즉위와 퇴위 외에는 남아있는 기록이 거의 없었다. 당시에도 이미 5～6백년이 지난 오래된 사건이었다.

15대 진왕인 응신의 대수를 지키기 위하여 앞에 14명의 천황을 만들었는데 이를 고왕조라고 한다. 고왕조 기록은 응신시대의 기록으로 채우기로 하였다. 이 시기의 응신의 왕후와 무내숙녜 등 응신시대 주요 大臣들의 기록으로 고왕조를 채웠다. 大臣이란 웅진백제, 즉 목지국의 臣智급 주요 관료들 호칭이다. 일본서기에는 국초부터 사용하나, 삼국사기에는 고구려는 1세기 대무신왕 때부터, 백제는 7세기 무왕 때부터, 신라는 7세기 선덕여왕 때부터 사용한다. 특히 백제는 大臣이라고 부르지 않고 佐平이라고 부른다.[18]

비미호의 재위연도를 기준으로 신공황후조를 만든 후에 응신의 왕후인 중희의 기록으로 신공조 앞부분을 채웠다. 중국의 삼국지에 나오는 비미호의 외교 기록을 보고 신공조 중간부분을 채웠다. 그리고는 막막하였는데 자신들이 가지고 있는 기록을 보니 7대와 8대 정도로 추정되는 진왕 기록에 왜국과 비미호가 나왔다. 이 기록들을 바탕으로 주객을 바꾸고 후대 인물들을 적당히 안배하여 신공조 중·후반부를 채웠다. 일본서기를 보면 後代의 인물을 前代로 옮기는 경우는 많으나 그 반대의 경우는 없다.

삼국사기에는 1대 비류에서 14대 여휘에 이르는 진왕 기록들은

18. 참고로 오늘날 정부 각 부처의 책임자를, 남한은 將官, 북한과 중국은 部長, 일본은 大臣이라고 한다.

모두 삭제되었다. 그런데 일본서기에서 신공조를 채우기 위하여 왜국과 교섭한 <가야통합왕>과 <칠지도왕> 2명의 진왕 기록 일부가 살아남은 것이다. 일본서기 편자들이 이 두 명의 진왕 기록들에서 왜국이 나오는 것을 알고 이것을 재료로 신공조를 쓴 것이다, 이는 반대로 나머지 진왕들은 왜국과 교섭한 적이 없다는 것도 추정할 수 있다. 따라서 신공 중·후반 6개년 기록은 지금은 사라진 목지국 진왕 기록 일부를 직접 살펴볼 수 있는 문헌 사료다.

왜국으로 칠지도가 가고 약 30년이 지난 후에 작성된 삼국지 동이전을 보면 여러 소국들이 여왕국(女王國)에 통속(統屬)되어 있다고 하여, 야마대 왕인 비미호는 칠지도의 기록처럼 진왕에 의하여 일본열도의 여러 후왕들 위에 위치하는 왜왕으로 임명되었고, 백제로부터 철을 받아 여러 왜 소국들에게 공급했음을 추정할 수 있다.

참고로 다음 삼국지 동이전의 왜조 기록은 필리핀이다. 당시 필리핀도 왜국으로 불렸음을 알 수 있다. 주유국은 오끼나와가 아닌가 생각된다.

> * 또한 주유국(侏儒國)이 여왕국 남쪽에 있는데 사람의 키가 3-4척이고 여왕국으로부터 4천여 리다. 또한 나국(裸國), 흑치국(黑齒國)이 그 남동쪽에 있는데, 배로 1년을 가야 도착할 수 있다. 왜의 땅은 바다 가운데 섬에서 끊어지거나 혹은 연결되어 주위를 돌면 대략 5천여 리다.
>
> – 삼국지 동이전 왜조

## 5.4 삼국유사 가락국기의 금관가야 왕력

삼국유사에 실린 가락국기 왕력은 그 자체만 보면 이상한데 삼국사기와 일본서기를 참고해보면 합리적으로 복원할 수 있다.[19]

가락국기의 원기록은 다음과 같다. 수로왕이 건국한 전기가야와 좌지왕이 건국한 후기가야는 같은 지역에 건국되었다는 것만 같고 전혀 다른 나라다.

### 1) 전기가야: 수로왕가야

왕의 장인이 泉府卿, 宗正監, 司農卿 등 가야 고유의 관직명을 갖는 시대

- 1대. 수로왕 (42-199) —— 157년 재위 (기록이 길고 상세함)
- 2대. 거등왕 (199-253) —— 54년 재위
- 3대. 마품왕 (253-291) —— 38년 재위
- 4대. 거미질왕 (291-346) — 55년 재위
- 5대. 이시품왕 (346-407) — 60년 재위

(364년, 평균재위기간 73년[20].)

### 2) 후기가야: 좌지왕가야

왕의 장인이 阿干, 角干, 沙干 등 신라식 관직명을 갖는 시대

---

19. 『재조명1』 제3장, 6 전기가야 5왕의 재위기간 복원, p. 64.
20. 재위연수는 계산의 편의를 위하여 만으로 셈.

· 6대. 좌지왕 (407-421) —— 14년 재위 (기록이 길고 상세함)
· 7대. 취희왕 (421-451) —— 30년 재위
· 8대. 질지왕 (451-492) —— 41년 재위
· 9대. 겸지왕 (492-521) —— 29년 재위
· 10대. 구형왕 (521-562) — 41년 재위 (기록이 길고 상세함)
(155년, 평균재위기간 31년)

후기가야는 재위연도가 맞으나 전기가야가 틀린다. 사료를 참조하여 이를 수정하면 다음과 같다.

· 1대. 수로왕; 42～106 (64년 재위)
· 2대. 거등왕; 106～144 (38년 재위)
· 3대. 마품왕; 144～175 (31년 재위)
· 4대. 거질미왕; 175～198 (23년 재위)
· 5대. 이시품왕; 198～227 (29년 재위)
(185년, 평균재위기간 37년)

전기가야 다섯 왕들의 재위기간도, 수로왕이 오래 재위하여 다소 길뿐, 수로왕을 제외한 나머지 네 왕들의 평균재위기간은 30년으로서 부자상속이라면 상당히 합리적이다.

[질문자] 금관가야는 진흥왕 때인 562년에 망한 것이 아니라 법흥왕 때인 532년에 망한 것이 아닙니까?

[一道安士] 그런 질문을 하시는 분들을 위하여 이 책의 마지막 장에 설명을 추가하였습니다.

## 5.5 진왕의 담로제

3세기에 80여개에 이르렀던 삼한 소국들은 서로 혼인을 통해 결합하고 있었다. 이는 본래 부여에서 온 제도로 비류에서 시작하는 웅진백제의 통치제도였다. 백제 진왕은 삼한을 통일하는 과정에서 복속시킨 그 지역의 최고 실력자와 혼인을 맺는데 이것이 담로제다. 후삼국 말기에 왕건이 수군을 이끌고 와서 영산강유역을 정복하고 그 지역의 최대 실력자였던 나주 오씨의 딸과 혼인하게 되는데[21]. 이것도 담로제의 흔적이다. 다른 삼한 소국들 사이도 주로 혼인으로 결합된 관계였는데 혼인의 계절은 봄이 관례였고, 특히 3월을 선호했다.

3세기 말 삼국사기 유례이사금조를 보면 왜국이 끊임없이 신라를 공격하여 굴복시킨다. 왜국에 굴복한 신라는 298년에 유례이사금이 죽은 후부터는 군대가 없는 비무장국가였다. 이후 왜국은 4세기에 신라의 최고 실력자와 혼인을 맺는다.

- 흘해 2년(311); 봄 정월, 급리(急利)를 아찬(阿湌)으로 삼아 중요한 정사를 맡기고 중앙과 지방의 군사 일을 겸하여 맡게 하였다.
- 흘해 3년(312); 봄 3월, 왜국 왕이 사신을 보내 자기 아들의 배필을 구하니 아찬 급리의 딸을 보냈다.

이로부터 지방(신라)의 최고 권력자(급리)가 중앙의 종주국 왕(왜왕)과 혼인을 통해 인척관계를 맺고 지방을 통치하는 것을 볼 수

---

21. 나주 오씨는 부여씨가 성을 바꾼 것이다. 이 여인이 고려 2대 왕인 혜종의 어머니다.

있다. 당시 신라본기에 나오는 왜국의 통치제도가 담로제인 것을 알 수 있다.

진왕은 즉위해도 왕후를 세우지 못하면 대외적으로 왕이 아니라 왕세자를 칭해야 하는데, 특히 2년 이내에 세우지 못하면 권력이 흔들리므로, 백제 왕세자 여휘나 왜 왕세자 흥처럼 중국 왕조로부터 왕의 책봉을 받든가 하는 비상수단을 써야 한다.

진왕은 가야지역과 영산강유역을 복속시킨 후 어느 지역의 세력과 혼인을 맺었을까? 그것은 마한지역인 영산강유역으로 본다. 3세기 중반에 자신의 여인을 웅진백제 진왕에게 시집보낸 마한인은 마한왕 또는 마한주가 되는데, 이 사람이 3세기 후반에 중국의 삼국시대를 통일한 西晉에 사신을 보낸 것으로 판단한다. 한강유역에서 마한왕의 지위를 갖게 되는 것은 삼국사기 백제본기를 보면 4세기 초 비류왕 때부터다. 즉 삼국사기의 백제는 4세기에 웅진백제의 왕비족이 된다.

그러면 종주국과 담로관계를 끊으려면 어떻게 해야 하는가? 그것은 먼저 종주국과의 혼인관계를 단절하는 것이 기본이다. 만일 담로국이 담로관계를 끊으려고 하면 종주국은 어떻게 하는가? 그것은 4세기 삼국사기 신라본기에 신라가 왜국의 담로국으로부터 벗어나는 과정이 아주 상세히 적혀있다.

# 6장

# 고이왕의 시대

## 6.1 요하문명의 국가들

홍산문명이란 중국 요령성과 내몽고 동쪽을 중심으로 한 문명으로 요서의 능하유역에 위치한 조양부근이 중심이다. 발해만문명이라고도 한다. 홍산문명이라고 부르는 이유는 내몽고의 紅山에서 처음으로 발견되었기 때문이다. 마지막 빙하기가 11,500년 전에 끝나는데 이 문명은 대략 1만 년 전부터 시작되었다고 보고 있다. 홍산문명의 중심지역인 능하유역은 고조선의 중심지역으로 추정되고 있어 한국에서도 관심이 크다. 발굴되는 유물들 중에 玉으로 만든 공예 작품이 유명하다. 특히 중국문화의 상징인 龍의 모양이 가장 먼저 출현한다.

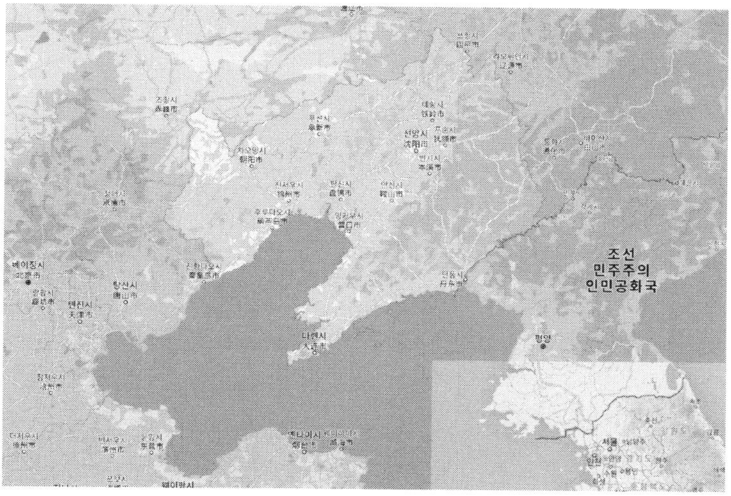


**그림 6.1** 중국 요령성. 요동에서는 심양(瀋陽, 선양), 요서에서는 조양(朝陽), 요동반도에서는 대련(大蓮)이 대표적인 도시다. 심양 남쪽의 요양(遼陽)과 묶어 두 지역을 요심지역이라고 부른다.

요하유역에 여러 국가들이 출현하였는데 대표적인 것이 3세기의 공손연, 4세기의 전연, 그리고 5세기의 후연과 북연이다.

### 1) 공손연(公孫燕, 189~238)

요동태수였던 공손도(공손탁)가 후한의 혼란기인 2세기 후반에 자립하여, 전국시대에 이 지역에서 가까웠던 燕에서 이름을 따서 燕이라는 국가를 세우고, 요양지역을 중심으로 (1)공손도(度)-(2)공손강(康)-(3)공손공(恭)-(4)공손연(淵)의 4대를 거치며 약 50년을 통치했다. 공손도 때는 고구려의 왕위 계승 내전에 간섭하였다. 공손도 말년에 그의 아들인 공손강이 낙랑군의 남쪽지역에 대방군을 설치하였다.

동쪽의 고구려, 서쪽의 위, 북쪽의 부여 사이에 있어 남쪽만 바다로 열려있었다. 238년에 위의 사마의에게 토벌되어 사라지는데 이후에도 燕이라는 이름의 국가들이 나오기 때문에 다른 나라들과 구분하기 위하여 '공손씨의 연나라'를 편의상 공손연이라고 부른다. 삼국사기 고구려본기는 약 70년에 걸친 공손연의 시작과 끝을 다음처럼 기록하고 있다.

* 신대왕 5년(169); 왕이 대가 우거(大加<優居>)와 주부 연인(主簿<然人>) 등을 보내 군사를 거느리고 현도태수 공손도를 도와 富山의 적을 토벌하게 하였다.

공손도는 요하 상류에 있었던 현도군의 세력가였던 공손연(公孫延)의 아들이다. 그가 요동태수가 되는 것은 189년이므로 이 고구려본기의 기록은 그 전의 행적이다. 중국 기록에 현도태수로 임명된 적이 없는 것으로 보아 당시 스스로 현도태수를 자처했던 것으로 보인다.

* 동천왕 12년(238); 위나라 태부 사마 선왕이 군사를 동원하여 공손연을 토벌했다. 왕이 주부 대가로 하여금 군사 1천 명을 거느리고 그들을 돕게 하였다.

### 2) 전연(前燕: 337～370)

선비족 모용부 출신인 모용외의 셋째 아들 모용황(慕容皝)에 의해 4세기 초에 건국된 나라다. 국호는 燕이지만 동일 국호를 사용한 나라가 많기 때문에 구분하기 위하여 편의상 前燕이라고 부른다. 요서의 조양부근을 중심으로 모용황-모용준-모용위-모용평의 4대에 걸쳐 약 40년 동안 통치하다 전진의 부견에게 멸망당한다.

342～343년에 걸쳐 고국원왕의 고구려와 전면전이 벌어진다. 특히 고구려 수도를 점령하였으나 퇴로가 막혀 수만 대군이 귀환을 못하는 사태가 발생한다. 이에 대하여 중국 기록에는 다 죽었다고 하고 있다. 고구려 원정 실패 후 모용준이 북경 남쪽의 업(鄴)으로 천도하였다. 전성기에 북중국과 몽골 초원의 대부분을 통치하는 등 위세를 떨쳤다.

### 3) 후연(後燕, 384～407)

4세기 후반에 전연 모용황의 아들인 모용수(慕容垂)가 건국한 나라다. 국호는 燕이지만 동일 국호를 사용한 나라가 많기 때문에 구분하기 위하여 편의상 後燕이라고 부른다. 모용수-모용보-모용성-모용희의 4대에 걸쳐 약 25년간 통치하였다. 북중국을 통치하던 모용보는 신흥세력인 선비족 탁발부의 북위에게 밀려 이전 수도인 업을 버리고 본래의 근거지인 요서의 용성으로 천도하였다. 하지만 고구려와 대립하다 광개토왕 시기에 고구려왕족 출신의 고운(高雲)에게 찬탈당하고 멸망하였다.

### 4) 북연(北燕, 407~436)

모용운(본명 고운)이 후연의 모용희를 죽이고 건국한 나라다. 407년에 고운이 즉위하자 고구려 광개토대왕은 408년에 사신을 보내 종족의 예를 베풀었으며 고운 역시 이에 화답하여 북연과 고구려는 화친하였다. 고운-풍발-풍홍의 3대에 걸쳐 요서지역을 30년 동안 통치하였다.

고운은 409년에 반란이 일어나 죽고, 고운의 측근이던 풍발이 반란을 진압하고 왕이 되었다. 이후 풍발이 죽고 동생인 풍홍이 왕이 되었으나 북위의 위협을 받자 장수왕의 고구려에게 항복한다. 이로써 후연-북연의 선비족 세력을 고구려가 받게 된다. 북연의 항복과 관련하여 2백년 전인 고구려본기 중천왕 12년의 기록이 관심을 받고 있다.

- 중천왕 12년(259); 겨울 12월, 왕이 두눌곡에서 사냥을 하였다. 위나라 장수 울지해(魏將 尉遲{尉遲}楷)가 군사를 동원하여 침입하였다. 왕이 정예 기병 5천 명을 선발하여 양맥 골짜기에서 싸워 이기고 8천여 명의 머리를 베었다.

위나라 관구검의 침입 후에 벌어진 일인데, 울지씨를 가진 위나라 장군이 고구려를 침입해온 사건이다. 울지 가문은 선비족 출신으로 436년에 북연이 항복할 때 고구려에 들어온 후, 2백년 후에 수나라와의 전쟁에서 고구려군 총사령관이었던 을지문덕을 배출했다는 것인데 확실한 것은 더 연구가 필요하다.

590년에 죽은 고구려 온달장군과, 648년에 신라 김춘추가 당나라에 갈 때 호위무사로 수행하다 귀국할 때 고구려군에게 잡히게 생기자 김춘추로 변장하고 대신 죽어 김춘추의 목숨을 구했던 온군해(溫君解)장군 역시 5~8세기 중앙아시아 무역 강국이었던 소그디아(Sogdia) 출신이라는 연구가 있다.

소그디아는 당나라 서쪽으로 오늘날 우즈베키스탄, 타지키스탄, 카자흐스탄, 그리고 키르기스스탄에 걸쳐 있다. 왕족이 온(안)씨로 당나라 때 난을 일으킨 안록산도 소그디아인이었다. 온달이 당시 소그디아 이주민 집단의 수장으로서 고구려어를 못하고 고구려 풍습도 모르니 사람들이 바보라고 놀렸을 것이라고 한다.

> ※ 온달이 길을 떠날 때 맹세하며 말했다. "계립현(鷄立峴)과 죽령(竹嶺) 서쪽의 땅을 우리에게 되돌리지 못한다면 돌아오지 않으리라!" 마침내 떠나가 아단성(阿旦城) 밑에서 신라군과 싸우다가 날아오는 화살에 맞아 죽고 말았다. 장사를 지내려 하는데 관이 움직이지 않았다. 공주가 와서 관을 어루만지면서 말했다. "죽고 사는 것이 이미 결정되었으니, 아아! 돌아가십시다(死生決矣 於乎 歸矣)." 드디어 관을 들어 묻을 수 있었다. 대왕(영양왕)이 이를 듣고 비통해하였다(大王聞之悲慟).
>
> - 삼국사기 온달 열전

590년에 온달이 소그디아 이주민을 이끌고 신라군과 아단성에서 싸우다 패하여 죽는데, 이때 포로로 신라군에게 잡혀간 병사거나 그 후손이 김춘추를 구한 온군해장군이 아닌가 하는 것이다.

## 6.2 요하유역에서 한강유역으로 이주

서울 석촌동에는 [그림 6.2]와 같은 초기 고구려식 돌무지 고분군이 있다. 지금은 석촌동에 몇 기밖에 없지만 일제강점기만 해도 백기 정도 있었다고 하는 것을 볼 때, 삼국시대 당시에는 수백 내지 수천 기가 있었을 것이다. 돌을 계단식으로 쌓은 무덤들인데 흔히 "초기 고구려식 적석총"이라고 한다. 도굴이 쉬운 형태고 사람들이 돌을 가져다 쓰곤 해서 많이 사라졌지만 만주의 요하유역인 요령성에 요동을 중심으로 아직도 수만 기가 남아있다.

그런데 이 초기 고구려식 고분이 한반도에도 있다. 바로 한강유역인 서울이다. 북한에는 전혀 없고, 남한에도 한강유역을 제외하고는 없다. 이 고분군은 한강유역의 지배무덤으로서 이들이 한국사의 표준을 만든 서울/경기 문화의 주인공일 것이라는 데는 이견이 없다.

축조 시기는 3~4세기인데 백제 왕력상으로는 3세기 초·중반 고이왕의 출현 무렵에 축조가 시작되었고, 4세기 후반 근초고왕 무렵에 축조가 중단되었다. 이 고구려식 무덤들이 축조되는 시기에는 위나라 관구검의 침략을 받는 고구려를 백제 고이왕이 군대를 보내 돕는 등 고구려와 백제 사이가 아주 좋았다. 하지만 이 무덤들의 축조가 중단된 이후에는 고구려와 백제 사이에 전쟁이 시작된다. 결국 이 무덤에 묻힌 사람들은 친고구려계라는 뜻이다.

한강유역은 백제 문화권인 동시에 고구려 문화권이다. 나는 고구려를 활 문화권, 백제는 칼 문화권, 신라는 말 문화권으로 보는데, 한강유역에서는 백제 문화의 상징인 장식용 또는 의례용 칼이 안 나온다. 장식용 칼은 일본열도를 포함하여 금강이남에서만 나온다. 한강유역은 백제보다 고구려 문화권에 가깝다.

**그림 6.2** 하늘에서 본 석촌동 고분군. 요하유역의 요동지역 묘제다. 한반도에는 오로지 한강유역에만 있다.

무덤들은 모두 도굴되었지만 3세기 후반의 서진에서 만들어진 도자기 조각이 나와, 3세기 후반에 마한지역의 최고 실력자가 확실한 마한주(혹은 마한왕)가 서진과 여러 차례 교류했었다는 진서 기록의 고고학적 근거로 쓰이기도 한다.[1] 적어도 그들은 중국 대륙의 정세에 밝은 사람들이었다.

이 무덤들은 앞에 축조된 무덤들을 파괴하고 그 위에 축조된 것

1. 이 3세기 후반의 마한주는 영산강유역의 세력가로 본다. 한강유역이 마한주의 지위를 갖는 것은 4세기 초 비류왕 때부터다.

으로 보아 3세기 초에 한강유역에 대규모 정복이 있었다. 요하유역에서 한강유역으로 이주해온 사람들이 한강유역의 새로운 주인이 된 것이다. 승자만이 자신들의 무덤을 장기간 남기므로 이들은 한강유역의 승리자였을 것이고, 그렇다면 한강유역 기록인 삼국사기 백제본기의 3세기 초에 이 무덤들의 성립과 관련된 기록이 나와야 한다. 삼국사기는 한국사의 표준인 서울/경기 문화를 만든 주인공들에 대하여 우리 후손들에게 무슨 이야기를 들려주고 있을까?

일반적으로 사람들이 대거 이주하는 경우는 전쟁 같은 정치적인 변혁이 발생했을 경우다. 요하 하류는 BC 18년 백제의 건국지다. 3세기 초에 요하 하류의 요동지역을 중심으로 무슨 정치적 변혁이 있었을까?

## 6.3 대방군 설치와 말갈의 대규모 침공

[질문자] 대방군 설치한 사람에 대하여 어느 기록이 맞습니까?

(1) 대방군은 공손강이 설치했다. - 삼국지

(2) 대방군은 공손도가 설치했다. - 진서

[一道安士] 삼국사기에 의하면 둘 다 맞습니다.

BC 2세기 말에 전한에 의하여 낙랑군이 설치된 시기는 삼국사기의 기술 연대가 아니라서 우리의 자체 기록이 없다. 하지만 이로부터 약 2백년 후인 3세기 초에 공손연에 의하여 낙랑군 남쪽을 떼어 대방군을 설치한 기록은 그 전후 사정이 삼국사기에 자세히 기술되어 있다. 따라서 대방군의 설치로부터 이전에 있었던 낙랑군의 설치과정을 유추할 수 있다.

삼국시대의 여러 집단들 중에 가장 흥미로운 것이 말갈이다. 이들은 기본적으로 고구려에게 복속한 전투 집단인데 가장 용맹한 군대다. 이들은 기본적으로 전투에서 물러섬이 없다. 말갈이 놀라운 기동력을 이용하여 백제와 신라를 공격하는 것을 보면 東에 번쩍 西에 번쩍 하는데 오늘날 한국인의 '빨리빨리 정신'을 보는 것 같다. 보통사람이라면 이들 말갈이라는 존재에 대하여 흥미를 가질 만하다. 이들 스스로 남긴 역사서는 없을까? 이들은 어떤 언어를 쓰고, 어떤 복식을 하고, 어떤 통치제도 하에서 살았을까? 지금 말갈의 후예들은 어디서 무엇을 하고 있을까?

2세기 초에 백제에서 사라진 말갈이 3세기 초에 다시 나타나는데 백제본기 초고왕-구수왕 시기다. 이를 "말갈의 2차 출현기"라고 하는데 삼국사기의 기록은 다음과 같다.

**말갈의 2차 출현기**

- 내해 8년(203); 겨울 10월, 말갈이 국경을 침범하였다.

- 말갈이 80년 만에 신라를 공격함.

- 내해 10년(205); 봄 2월, 진충을 일벌찬에 임명하여 국정에 참여시켰다.

(15)[2]. 초고 45년(210); 겨울 10월, 말갈이 사도성에 와서 공격하다가 이기지 못하자 성문에 불을 지르고 도망하였다.

- 말갈이 백년 만에 백제를 공격함.

(16) 초고 49년(214); 가을 9월, 북부의 진과에게 명령하여 군사 1천 명

2. 단원 3.2의 번호를 그대로 사용함.

을 거느리고 말갈의 석문성을 습격하여 빼앗게 하였다. 겨울 10월, 말갈이 정예 기병을 거느리고 침입하여 우술천에 이르렀다. 왕이 사망하였다.

(17) 구수 3년(216); 가을 8월, 말갈이 적현성에 와서 포위했으나 성주가 굳게 수비하니 적이 퇴각하였다. 왕이 정예 기병 8백 명을 거느리고 그들을 추격하여, 사도성 밖에서 격파하였는데, 죽이거나 사로잡은 적병이 많았다.

(18) 구수 7년(220); 겨울 10월, 왕성 서문에 화재가 났다. 말갈이 북쪽 변경을 침략하므로 군사를 보내 방어하였다.

* 내해 29년(224); 가을 7월, 이벌찬 연진이 백제와 전투를 하였다. 그는 봉산 아래에서 백제와 싸워 격파하고 1천여 명을 죽이거나 사로잡았다. 8월, 봉산성을 쌓았다.

(19) 구수 16년(229); 11월, 말갈이 우곡에 들어와 사람과 재물을 약탈하였다. 왕은 정예군 3백 명을 보내 방어하게 하였다. 그러나 적의 복병이 양쪽에서 협공하여 우리 군사가 대패하였다. - 말갈과의 마지막 전투로 약 20년에 걸친 말갈과의 전쟁이 말갈의 승리로 끝남.

(20) 고이 25년(258); 봄, 말갈의 대장(靺鞨長) 나갈이 좋은 말 10필을 바쳤다. 왕이 그 사자를 우대하여 돌려보냈다.

- 이후 130년 동안 말갈이 사라짐.

말갈이 신라보다 백제에 훨씬 많이 나타나는 것으로부터 이들이 서해안을 따라 내려왔음을 알 수 있다. 또한 신라보다 백제에 늦게 나타난 것은 백제에는 북방에 여러 강력한 마한소국들이 존재하여 이들을 모두 격파해야 한성백제에 도달하기 때문이다.

203년에 말갈이 처음으로 나타나는 것으로 보아 이 해에 대방군이 설치되었다. 204년에 공손도가 죽고 공손강이 왕이 된다. 따라서 대방군 설치는 공손도 재위기간에 공손강에 의해 이루어지므로 공손도라고 해도 되고 공손강이라고 해도 된다. 군의 설치란 군대를 동원해 정복하고, 행정구역을 설치한 다음, 세금을 걷는 절차이므로 한 두 해만에 이루어지는 것은 아니다. 하지만 정확히 몇 년에 설치되기 시작하였는지를 기록한 것은 당사자의 기록인 삼국사기뿐이다.

초고왕과 구수왕 2대에 걸쳐 약 20년간 말갈과의 전쟁이 계속되는데 초고왕은 말갈과의 전투로 죽었다. 이후 구수왕 11년(내해 29년)에 신라와의 전투에서 주력을 잃고, 5년 후인 구수왕 16년에 말갈과의 전투에서 대패한 이후 더 이상 전투가 없다. 말갈과의 20년 전쟁이 말갈의 승리로 마감된 것이다. 한성백제만 말갈군의 수중에 떨어진 것이 아니라 한강유역 전체가 비슷했을 것이다.

## 6.4 고이왕의 출현

삼국사기 백제본기에 234년에 이전과 전혀 다른 계통의 왕이 즉위하니 고이왕이다. 한성백제 5백년사는 고이왕의 출현을 기준으로 전과 후로 나뉘는데 고이왕의 즉위 이후에는 전혀 새로운 시대를 맞게 된다.

* 고이왕 원년(234); 고이왕은 개루왕의 第二子다. 구수왕이 재위 21년에 사망하자 그의 長子 사반이 왕위를 이었으나 나이가 어려 정사를 잘 처리하지 못하였으므로 초고왕의 母弟 고이가 왕위에 올랐다.

고이왕이 제2자라는 말은 부자관계가 아니라는 뜻이다. 출신이 모호한데 외부인이기 때문이다. 하지만 이전 해씨 왕족의 백제와 동일계임을 알 수 있는데 동일계란 같은 조상을 제사지낸다는 뜻이다. 고이왕계(고이왕-책계왕-분서왕-계왕)가 고구려 시조인 동명조에 제사지내는 것으로부터 말갈은 고구려의 복속민임을 알 수 있다. 구수왕의 아들인 사반왕은 長子다. 구수왕은 공립되지 못했으므로 어떤 경우든 元子라는 말은 쓸 수 없다.

해씨 → 우씨 → 해씨로 이어지던 한성백제 왕통은 427년에 구이신왕으로 끝나고, 비유왕부터는 계통이 다른(시조제사의 대상이 다른) 목지국 왕성인 부여씨가 정권을 잇는다. 실제로는 407년에 백제본기에 부여씨가 최초로 등장하며 정권이 넘어간다. 동일계가 아닌 것을 삼국사기는 庶弟라고 표현했다. 비유왕 이후 삼국사기에는 시조제사가 나오지 않는데, 만일 부여씨도 동명조에 제사지냈다면 삼국사기에서 시조제사가 삭제되지 않았을 것이다. 대신 중국 사서를 보면 부여씨는 구태조에 제사지냈는데 구태는 목지국 시조인 비류거나 그의 아버지인 우태였을 것이다.

요하유역에 대방군이 설치되자 수십만 명 이상의 피난민이 한반도 쪽으로 이주하기 시작했는데, 일부는 고구려 영토에 정착하고 일부는 청천강과 대동강을 건너 황해도와 경기도로 들어왔다. 중국 기록을 보면 대방군을 설치하여 세금을 받으려던 공손씨는 수많은 사람들이 고구려 방향으로 이주하여 계획이 틀어지자 공손모와 장창 등 관리를 보내 이들을 추격하게 한다.

대방이 경기도도 아니고 충청도도 아니고 황해도에 생기게 된 연유는 삼국사기에 적혀있다. 경기도는 백제권이라 들어오려면 말갈처럼 20년 이상 전쟁을 해야 하기 때문이다. 육로로 대군을 보내면 압록강유역을 장악하고 있었던 고구려가 막을 것이고, 해로로 대군을 보내면 황해를 장악하고 있었던 백제가 막을 것이다. 더욱이 공손씨는 바다로 대군을 수송할만한 해운력도 없었다. 결국 경기도에 못 내려오고 고구려와 백제의 완충지대로서 상대적 힘의 공백지대였던 황해도에서 멈춘 것이다.

帶方이라는 이름은 요하 하류에 帶水나 帶方이라는 지명이 있었거나, 아니면 帶자 들어가는 지명과 方자 들어가는 지명이 있어서 이를 묶어서 만들어진 것으로 보이는데, 사람들이 한반도로 이동하며 지명도 이동한 것이다. 그리고 대방군 설치의 가장 확실한 고고학적 증거는 아직도 남아있는 서울의 석촌동 고분군이다.

공손씨가 멸망한 다음에 위가 고구려를 공격할 때 낙랑태수와 대방태수가 각각 군대를 이끌고 합류하는데 이들은 모두 요하유역의 군대다. 당시 한반도의 낙랑과 대방은 이미 고구려의 영향 하에 있었다. 한반도의 낙랑과 대방은 이후 300년에 신라에 귀복함으로써 사라진다. 요하유역의 낙랑과 대방은 이후 4세기에 고구려에게 밀려 요동에서 요서로 이동한다.

* 기림이사금 3년(300); 봄 3월, 낙랑과 대방의 두 나라가 귀복하였다.

고이왕이 무려 53년을 재위하는 것으로 보아 그는 대방군 설치 직후의 민족 대이동기인 대략 210년 경 태어났을 것이다. 그가 젊은 나이에 왕이 된 것은 이주에 큰 공이 있어서인데, 특히 구수왕 16년 백제와 말갈의 마지막 전투에서 매복 작전을 통하여 백제군을 궤멸시킨 말갈군 장군으로 추정된다. 뒤에서는 공손씨가 추격해오고, 앞에서는 백제가 막고 있어, 대규모 피난민들이 오도 가도 못하고 갇혀있는 상황에서 이들을 이끌고 한강유역을 정복한 후 국가를 세운 것이다.

## 6.5 말갈의 문화

고이왕의 시대가 가져온 새로운 문화들 중 중요한 것만 요약하면 다음과 같다. 20대 중반에 왕이 되어 53년을 재위하고 286년에 죽었으니 백제본기에서 가장 장수한 왕들 중에 들어간다. 말갈의 대장(靺鞨長) 나갈의 사신이 온 258년은 대략 50세 전후였을 것이다.

### 가. 고이 3년 ~ 고이 26년

(1) 고이 3년(조분7, 236); 겨울 10월, 왕이 서해의 큰 섬에서 사냥(獵)하여 직접 40마리의 사슴을 쏘아 맞혔다(手射).

(2) 고이 5년(조분 9, 238); **봄 정월**, 북과 피리를 사용하여 하늘과 땅에 제사(祭)를 지냈다. - **1차 제사**. 2월, 왕이 釜山에서 사냥(田)하다가 50일 만에 돌아왔다(五旬乃返). 여름 4월, 왕궁의 문기둥에 벼락이 치자 황룡이 그 문에서 날아 나갔다(出).

(3) 고이 7년(조분 11, 240); 군사를 보내서 신라를 공격하였다. 여름 4월, 眞忠을 左將으로 임명하여 내외의 군사에 관한 직무를 맡겼다. 가을 7월, 石川에서 대대적으로 군대를 사열하였는데 이때 두 마리의 기러기가 날아오르자 왕이 쏘아서(王射之) 모두 맞혔다.

(4) 고이 9년(조분 13, 242); 봄 2월, 나라 사람들에게 명해 남쪽 택지에 벼농사 지을 논을 개간하도록 하였다. 여름 4월, 왕의 숙부인 質을 右輔로 삼았다. 가을 7월, 왕이 서문 밖에 나가서 활쏘기를 구경하였다(觀射).

(5) 고이 10년(조분 14, 243); **봄 정월**, 큰 제단을 설치하여 하늘과 땅과 산천에 제사(祭)지냈다. - **2차 제사**

(6) 고이 13년(조분 17, 246); 가을 8월, 魏나라 유주자사 관구검이 낙랑태수 劉茂, 삭방태수(대방태수) 王遵(弓遵)과 함께 고구려를 공격하

자, 왕은 그 틈을 이용하여 左將 眞忠으로 하여금 낙랑의 변방 주민들을 습격하여 잡아오게 하였다. 낙랑태수 유무가 이를 듣고 분개하니 왕은 침공을 받을까 염려하여 잡아온 사람들을 돌려보냈다.[3]

(7) 고이 14년(조분 18, 247); **봄 정월**, 남쪽 제단에서 하늘과 땅에 제사(祭)를 지냈다. - **3차 제사**. 2월, 眞忠을 右輔로 임명하였다. 眞勿을 左將으로 임명하여 군사에 관한 일을 맡겼다.

(8) 고이 15년(첨해 2, 248); 봄과 여름에 가뭄이 들었다. 겨울, 백성들이 굶주리므로 창고를 열어 구제하고 또한 1년간의 조세를 면제하였다.

(9) 고이 22년(첨해 9, 255); 가을 9월, 군사를 보내 신라를 침공하였다. 신라군과 괴곡 서쪽에서 싸워 승리하고 신라 장수 익종을 죽였다. 겨울 10월, 군사를 보내 신라의 봉산성을 쳤으나 이기지 못했다.

(10) 고이 25년(첨해 12, 258); 봄, 말갈의 대장(靺鞨長) 나갈(羅渴)이 좋은 말 열 필을 바쳤다. 왕이 그 使者를 우대하여 돌려보냈다.

**- 백제본기에서 말갈과의 유일한 친선 기사**

(11) 고이 26년(첨해 13, 259); 가을 9월, 푸르고 자줏빛 나는 구름이 마치 누각 모양으로 왕궁 동쪽 하늘에 떠올랐다.

---

3. 고이왕 12년(245)년에 벌어진 일이다. 19세기 중반에 중국 심양시 북쪽 철령시 창도현 팔면성에서  발견된, 246년(정시 7년) 10월에 세워진 <정시7년 고구려 벽비> 혹은 <중천왕 즉위 교서 벽비>를 보면 동천왕은 위와의 전쟁 후 돌아와 폐허가 된 환도성을 보고 새 수도 건설을 지시한 후 아들인 중천왕에게 양위한다. 이 말은 옥저전투가 246년 10월이 아니라 245년 10월에 있었다는 뜻이다. 고구려본기는 중천왕 1년이 248년인데 당시 왕의 재위년 기록에 당년제가 아니라 월년제를 쓰고 있음을 알 수 있다. 이는 광개토왕도 동일하다. 고구려인이 세운 벽비에 百濟를 고구려보다 먼저 쓰고 있는데 이는 목지국을 중심으로 이루어진 삼한을 뜻한다. 벽비를 세운 百殊는 동천왕을 따라 전쟁에 참여했던 사람으로 보인다.

## 해설 1

[1] 고이왕 3년조를 보면 서쪽으로 강화도까지 점령한 것을 볼 때 한강유역을 이미 다 점령하였다. 그러면 다음 순서는 남쪽이다. 2년 후 고이왕의 말갈군이 남쪽으로 말머리를 돌려 백제에 대한 총 공격에 나서게 된다. 구수왕 때까지는 단 한 번도 안 나오던 화살을 쏜다는 射자가 여러 번 나오는 것으로부터 말갈군의 주 무기가 고구려처럼 활이었음을 알 수 있다.

[2] 한강유역 초기 백제 대표 묘제인 요하유역의 요동반도를 중심으로 수만 기가 흩어져 있는 고구려식 적석총이 왜 충청이남에서는 전혀 보이지 않는지 그 이유를 설명하고 있다. 말갈군이 남하하는데 경기 남부인 부산에서 막혀 더 진격하지 못하고 돌아왔기 때문이다. 이것이 한성백제와 웅진백제의 경계를 결정한 사건이 되었다. 제사지낼 때 북과 피리를 사용하는 것은 고구려 고분벽화에도 나오는 고구려 풍습이다.

[3] 삼국사기 백제본기가 고구려본기나 신라본기와 다른 점의 하나가 전투가 발생하는 경우 백제군 지휘관의 이름을 거의 쓰지 않는다는 것이다. 따라서 전후 사건을 보고 지휘관이 누구인지 추정해야 한다. 그런데 전투 후 眞忠이 좌장으로 승진하는 것으로 보아 이 사람이 전투를 지휘했다. 진충은 본래 신라에서 온 사람으로서 백제에서 신라 사정을 누구보다 잘 아는 장군이다.

[5][7] 고이왕이 제사를 3번이나 지내는데 새로운 지역으로의 無事移住를 감사드리는 것이다. 마치 건국자인 온조왕이 요서

에서 한반도로의 이주를 완료하고 제사를 지낸 것과 유사하다. 모세가 에급을 떠나 가나안땅에 들어간 후 제사를 자주 드리는 것과도 유사한데, 절대자에게 제사를 자주 드리는 것은 새로운 땅에 들어와 걱정과 혼란으로 가득 찬 이주민들을 단합시키려는 것으로 이주민 지도자의 공통적 현상이다. 발해만에서 한반도 중부로의 이주는 백제 건국 후인 1~3세기에도 끊임없이 이루어졌던 것이다.

[6] 백제가 낙랑군을 공격하는데 대방태수가 화를 내지 않는 것으로부터 백제가 대방군을 거치지 않았음을 알 수 있다. 요서에서 요동쪽으로 공격하므로 대방군을 거치지 않는 것이다. 백제가 낙랑군을 공격하여 고구려를 돕는데 위나라에게는 백제군이 고구려 변방 군대로 보였을 것이다. 하지만 약 150년 후에 근초고왕이 신라에 말을 선물한 다음부터는 고구려와 사이에 전쟁이 시작된다. 근초고왕이 평양성을 공격할 때 이끌고 간 정예병 3만 명도 따지고 보면 말갈의 후예들이다. 고구려는 과거 자신들의 복속민이 반란을 일으켰다고 생각했을 것이다.

[8] 조세제도와 구휼제도를 보여주는데 고구려에서 확인되는 제도다.

[9] 백제가 신라를 공격할 이유가 없다. 이는 백제 진왕의 지시를 받고 군사를 동원하는 것이다.

[10] 친선 사절이 봄에 왔다. 백제와 신라 사이의 친선 사절 교환도 주로 봄인데, 그 이유는 당시 삼한은 소국 간에 혼인을 봄에 하는 것이 관례였기 때문이다. 일본서기도 동일하다.

## 나. 고이 27년 ~ 고이 53년

(12) 고이 27년(첨해 14, 260); 봄 정월, (1)內臣佐平을 두어 왕명의 출납에 대한 일을, (2)內頭佐平을 두어 물자와 창고에 대한 일을, (3)內法佐平을 두어 예법과 의식에 대한 일을, (4)衛士佐平을 두어 숙위 병사에 대한 일을, (5)朝廷佐平을 두어 형벌과 송사에 대한 일을, (6)兵官佐平을 두어 지방의 군사에 대한 일을 맡게 하였다. 또 달솔・은솔・덕솔・한솔・나솔・장덕・시덕・고덕・계덕・대덕・문독・무독・좌군・진무・극우 등을 두었다. 六佐平은 모두 1품, 달솔은 2품, 은솔은 3품, 덕솔은 4품, 한솔은 5품, 나솔은 6품, 장덕은 7품, 시덕은 8품, 고덕은 9품, 계덕은 10품, 대덕은 11품, 문독은 12품, 무독은 13품, 좌군은 14품, 진무는 15품, 극우는 16품이었다. 2월, 6품 이상은 자줏빛 옷을 입고(服紫) 은으로 만든 꽃(銀花)으로 관을 장식하고, 11품 이상은 비색 옷을 입으며(服緋), 16품 이상은 푸른 옷을 입게 하였다.

3월, 왕의 아우 優壽를 내신좌평으로 삼았다.

(13) 고이 28년(첨해 15, 261); 봄 정월 초하룻날, 왕이 자줏빛(服紫)으로 된 큰 소매 달린 도포와 푸른 비단(青錦) 바지를 입고, 금꽃(金花)으로 장식한 검은 비단 관(烏羅冠)을 쓰고, 흰 가죽 띠와 검은 가죽신 차림으로 **南堂**에 앉아서 정사를 처리하였다. 2월, 眞可를 내두좌평, 優豆를 내법좌평, 高壽를 위사좌평, 昆奴를 조정좌평, 惟已를 병관좌평으로 임명하였다.

3월, 신라에 사신을 보내 화친을 요청하였으나 신라는 이를 거절하였다. – **1차 화친 요청**

(14) 고이 29년(미추1, 262); 봄 정월, 관리로서 뇌물을 받거나 도적질한 자는 그 세 배를 배상하며, 종신 금고형에 처하라는 명령을 내렸다.

(15) 고이 33년(미추 5, 266); 가을 8월, 군사를 보내 신라의 봉산성을 공격하였다. 성주 直宣이 壯士 2백 명을 거느리고 반격하여 우리 군사가 패배하였다.

(16) 고이 39년(미추 11, 272); 겨울 11월, 군사를 보내 신라를 침공하였다.

(17) 고이 45년(미추 17, 278); 겨울 10월, 군사를 출동시켜 신라를 공격하여 괴곡성을 포위했다.

(18) 고이 50년(미추 22, 283); 가을 9월, 군사를 보내 신라의 변경을 침공하였다.

(19) 고이 53년(유례 3, 286); 봄 정월, 신라에 사신을 보내 화친을 요청하였다. 겨울 11월, 왕이 죽었다. - **2차 화친 요청**

## 해설 2

[12] 왕이 우씨임을 알 수 있다. 하지만 우씨는 이후 세력이 약해져 백제 8성대족에 들어가지 못한다.

[13] 261년에 백제에 南堂이라는 기관이 처음으로 등장하는데 왕이 정사를 보는 장소다. 남당은 신라에 첨해이사금 3년인 249년에 12년 먼저 등장하는 것으로 보아 신라의 영향을 받아 설치했다고 생각된다. 신라의 남당은 유목민족 부족회의의 성격을 가진 것으로서 왕이 백성들과 만나 서로 위로하고 국정을 논의하기도 하는 곳인데 비하여 백제의 남장은 왕의 단순 집무공간이다. 이후 유목민족 출신들이 계속 남하하는 신라에서는 남당이 매우 주요한 기관이 되나, 농경민족 국가인 백제에서는 사라진다.

고구려왕은 흰 비단으로 만든 백라관을 썼다는데 고이왕 검은 비단으로 만든 오라관을 쓰고 있다. 이 역시 고구려 문화의 연장이다. 말갈의 주요 성씨가 진씨, 우씨, 고씨, 곤씨, 유씨인데, 말갈계인 진씨를 제외하고는 다 고구려 귀족 성씨들인 것으로부터 말갈인의 구성 성분을 알 수 있다.

[14] 형법도 갖추어져 있다.

[13][19] 2번의 대 신라 화친 사절이 있는데 미추이사금 직전과 직후로서 미추이사금을 피하고 있다. 시기가 둘 다 봄이다.

만일 청태종 황태극이 남한산성에게 인조에게 항복을 받은 후 돌아가지 않고 그대로 남아 인조의 뒤를 이어 조선의 왕이 되었다면 어떻게 되었을까? 당시 청나라 군대는 전투원과 비전투원을 포함하여 10만 명 이내로 추산된다. 지배층과 교류를 하려면 만주어를 배웠어야 할 테니 서울말에 만주어가 상당한 영향을 주었을 것이다.

이에 비해 3세기 초에는 20년 이상에 걸쳐 수십만 명이 내려왔다. 풍납토성은 3세기 초에 축조가 중단되고, 성내의

**그림 6.3 서울의 대표적 백제 유적지**

토기는 모두 3세기 중후반 이후 것만 나오는데, 이는 이때 주민교체가 이루어졌다는 뜻이다. 풍납토성만이 아니고 한강유역 전체 주민의 주류가 교체되었을 것이니 당시의 서울말은 말갈어 그 자체였을 것이다. 대한민국의 수도 서울은 당시 말갈제국의 수도였다. 한국문화의 표준을 결정한 서울/경기 문화는 말갈문화에 그 기반을 두고 있다.

만일 청태종이 병자호란 직후 돌아가지 않고 인조를 이어 왕이 되었고 조선의 사서가 청태종을 인조의 아들이나 동생으로 기록했다고 가정해보자. 그렇다고 해도 조선의 갑작스런 정치제도의 변화 때문에 정치의 주도세력이 바뀌었다는 생각을 하게 될 것이다. 인조 다음부터 한강유역에 만주지역의 유물이 급증함을 들어 당시 조선이 만주지역과 활발한 문물교류를 했다는 학설도 나오게 될 것이다. 심지어 새 주도세력이 만주지역에서 이주했을 가능성도 조심스럽게 제기될 것이며, 나아가 인조가 퇴위하기 직전에 남한산성에 40일 동안 다녀온 기록이 인조의 퇴위와 어떤 관련이 있을지도 모른다는 과격한 주장이 나올지도 모른다.

## 6.6 眞忠의 생애

삼국사기에 왕이 아닌데도 3번 이상 이름이 나오는 사람은 굉장히 주요한 역할을 한 사람이다. 그들 중에 진충은 특이하게도 신라본기와 백제본기 모두에 나온다. 한성백제의 국방을 담당하였던 眞씨는 백제에서 말갈족 집단 거주지였던 북부 출신으로 말갈 성씨다.4.

(1) 내해 8년(203); 겨울 10월, 말갈이 국경을 침범하였다. - **말갈이 80년 만에 신라를 공격함.**

(2) 내해 10년(205); 봄 2월, 眞忠을 일벌찬에 임명하여 국정에 참여시켰다.

(3) 고이 7년(240); 군사를 보내서 신라를 공격하였다. 여름 4월, 眞忠을 좌장으로 임명하여 내외의 군사에 관한 직무를 맡겼다.

(4) 고이 13년(246)[5]; 가을 8월, 위나라 유주자사 관구검이 낙랑태수 유무, 삭방(대방)태수 왕준과 함께 고구려를 공격하자, 왕은 그 틈을 이용하여 좌장 眞忠으로 하여금 낙랑의 변방 주민들을 습격하여 잡아오게 하였다. 유무가 이 말을 듣고 분개하였다. 왕이 침공을 받을까 걱정하여 잡아온 사람들을 돌려보냈다.

(5) 고이 14년(247); 봄 2월, 眞忠을 우보로 임명하였다. 진물을 좌장으로 임명하여 군사에 관한 일을 맡겼다.

진충은 약 180년경에 태어난 사람으로, 청년 시절인 203년에 신라를 공격한 말갈군 대장이었다고 본다. 처음에 신라에 귀복하여 살다가 훗날 고이왕이 한성백제의 정권을 장악하자 한성백제로 이주한 것으로 보인다.

고이왕은 신라 공격에 신라 사정을 잘 하는 진충을 기용한 것이다. 진충은 대략 60세 무렵인 240년에 신라를 공격할 때 공을 세워 좌장이 되었고, 이후 245년에 낙랑군을 공격하는 등 백제의 국방을 담당하다, 247년에는 젊은 진물에게 국방 업무를 인계하고 수상격인 우보에 올랐다.

---

4. 일본서기에 높은 귀족을 眞人이라고 하는데 신라의 성골이나 진골과 같은 것으로서 성씨가 아니다. 당연히 백제의 眞씨와 무관하다.

5. 고이왕 12년 사건이 1년 늦게 기록됨.

## 6.7 사반왕의 퇴위

삼국사기는 234년에 사반왕(沙泮王, 沙沸王)이 계승하였으나(왕이 되었으나) 너무 어려 폐위되고 대신 고이왕이 즉위했다고 한다. 사실은 고이왕도 20대의 젊은 나이였다. 그래야 52년을 재위할 수 있다. 이후 폐위된 사반왕의 행적은 보이지 않는데 어찌 되었을까?

* 又沙沸王[一作 沙伊王](또한 사비왕, 일명 사반왕은) 仇首崩 嗣位 而幼少不能政 卽廢而立古爾王. 或云(혹자는 말하기를) 至樂{景}初 二{三}年 己未 乃崩 古爾方立 - 삼국유사 前백제

삼국유사는 삼국사기의 기록을 언급한 후, '或云'하며 다른 이야기를 기록하고 있다. 사반왕이 경초 2년(238)에 죽었다고 한다.('악초'는 '경초'의 오자이며, 또한 기미는 경초 3년으로 239년이다. 景初: 237년~239년) 그리고 다음 해인 기미년(239년)에 고이왕이 즉위했다는 것이다. 누구 말이 맞을까?

* 고이왕 5년(조분 9, 238); 봄 정월, 북과 피리를 사용하여 하늘과 땅에 제사(祭)를 지냈다. 2월, 왕이 釜山에서 사냥(田)하다가 50일 만에 돌아왔다. 여름 4월, 왕궁의 문기둥에 벼락이 치자 황룡이 그 문에서 날아 나갔다(出).

황룡은 왕을 뜻하는데 238년에 어떤 왕이 궁을 나갔다는 뜻이다. 5년 동안 명목상 왕의 위치에 있던 사반왕이 238년 여름 4월, 비가 내리던 날에 제거된 것이다. 흑룡이나 그냥 용으로 쓰지 않고 황룡으로 쓴 것을 볼 때 죽이지는 않았을 것이다. 하지만 역사학 입장에서 보면 최고 권력자가 모든 힘을 잃고 궁을 나가는 것은 죽은 것이나 같다.

고이왕이 5년을 재위하였던 사반왕을 퇴위시킬 수 있었던 이유는 그 직전 기록에 나온다. 사냥이란 완전무장한 군대를 이끌고 가는 것이라서, 이것이 단순히 짐승을 잡기 위한 것인지, 아니면 사냥으로 위장한 정치적인 목적을 가진 군대 출동인지 알기 어렵다. 그런데 다행히도 삼국사기 백제본기는, 전자의 경우에는 고이왕 3년처럼 獵자를 쓰고 사슴 같은 목적물을 기술하고, 후자인 경우에는 고이왕 5년처럼 田자를 쓰고 사슴 같은 목적물이 없어 구분할 수 있게 해 놓았다. 고이왕은 田으로 표시되는 사냥으로 위장된 군사활동을 한 것이다.

백제로부터 한강유역을 뺏은 말갈군이 웅진백제의 심장부인 금강유역을 향하여 남하한 것이다. 그런데 부산지역, 즉 지금의 수원-화성 부근에서 웅진백제와의 전쟁이 교착상태에 빠지고, 50일 만에 두 나라가 평화협정을 맺었다고 생각한다. 만일 고이왕의 말갈군이 부산 전선을 돌파하여 더 남하하였더라면 충청지역에서도 서울에서 볼 수 있는 초기 고구려식 적석총이 축조되었을 것이다. 이 부산 사냥 기록이 왜 3~4세기에 한강유역과 금강유역 이남이 전혀 다른 정치체제하에 있었는지를 설명한다.

고이왕과 협정을 맺은 이 백제왕이 바로 230년에 왜왕 비미호에게 칠지도 외교를 편 목지국 진왕인 <칠지도왕>이다. 5세기 이전 한성백제와 웅진백제의 경계가 수원-화성 선으로 확정된 것이 이때다. 392년에 한성백제 진사왕이 웅진백제 응신왕에게 죽은 장소도 바로 이 국경부근이다. 협정 내용은 부산에서 돌아온 후 행적으로 판단한다. 고이왕은 전쟁에서 돌아와 바로 사반왕을 제거하고 즉위하여 왕권 문제를 해결했으며, 이후 군사를 몰아 신라 공격에 나선다. 즉 다음 2가지로 추정한다.

가. 목지국 백제왕은 말갈의 고이추장을 한성백제 왕으로 인정한다.
나. 말갈의 고이추장은 군사를 동원하여 목지국의 신라 정벌을 돕는다.

만일 말갈군이 부산 전투에서 승리하였으면 백제본기에 금강유역 기록들이 나타났을 것이다. 하지만 백제본기에 금강유역인 충남지역이 최초로 나타나는 것은 이로부터 250년이 더 지난 475년 겨울 문주왕의 웅진천도 때다.

## 6.8 대방국 보과공주의 아버지

중국 기록에는 비류와 온조가 아니라 구태라는 인물이 백제의 시조로 나온다.

- 동명(東明)의 후손에 구태(仇台)가 있었으니 매우 어질고 신의가 두터웠다. 처음으로 대방(帶方)의 옛 땅에 나라를 세웠다. (훗날) 한 나라 요동태수(遼東太守) 공손도(公孫度)의 딸과 혼인하는 등 마침내 동이강국이 되었다. 국초에 백여(百) 가가 물을 건너 왔다(濟)고 해서 백제(百濟)라고 불렀다.

  – 북사 백제전

- 책계왕 원년(286): 책계왕[혹은 청계라고도 한다.]은 고이왕의 아들이다. 체격이 장대하고 의지와 기품이 걸출하였다. 고이왕이 사망하자 그가 왕위에 올랐다. 왕이 장정을 징발하여 위례성을 보수하였다.

  고구려가 대방을 치자 대방은 우리에게 구원을 요청하였다. 이에 앞서 왕이 대방왕의 딸 보과를 부인으로 맞이하였기 때문에 왕이 "대방은 우리와 장인과 사위 관계의 나라이니, 그들의 요청을 들어 주어야 한다."고 말하고, 마침내 군사를 출동시켜 구원하였다. 고구려에서

> 이를 원망하였다. 왕은 고구려의 침략을 염려하여 아차성과 사성을 수축하여 방비하게 하였다.

286년에 고구려가 대방을 친 이유는 환도성이 폐허가 되어 어쩔 수 없이 고구려가 247년에 대방 북쪽의 낙랑군 자리인 평양으로 천도했기 때문이다. 고구려가 대동강유역으로 천도하자 그 압력이 남쪽에 전해온 것이다. 따라서 이 기록은 동천왕이 천도한 평양이 대동강유역의 평양이라는 백제인의 증언이다.

고이왕은 대방왕과 혼인하여 사돈이 되었는데 이 대방왕이 공손도가 될 수 없음은 연대 상으로 명확하다. 고이왕의 재위는 234~286년으로 무려 52년이다. 그는 20대에 왕이 되었고, 곧 아들을 낳았다고 해도 재위 25년(258) 정도에나 혼인시킬 수 있다. 그런데 공손도의 손자인 공손연이 죽은 해가 238년이다. 즉 보과공주는 공손도의 손자인 공손연이 죽을 무렵에 태어났다.

그러면 보과공주의 아버지인 대방왕은 누구인가? 확실한 것은 대방은 한성백제 북쪽에 위치하였다는 것이다. 한성백제가 대방국과 국혼을 할 정도의 중요한 사건이라면 고이왕조에 무엇인가 흔적이 남아 있을 가능성이 있다. 대략 재위 25년 전후로 북쪽 세력과 접촉한 기록이 있는지 찾아본다.

> (1) 고이왕 25년(258); 봄, 말갈의 대장 나갈이 좋은 말 10필을 바쳤다. 왕이 그 사자를 후대하여 돌려보냈다.

보과공주는 나갈의 딸인 것이다. 고이왕 25년이라는 연대와 봄이라는 계절은 정확하다고 본다. 말갈은 이 혼인 직후 대방국으로 국명을 정했다고 본다. 자신들이 본래 요하유역의 대방지역에서 왔기 때문이다, 또 말을 주고받는 것은 백제 문화권에서 혼인 선물임을 알 수 있다. 삼국사기 백제본기에 국가 간에 말을 선물 하는 것이 2번이 더 나오는데 모두 혼인이다. 3번의 말 기록이 모두 봄인 것으로 보아 당시 국혼은 봄에 이루어졌음을 알 수 있다.

(2) 근초고왕 23년(368); 봄 3월, 신라에 사신을 파견하여 좋은 말 두 필을 보냈다.

(3) 비유왕 8년(434); 봄 2월, 신라에 사신을 파견하여 좋은 말 두 필을 보냈다.

삼한 소국체제란 기본적으로 소국들 간에 혼인으로 엮어진 사회였다. 이를 통하여 지방자치적인 사회가 장기간 안정을 유지했다. 그리고 이를 담로제라 불렀다. 국혼의 시기는 봄이다. 따라서 봄에 국가 간에 선물이 갔거나 화친 사신이 가면 전후 사정을 살펴보고 국혼 가능성을 따져보아야 한다. 오늘날 이와 유사한 제도를 찾는다면, 방법이 국혼이 아닐 뿐, 미국의 주제도나 중국의 성제도, 그리고 러시아의 공화국제도가 있다.

황해도의 대방국은 요하유역의 대방군 설치 직후 말갈대장 나갈에 의해 건국되었다. 그리고 약 백년 정도 지속되다, 고구려에게 멸망당하고, 서기 300년에 신라에 흡수된 한국사의 한 줄기다. 나갈왕이 고이왕과 동년배일 것이므로 대략 나갈왕의 손자 정도에서 신라에게 귀복했을 것이다. 대방국의 존속기간은 후백제나 후고구려보다 훨씬 길었다. 따라서 우리 역사에서 대방국을 건국한 나갈왕은 적어도 후백제의 견훤왕이나 후고구려(태봉)의 궁예왕과 동등한 예우로서 대우받아야 할 것이다.

## 6.9 좌평제의 출현 배경

대규모 난민이 모여들면 사회 전반이 흔들리게 되고 국가가 혼란에 빠지게 된다. 고이왕조 초반을 보면 좌장, 우보 등 기존 통치제도로 국가를 운영한다. 그러다 재위 26~27년째에 좌평제를 비롯한 새로운 통치제도로 국가 전반에 걸친 혁신을 단행한다. 한강유역에 수많은 이주민이 들어오자 기존 방식으로는 통치의 한계에 부딪힌 것이다. 이를 돌파하고자 나온 것이 좌평제를 비롯한 새로운 통치조직이다. 백제는 부여씨가 출현하던 407년에 상좌평 또는 대좌평이라는 모든 좌평들 위에 군림하는 새로운 직을 만드는데 오늘날 총리와 같다.

이 좌평제를 비롯한 새로운 통치제도가 어느 정도 선진적이었느냐는 고려와 조선에도 이어지는 것을 보면 알 수 있다. 고려의 중앙정치제도는 맨 위에 최고 정책결정기관인 중서문하성이 있었고, 그 아래에 행정실무를 담당하는 6부가 있는 상서성이 있었다. 조선의 중앙정치제도는 맨 위에 최고 정책결정기관인 3정승이 있고, 그 아래에 행정실무를 담당하는 6조가 있었다. 지금은 총리와 2명의 부총리가 있고, 그 아래에 행정실무를 담당하는 각 부처 장관이 있다.

한성백제 5백년사는 고이왕의 등장 전과 후로 나뉜다. 3세기에 한국사에 나타난 백제의 좌평제를 비롯한 새로운 통치조직은 당시 세계에서 가장 선진적인 제도로서, 이후 백제가 망할 때까지 4백년 동안 백제를 지켰고, 훗날 삼국사기 백제본기를 쓸 때, 목지국이 배제된 상태에서, 마한 50여국 중에서 자신들의 왕력이 백제본기의 왕력으로 선택되도록 만들었다.

백제의 좌평제는 대방군 설치로 인한 대혼란의 시대를 통치조직을 혁신하여 극복하고자 했던 백제인들의 고뇌의 결과다. 혹시라도 미래에 한반도에 정치적 격변이 발생하여 대규모 이주민이 남하하는 혼란이 발생하거든, 우리는 국가의 제도를 혁신하여 이런 혼란을 극복했던 삼국사기 고이왕조를 펴보아야 할 것이다.

## 6.10 백제본기가 기록한 공손연의 멸망

[질문자] 한 국가가 망하면 난민이 발생하게 됩니다. 더욱이 공손씨의 연나라는 고구려와 위의 협공으로 망할 때 위군에 의한 대규모 학살이 있었습니다. 그렇다면 더욱 더 난민이 지속적으로 발생하게 될 것입니다. 연나라의 난민이 어디로 가겠습니까?

발해만에서 한반도 중부로의 해로가 항상 열려있었다고 하시면 당연히 자신들의 일부가 이미 먼저 가서 국가를 세우고 정착한 남쪽의 한강유역 아닙니까? 그렇다면 한강유역의 사정을 기록한 삼국사기 백제본기에 연나라의 난민과 관련하여 무엇인가 흔적이 나와야 하는 것 아닙니까?

234년에 촉의 승상이던 제갈량이 죽자 위나라는, 남부전선은 거의 정리되었다고 보고, 북쪽 공손연에 대한 토벌에 들어간다. 이에 대한 고구려본기의 기록은 다음과 같다.

(1) 동천왕 8년(234); 위나라에 사신을 보내 화친을 맺었다.

(2) 동천왕 12년(238); 위나라 태부 사마선왕이 군사를 거느리고 공손연을 쳤다. 왕이 주부 대가를 시켜 군사 천 명을 거느리고 위나라 군사를 돕게 하였다.

(3) 동천왕 16년(242); 왕이 군사를 보내 요동의 서안평을 공격하여 깨뜨렸다.

사마의는 동천왕 12년에 공손연을 멸망시키고 민간인에 대한 학살을 자행하였다 하는데 이는 공손연을 정복대상인 오랑캐로 본 것이지 자국의 일부라고 생각하지 않았다는 뜻이다.

중국 남부에 全州라는 도시가 있는데 936년에 후백제가 멸망하고 3년 뒤인 939년에 성립되었다고 한다. 도시 이름만 같은 것이 아니고 주변의 지명도 기린산, 태평, 완산, 금산사(金山寺) 등 한자까지 동일하다. 그 이유는 후백제가 멸망한 후에 이 지역으로 후백제의 난민들이 이주했기 때문이다. 후백제는 존속기간도 공손연보다 짧고 멸망과정도 상당히 평화적이었음에도 불구하고 이 정도의 난민이 발생하였다. 그렇다면 공손연도 멸망 후 많은 난민이 수년 동안 발생하였을 것인데 어디로 갔을까?

이들이 적국인 서쪽의 위와 동쪽의 고구려를 피해 갈 곳 수 있는 곳은 북쪽과 남쪽뿐이다. 특히 당시 한강유역은 자신들과 마찬가지로 요동반도에서 온 난민들이 들어가 국가를 세운 곳이라서 가장 먼저 생각하게 되는 후보지다. 만일 공손연의 난민들이 한강유역에 수년간 지속적으로 유입되었다면 농사지어서 먹고 살 새로운 땅이 필요하다. 따라서 고이왕조에 혹시 땅의 개간이나 분배와 관련된 기록이 있는지 찾아본다.

- 고이왕 9년(242); 春二月, 命國人 開稻田於南澤.(나라 사람들에게 명하여 남쪽 소택지에 논을 개간하도록 하였다.)

삼국사기 백제본기의 토지개간 기록은 국초에 새로 이주하여 나타난 딱 하나의 기록(백제 다루왕 六年(33), 二月, 下令國南州郡 始

作稻田) 외에 이때가 유일하다. 다루왕 조에 토지개간 기록이 있다는 것은 온조왕 이후 1세기 초반까지 북방에서 계속 사람들의 이주가 있었다는 뜻이다. 그러면 공손연의 멸망은 언제일까? 몇 년 정도 난민이 계속 유입되면 국가가 대책을 마련해야 할까?

다루왕조나 고이왕조의 토지개간은 모두 봄 2월인데, 봄이 되어 땅이 녹으면 개간하고 씨를 뿌려야 하므로 당연하다. 따라서 늦어도 241년에는 고이왕 정부에 의하여 개간 정책이 결정되었을 것이다. 그런데 공손연의 멸망은 이로부터 3년 전인 238년(고이왕 5년)이다. 삼국사기 고구려본기와 백제본기는 공손연의 멸망을 각각 자신의 입장에서 기록한 것이다.

## 6.11 고이왕의 신라에 대한 화친 요구

고이왕 후반에 이르면 신라에 대한 공격을 멈추고 대신 화친을 요청한다. 이에 대하여 왜 백제는 신라에 화친을 청했으며 또 신라는 백제의 화친을 거절했는지 그 이유가 삼국사기에 적혀있다. 고이왕이 사신을 보낸 것을 백제왕이 사신을 보낸 것이 아니라 백제가 사신을 보냈다고 하고 있기 때문이다. 만일 목지국 진왕이 사신을 보냈으면 백제왕이 사신을 보냈다고 써야지만, 진왕 치하의 마한 소국 하나에서 사신이 왔으므로 백제에서 사신이 온 것이지 백제왕의 사신이 온 것이 아니기 때문이다.

- 261(고이 28); 봄 3월, 신라에 사신을 보내 화친을 요청하였으나 신라는 이를 거절하였다. - **1차 화친요청**
- 261(첨해 15); 봄 3월, 백제가 사신을 보내 화친을 청했으나 거절하

였다. 겨울 12월, 왕이 갑자기 병이 나서 죽었다.

- 262(고이 29, 미추 1); – **신라에 새로운 왕 등장.**

<신라에 미추이사금 즉위 후 두 나라 사이에 전쟁이 계속됨.>

- 284(고이 51, 미추 23); – **미추이사금이 죽음**
- 286(고이 53); 봄 정월, 신라에 사신을 보내 화친을 요청하였다. 겨울 11월, 고이왕이 죽음. – **2차 화친요청**
- 286(유례 3); 봄 정월, 백제가 사신을 보내 화친을 청해왔다.

미추이사금 때는 백제와 신라의 전쟁이 계속되다 미추이사금이 죽으니 백제는 다시 신라에 화친을 요구한다. 이로부터 미추이사금은 대 백제 강경파임을 알 수 있다. 도대체 여기서 말하는 화친이란 무엇일까? 신라본기 유례-기림-흘해조의 대 왜국 기록을 보면 공격은 원인이고 화친은 결과다.

- 기림이사금 2년; 봄 정월, 장흔을 이찬으로 임명하여 중앙과 지방의 군사 일을 맡게 하였다. 2월, 시조묘에 제사를 지냈다.
- 기림이사금 3년; 봄 정월, 왜국과 사절을 교환하였다(交聘).
- 흘해이사금 2년; 봄 정월, 급리(急利)를 아찬(阿飡)으로 삼아 중요한 정사를 맡기고 중앙과 지방의 군사 일을 겸하여 맡게 하였다. 2월, 왕이 친히 시조묘에 제사를 지냈다.
- 흘해이사금 3년; 봄 3월, 왜국 왕이 사신을 보내 자기 아들의 배필을 구하니 아찬 급리의 딸을 보냈다.
- 흘해이사금 35년; 봄 2월, 왜국이 사신을 보내 청혼하였으나 딸이 이미 출가하였다는 이유로 거절하였다.

이에 해당하는 백제본기 기록은 근초고왕조로 다음과 같다.

* 근초고왕 2년; 봄 정월, 하늘과 땅의 신에게 제사를 지냈다. 진정을 조정좌평으로 임명하였다. 진정은 왕후의 친척으로 성품이 매우 흉악하고 어질지 못하고, 일을 처리하는데 까다롭고 잔소리가 많았으며, (왕후의) 권세에 의지하여 제멋대로 하니 나라 사람들이 그를 미워하였다.

<근초고왕 3년~근초고 20년: 기록 공백>

* 근초고왕 21년; 봄 3월, 신라에 사신을 보내 예방하였다.

고이왕이 백제왕을 칭하려면 강력한 소국 왕실의 여인을 왕비로 세우고 공립되어야 한다. 고이왕에게는 국혼 대상이 이전의 3루왕 시대처럼 변진한 지역 최강국이었던 신라뿐이었다. 신라 흘해이사금 3년의 왜국과의 결혼도 봄이고, 흘해이사금 35년의 왜국과의 국혼 거절도 역시 봄이다. 기림이사금 3년의 왜국과의 친선 사신 교환 기록도 봄이기 때문에 국혼 관련이다.

담로제하의 국혼은 항상 봄에 이루어지는데 3월이 가장 많고 그 다음이 2월이다. 고이왕의 화친요청도 두 번 다 봄이다. 근초고왕 21년의 신라 친선 사신 기록도 봄인데 국혼이기 때문이다.

만일 고이왕이 신라와 혼인하면 신라본기는 백제의 사신이 왔다고 기록하지 않고 백제왕의 사신이 왔다고 기록하게 된다. 이것이 담로제로서 삼한 소국들은 지배층간의 혼인을 통하여 서로 얽혀 있었다. 그 중에 진왕이 백제왕이란 소리를 들으려면 마한의 최강국과 혼인해야 하는 것이다. 한성백제가 백제왕을 칭하려면 강력한 소국과 혼인해야 하는데 대상이 진한지역 최강국인 신라 외에 마땅치 않았던 것이다. 물론 신라가 강력하다는 전제하에서다.

261년에 고이왕이 신라에 화친을 요청했을 때 신라 내부에는 의견이 갈렸다. 왕실의 여인을 한성백제 왕실에 보내고 한성백제의 담로국이 되느냐, 아니면 담로국이 되기를 거절하고 싸우느냐의 선택이었다. 이 과정에서 군권을 장악하고 있었던 강경파가 혼인요구를 거절한 것이다. 그런데 이 직후 첨해이사금이 죽는 것을 보니 첨해이사금은 국혼을 할 생각이었던 것 같다. 결국 강경파는 첨해이사금을 제거하고 그들의 대장을 새로운 왕으로 옹립하는데 이 사람이 미추이사금이다.

284년에 미추이사금이 죽자 고이왕은 286년 봄에 다시 신라에 사신을 보내 청혼한다. 그러나 너무 늦었다. 자기 아들이나 손자의 혼인이겠지만 고이왕은 나이가 너무 많아 곧 죽고 국혼은 무산된다. 대신 신라를 줄기차게 공격한 왜국이 신라 왕실의 여인을 왕비로 맞는다. 담로관계는 서로의 이익이 맞아야 이루어지는데 이것이 잘 안 되면 무력으로도 이루어지는 것이다.

고이왕 28년에 국혼이 가능하다고 생각해서 신라에 사신을 보냈으나 무위로 돌아갔는데 그 배경을 설명하면 다음과 같다. 245년 겨울 10월에 고구려군이 옥저전투에서 패한 위군을 추격하여 신라 북쪽 국경을 넘었다.

- 조분이사금 16년(245); 겨울 10월, 고구려가 북쪽 변경을 침범하므로 <우로>가 군사를 거느리고 나가 막았으나 이기지 못하고 물러나 마두책을 지켰다.
- 첨해이사금 2년(248); 봄 정월, 이찬 <장훤>을 서불한으로 임명하여 정사에 참여하게 하였다. 2월, 고구려에 사신을 보내 화친을 맺었다.

신라 영토 내에 들어온 유목민족 출신들이 신라 사회에 기여할 수 있는 것은 그들의 뛰어난 기마전술능력이다. 신라는 고구려군에게 추격당해 도망쳐온 魏軍 출신들을 받아들여 용병으로 쓴다. 조분왕이 죽고 그의 아들이나 최고 실력자였던 석우로가 아니라 동생이 왕이 되니 그가 바로 첨해이사금이다. 첨해이사금은 즉위한 다음 해에 수상격인 서불한에 장훤을 임명하는데 이 사람이 용병대장이다. 본래 왕위계승 예정자가 아니었던 왕의 동생이 이들 용병들과 손을 잡고 왕권을 차지한 것이다. 첨해이사금이 고구려에 사신을 보내 고구려를 침공했던 위군 출신을 수상격인 서불한에 임명한 것에 대하여 양해를 구한 것은 당연하다.

* 첨해이사금 3년; 가을 7월, 南堂[都堂이라고도 한다.]을 대궐 남쪽에 지었다. <양부>를 이찬에 임명하였다.

신라에 남당이라는 건물이 처음 등장하는데 이후 5세기까지 왕과 백성들이 함께 모여 국정을 논의하는 기관이 된다. 이는 유목민족 부족회의 성격을 가지는데 유목민족 출신들이 국정을 운영하다 보니 자신들의 제도를 본떠 만든 기관이다. 백제에는 12년 후인 261년에 처음 등장하는데 고이왕이 신라로부터 영향을 받아 설치했다고 생각된다. 이 남당이 유목민족 국가인 신라에서는 5세기까지 여러 번 나타나는데 농경민족 국가인 백제에서는 489년(동성왕 11년)에 딱 한 번 더 나오고 사라진다. 5세기 신라에서는 왕이 전쟁터에서 전사한 병사들의 가족을 위로하는 장소로 사용되기도 하였다.[6] 첨해이사금이 이찬에 임명한 양부도 위군 출신으로 훗날 미추이사금 옹립에 중요한 역할을 한다.

첨해이사금 재위 15년 동안의 기록은 자연재해관련 기록들과 외국과의 접촉을 제외하면 왕의 내치 기록이 거의 없다. 첨해이사금은 재위기간 내내 군권을 장악하고 있었던 용병들 등에 업혀있는

---

6. 『재조명1』 第26장, 6 신라의 원호제도, p. 523.

상황이었다. 실권은 서불한 장훤이 가지고 있었다. 첨해이사금은 재위기간 내내 힘들었을 것이다. 이런 신라 사정을 잘 알고 있었던 고이왕은 신라와 혼인하여 백제왕을 칭하고 싶었고, 첨해이사금은 고이왕의 힘을 빌려 용병들의 그늘에서 벗어나고 싶어 했을 것이다. 하지만 용병들이 이를 묵과할 리 없다.

- 첨해이사금 15년(261); 봄 3월, 백제가 사신을 보내 화친을 청했으나 거절하였다. 겨울 12월, 왕이 갑자기 병이 나서 죽었다.

화친을 거절한 것은 실세였던 서불한 장훤이었을 것이다. 이 직후 첨해이사금이 갑자기 죽고 새로운 계통의 왕이 즉위하니 이 사람이 신라의 태조대왕이자 최초의 김씨 왕인 미추이사금이다. 실세가 신라본기 왕력에 모습을 드러낸 것이다. 고구려군과 옥저전투에서 패하고 남하한지 16년 만이다. 하지만 미추이사금조를 보면 그의 권력기반은 매우 약했다.

석씨 왕통은 벌휴-내해-조분-첨해의 4대만에 실질적으로 막을 내렸다. 이 네 왕들 중에 벌휴이사금과 내해이사금 시기가 석씨 왕통의 전성기였다. 전성기가 끝난 이유는 더 이상 석씨계 이민이 안 왔기 때문이다. 대신 3세기 중반에 김씨계 이민이 와서 신라의 왕권을 장악한 것이다.

## 6.12 책계-분서왕과 고이왕계의 소멸

통상 삼국사기 기사들 중 3세기까지를 삼국사기 초기 기록이라고 한다. 3세기 한성백제 왕력은 초고왕-구수왕-고이왕-책계왕-분서왕으로서 5왕인데, 초고왕과 구수왕시대는 이민으로 인한 대혼란시대이며, 1고이왕부터 2책계왕과 3분서왕까지 3대가 고이왕계 우씨 왕통 수립과 그의 존속기간이다. 4세기에는 한성백제 왕통이 구 왕족이었던 해씨에게 돌아가 고이왕계는 의외로 짧았다. 고이왕을 이은 왕들이 모두 전사하거나 암살되어 단명하였기 때문이다. 부자상속이 원칙인 고대에 왕조가 번성하려면 안정적으로 정책을 펼 수 있는 20년 이상의 충분한 재위기간 확보가 필수적이다. 그리고 북쪽의 고구려와 남쪽의 백제로부터 계속 압력을 받고 있었다.

3세기 초에 요하유역에 공손도와 그의 아들인 공손강에 의하여 대방군이 설치되자 한반도로 수많은 이주민이 발생한다. 그들의 주력은 한강유역인 경기지역으로 들어와 백제를 구성하게 되었고, 일부는 힘의 공백지대였던 황해도에 대방국을 건국하였다. 따라서 대방군 설치와 대방국 건국은 거의 동시에 일어난 사건이다.

중국 사서의 입장에서는 이는 대방군의 확장이 된다. 요하하류의 대방군은 공손씨의 연나라와 이를 이은 위나라의 직접 통치지역이었으나 황해도의 대방군은 간접 통치지역인 것이다. 간접 통치 수준은 위의 고구려 침공시 요동의 대방군은 군대를 동원하여 위에 협력하였지만 황해도의 대방국은 움직이지 않는 정도였다. 오히려 황해도 대방국의 형제국가라고 할 수 있는 고이왕의 한성백제는 고구려 편에 서서 요동의 낙랑군을 공격하였다.

고구려와 국경을 접한 평안도의 낙랑국은 3세기에 옥저나 숙신처럼 고구려의 자치지역이었다. 위의 고구려 침공시 요동의 낙랑군은 군사를 동원하여 위에 협력하였지만 평안도의 낙랑국은 움직이지 않았는데 이는 당연한 것이다. 전쟁이 끝나고 고구려는 폐허가 된 압록강유역의 환도성 대신에 대동강유역의 평양으로 천도한다.

황해도의 대방국이 백제의 영역에서 고구려의 영역으로 넘어가는 것은 3세기 후반이다. 3세기 후반에 황해도 대방국을 점령한 고구려는 성을 쌓으니 이것이 4세기 초에 완공된 장수산성7.이다.

- 책계왕[혹은 청계라고도 한다.] 원년(286); 고이왕이 죽자 왕위에 올랐다. 왕이 장정을 징발하여 위례성을 보수하였다. 고구려가 대방을 치자 대방은 우리에게 구원을 요청하였다. 이에 앞서 왕이 대방왕의 딸 보과를 부인으로 맞이하였기 때문에 "대방은 우리와 장인과 사위 관계의 나라이니 그들의 요청을 들어 주어야 한다."고 말하고, 마침내 군사를 출동시켜 구원하였더니 고구려(중천왕의 아들인 서천왕)가 이를 원망하였다. 왕은 고구려의 침략을 염려하여 아차성과 사성을 수축하여 방비하게 하였다.

- 분서왕 7년(304); 봄 2월, 낙랑의 서현(樂浪西縣)을 기습하여 빼앗았다. 겨울 10월, 왕이 낙랑태수가 보낸 자객에게 살해되었다.

삼국사기 백제본기를 보면 백제는 낙랑군 기록이 많이 나오는데 모두 백제의 동쪽에 있어서 요서에서 요동 방향으로 낙랑군을 공격한다. 반면에 대동강의 낙랑국은 단 한 번도 나오지 않는다. 백제는 해운력이 있으므로 바다를 건너 요동의 낙랑군을 공격할 수 있지만, 낙랑군은 해운력이 없으므로 바다를 건너 한강유역을 공격하는 것은 불가능하다. 따라서 자객을 보내는 것 뿐이다. 4세기 분서왕 시절에도 백제가 낙랑군을 공격하는 것을 보면, 당시에도 자신들의 원주지인 요서에 근거지를 가지고 있어 사람들이 바다를 통해 왕래하고 있었다는 뜻이다. 그러면 당시 요서에 백제군이 있다고 해도 전혀 이상하지 않다.

3세기의 한성백제사는 대방인의 이민사다. 과거에 나는 낙랑군

---

7. 둘레 10,500m, 황해남도 재령군 장수면, 황해남도 신원군 아양리, 북한 국가지정문화재 보존급 제243호.

을 낙랑조선, 대방군을 대방조선으로 불렀는데[8] 이 둘이 요하유역 문명을 이룬 고조선의 계승자들이기 때문이다. 백제사 연구의 핵심은 요하유역 고조선 유민들이 어떻게 한국사의 표준이 된 서울/경기 문화를 이루었는가를 공부하는 것이라고 해도 과언이 아니다.

---

8. 『네티즌 고대사』 제2부, 라 낙랑조선, p. 82.

# 7장

# 미추이사금의 시대

## 7.1 고구려-조위 전쟁

3세기 중반에 고구려와 위는 공손연이 사라진 영토를 놓고 충돌한다. 두 나라 사이에 완충지대가 없어진 것이다.

(1) 동천왕 20년[1](245); 가을 8월, 위나라가 유주자사 관구검으로 하여금 1만 명을 거느리고 현토를 침공하게 하였다. 왕이 보병과 기병 2만 명을 거느리고 비류수에서 전투를 벌여 그들을 쳐부수고 3천여 명의 머리를 베었다. 다시 군사를 이끌어 양맥 골짜기에서 전투를 벌여, 역시 적군을 쳐부수고 3천여 명을 죽이거나 생포하였다.

왕이 여러 장수들에게 말했다. "위의 대병력이 오히려 우리의 적은 군사만도 못하다(魏之<大兵> 反不如我之<小兵>). 관구검이란 자는 위의 명장이지만, 오늘날에는 그의 목숨이 나의 손에 달려 있구나." 왕은 곧 철기 5천 명을 거느리고 진격하였다. 관구검이 방진을 치고 결사적으로 싸우자, 우리 군사가 대패하여 사망자가 1만 8천여 명이었다. 왕이 기병 1천여 명을 거느리고 압록원으로 도주하였다.

(2) 동천왕 20년(245); 겨울 10월, 관구검이 환도성을 공격하여 함락시키고 백성들을 도륙하였다. 그리고 곧 장군 왕기(王頎)를 보내 왕을 추격하였다. 왕은 남옥저로 도주하다가 죽령에 이르렀다. ...

유유가 위나라 군중에 들어가서 항복을 가장하고 말했다. "우리 임금이 대국에 죄를 짓고 바닷가로 도망하였으나, 이제 왕은 의지할 곳이 없으므로, 장차 귀국의 진영에 항복하여 귀국의 법관에게 죽음을 맡기려 하는데, 저를 먼저 보내 변변치 못한 음식으로 군사들을 대접하게 하였습니다." 위나라 장수가 이 말을 듣고 그의 항복을 받으려 하였다. 이 때 유유가 식기에 칼을 감추어 가지고 나아가서 칼을 뽑아 위나라 장수의 가슴을 찌르고 그와 함께 죽었다. 위나라 군사는 곧 혼란에 빠졌다. 왕은 군사를 세 길로 나누어 급습하였다.

---

1. 동천왕 19년조에 실려야할 기록이 1년이 틀렸다.

위나라 군사들은 혼란 속에서 전열을 가다듬지 못하고, 마침내 낙랑에서 물러갔다. ... 겨울 10월, 군사를 출동시켜 신라 북쪽 변방을 침공하였다.

## 해설

[1] 관구검의 부대는 병력이 1만 명이고 고구려군은 2만이 넘는데 왜 동천왕이 위의 대병력이 우리나라의 적은 군사만 못하다고 했는지 이상하게 생각할 수 있다. 하지만 전쟁터에 전투병만 가는 것이 아니고 군량미 등 보급물자 수송을 담당하는 인원이 있다. 관구검 군대의 주력은 위에 항복하고 만리장성 이남으로 이주한 오환·선비계 유목민족 기마군단이었다. 그 외에 당시 고구려의 압력을 받아오던 부여군도 참전하여 위군을 도왔다. 또한 요동의 낙랑군과 대방군을 통치하던 낙랑태수와 대방태수도 군대를 이끌고 참전하였으므로 위군의 전체 규모는 적어도 3만 명은 되었을 것이다.

고구려군의 전통적인 방어 전략은 보급선을 끊어 적이 스스로 돌아가게 하는 것이다. 그런데 고구려군이 연전연승을 하다 보니 상대를 가볍게 보고 위군의 주력인 유목민족 출신 군대를 평원에서 한 번에 쓸어버리려다 대패한 사건이다. 고구려는 공손연이 중원세력과의 사이에 완충지역을 형성하고 있어서 당시 장기간 평화시대였기 때문에 큰 전투 경험이 없었다. 반면에 위군은 중국의 삼국시대를 거치며 수많은 전투를 경험한 병사들이었다. 마치 임진왜란 당시 조선의 병사들은 장기간 평화시대였기 때문에 전투경험이 별로 없는 군대였고, 일본군은 전국시대를 거치며 수많은 전투를 경험한 군대였던 것과 유사하다. 또 고구려군의 주력인 철갑기병은 주로 보병을 상대하는 임무였는데 비하여 위군 기병은 유목민족 특유의 빠른 경기병으로 평원에서의 기병전에 유리할 수밖에 없었다.

[2] 위와 고구려가 국경에서 계속 충돌하는 가운데 유주자사 관구검(毋丘儉)2.에 의한 위군의 큰 침입은 244년과 245년에 걸쳐 두 번 있었는데, 245년 10월에 옥저 땅에서 벌어진 마지막 전투에서 고구려가 대승을 거두었다. 고구려의 후방 깊숙한 곳에서 벌어진 이 전투에서 위군 사령관이던 왕기는 고구려 북부와 요동과 요서를 통과하여 북경까지 살아 돌아가 기록을 남겼다. 옥저를 지나 숙신의 영역을 점령하고 동쪽의 큰 바다에 이르렀다고 했는데(過沃沮 踐肅愼之庭 東臨大海) 위군이 동해를 본 것이다. 따라서 유유(紐由)장군에게 암살당한 위군 장군은 유목민족 출신의 실제 지휘관이었을 것이다.

위군이 지휘관이 죽고 진을 치지 못했다는 것으로부터, 유목민족 출신으로 구성된 위군이 그들이 장기로 삼는 평원에서의 기병전을 하지 못하고, 기습한 밀우(密友)장군의 고구려군과 보병전을 치르다 대패한 것이다.

* 조분이사금 16년(245); 겨울 10월, 고구려가 북쪽 변경을 침범하자, 우로가 군사를 이끌고 공격하다가 이기지 못하고 물러나 마두책을 수비하였다.

삼국사기 편집진은 자체 사료를 기반으로 자치통감 등 중국 사

2. 魏 명제가 죽은 후 사마씨 정권에 반대하였다가 255년에 죽는다.

서를 참고해 이 전쟁을 기록했다. 구체적으로 고구려 장군이 누구였으며 고구려 측에서 보는 전황이 어떻게 흘러갔다는 것은 자체 사료를 보고 쓴 것이다. 특히 전쟁 직후 고구려군이 신라 북쪽 국경을 넘었다는 것은 순전히 자체 사료에서 가져온 것이다.

245년에 벌어진 이 전쟁에 대한 고구려본기와 백제본기 기록이 1년 틀린 것은 삼국지가 아니라 자치통감을 주로 참고했기 때문인데 자치통감이 1년 틀렸다. 반면에 이 전투에 대한 신라본기 기록은 순전히 신라 사료만을 토대로 작성되어 연도가 정확하다.

만일 왕기를 비롯한 위군 추격군이 단 한명도 돌아가지 못했다면 중국 사서는 이에 대하여 어떻게 기록했을까? 어디를 지나 무엇을 목격했다든가, 또는 어디에서 어떤 장군과 어떤 형태의 전투를 했다든가 하는 구체적 전황을 전혀 기록하지 못했을 것은 당연하고, 아마도 '왕기 등은 싸우다 모두 죽었다.(王頎等 戰 皆敗沒)' 하고 끝맺을 가능성이 크다. 하지만 우리는 기동력이 장기인 유목민족 군대가 전멸하여 모두 죽는다는 것은 있을 수 없다는 것도 안다.

## 7.2 고구려-조위 전쟁에서의 낙랑국과 대방국

이 전쟁이 발발했을 때 백제의 고이왕이 요동의 낙랑군을 공격하여 고구려를 돕는 것을 보면, 고구려와 백제 사이에 끼어있던 평안도의 낙랑국과 황해도의 대방국도 고구려와 魏로부터 선택을 강요받았을 것이다. 하지만 고구려를 위협할만한 행동을 전혀 하지 않았고, 전쟁 후 고구려가 수도인 환도성이 폐허가 되어 어쩔 수 없이 대동강유역의 평양으로 천도하는 것을 보면, 이 두 나라는 고구려편에 섰거나 최소한 중립이었다고 본다.

동천왕이 천도한 대동강의 평양은 고조선 멸망 후 요서에 낙랑군이 설치될 때 이를 피하여 대규모로 한반도로 이주한 낙랑인들이 세운 나라였다. 고조선의 유물과 사료도 이때 함께 대동강유역으로 옮겨왔다고 생각되니 고조선 역사의 맥이 요하유역에서 한반도의 대동강유역으로 이동해온 것이다.

대동강유역의 낙랑이 고구려의 영토로 완전히 굳어진 것은 고구려-위 전쟁이다. 마지막 전투에서 패한 위군이 낙랑에서 물러갔다(樂浪而退)고 했는데 만일 낙랑이 자기들 근거지였다면 안 물러났을 것이다. 전쟁이 끝나고 2년 후인 247년에 동천왕이 대동강유역 평양으로 천도했다. 그러니 남쪽의 황해도 대방국에 대한 압력이 시작된 것을 백제본기 책계왕조가 기록하고 있는 것이다. 고구려는 3세기 후반에 황해도의 대방지역을 자국 영토로 편입한 후 4세기 초에 장수산성을 쌓는다.

삼국사기를 보면 평안도의 낙랑국과 황해도의 대방국 왕실이 300년에 신라에 귀복함으로써 역사에서 사라진다. 313년과 314년에 고구려 미천왕에게 공격받은 낙랑군과 대방군은 모두 요동지역이다.[3.] 이들은 이후 요서로 밀려나 존치한다.

대동강유역은 2세기 초반에 말갈군이 백제의 다섯 장군이 신라를 구원한다는 소문을 듣고 철군할 때 이미 고구려의 영향 하에 있었다. 삼국사기는 낙랑과 대방의 기록에 대하여 논리적으로 전혀 모순이 없고, 기록들이 고고학적으로도 일치한다.

---

3. 『재조명1』 제17장, 4. 고구려 미천왕의 요하유역 수복, p. 337.

> [질문] 로마의 수도는 어디에 있었는가?
> (1) 이태리반도 (2) 발칸반도

고대 서로마 제국의 수도는 이태리반도에 있었고, 중세 동로마 제국의 수도는 발칸반도에 있었으므로 둘 다 맞다. 또 둘은 서로 무관하지 않고 로마의 계승관계다. '낙랑이 만주에 있었느냐, 한반도에 있었느냐'도 같은 질문이라고 본다. 두 낙랑 모두 고조선의 계승자로서 두 연구가 낙랑사에 대하여 서로 보완하고 있는 것이다.

## 7.3 미추이사금의 출현

245년 10월에 동해안을 따라 남쪽으로 달아나는 위군을 추격하여 고구려군이 신라 국경을 넘었다. 남하한 위군의 일부는 신라에 남아 용병이 되고, 주력은 계속 남하하여 임나가야지역을 장악하니 이것이 3세기 중후반의 상황이다. 중국 삼국시대에 위의 최고 기병부대가 북방 유목민족출신 군대로서 이들이 뛰어난 기병운용기술을 가졌기에 신라는 이들을 용병으로 쓰게 된 것이다.

그런데 이들이 군권을 장악하고 조분이사금의 동생인 첨해이사금을 옹립한다. 이때 갑자기 나타나 서불한이라는 최고 직위에 오른 장훤이 출현하는데, 신라는 고구려에 사신을 보내 장훤을 서불한으로 임명한 것에 대하여 양해를 구한다. 그것은 장훤이 위군 출신이기 때문이다. 첨해 3년에 이찬에 임명된 양부도 마찬가지다.

고구려를 뚫고 남하한 유목민족 기마군단이 변한지역을 장악하자 이들은 진왕의 직접 통치에서 벗어난다. 위를 무너뜨리고 들어선 서진이 중국을 통일하자 마한왕(마한주)과 진한왕(진한주)은 사신을 보내는데도 불구하고 변한왕은 사신을 안 보내는 것으로부터 도 이들의 출신을 짐작할 수 있다.

신라는 첨해이사금부터 미추이사금 재위기간 동안에 왜국(임나)과의 전투가 없는데, 이는 왜국과 신라의 지배층이 모두 위군 출신이었기 때문에 당연하다. 열전에 나오는 석우로를 죽인 왜국 사신 갈나고(葛那古)도 위군 출신이었을 것이다. 왜국은 당시 신라의 최고 실력자였던 석우로를 죽여 자신들과 같은 계통이 신라의 정권을 장악할 수 있도록 돕는다. 미추이사금의 주요 기록을 보면 다음과 같다.

(1) 미추 원년(262); 봄 3월, 대궐 동쪽 못에 용이 나타났다(龍見宮東池). 가을 7월, 금성서문에 불이 났고, 인가 삼백여 호가 연이어 불탔다.

(2) 미추 2년(263); 봄 정월, 이찬 <양부>를 서불한에 임명하고, 중앙과 지방의 군사 일을 겸하여 맡겼다. 2월, 왕이 시조묘에 직접 제사를 지냈다. 죄수들을 크게 사면하였다. 죽은 아버지 <구도>를 갈문왕에 봉하였다. – **1차 대사면**

(3) 미추 3년(264); 봄 2월, 왕이 동쪽 지방을 순행하여 바다에 제사를 지냈다. 3월, 왕이 黃山에 행차하여 노인 및 가난하여 스스로 살 수 없는 자들을 위문하고 구제하였다.

(4) 미추 5년(266); 가을 8월, 백제가 봉산성을 공격하였다. 성주 <직선>이 장사 2백 명을 거느리고 출격하였다. 적들은 패주하였다. 왕이 이 소식을 듣고 <직선>을 일길찬에 임명하고, 병졸들에게 후하게 상을 주었다.

(5) 미추 7년(268); 봄과 여름에 비가 내리지 않았다. 여러 신하들을 南堂에 모아놓고 왕이 직접 정사와 형벌의 잘잘못을 물었으며, 또한 사신 다섯 명을 파견하여, 각지를 순회하면서 백성들이 무엇을 고통스러워하며 걱정하는지를 조사하게 하였다.

(6) 미추 11년(272); 봄 2월, 농사에 해가 되는 일은 모두 없애라는 명령을 내렸다. 가을 7월, 서리와 우박이 내려 곡식에 피해를 주었다. 겨울 11월, 백제가 변경을 침범하였다.

(7) 미추 15년(276); 봄 2월, 신하들이 궁궐을 다시 짓기를 청하였으나 왕은 백성들에게 노동을 시키는 것은 중대사라고 여겨 이에 따르지 않았다.

(8) 미추 17년(278); 여름 4월, 폭풍이 불어 나무가 뽑혔다. 겨울 10월, 백제 군사가 와서 괴곡성을 포위하였다. 파진찬 <정원>으로 하여금 군사를 이끌고 가서 방어하게 하였다.

(9) 미추 19년(280); 여름 4월, 가뭄이 들었다. 죄수들을 재심사하였다.
**– 2차 대사면**

(10) 미추 20년(281); 봄 정월, <홍권>을 이찬, <양질>을 일길찬, <광겸>을 사찬으로 임명하였다. 2월, 시조묘에 참배하였다. 가을 9월, 양산 서쪽에서 크게 군사를 사열하였다(大閱 楊山西.).

(11) 미추 22년(283); 가을 9월에 백제가 변경을 침범하고, 겨울 10월에는 괴곡성을 포위하였다. 일길찬 <양질>로 하여금 군사를 이끌고 가서 방어하게 하였다.

(12) 미추 23년(284); 봄 2월, 왕이 서쪽 지방의 여러 성을 순행하면서 백성들을 위문하였다. 겨울 10월, 왕이 별세하였다. 대릉[竹長陵이라고도 한다.]에 장사지냈다.

## 해설

[1] 미추의 즉위는 무력으로 이루어졌다는 뜻이다. 민가 3백여 호가 불탔다는 것으로 볼 때 내전이 발생했다. 왕통이 바뀌는 것에 기존 지배층인 석씨들이 저항한 것은 당연하다.

[2] 미추이사금이 신라를 평정하고 실질적으로 왕이 된 것은 양부를 서불한에 임명하는 재위 2년째다. 아버지 구도는 자신의 왕권쟁취를 도와준 신라인이었거나, 옥저에서 함께 남하하여 그의 후견인이었던 장군으로 추정한다. 미추이사금조에 새로운 지배층 인물들이 대거 등장하는데 대부분 함께 남하한 유목민족 출신으로 그의 권력기반이다.

[2][9] 두 번에 걸쳐 죄인에 대한 대사면을 단행하는데 국가가 공격받는 위기에 빠졌고 이를 헤쳐가기 위한 병사가 부족하다는 뜻이다. 또한 가뭄이 들어 국가가 먹고 살기 힘든 지경이 되자 대사면을 통하여 죄인들에게 기회를 주고 이들과 함께 국난을 극복한다.

[3][5] 항상 백성을 생각하고 백성들을 위한 정치를 펴는데 이는 미추이사금의 권력기반이 매우 허약하였다는 증거다. 3세기 후반에 위군의 유물이 신라지역에서는 거의 안 나오고 주로 낙동강 하류 가야지역에서 나오는 것으로부터,4. 고구려군의 추격을 피해 동해안을 따라 남하한 위군의 주력은 가야지역으로 들어가고 일부만 신라에 들어갔다는 것을 알 수 있다. 위군의 본대는 고구려군의 추격을 받는 통에 더 이상 내려갈 곳이 없는 부산의 임나가야까지 남하하였고, 남하 중 본대에서 이탈한 일부가 신라에 들어온 것이다. 가야지역에서는 수천 명, 신라지역에는 수백 명이 들어왔다고 본다.

[4][8][11] 첨해이사금대까지 백제에 밀리던 신라가 미추이사금

---

4. 『재조명1』 제14장, 1 낙동강유역의 북방계 유물, p. 270.

부터는 백제와 대등하게 싸우는데 당시 신라군을 북방 유목민족 기마군단 방식으로 개편한 것이다. 당시 사로국(신라)과 우유국을 제외한 삼한의 모든 나라가 진왕의 백제에게 굴복한 상태였다. 진왕은 마한과 진한 지역의 소국들에게 신라 공격명령을 내려 미추이사금대의 신라와 훨씬 더 많은 전투가 있었을 것이다. 하지만 구삼국사 편집시 모두 빼버리고 한성백제와의 전투 기록만 남겨둔 것이다.

[7] 큰 궁궐 짓는 것은 백성들의 고통이 따르므로 왕이 말렸다는 뜻인데, 항상 이동하는 유목민족에게는 큰 궁궐이란 의미가 없다.

[10] 남하한 유목민족 출신들로 구성된 위나라 북부군단은 당시 세계 최고의 기병기술을 가지고 있었다. 만일 이 때의 신라군 모습을 본다면 고구려를 침공하던 위나라 유목민족 군대의 모습이었을 것이다.

[10] 시조묘에 참배하며 자신이 박혁거세에서 시작하는 신라의 적통을 따르고 있음을 보이는 것이다. 미추이사금의 대규모 군 사열은 이 무렵에 삼한의 여러 소국들과 대규모 전투가 있었다는 뜻이다.

[12] 큰 무덤은 힘의 과시로 정복자의 상징이다. 미추이사금은 신라의 정복자였다.

## 7.4 가야사의 시대 구분

가야사를 구분하는 방법에는 문헌 기록으로 구분하는 방법과 고고학 자료로 구분하는 방법이 있다. 문헌 기록으로 구분하는 방법을 따르면, 남가야가 건국되는 42년부터 백제에 정복되어 변진한에 통합되는 227년까지를 전기가야, 이때부터 고구려군이 한반도 남쪽까지 남하하여 백제를 무너뜨려 백제의 삼한체제가 와해되는 407년까지를 변한시대, 그리고 407년에 좌지왕에 의하여 남가야가 재건국되어 562년에 신라에 정복되어 사라질 때까지를 후기가야로 구분한다.

변한시대에는 가야 소국들 중에 임나가야만 있었다. 가야 소국들 대부분이 임나가야에 포함되어 버린 것이다. 6세기에 임나가 멸망하자 일본서기가 임나를 회상하며 임나 10국을 이야기하는데 전성기인 이때의 모습이다.[5]

반면에 가야사를 고고학적으로 크게 둘로 나누면 3세기 후반을 기준으로 전기와 후기로 구분된다.[6] 이민이 이루어지면 약 한 세대가 지난 후에 유물이 묻히기 때문에 3세기 후반에 새로운 유물이 나타난다는 것은 3세기 중반에 들어왔다는 것이다. 마찬가지로 만일 3세기 후반에 들어오면 4세기 초반에 그들의 유물이 나타난다.

변한지역이 고구려를 뚫고 내려온 유목민족 기마군단에 의하여 진왕의 직접 통치에서 벗어났음은 고고학적으로도 입증된다. 3세기

---

5. 1加羅國, 2安羅國, 3斯二岐國, 4多羅國, 5卒麻國, 6古嵯國, 7子他國, 8散半下國, 9乞湌國, 10稔禮國

6. 『재조명1』 제14장 북방계 남하, p. 270.

후반에 낙동강 하류지역에 고구려를 건너 뛰어 북방 유목민족의 유물들이 대거 출현하기 때문이다. 심지어 부여의 유물도 일부 섞여 나와 당시 부여가 위를 도왔다는 기록을 확인할 수 있다. 이 시기에 가야지역 고분은 이전 고분을 쓸어버리고 그 위에 새로 축조하였는데 이는 정복국가의 특징이다. 순장풍습도 이때 나타나는데 순장은 유목민족의 풍습이다. 노동력이 중요한 농경민족은 순장을 잘 하지 않는다. 말을 탈 때 발을 받치는 기구인 등자도 낙동강유역에 이때 최초로 출현한다.

신라본기의 왜 기록은 고구려-위 전쟁이 발발하는 3세기 중반부터, 고구려-백제의 전쟁이 고구려의 승리로 끝나는 5세기 초까지 약 150년 동안 왜국, 왜왕, 왜병, 왜 사신 등이 등장하는 강력한 국가의 모습을 보이며 신라를 압도하는데, 이 시기의 가야지역 유물도 마찬가지로 신라지역 유물을 압도한다. 그런데 이 시기는 삼국사기에서 가야가 사라지는 시기다. 즉 가야지역의 유물 변화는 신라본기의 가야 기록을 따라가지 않고 신라본기의 왜 기록을 따라간다.7.

고구려-위 전쟁 직전을 기록한 후한서는 진왕이 삼한을 모두 통치한다고 하고, 고구려-위 전쟁 이후를 기록한 삼국지는 진왕이 삼한 중에 마한과 진한만 통치한다고 하였는데, 이는 삼국사기 신라본기의 왜 기록과 일치하는 기술이다. 위군이 남하하여 정복한 변한지역이 진왕의 직접 통치에서 벗어난 것이다. 이후에도 변한은 진왕의 직접 통치를 받는 마한이나 진한과는 다른 독자행보를 한다. 晉書를 보면 이들은, 마한이나 진한과 다르게, 이후 魏를 무너

7. 고구려본기에는 왜가 출현하지 않으며, 백제본기의 왜는 신라본기의 왜와 전혀 다른 존재다.

뜨리고 들어선 西晉에 사신을 보내지 않는다.

고구려-위 전쟁이 끝나고 약 20년 후에 변한의 지배층을 만나본 위나라 관리는 그들의 모습을 삼국지에 남겼다. 체격이 크고 머리가 긴 장발이라고 하였는데 전형적인 북방 유목민족 모습이다. 결국 가야사는 3세기 중반에 관구검의 위나라 군대가 고구려를 침공할 때를 기준으로 전기와 후기로 구분된다.

## 7.5 일본 전기고분시대의 개막

시대를 구분하는 것은 역사학의 중요한 주제인데 보는 사람마다 사관에 따라 다소 다르다. 시대 구분을 하는 데는 고고학이 주가 되고 문헌사료는 보조도구가 되는데, 대부분이 큰 전쟁과 이에 따른 국가의 멸망과 새로운 나라의 건국을 통하여 역사의 주도세력이 바뀌는 시점이 시대 구분의 첫 번째 기준이다.

일본고대사는 한국고대사의 고조선시대 같은 시기가 없다. 대신 본격적인 농경이 시작되는 BC 3세기~AD 3세기 중반을 야요이시대라고 하고, 야요이시대 이전은 조몬시대라고 하는데 일본 원주민들에 의한 석기시대였다. 그런데 BC 3세기에 중국 대륙에서 秦에 의한 전국시대 통일과 이 직후 발생한 秦-漢 교체기의 대혼란이 일어나, 중국 대륙에서 만주로 그리고 한반도로의 이민이 발생한다. 이로 인한 연쇄반응으로 일본열도에도 농경기술과 청동기를 가진 장신인(평균신장이 5 cm가 커졌다고 함)이 이주해온다. 이들은 한반도 남부에 살던 농경민들이었다. 야요이시대의 대표적인 유물들이 일본서기 수인천황 3년조에 나오는데 2~3세기의 가야지역 유물과 동일하다.

3세기 후반부터 일본열도가 통일되는 7세기 초까지를 고분시대라고 하여 크게 둘로 구분한다. 야요이시대는 소국들이 아직 나타나기 전인 1세기 이전과 소국들이 건국되는 2세기 이후로 구분한다. 중국 사서에도 2세기 초에 왜국과 왜왕이라는 존재가 최초로 출현한다. 좀 더 세밀히 보면 1세기 초에 마한이 망하고 한반도 남부에 힘의 공백이 생기자, 1세기 중반에 가야제국이 건국되고, 그 연쇄반응으로 1세기 후반부터 2세기 초에 걸쳐 일본열도에 가야계 소국들이 건국되는 것이다.

일본고대사에서 3세기 후반 이후는 고분시대라 하여 큰 변화가 발생하는데, 5세기는 중기로, 6세기 이후는 후기로 다시 세분한다. 전기는 주도세력이 가야계지만 중기와 후기는 백제계라서 중기와 후기를 하나로 묶어 후기로 구분하기도 한다. 즉 고분시대의 큰 단층은 4세기와 5세기 사이에서 발생한다. 이때는 한반도에서 백제와 고구려의 대 전쟁이 벌어지던 때다. 전기고분시대와 중·후기고분시대는 [표 7.1]처럼 다르다.

야요이시대에서 고분시대로의 전환은 3세기 후반에 구주 쪽에서 기내 쪽으로 민족 이동이 발생하며 이루어지는데, 2세기 후반의 왜국대란보다 훨씬 큰 엄청난 혼란이 있었다. 3세기 후반에 구주인들이 대거 기내로 이동하고, 그 결과 기내에 대혼란이 발생한다. 3세기에 구주는 동경이, 기내는 동탁이 대표적인 유물인데, 기내의 동탁이 파괴되고 그 자리는 구주에서 가져온 동경이 대신하게 된다.

구주인들이 기내로 이동한 이유는 낙동강 하류에서 변한인들이 구주로 대거 이동한 결과의 연쇄반응이었다. 이 민족이동 과정에서 삼국지 왜조에 나오는 왜소국들이 모두 해체되고 기내지역에서 새로운 경쟁이 시작되는데 그 과정에서 전방후원분이 출현한다. 전방후 원분은 전혀 새로운 것이 아니라 무덤을 쌓은 후 주위에 도랑을

**표 7.1** 일본의 고분시대 특징 비교

| | 전기고분시대 | 중・후기고분시대 |
|---|---|---|
| 시기 | 3세기 후반에 시작되어 4세기 말까지 | 5세기 초반에 시작되어 7세기 초까지 |
| 한반도와의 관련성 | 가야식 고분시대, 유물이 가야지역과 유사함. | 백제식 고분시대, 유물이 백제지역과 유사함. |
| 유물특징 | 농기구 및 일상생활과 관련 유물, 전방후원분 출현. | 전쟁도구 및 권력과 관련된 금은제 위세품, 초대형 전방후원분 출현, 6세기 이후 고분 규모 축소 |
| 말 관련 유물 | 없음 | 말과 관련된 유물이 갑자기 대거 출토됨 |
| 국가흔적 | 없음 | 강력한 국가의 흔적 |
| 중국 기록 | 없음 | 5세기에 왜 5왕 출현<br>5세기 후반에 사라짐 |

만들어 물을 채우는 주구묘의 일종이다. 농경문화의 흔적으로서 한반도 서남부에 삼국시대 초기부터 있어온 묘제다.

가야사는 낙동강 하류가 농경민족 유물에서 북방 유목민족 유물로 변하는 3세기 후반을 기준으로 전기와 후기로 나뉘는데, 이 시기가 정확히 일본고대사가 야요이시대에서 고분시대로 넘어가는 시기와 일치한다. 3세기 후반에 왜국에 발생한 대혼란의 원인은 245년에 발생한 고구려-위 사이의 전쟁이다. 따라서 일본 전기고분시대의 상한은 고구려를 통과한 위군이 동해안을 따라 남하하는 245년 10월이다.

위군이 남하하여 낙동강 하류지역을 장악하자 이들을 피하여 가까운 마한지역과 바다 건너 일본 구주로 가야인들의 대규모 이민이 발생하였다. 그리고 그 연쇄반응으로 구주에서 기내로 민족이동에 따른 혼란이 일본 고대사를 야요이시대에서 고분시대로 변화시킨 것이다. 이때부터 일본사의 중심이 구주에서 기내로 바뀐다.

전기고분시대인 3세기 후반부터 4세기까지는 중국 기록에서 왜가 사라지는 시기이기도 하다. 3세기에 중국 관리는 왜국 관리로부터 2세기 왜국 대란에 대한 정보를 얻었다. 그 이유는 왜국 관리들이 2세기 왜국을 겪은 사람들의 후예이기 때문이었다. 하지만 5세기의 중국 관리는 왜국 관리로부터 4세기 전기고분시대 왜국에 대한 어떤 정보도 얻지 못하였다. 그 이유는 5세기 왜국 관리들이 4세기 왜국을 겪은 사람들의 후예가 아니었기 때문이다. 마치 미주대륙에 도착한 콜럼버스에게 그로부터 백년 전 미주 대륙 상황을 물어보아야 답할 수 없는 것과 같다. 그러니 3세기 후반의 왜국 대란에 대한 아무런 기록이 없는 것이다.

3세기 왜국 관리가 2세기 후반의 왜국 대란에 대한 정보를 줄 수 있었던 것은 왜국 대란 후에도 국가가 있었기 때문이다. 즉 사신을 보낼만한 외교부서가 있었고, 사료를 관장할 만한 기관이 있었다는 뜻이다. 이에 비해 3세기 후반에 대란이 끝났을 때는 이런 일을 할 만한 국가가 없었다. 고만고만한 세력들이 서로 땅을 나누어 차지하고 세력경쟁하기에 바빠 백년이 지나도 그런 일을 할 만한 국가를 세우지 못한 것이다. 5세기 왜국 정부가 4세기 말에 일본열도에 도착했을 때 전기고분시대의 일본열도에 국가가 없었다. 이전에 국가가 있었으면 무엇이라도 이전 왕조 기록을 받았겠지만 아무 것도 없어 정보를 취득하지 못한 것이다.

5세기 초에 중국 왕조에 온 왜국 관리는 4세기 왜국에 대해서는 아무런 말도 안 하고, 백제, 신라, 가야 등 한반도 이야기만 한다. 여구왕과 여휘왕을 계승한다고는 안 했지만 하는 행동을 보면 여휘왕을 그대로 흉내 내고 있다.

* 晉書 무제(世祖 武皇帝 司馬炎) 太元[8] 十一年(386년); 夏四月, 以百濟王世子<餘暉>爲 使持節 都督 鎭東將軍<百濟王>.

백제 왕세자 여휘를 "사지절 도독 진동장군 백제왕"으로 책봉하고 있는데 '도독'이라는 지위가 5세기 왜왕들이 중국 남조에 요구했던 것이다. 이는 자신들의 뿌리가 무엇인지를 보여주고 있는 것이다.

민간에 혹시 3세기 후반의 대란이나 4세기 기록이 남아있을 수도 있으나 8세기에 왜국 정부가 일본서기를 쓸 때 발견되지 않았다(4세기 기록이 지금까지도 안 나오고 있다.). 그래서 4세기 왕통공백을 메우고자 390년에 즉위한 응신을 120년 앞으로 올려 270년에 즉위한 것으로 하고, 247년에 퇴위한 비미호를 22년 뒤로 내려 269년에 즉위한 것으로 하여 왕통을 연결한 것이다. 일본서기 편자들은 응신의 백제 15대왕이라는 대수와, 庚寅이라는 즉위 간지를 지키고 싶어 했기 때문에 2주갑에 해당하는 120년을 이동시킨 것이다.

1주갑만 이동시켜 330년에 즉위한 것으로 하고 비미호의 퇴위를 22년에 60년을 더해 89년 내려 329년으로 하는 방법도 있는데, 이렇게 하면 4세기를 주로 기록해야 되어 중간을 채울 기록이 더 없다. 그들이 60년이 아니라 120년을 올린 것은 어쩔 수 없는 선택이었다.

---

8. 太元은 동진의 9대 왕인 孝武帝 사마요가 사용한 연호로 376년부터 396년까지 21년 동안 사용되었다. 효무제가 왕이 된 것은 372년이므로 태원 1년은 효무제 5년이다. 마치 광개토왕 1년이 영락 2년인 것과 같다. 즉위와 연호는 일치할 필요가 없다.

재위기간이 120년이 늘어난 것은 5세기 응신부터 5명의 왕들 중에 왕비가 后인 3명(응신, 인덕, 윤공)의 재위기간을 대폭 늘려 합이 120년이 되게 하였다. 그래서 5세기 중반 안강 때부터 연도가 1, 2년 차이로 맞아 들어간다. 왕비가 后가 아니고 妃나 夫人인 이중과 반정의 재위기간은 늘려주지 않았는데 진왕제 때문이다.

[질문자] 3세기 후반에 위군의 가야지역 정복으로 많은 가야인들이 마한지역으로 피난해 갔다면, 늦어도 4세기 이후에는 가야지역에서 가까운 전남이나 전북 동부지역에서 가야유물이 나와야 하는 것 아닙니까? 그런 고고학적 흔적이 있습니까?

## 7.6 유례이사금과 전기신라의 멸망

미추이사금이 죽은 후 왕권은 다시 석씨에게 돌아간다. 그만큼 신라에 들어온 위군은 소수였던 것이다. 미추이사금이 죽자 삼한 소국들의 공격이 계속되는데 임나가야가 주가 된다. 삼국사기를 보면 미추이사금이 죽은 후에도 과거 위군 출신은 신라의 원로대신이 되어 남아있었지만 더 이상 나라를 방어하지 못한다. 백제와 화친, 즉 국혼을 맺을 수 없는 이유도 설명하고 있다. 전기신라 마지막 기록인 유례이사금조 15년의 주요 기록을 보면 다음과 같다.

(1) 유례 2년(285); 봄 정월, 왕이 시조묘에 참배하였다. 2월, 이찬 홍권을 서불한에 임명하고 중요한 정무를 맡겼다.

(2) 유례 3년(286); 봄 정월, 백제가 사신을 파견하여 화친을 요청하였다(遣使請和).

(3) 유례 4년(287); 여름 4월, 왜인이 일례부를 습격하여 불을 지르고 1천 명을 잡아 갔다.

(4) 유례 6년(289); 여름 5월, 왜병이 온다는 소문을 듣고 선박과 병기를 수리하였다(理舟楫 繕甲兵).

(5) 유례 7년(290); 여름 5월, 홍수가 나서 월성이 무너졌다.

(6) 유례 8년(291); 봄 정월, 말구를 이벌찬에 임명하였다. 말구는 충직하고 지략이 많았다. 왕은 자주 그를 찾아가서 정사의 요령을 물었다.

(7) 유례 9년(292); 여름 6월, 왜병이 사도성을 공격하여 점령하자, 일길찬 대곡으로 하여금 군사를 이끌고 가서 구원하도록 하였다.

(8) 유례 10년(293); 봄 2월, 사도성을 개축하고, 사벌주의 호민 80여 호를 옮겨 살도록 하였다.

(9) 유례 11년(294); 여름, 왜병이 장봉성을 공격하였으나 그들은 승리하지 못하였다.

(10) 유례 12년(295); 봄에 왕이 신하에게 "왜인이 자주 우리 성읍을 침범하여 백성들이 편안하게 살 수 없다. 내가 백제와 함께 계획을 세워 백제와 우리가 일시에 바다를 건너 왜국을 공격하고자 하는데 이 계획이 어떠한가?"라고 말하였다. 서불한 홍권이 "우리는 수전에 익숙하지 못해 모험삼아 원정을 하는 경우에는 예상 밖의 위험이 있지 않을까 염려됩니다. 더구나 백제는 사술이 많고, 항상 우리나라를 병탄하려는 생각을 가지고 있습니다. 그러므로 또한 그들과 함께 일을 도모하기에는 어려움이 있을 것 같습니다"라고 대답하였다. 왕이 "옳다"고 말하였다.

(11) 유례 14년(297); 봄 정월, 지량을 이찬에, 장흔을 일길찬에, 순선을 사찬에 임명하였다. 이서고국(伊西古國)이 금성을 공격해왔다. 우리나라가 군사를 크게 동원하여 이를 방어하였으나 물리칠 수 없었다. - **이후 미추이사금의 죽장릉 전설이 나옴.**

(12) 유례 15년(298); 겨울 12월, 왕이 죽었다.

## 해설

[1] 신라의 시조는 혁거세거서간이고 태조는 미추이사금이다. 수전에 약한 서불한 홍권은 미추이사금 때 등용된 신하로 위군 출신이다. 그가 미추이사금의 죽엽릉 축조를 감독했을 것이다.

[4] 선박을 수리하는 것으로부터 신라에 수군이 존재함을 알 수 있다. 오래 싸우게 되면 서로 많이 배우게 된다. 해상세력(신라본기의 왜)인 임나가야와 많이 싸우다 해상기술을 익힌 것이다. 이때만 해도 김해평야는 바다였고 경주는 항구였기 때문에 경주항에 대규모 신라 수군이 집결해있었을 것이다.

[6] 삼국사기 신라본기는 훗날의 내물이사금을 말구의 아들로 연결시키는데 약 1세기가 차이나 생물학적으로는 전혀 관계가 없다. 삼국유사는 내물이사금을 구도갈문왕의 아들이라는 설도 같이 적고 있는데 출신이 애매한 것은 외지에서 들어온 인물이기 때문이다.

미추이사금의 사위로 연결시키는 것도 정통성의 부여일 뿐이다. 그래도 관계를 찾자면 내물이사금이 미추계열의 여인을 왕비로 맞았을 가능성이다. 내물이사금의 능으로 추정되는 황남대총이 남분의 왕보다 북분의 왕비가 더 고급 유물이 출토되는 것으로부터 왕비의 출신 신분이 더 높았다는 것을 알 수 있다. 왕권의 정통성은 혈통에서 나온다고 생각했기 때문에 과거의 인물들 중에 선택하여 내물이사금에 연결시켰다고 본다.

내물이사금의 출신에 대해 가장 정확한 것은 제3자인 일본서기의 기록으로 "파사매금"이다. 즉, '서역에서 온 신라왕' 이라는 뜻이다.

[10] 수군을 가진 나라가 수전에 익숙하지 못하다는 것은 모순인 것처럼 들리나 그가 위군으로 참전했던 유목민족 출신이라는 것을 생각하면 당연한 말이다. 5세기에 김해바다가 메워져 김해평야가 되며 유목민족 국가인 신라가 해상세력 국가인 가야에 대해 우세해지게 된다. 백제가 신라를 병탐하려는 생각을 가지고 있다는 말도 정확하다. 고이왕조를 보면 백제는 신라에 화친사절을 보내는데 이것이 신라를 담로국으로 만들어 백제 진왕 통치하의 진한에 편제하기 위함이다.

[11] 진한지역 소국인 이서고국은 원래는 구삼국사에서 삭제되어 나와서는 안 되는 기록인데 나왔다. 신라는 진한과 변한의 공격을 받고 있는 것이다. 죽장릉 전설은 신라에 들어온 위군 출신들이 더 이상 신라를 방어하지 못한다는 뜻이다. 297년이 전기 신라의 마지막 전투로 다음 전투는 약 50년 후에 왜국을 대상으로 치러진다. 그 50년 동안 신라는 인구도 절반으로 줄고 군대도 없는 비무장국가였다.

신라의 3세기는 삼한의 공격으로부터 살아남기 위한 투쟁의 시대다. 또한 3세기 초에 양자강유역에서의 이민이 끊긴 후, 3세기 중반에 고구려-위 전쟁의 결과로 이주해온 북방유목민족 출신들의 활약이 있었다. 그리고 이것이 신라에 새로운 왕통 출현으로 나타난다. 통상 3세기까지를 삼국시대 초기라고 하는데 신라사는 3세기 말에 멸망하여 삼한의 진한에 들어가며 3세기가 끝난다. 그리고 4

세기에 새로운 이민자의 시대를 기다리게 된다.

## 7.7 기림-흘해이사금의 시대

298년에 신라가 진왕의 웅진백제에게 점령된 후 유례이사금은 죽고 새로운 왕이 세워지니 기림이사금이다. 이 왕은 실권이 없는 존재로 국가의 제사나 백성 위문 같은 정신적인 일만 담당하고, 실권은 이찬 장흔이 가지고 국가를 운영한다. 이 장흔이 삼한의 신지다. 신라는 망해서 진한에 들어갔지만 그의 종주권은 변진한지역 최강자이던 임나가야(왜국) 왕이 행사한다.

4세기 전반의 신라본기 기림이사금과 흘해이사금의 기록은 진한지역의 소국이 망해서 진한에 들어가면 어떻게 되는지를 보여준다.[9] 삼국지 동이전이 기록한 삼한체제의 내면을 볼 수 있다. 기림이사금의 주요 기록은 다음과 같다.

### 가. 기림이사금

(1) 기림[기립이라고도 한다.] 이사금이 왕위에 올랐다. 그는 조분 이사금의 손자이다. 아버지는 걸숙 이찬이다.[걸숙은 조분의 손자라고도 한다.] 그는 성격이 관대하여(性寬厚) 사람들이 모두 칭송하였다.

(2) 기림 2년(299); 봄 정월, 장흔을 이찬으로 임명하고(拜<長昕>爲伊湌), 중앙과 지방의 군사 일을 겸하여 보게 하였다. 2월, 시조묘에 제사를 지냈다.

(3) 기림 3년(300); **봄** 정월, 왜국과 친선 외교를 맺었다(與倭國交聘). 2

---

9. 『재조명1』 제16장 신라의 진한시대, p. 311.

월, 왕이 비열홀에 순행하여 나이 많은 자와 가난한 자를 직접 위문하고 어려운 정도에 따라 곡식을 하사하였다. 3월, 우두주에 이르러 태백산에 제사를 지냈다. 낙랑과 대방 두 나라가 귀복하였다(樂浪・帶方 兩國歸服).

(4) 기림 10년(307); 국호를 다시 신라로 변경하였다.

(5) 기림 13년(310); 여름 5월, 왕이 병으로 위독해지자 중앙과 지방의 죄수들을 석방하였다. 6월, 왕이 죽었다.

## 해설 1

[2] 진왕제하에서는 왕이 공립되지 못하면 집권 2년째 실권이 신하에게 넘어간다. 이찬 장흔이 진한의 신지가 되어 신라를 통치하고, 기림이사금은 제사나 빈민구제 같은 정신적, 종교적 지도자가 하는 일을 맡는다. 이 제도와 유사한 제도를 아직도 가지고 있는 나라가 일본인데 천황이 기림이사금이라면 총리대신이 장흔인 셈이다.

장흔에게 군사 일을 맡긴다고 하였지만 당시 신라는 군사와 관련된 어떤 일도 없다. 즉 군대가 없는 비무장국가였다. 삼한 소국들은 주요국들만 제외하고는 나머지 소국들은 치안을 유지할 정도의 군대만 보유한 것이다. 그래서 삼한체제가 4세기 말~5세기 초에 고구려와의 전쟁으로 붕괴될 때까지 오래 지속된 것이다.

[3] 왜국(임나)과의 친선외교가 봄이다. 이는 국혼사절이 갔다는 뜻인데 국혼이 이루어졌는지는 언급하지 않고 있다. 임나 건국 이래 처음으로 복속시킨 신라를 하루라도 빨리 자신들의 영향 하에 묶어두려고 했을 것을 예상하면 국혼이 이루어졌

을 가능성이 크다. 만일 국혼이 이루어졌으면 장흔의 딸이 임나 왕실로 시집가는 것이다. 이때 신라인들도 장흔의 딸을 수행하여 임나에 가고, 임나는 이들에게 관직을 내리는 형식인데 이를 담로제라 한다.

고구려에게 합병되어 명목상으로 남아있던 평안도의 낙랑국과 황해도의 대방국 왕실이 신라에 귀복하고 역사에서 사라졌다. 이제 요동의 낙랑군과 대방군만 남았다. 낙랑국과 대방국 왕실에게 한성백제는 자신들을 멸망시킨 고구려의 속민이라서 피하고, 대신 이주민들의 나라인 신라를 택한 것으로 보인다. 훗날 중국왕조는 백제왕에게는 대방왕, 신라왕에게는 낙랑왕의 시호를 주는데, 백제왕에게 대방왕의 시호를 주는 이유는 충분히 이해할 수 있지만, 신라왕에게 낙랑왕의 시호를 주는 이유는 이 기록을 제외하면 근거를 찾기 어렵다.

[4] 기림이사금조의 가장 중요한 기록으로 소국들이 삼한체제에 편입되면 국호를 변경하는 것이다. 이것이 3세기 초 이전에 신라본기에 등장하는 가야 등 변진한 소국들 이름이 3세기 중반의 삼한체제를 기록한 삼국지 동이전 변진한조에 나오지 않는 이유다. 사로국을 신라로 변경하는 것을 보면 아무 국명으로나 변경하지 않고 발음이 비슷하거나 의미가 비슷하거나 등등 무엇인가 관련이 있는 명칭으로 변경한다.

## 나. 흘해이사금

기림이사금이 죽고 흘해이사금이 들어서는데 기림이사금이 아니라 신하들이 세운다. 즉 기림이사금은 왕권계승자를 선택하지 못한다. 마치 당시 백제본기에서 우씨 분서왕 죽고 해씨 비류왕 들어서고, 다음에는 우씨 계왕이 잇고, 다음에는 해씨 근초고왕이 들어서고 하는 것이나 같다. 흘해이사금조의 주요 기록은 다음과 같다.

(1) 흘해이사금이 왕위에 올랐다(310). 그는 나해왕의 손자이다. 그의 아버지는 우로 각간이다. ... 여러 신하들이 의논하여 말하기를 "흘해가 어리기는 하지만 나이든 사람이 갖출 수 있는 덕을 지녔다"라 하고 그를 받들어 왕으로 세웠다.

(2) 흘해 2년(311); 봄 정월에 급리를 아찬으로(急利爲阿湌) 삼아 중요한 정사를 맡기고, 중앙과 지방의 군사 일을 겸하여 보게 하였다. 2월, 왕이 시조묘에 직접 제사를 지냈다.

(3) 흘해 3년(312); 봄 3월, 왜국 왕이 사신을 보내(倭國王遣使) 자기 아들의 혼처를 요청하자, 아찬 급리의 딸을 보냈다.

(4) 흘해 5년(314); 봄 정월, 아찬 급리를 이찬으로 임명하였다(拜阿湌急利爲伊湌). 2월, 궁궐을 중수하였는데, 비가 오지 않으므로 이를 중단하였다.

(5) 흘해 8년(317); 봄과 여름에 가뭄이 들었다. 왕이 직접 죄수를 재심사하여 많이 석방하였다.

(6) 흘해 21년(330); 처음으로 벽골지를 열었다. 둑의 길이가 1천 8백 보였다.

(7) 흘해 28년(337); 봄 2월, 사신을 보내 백제를 예방하였다(遣使聘百濟).

## 해설 2

[2] 급리의 업무와 왕의 업무가 구분되고 있음을 보여준다. 이것이 삼한 소국들의 일반적 통치방식이었다.

[3] 국혼 사신이 온 시기가 봄 3월이므로 기록이 정확하다.

[4] 지방(신라)의 최고 실력자가 중앙(왜국) 왕과 혼인을 통한 인척관계를 맺고 지방을 통치하고 있다. 바로 양서 백제전의 담로제다. 왜국 왕비가 된 급리의 딸이 급리의 후원자가 되는 것이다. 즉 급리는 왜국 왕비의 권세에 의지하여 신라를 통치하는 것이다.

[5] 죄수 석방을 왕이 "직접" 했다고 한다. 죄수 석방은 왕의 당연한 권리인데 왜 왕이 "직접" 했다고 했을까?

[6] 4세기 전반의 김제 벽골지 건설은 고고학적으로 증명된 사실이다. 이 기록이 중요한 이유는 삼국지를 보면 진한이 본래는 6국이었는데 점차 나뉘어 12국이 되었다고 하는데 그 과정을 보여주고 있기 때문이다. 백제 진왕은 진한지역 국가를 점령하면 단순히 행정구역을 둘로 나누는 것이 아니라, 앞으로 힘을 쓰지 못하도록 절반을 강제 이주시키는 것이다.

진한지역 소국을 하나씩 정복할 때마다 시행하므로 국가가 한 번에 나뉜 것이 아니라 점차 나뉘었다는 삼국지 기록은 정확하다. 백제 진왕은 반란을 일으킬 큰 걱정이 없는 약소국은 인구의 일부를 부근으로 이주시키고, 신라처럼 4백년이나 대항해온 강국은 인구의 일부를 아예 멀리 떨어진 마한지역으로 보낸 것이다.

[7] 사신이 간 시점이 봄이다. 백제에 국혼을 요청한 것인데 왜국의 영향에서 벗어나기 위하여 새로운 국혼 상대로 백제를 택한 것이다. 따라서 이 전 해인 흘해이사금 27년에 급리가 죽은 것이 아닌가 생각된다. 다른 가능성은 급리의 사위인 왜국 왕이나 급리의 딸인 왜국 왕비가 죽었을 가능성이다.

하지만 국혼은 한성백제가 거절하여 이루어지지 못했을 가능성이 크다. 설령 혼인을 했다고 하더라도 당시 신라는 무력한 소국이어서 비류왕은 백제왕을 칭하지 못하고 신라 왕실의 보호자 정도의 역할을 했을 것이다.

여기까지의 흘해이사금조도 기림이사금조처럼 군사와 관련된 기록이 전혀 없다. 신라는 군대가 없는 비무장국가였기 때문이다. 마치 재기할 가능성이 전혀 없는 것처럼 느껴진다. 흘해이사금 기록이 더 있는데도 불구하고 여기까지만 쓴 이유는 여기가 실질적으로 흘해이사금의 마지막 기록이기 때문이다. 다음 기록부터는 신라사의 시대가 바뀐다.

# 8장

# 여구왕의 시대

## 8.1 고대에 왕의 성씨를 아는 일반적인 방법

[질문자] 다음은 백제의 王姓에 관한 기록입니다. 원문 글자가 딱 한군데가 다릅니다. 어느 쪽이 맞습니까?

(가) 其世系與高句麗同出扶餘 故以〈扶餘〉爲氏(그의 조상은 고구려와 함께 부여에서 같이 나왔기 때문에 扶餘를 성씨로 삼았다.)

- 삼국사기

(나) 其世系與高句麗同出扶餘 故以〈解〉爲氏(그의 조상은 고구려와 함께 부여에서 같이 나왔기 때문에 解를 성씨로 삼았다.)

- 삼국유사

[一道安士] 둘 다 맞습니다.

고대에 성이란 종족을 의미하는 경우가 많았다. 지배층만이 성을 가졌는데 왕이란 지배층을 대표하는 존재다. 예를 들면 신라왕이 박씨일 때는 지배층인 각료의 핵심도 박씨들이다. 왕이 석씨라는 것은 지배층의 핵심이 석씨라는 뜻이고, 왕이 김씨라는 것은 지배층의 핵심이 김씨라는 뜻이다.[10]

따라서 고대에 왕성을 추정할 때는 당대의 지배층을 이루는 각료들의 성이 어떤 성씨들인가를 먼저 알아보는 것이 가장 합리적인 방법이다. 예를 들어 김씨가 한 명도 없을 때는 왕성은 절대로 김씨는 아니다. 반대로 주요 각료들은 다 다른 성인데 왕만 김씨라면 곧 왕이 바뀐다.

마찬가지로 5세기 이후 백제의 王姓이 부여씨임은 당시 한중 사

10. 왕족인 성골 김씨는 6세기 법흥왕때 골품제와 함께 지배층의 계통을 정리하면서 결정되었다고 본다.

서에 출현하는 백제의 주요 인물들의 성씨가 부여씨라는 것으로부터 알 수 있다. 그러면 "4세기 백제 근초고왕의 성씨는 무엇입니까?" 라고 묻는다면 어떻게 알 수 있을까? 삼국사기 백제본기를 보면 건국이후 4세기까지 부여씨는 단 한 번도 안 나온다. 그러면 적어도 당시에 왕이 부여씨는 아닌 것이다.11.

반면에 4세기 당시 지배층의 성씨는 해씨와 진씨다. 그런데 진씨는 이후 왕비족으로 나타난다. 그러면 근초고왕이 해씨일 가능성이 가장 큰 것이다. 이것이 합리적인 판단이다. 한국사를 전혀 모르는 서양인이 삼국사기를 보고 왕성을 추정한다고 해도 동일할 것이다.

일연은 당대 최고 지식인으로 삼국사기를 훤히 꿰고 있었다. 삼국사기는 국가에서 발간한 관선 사서인 반면에 삼국유사는 개인 책이다. 그런데 삼국유사를 보면 삼국사기와 다른 부분이 군데군데 나온다. 이것은 일연이 삼국사기의 틀렸다고 판단되는 곳을 고친 것이다. 문제의 구절은 단어 한 개를 고친 것인데, 일연이 자신이 가진 사료를 보니 백제 왕성은 부여씨가 아니라 해씨였던 것이다. 하지만 답은 <둘 다 맞다.>다. 해씨는 온조가 세운 한성백제의 5세기 초기 이전 왕성이었고, 부여씨는 비류가 세운 웅진백제의 4세기 이후의 왕성이었기 때문이다.

## 8.2 8성대족과 영산강유역의 성씨들

백제에는 부여씨라는 왕족과 8성대족이라는 대귀족 집단이 있었

---

11. 『재조명2』 제32장, 5. 근초고왕의 성씨, p. 107.

다. 8성은 고정된 것이 아니고 시대의 변화에 따라 조금씩 바뀌기도 한다. 8성대족이었던 부여계 解씨와 말갈계 眞씨는 한성백제의 대표적인 왕족과 왕비족으로서 한강유역 최대의 세력가들이었다. 그런데 불행히도 다른 지역은 역사가 삼국사기에서 삭제되어 4세기 이전에 어떤 성씨가 그 지역 세력가였는지 알기 어렵다. 이후 5세기에 각 지역 세력가들이 일제히 모습을 보인다.

> 이 해(490)에 '위노'(북위)가 기병 수십만으로 '백제'를 공격하여 그 경계에 들어가니, '모대'가 장수 <사법명>, <찬수류>, <해례곤>, <목간나>를 보내어 '노'군을 기습 공격하여 크게 깨뜨렸다. 건무 2년(495), '모대'가 사신을 보내어 표를 올려 말하길.... <저근> 등이 영광스런 관작을 제수 신민이 함께 기뻐하였습니다. 지난 경오년(490)에는 '험윤'이 잘못을 뉘우치지 않고, 순사를 일으켜 깊숙이 쳐들어왔습니다. 신이 <사법명>등을 파견하여 군사를 거느리고 역습케 하여 밤에 번개처럼 기습 공격하니, '흉'의 이장이 당황하여 마치 바닷물이 들끓듯 무너져 붕괴되었습니다. 이 기회에 쫓아가 달아나는 것을 베어 죽이니 시체가 들을 붉게 물들였습니다. ...
>
> 이제 나라가 조용해진 것은 실상 <사법명> 등의 공이오니 마땅히 그 공훈에 대해 상을 주어야 할 것입니다. 이제 <사법명>을 행정로장군 매라왕으로 삼고, <찬수류>는 행안국장군 벽중왕으로 삼고, <해례곤>은 행무위장군 불중후, <목간나>는 전의 무공이 있고 또한 대방을 빼앗으니 행광위장군 면중왕으로 삼았습니다. ... 특별히 관작을 제수해주시기 바랍니다.
>
> **– 남제서 백제조**

진왕의 군대라는 것은 각 지역 담로왕들이 데리고 온 군대를 말한다. 4세기 후반 근초고왕의 3만 대군도 경기도와 황해도와 강원도 등 한성백제 통치영역 내에 있었던 담로왕들이 데리고 온 군대다. 왕이 공격명령을 내려도 담로왕들이 안 가겠다면 못 가는 것이다. 이것이 신라와의 근본적 차이로 백제는 철저한 지방분권제였다.

백제가 북위의 공격을 받자 동성왕은 각 지방의 담로들에게 군대를 동원할 것을 지시하였다. 그러자 각 담로들은 공을 세운 후 동성왕에게 남조황제의 보장 하에 자기 지역의 후왕으로 임명하여 공식적인 자치권을 가지게 해달라는 것이다. 이때 동성왕에게 관작을 요구한 인물들이 주로 전라도 지역의 마한 담로들인데 다음과 같다.

| | |
|---|---|
| 여씨 | 여고(餘古) – 아차왕(阿錯王) |
| | 여력(餘歷) – 매로왕(邁盧王) |
| | 여고(餘固) – 불사후(弗斯侯) |
| 목씨 | 목간나(木干那) – 면중후(面中侯) |
| 사씨 | 사법명(沙法名) – 매라왕(邁羅王) |
| 해씨 | 해례곤(解禮昆) – 불중후(弗中侯) |
| 저씨 | 저근(姐瑾) – 도한왕(都漢王) |
| 찬씨 | 찬수류(贊首流) – 벽중왕(辟中王) |

이로부터 당시 영산강유역에 어떤 성씨들이 살았는지를 알 수 있다. 최대 성씨는 여(부여)씨다. 부여계인 해씨가 나오는 것으로부터 해씨의 주력은 한강유역에 정착하여 왕족이 되었지만 일부는 금강유역을 거쳐 영산강유역까지 계속 남하했음을 알 수 있다.

4세기 이후 웅진백제 진왕의 성씨인 여씨와 귀족들인 목씨와 사씨가 본래 영산강유역에서 옹관묘 쌓던 집단임을 알 수 있다.[12] 왜의자왕의 아들인 부여융(扶餘隆)[13]이 묘지석에서 부여씨의 기원을

---

12. 『재조명2』, 제45장 백제 부여씨 흥기, p. 335.

13. 扶餘隆(615~682)은 의자왕의 아들로 644년(의자왕 4) 태자에 책봉되었으

百濟辰朝人이라고 했는지도 알 수 있다. 부여씨는 백제 진왕가 출신이었던 것이다.

3세기에 영산강유역이 웅진백제의 진왕에게 통합되자 옹관묘 집단이 왕비족으로서 금강유역에 진출하였고, 이후 점점 세력을 키워 4세기에는 왕권을 장악한 것이다. 이들이 금강유역 중앙무대에 진출하자 성씨가 필요해졌고, 본래 부여에서 왔다고 하여 부여로 성을 삼은 것이 백제 부여씨의 기원이다. 여씨와 목씨와 사씨와 해씨의 차이는 한반도로 이주하기 전에 부여에서 살던 지역이 달랐거나, 부족이 달랐던 것으로 추정된다. 또 하나는 목씨와 사씨는 부여 출신이 아니라 고조선 출신이었을 가능성이다.

웅진백제 부여씨는 4세기 초에 왕권을 장악한 후 한강유역 최대 세력이던 한성백제와 손을 잡고 왕비를 들이니 이것이 5세기 왜-백제 왕실간 혼인의 기원이다. 영산강유역 옹관묘 집단은 주력이 5~6세기의 웅진백제 2기에 수도권인 금강유역으로 이주하고, 성왕의 사비천도 후에는 쇠락한다.

---

나 660년 나당연합군에 의해 왕성이 함락될 때 의자왕과 함께 熊津城으로 피신하였다가 신라군의 포로가 되었다. 그해 9월 의자왕과 함께 당의 수도 洛陽으로 끌려갔다. 이후 웅진도독을 역임했다.

## 8.3 백제사 최초의 백제왕 책봉

[질문자] 백제사 최초의 백제왕 책봉에 대하여 어느 쪽이 맞습니까?

- 진서 - 372년의 여구왕이다.
  咸安 二年(372); 六月, 遣使拜〈百濟王〉 餘句 爲鎭東將軍 領樂浪太守
- 삼국사기 - 416년의 전지왕이다.
  전지왕 12년(416); 東晉 安帝 遣使 册命王 爲使持節都督 百濟 諸軍事 鎭東將軍〈百濟王〉

[一道安士] 서로 다른 두 나라가 각각 백제왕으로 책봉을 받은 것이므로 둘 다 맞습니다.

삼국사기 편집진은 자신들이 가지고 있었던 우리 사료들을 중국 사서와 모두 대조해보았다. 위의 책봉 기록도 확인하여 보았을 것이다. 하지만 여구왕의 기록은 없고 전지왕의 기록만 있었던 것이다. 여구왕은 웅진백제 왕이고 전지왕은 한성백제 왕인데 삼국사기는 한성백제사만 기록했으니 여구왕은 안 나오고 전지왕만 나오는 것이다.

그런데 여기서 중요한 것은 전지왕이 책봉을 받은 시기가 407년 이후라는 것이다. 삼국사기와 삼국유사를 보면 407년 1월에 한반도 남부에서 고구려와 웅진백제 사이에 대규모 전쟁이 있었다. 이 전쟁에서 패한 웅진백제는 국가를 유지할 수 없을 정도로 망하고, 남은 세력이 한성백제와 결합한다. 이것이 전지왕 3년(407) 2월의 부여씨 출현이다. 상좌평이 되어 권력을 장악한 여신과 한성백제 최초의 부여씨 왕이 되는 여비(비유왕) 등이 대표였다.

전지왕에 대하여 중국 진서는 여영이라고 하여 부여씨라 하나[14]. 삼국사기는 성을 기록하지 않고 있는데, 그 이유는 책봉 받은 직위에 나와 있다. “使持節都督 百濟 諸軍事 鎭東將軍 百濟王” 이라는 직책은 과거 웅진백제의 진왕이었던 여휘가 386년에 받은 것과 동일하다. 진왕 여휘는 왕비를 세우지 못하여 아직도 왕세자를 칭하고 있었던 것이다. 5세기에 왜 왕세자 흥이 4년 동안 왕비를 세우려고 몸부림치다 안 되니 5년째 송에 사신을 보내 책봉을 택한 것으로부터 여휘왕의 즉위도 이로부터 4년 전인 382년 부근으로 추정된다.

※ 太元 十一年(386); 夏四月, 以<百濟王世子> <餘暉>爲使持節都督 鎭東將軍 <百濟王>。代王拓拔圭始改稱魏 癸巳, 以尙書僕射陸納爲尙書左僕射, 譙王恬爲尙書右僕射。- 晉書

이는 동진에 간 사신이 한성백제 출신이 아니라 웅진백제 출신이었다는 뜻이다. 동진에 가서 자신의 선대를 설명하면서, 자신들과 무관한 근초고왕이나 근구수왕이 아니라, 여구왕과 여휘왕을 잇는다고 했던 것이다.

※ 咸安 二年(372); 春正月 辛丑, <百濟> 林邑 王 各遣使貢方物 - 晉書

372년 봄 정월에 백제왕과 임읍[15] 왕이 각각 사신을 통하여 공물을 보냈다는 것인데 이것이 삼국사기 백제본기에 나오는 근초고왕 27년 정월의 동진 사신 기록이다. 여구왕이 책봉을 받을 당시 근초고왕도 동진에 사신을 보냈으나 책봉을 받지 못했다. 동진은 큰 나라인 웅진백제 진왕을 백제왕으로 책봉한 것인데 이는 어쩔

---

14. 義熙 十二年(416), 以百濟王餘映爲使持節、都督百濟諸軍事、鎭東將軍、百濟王. - 송서

15. 동남아시아 국가.

수 없는 것이었다. 근초고왕이 백제왕을 칭하고 동진에 사신을 보낸 것이 372년인데, 이는 368년 이후이기 때문에 동진의 기록이 맞다. 삼국사기를 보면 그 이전에는 백제왕을 칭할 수 없었기 때문에, 만일 368년 이전에 동진에 사신을 보냈다는 기록이 나오면 그 기록은 거짓이 되는 것이다.

> ※ 太元 九年(384); 秋七月 戊戌, 遣兼司空 高密王純之修謁洛陽五陵。己酉, 葬康獻皇后于崇平陵。<百濟>遣使來貢方物。苻堅及慕容沖戰于鄭西堅師敗績 – 晉書

384년은 침류왕 즉위년인데 7월에 동진에 사신을 보냈다고 하여 삼국사기와 일치한다. 중국 사서의 기록들이 어느 정도 정확한지는 모두 당사자의 기록인 삼국사기로 비교하여 평가할 수 있다. 사건의 비중이 상당한 기록들 중에서, 예를 들면 중국 사서는 사신이 왔다고 했는데 삼국사기에는 보낸 적이 없다고 하면 누락이 아니라 구삼국사 편집시 원칙에 의해 삭제된 것이다. 따라서 중국 왕조로부터 백제왕 책봉을 받은 진왕들인 여구왕이나 여휘왕은 삼국사기에 나올 수 없다.

## 8.4 여구왕의 즉위 연도

[질문자] 4세기 중반이 되면 전남 영암을 비롯한 영산강 하류지역에 대형 봉분을 가진 거대 고분군이 출현합니다. 삼국사기에 이에 대한 기록이 있습니까?

[一道安士] 4세기 초 백제본기 비류왕조에 영산강유역 대형 고분군 출현에 대한 배경 설명이 있습니다.

진왕 여구는 중국 사서에 등장하는 첫 번째 부여씨 왕으로 4세기에 웅진백제 진왕의 왕통이 부여씨로 바뀌었다는 것을 의미한다. 영산강유역 옹관묘 세력이 3세기에 왕비족으로 금강유역에 진출한 후 세력을 키워 4세기에 진왕권을 장악한다. 여구가 진서에 나타나는 첫 번째 부여씨 진왕이나 삼국사기를 보면 그 앞에 부여씨 왕이 한 명 더 있다.

영산강유역 세력이 금강유역으로 진출하여 진왕을 배출한 후 어디와 혼인해야 백제왕을 칭할 수 있을까? 답은 한강유역이고, 그러면 삼국사기를 남긴 한성백제가 최강국이다. 4세기 당시 한성백제는 왕족인 해씨와 왕비족인 진씨가 양대 지배층이었고, 왕권을 빼앗긴 고이왕계 우씨가 호시탐탐 재기를 노리고 있었다. 그러면 양대 지배층인 해씨와 진씨 중에 누가 진왕가와 혼인해야 하는가? 4세기 초에 진한에 들어간 신라를 보면 답을 알 수 있다.

* 흘해 2년(311); 봄 정월, 급리를 아찬으로 삼아 중요 정사를 맡겼다.
* 흘해 3년(312); 봄 3월, 왜국 왕이 사신을 보내 아들의 혼처를 구하자 아찬 급리의 딸을 보냈다.

급리의 딸(가문의 여인)인가? 아니면 흘해이사금의 딸(가문의 여인)인가? 답은 힘이다. 당시 신라는 급리가 실세였으므로 급리의 딸이 왜국(임나) 왕비가 되는 것이다. 국혼 시기는 봄이고 특히 선호되던 3월이다. 그런데 만일 두 세력의 힘이 막상막하면 어떻게 될까? 그때는 실력으로 결판내야 한다. 특히 한성백제의 경우는 진왕에게 딸을 시집보낸 사람이 마한왕(마한주)의 지위를 갖게 되므로 누가 자기 가문의 여인을 진왕의 왕비로 보내느냐는 매우 중요하다.

4세기 초인 삼국사기 비류왕조 주요 기록은 다음과 같다.

### 가. 비류 원년 ~ 비류 22년

(1) 比流王은 仇首王의 제2자다(第二子).

(2) 비류 9년(312); 여름 4월, 왕이 동명왕의 사당에 참배하였다. <解仇>를 병관좌평으로 임명하였다.

(3) 비류 10년(313); 봄 정월, 남쪽 교외에서 천지신명에게 제사를 지냈다. 왕이 직접 제물에 쓰일 고기를 베었다.

(4) 비류 13년(316); 여름 4월, 서울에서 우물이 넘치고, 그 속에서 흑룡이 나타났다.

(5) 비류 17년(320); 가을 8월, 대궐 서쪽에 활 쏘는 누대를 쌓아놓고, 매월 초하루와 보름날 활쏘기를 익혔다.

(6) 비류 18년(321); 봄 정월, 왕의 이복동생(庶弟) 우복(優福)을 내신좌평으로 삼았다.

(7) 비류 22년(325); 11월, 왕이 구원 북쪽에서 사냥하여(王獵於狗原北) 직접 사슴을 쏘았다.

## 해설 1

[1] 비류왕은 구수왕의 제2자라고 하는 것으로 보아 같은 해씨 계열이기는 하나 부자관계가 아님을 알 수 있다.

[2] 왕의 즉위 후 첫 번째 기록이 동명왕의 사당 참배인데 즉위 후 바로 하는 일이다. 우씨에서 해씨로 바뀐다는 것이 평화적으로 이루어졌을 리 없다. 기록 공백인 앞의 8년은 해씨들과 우씨들의 왕권 투쟁기였을 것이다. 이때가 실제로 즉위한 해다. 좌평제에서 가장 높은 것이 내신좌평이고, 그 다음 중요한 것이 병권을 관장하는 병관좌평이다. 비류왕은 해씨가 승리하는데 가장 큰 공을 세운 해구에게 병관좌평을 맡겼다.

[4] 비류왕이 실제로 왕권을 장악한 지 4년 후 흑룡이 출현했는데 이는 지배층 사이의 내란이다. 누군가가 왕권을 노렸다가 실패한 것이다. 왕권을 노릴만한 세력은 우씨, 진씨, 그리고 해씨들 중에서는 해구 정도 뿐이다.

[5] 왕이 활쏘기 연습을 하는 것으로 보아 아직도 주변에서 왕권을 노린다는 뜻이다.

[6] 흑룡출현 5년 후에 서제 우복을 수상격인 내신좌평으로 삼았다. 왕권에 가장 위협이 되는 우씨를 달래 왕권의 안정을 도모한 것으로 판단한다. 고이왕계인 우씨는 해씨인 비류왕과 성이 다르므로 우복에 대해 서제라는 표현을 사용하고 있다. 즉 서제는 왕통이 다를 때 쓰는 표현이다. 5세기 초에 해씨 왕통이 구이신왕으로 끝나고 부여씨 왕통이 등장하는데, 407년에 최초로 등장하는 부여씨를 서제라고 한다.

[7] 왕이 구원의 북쪽에서 사냥하였다고 하는데 이곳은 화성시 남쪽으로 진왕의 웅진백제와의 경계다. 5세기 이전 삼국사기 백제본기에 웅진백제와의 경계에 왕이 직접 내려간 것은 4번인데 모두 사냥으로 표시하였으나 글자가 2번은 田이고 2번은 獵이다. '전'은 사냥을 핑계로 군대를 이끌고 간 정치적인 사건을 기록한 것이고, '엽'은 실제로 짐승을 잡은 것으로 통상 축제다.

1. 고이왕 5년(238); 봄 2월, 왕이 부산에서 사냥하다가(<田>於釜山) 50일 만에 돌아왔다. 여름 4월, 왕궁의 문기둥에 벼락이 치자 황룡이 그 문에서 날아갔다.
2. 비류왕 22년(325); 겨울 11월, 왕이 구원 북쪽에서 사냥하여(王<獵>於狗原北) 직접 사슴을 쏘았다.
3. 진사왕 6년(390); 가을 9월, 왕이 달솔 진가모로 하여금 고구려를 치게 하여 도곤성을 함락시키고, 포로 2백 명을 사로잡았다. 왕이 가모를 병관좌평으로 임명하였다. 겨울 10월, 왕이 구원에 사냥나갔다가(<獵>於狗原) 7일만에 돌아왔다.
4. 진사왕 8년(392); 가을 7월, 고구려왕 담덕이 4만 명의 군사를 거느리고 와서 북쪽 변경을 침공하여 석현성 등 10여 성을 함락시켰다. 왕은 담덕이 용병에 능통하다는 말을 듣고 대항하기를 회피하였다. 한수 북쪽의 여러 부락을 빼앗겼다. 겨울 10월, 고구려가 관미성을 쳐서 함락시켰다. 왕이 구원에서 사냥하며(王<田>於狗原) 열흘이 지나도록 돌아오지 않았다. 11월, 왕이 구원의 행궁에서 죽었다.

1.번 이후에는 사반왕 문제를 정리하였고, 2.번 이후에는 우복이 반란을 일으켰고, 3.번 이후에는 고구려와의 전투를 기피한다. 3.번은 두 백제가 축제로 만났으나 진사왕이 만족하지 못한 결과를 낸 것이다. 그리고 4.번의 田으로 표시된 사냥은 일본서기에도 자세히 기록되어 있는데 두 백제 사이의 협상이다. 결과는 협상이 깨져 진사왕이 죽는다. 이런 경우 삼국사기가 어떻게 기록하는가를 알 수 있다. 왕이 가고 돌아온 기록만 남겨두고 웅진백제와의 교섭기록은 모두 빼버리는 것이다.

비류왕의 사냥은 獵인 것으로 보아 진짜 동물을 잡은 것이다. 즉 두 백제 왕들이 국경지대에 모여 친선행사를 벌였다고 본다. 영산강유역에서 옹관묘 쌓던 부여씨들이 금강유역에 진출하여 진왕권을 장악하면 왕비를 세울 상대는 한강유역 뿐이다. 비류왕은 진왕의 힘을 빌려 왕권을 안정시키려고 한 것이다. 진왕은 즉위 후 2년 이내에 왕비를 세워야 하므로 비류왕 23년에 웅진백제에서 사신이 와야 하는데 흔적이 없다. 어쩐 일인지 혼인이 이루어지지 않은 것이다.

## 나. 비류 24년~비류 41년

(8) 비류 24년(327); 가을 9월, 내신좌평 우복이 북한성을 거점으로 반란을 일으켰다. 왕이 군사를 출동시켜 토벌하였다.

(9) 비류 30년(333); 여름 5월, 별이 떨어졌다(星隕). 대궐에 화재가 났는데(王宮火) 연이어 민가가 불탔다. 가을 7월, 대궐을 수리하였다. 진의(眞義)를 내신좌평으로 삼았다.

(10) 비류 34년(337, 흘해 28); 봄 2월, 신라에서 사신을 보내와 예방하였다.

(11) 비류 41년(344); 겨울 10월, 왕이 죽었다.

## 해설 2

[8] 비류왕과 웅진백제 진왕과의 만남으로 인하여 왕권이 우씨로 돌아올 가능성이 사라지자 우복이 반란을 일으켰다. 하지만 백제군의 주력을 이루는 말갈계 군사들이 우복을 따르지 않은 것이다.

[9] 333년에 수도에 내란이 일어나 궁궐과 민가가 불타고 진의가 수상격인 내신좌평이 되었다. 이해 3월에 진왕의 국혼 사신이 온 것이다. 웅진백제에 새로 즉위한 진왕이 내가 왕으로 즉위하였으니 너희 지배층의 여인을 왕후로 보내라는 뜻이다. 그러면 다음 해인 334년에 왕후로 세우고 자신은 백제왕을 칭하게 되는 것이다. 이때 해씨와 진씨가 서로 자기 가문의 여인을 왕후로 보내려고 하다 내전이 벌어진 것인데, 진씨가 승리하여 수상격인 진의가 내신좌평이 되고 그의 딸(또는 진의 가문의 여인)이 왕후로 간 것이다.

325년에 비류왕과 구원의 북쪽에서 만난 1대 부여씨 왕은 7년 후인 332년, 또는 그 직전에 죽고, 333년에 새 부여씨 왕이 즉위한 후 한성백제에 사신을 보내 국혼을 요구했으며, 334년 봄에 진의의 딸을 왕후를 세우고 백제왕으로 공립된 것이다.

최초로 한성백제의 진씨와 혼인하고 공립된 진왕을 여구로 판단한다. 만일 이때 국혼을 요구한 진왕이 325년에 구원에서 만난 진왕이라면 여구는 두 번째 부여씨 왕이다. 여구의 즉위가 333년이면 그가 동진으로부터 백제왕의 책봉을 받던 372년은 재위 40년째다.

333년이 비류왕의 마지막 기록이다. 이 사건 이후 나머지 10년은 내신좌평 진의가 한성백제를 통치했다. 이로써 한성백제는 자신들의 여인이 왕후가 되는 334년에 마한왕(마한주)의 지위를 차지하게 된 것이다.

부여씨의 출신지인 영산강유역은 4세기 중반부터 하류인 영암을 중심으로 옹관묘 고분들이 대형화된다. 즉 권력의 출현을 상징한다. 이에 관한 삼국사기 기록이 바로 진왕 여구의 공립을 기록한 비류왕 30년의 기록이다. 하지만 4세기의 영산강유역 대형 고분군에서 아직은 간단한 농기구와 토기 등만 매장되고 금동모 같은 위세품과 환두대도 등 무구류는 출토되지 않는다. 이런 금동 위세품들은 약 백년이 더 지난 5세기 중반이후부터 출토된다.

[10] 신라 흘해이사금으로부터 친선 사절이 왔는데 봄이다. 국혼을 요구한 것인데 한성백제는 적어도 다음 두 가지를 생각했을 것이다.

첫 번째로 신라는 왜국과 혼인하고 왜국을 종주국으로 받들고 있는 나라인데 왜 지금 우리와 혼인하겠다는 것인지에 대한 의문이다. 가장 가능한 답은 전 해(336)에 왜국 왕비의 권세를 업고 신라를 통치하던 급리가 죽은 것이다. 흘해이사금은 왜국의 영향에서 벗어나고 싶어 먼 과거에 혼인한 경험이 있는 한성백제에게 국혼을 요청한 것이다.

두 번째는 신라와 혼인해보아야 실익이 없다는 것이다. 강력한 소국과 혼인하여야 공립되어 백제왕을 칭할 수 있는데 지금의 신라는 무력한 국가로 혼인해보아야 공립이 안 된다. 한성백제는 백제왕을 칭하기 위하여 신라와의 국혼을 조금 더 기다려야 했다. 약 30년 후에 근초고왕과 내물이사금 사이에 국혼이 이루어지는데 이것은 고구려를 분노하게 만든다.

비류왕은 죽을 때까지 권력을 되찾지 못했다. 만일 그가 권력을 되찾았으면 백제본기는 眞義에 대하여 다음처럼 기록했을 것이다.

- 비류 xx년; 진의는 왕후의 친척으로 성품이 매우 흉악하고 어질지 못하고, 일을 처리하는데 까다롭고 잔소리가 많았으며, 왕후의 권세에 의지하여 제멋대로 하니 나라 사람들이 그를 미워하였다.

## 8.5 백제의 왕비제도

[질문자] 무령왕은 지석에 천자의 죽음을 기록하는 崩을 쓴 사람인데 무엇이 아쉬워 무령왕 21년(521)에 남조국가인 梁나라로부터 받은 것(영동대장군)을 무덤 속까지 가져가야 했습니까?

(왕의 지석) 寧東大將軍百濟斯麻王 年六十二歲 癸卯年 五月 丙戌朔七日壬辰 〈崩〉 到 乙巳年 八月 癸酉 朔十二日甲申 安厝登冠大墓 立志如左

(왕비의 지석) 居喪在酉地 己酉年 二月 癸未朔十二日甲午 改葬 還丙午年 十二月 百濟國王大〈妃〉 壽〈終〉 大墓 立志如左

[一道安士] 제 답변은 '그 이유도 지석에 쓰여 있습니다.'였습니다. 독자 여러분은 그 이유가 무엇이라고 생각하시나요?

5세기 일본서기에 나오는 7명의 천황들은 한반도에서 천도해간 진왕들로서 그들의 왕비 신분과 중국 남조 정권으로부터의 책봉요구 관계를 보면 다음과 같다.

(1) 응신 - 后
(2) 인덕(찬) - 后
(3) 이중 - 妃 - 책봉 요구
(4) 반정(진) - 夫人 - 책봉 요구
(5) 윤공(제) - 后
(6) 안강 - 后
(시변황자(흥) - (없음) - 책봉 요구
(7) 웅략(무) - 后

일본서기는 진왕제의 원칙에 따라 왕비가 있어야만 천황의 대수를 부여하기 때문에 왕비가 다 있다. 그리고 왕비의 아버지 신분을 기록하는 것이 원칙이다. 아버지 신분이 왕비의 신분을 결정하기 때문이다. 진왕제에서는 왕비의 신분이 后-妃-夫人의 3단계로 나뉘는데, 왕비의 신분이 후인 왕은 왕권이 튼튼하여 책봉이 필요 없다. 하지만 비나 부인은 그렇지 못하여 책봉으로 보완할 필요가 있다. 중국 남조 사서의 왜 5왕 책봉 기록은 왜국 내부의 권력투쟁의 산물이다.

가장 책봉이 필요한 사람은 아예 왕비를 세우지 못하여 왕을 칭하지 못하고 왕세자를 칭해야 했던 흥이다. 흥이 책봉을 요구했는지에 대한 기록은 불확실하나 왜왕 책봉을 받아간 것으로 볼 때 요구했다고 본다.

웅략(武)은 462년에는 책봉을 요구하지 않고 스스로 왜왕을 칭하는데 478년에는 비굴하게 보일 정도로 책봉을 요구한다. 그 이유는 478년에는 武는 죽고 없었기 때문이다. 구이신왕때 송에 사신을 보내 전지왕의 책봉을 받는 것을 보면[16]. 죽은 사람도 책봉이 가능하다.[17] 책봉이란 주고받는 사람 간에 이해가 맞아 떨어질 때 발생하는 생색내기였다.

일본서기 편자들은 왕비의 신분이 후가 못 되고 비와 부인인 이중(履中)과 반정(反正)에 대해서는 왕명으로서 대단히 안 좋은 글자들로 시호를 만들어 주었다. 또한 왕비가 후인 응신과 인덕과 윤공은 재위기간을 대폭 늘려주었으나, 후가 아닌 이중과 반정에 대해서는 재위기간을 안 늘려주고 그대로 적었다.

왕비를 세우지 못한 흥(시변압반황자)은 천황 위를 주지 않고 아예 왕력에서 빼버렸다. 그리고 그의 재위기간 5년(457~461)은 웅략의 재위기간에 흡수되어 버린다. 이러니 왕비의 신분이 후가 아닌 왕은 책봉에 목숨을 거는 것이다.

왜국이 무 다음에는 왜 중국 왕조에 사신을 안 보내지? 하고 이상하게 생각할 수도 있는데 보낸다. 동성왕, 무령왕, 성왕, ... 죽 보낸다. 간판만 왜국에서 백제로 바뀌었을 뿐이다. 4세기까지 백제에 있었을 때는 여구, 여휘 등이 백제 간판을 달고 사신을 보내다가, 5세기 이후 왜국으로 천도한 다음에는 왜국 간판을 달고 사신을 보내고, 5세기 후반에 다시 백제로 천도한 다음에는 백제 간판을 달고 사신을 보내는 것뿐이다. 7세기에는 왜국이 백제로부터 자립하여 백제 목씨(소아씨) 왕조가 잠시 사신을 보내는 것이다.

이제 삼국사기 백제본기에 나오는 왕비의 신분을 알아보자. 삼국사기 백제본기는 신라본기와 다르게 왕비의 기록을 대부분 삭제

---

16. 元嘉 二年(425), 太祖詔之曰：皇帝問使持節 都督百濟諸軍事 鎭東大將軍 百濟王. - 송서

17. 百濟國, 本與高驪俱在遼東之東千餘裏, 其後高驪略有遼東 百濟略有遼西. 百濟所治 謂之晉平郡晉平縣. - 송서의 이 기록은 웅진백제다.

하였는데 진왕제와 관련되기 때문이다. 구삼국사 편집시 삭제가 결정된 것으로 보인다.

### 부인 3회

(1) 책계왕 元年; 王娶帶方王女寶菓 爲<夫人>.

(2) 침류왕, 近仇首王之元子, 母曰阿尒<夫人>, - 근구수왕의 왕비 신분이 부인이다.

(3) 전지왕, 妃八須<夫人>,

### 왕후 1회

(1) 근초고왕 二年, 淨<王后>親戚,

왕비들을 전반적으로 부인이라고 하여 신분이 낮은 것을 알 수 있다. 그러니 아예 백제본기에서 왕비관련 기록들을 다 빼버린 것이다. 단 근초고왕조에는 조정좌평 진정이 왕후의 친척이라고 하는데 어느 나라 왕후인지는 말이 없다. 삼국사기를 보면 신분이 신라왕비는 妃가 기준이고, 일본서기를 보면 진왕은 后가 기준이다. 따라서 근초고왕 2년조에 나오는 왕후는 백제 진왕의 왕후여야 앞뒤가 논리적으로 연결된다.

그러면 이제 무령왕에서 나온 왕비의 지석을 보고 신분이 무엇인지를 알아보자.

(왕의 지석) 寧東大將軍百濟斯麻王 年六十二歲 癸卯年 五月 丙戌朔七日壬辰 <崩> 到 乙巳年 八月 癸酉 朔十二日甲申 安厝登冠大墓 立志如左

(왕비의 지석) 居喪在酉地 己酉年 二月 癸未朔十二日甲午 改葬 還丙午年十二月 百濟國王大<妃> 壽<終> 大墓 立志如左

百濟國王大妃라 하였는데 왕보다 나중에 죽어서 죽을 당시에는 왕비가 아니라 왕대비가 되어 있었기 때문에 정확하다. 신분은 妃고, 妃의 죽음은 終이다. 일본서기를 보면 后의 죽음은 薨이다. 따라서 왕비의 신분이 후가 아니고 비라서 무령왕은 양나라에서 책봉받은 기록을 무덤 속까지 가지고 간 것이다.

익산 미륵사지석탑 해체할 때 사리봉안기가 나왔는데 무왕의 왕비는 신분이 后였다. 따라서 만일 무왕의 능이 발견되고 그 속에서 지석이 나온다면 중국 왕조의 책봉 기록 같은 것은 없을 것이다.

## 8.6 근초고왕의 공립

신라의 기림이사금처럼 말년에 실권을 상실한 비류왕은 자신이 후계자를 세우지 못한다. 그가 죽고 이전 고이왕계인 우씨가 왕이 되니 계왕이다. 진씨들이 세운 실권 없는 왕으로 그가 하는 것은 제사나 빈민구휼 같은 정신적인 지도자로서의 역할이다.

(1) 계왕 원년(344); 계왕(설왕)은 분서왕의 맏아들이다. 분서왕의 맏아들이다. 그는 천성이 강직하고 용맹스러웠으며, 말달리고 활쏘기를 잘하였다. 이전에 분서왕이 죽었을 때는 설왕이 어려서 왕위에 오를 수 없었는데, 비류왕이 재위 41년에 사망하자 그가 즉위하였다.

(2) 계왕 3년(346); 가을 9월, 왕이 죽었다.

그는 재위 3년째, 만으로는 2년 만에 죽는데 자연사로 느껴지지 않는다. 그 이유는 진왕제 하에서는 즉위 2년째까지 왕비를 세우지 못하면 재위 3년째에는 권력을 상실할 위험성이 크기 때문이다. 그리고 이전 해씨 왕족인 근초고왕이 즉위한다.

- 근초고 원년(346); 비류왕의 제2자다. 그는 체격이 크고 용모가 기이하였으며, 원대한 식견이 있었다. 계왕이 사망하자 그가 왕위를 이었다.

제2자라고 하는 것을 보아 비류왕과 동일계이나 부자관계가 아니다. 진씨들에 의하여 세워진 왕으로서 실권이 있을 리 없다.

- 근초고 2년(347); 봄 정월, 천지신명에 제사를 지냈다. 진정을 조정좌평으로 삼았다. 진정은 왕후의 친척으로 성품이 매우 흉악하고 어질지 못하고, 일을 처리하는데 까다롭고 잔소리가 많았으며, 왕후의 권세에 의지하여 제멋대로 하니 나라 사람들이 그를 미워하였다.

이 기록은 근초고왕이 나중에 권력을 찾아왔기 때문에, 즉 왕비를 세우고 공립되었기 때문에 나오는 것이다. 진왕제는 2년 안에 공립되지 못하면 실권을 상실하게 되므로 재위 2년째부터 진정이 백제를 통치했다는 기록은 정확하다. 흘해이사금이 제사를 지내는 정신적 지도자였듯이 근초고왕도 제사를 지내는 등 정신적 지도자 역할을 한다. 급리가 왕비의 친척이듯, 진정도 왕후의 친척이다. 급리가 왜국 왕비의 권세에 의지하여 신라를 통치했듯이, 진정도 웅진백제 왕후의 권세에 의지하여 한성백제를 통치하는 것이다. 진정은 비류왕 때 내신좌평을 지낸 진의의 아들이거나 동생으로 추정된다.

이후 근초고왕의 기록은 사라지고 19년 기록공백이 생긴다. 그리고 나타나는 첫 기록이 근초고왕 21년의 신라 화친이다.

- 근초고 21년(366); 봄 3월, 신라에 사신을 보내 예방하였다.
- 내물 11년(366); 봄 3월, <백제>인이 와서 예방하였다.
- 근초고 23년(368); 봄 3월, 사신을 시켜 신라에 좋은 말 두 필을 보냈다.
- 내물 13년(368); 봄, <백제>가 사신을 보내 좋은 말 두 필을 바쳤다.
- 근초고 28년(373); 가을 7월, 독산 성주가 주민 3백 명을 거느리고

신라로 도망갔다.

- 내물 18년(373); 백제 독산성주가 백성 3백 명을 이끌고 투항하였다. 왕은 이들을 받아 들여 6부에 나누어 살게 하였다. <백제왕>은 "두 나라가 화목하여 ..."

백제에서 말을 주고받는 외교는 국혼이다. 또 그 시기가 봄 3월이다. 근초고왕은 신라 왕실의 여인을 왕비로 세우고 공립된 것이다. 그러면 백제왕을 칭할 수 있다. 신라의 기록을 보면 국혼 전까지는 백제에서... 라고 하다 혼인이 된 후에는 백제왕이... 라고 한다. 3루왕 시대 이후 공립되지 못하여 백제왕도 칭하지 못하고 웅진백제 진왕의 담로국이 되어버린 초고왕 이후 무려 2백년 만이다. 그 2백년은 후한서의 "삼한은 무릇 78국인데 伯濟는 그 중 한 나라다."에 해당하는 시기다. 한성백제사의 입장에서 초고왕에서 계왕에 이르는 2백년은 百濟의 담로국으로 지낸 부끄러운 시기였을 것이다.

근초고왕은 30년을 재위하는데 앞부분 2/3가 기록 공백이다. 그 사이에는 아마 다음과 같은 내용들이 적혀있었을 것이다.

근초고 xx년; 백제왕으로부터 사신이 왔다.
근초고 xx년; 근구수 태자를 백제왕에게 보내 문안드리게 하였다.
근초고 xx년; 백제 왕후의 생일을 맞이하여 사신을 보내 공물을 바쳤다.
근초고 xx년; 백제 왕후가 사신을 보내 국정에 관여하였다.
근초고 xx년; 백제왕으로부터 고구려와 연나라의 싸움에 간여하지 말라는 지시가 왔다.

신라와의 혼인으로 공립되어 백제왕을 칭할 수 있게 되자 근초고왕은 이 기간 기록들을 모두 삭제해버리고, 대신 권력이 넘어가던 재위 2년째에 진정과 그의 배경인 왕후를 욕하는 기사를 하나 남겨놓았다. 근초고왕이 19년 동안의 기록을 삭제해버린 행위에 대하여 백제인들은 어떻게 생각하였느냐 하면 다음과 같다.

- (근초고왕은) 원대한 식견이 있었다.(近肖古王, 有遠識)

근초고왕이 미래를 내다보는 통찰력이 있었다는 뜻인데 백제왕들 중에 이런 표현을 쓴 경우는 여기가 유일하다.

## 8.7 고국원왕의 백제 공격 원인

[질문자] 삼국사기 고구려본기를 보면 고국원왕은 368년까지는 백제와의 관계를 전혀 기록하지 않다가 369년부터 갑자기 백제를 공격하기 시작합니다. 왜 하필 368년도 아니고 370년도 아니고 369년부터 백제를 공격하기 시작합니까?

[一道安士] 그 이유는 그 전해인 368년 봄에 백제 근초고왕이 신라에 말 두필을 보냈기 때문입니다. 만일 근초고왕이 봄이 아닌 다른 계절에 신라에 말을 선물했다면, 삼국사기에 나오지도 않았겠지만, 아마 고구려는 백제를 공격하지 않았을 것입니다.

고구려 고국원왕이 백제를 공격하기 시작하는 부근의 기록은 다음과 같다.

(1) 고국원 25년(355); 봄 정월, 왕자 구부를 왕태자로 삼았다. 겨울 12월, 왕이 연에 사신을 보내 볼모와 공물을 바치고, 왕모를 돌려보내기를 요청하였다. 연 임금 준이 이를 허락하고, 전중장군 도감으로 하여금 왕모 주씨를 호송하여 귀국하게 하였다. 왕에게 정동대장군 영주자사의 작호를 주고 낙랑공으로 봉하였으니 이전과 동일하게 되

었다.

(2) 고국원 39년(369); 가을 9월, 왕이 군사 2만을 보내 남쪽으로 백제를 공격하였으나 치양 전투에서 패배하였다.

(3) 고국원 40년(370), 진의 왕맹이 연나라를 격파하였다. 연나라 태부 모용평이 우리나라로 쫓겨 왔다. 왕이 이를 붙잡아 진에 보냈다.

(4) 고국원 41년(371); 겨울 10월, <백제왕>이 군사 3만 명을 거느리고 평양성을 공격하였다. 왕이 군사를 이끌고 방어하다가 화살에 맞았다. 이달 23일에 왕이 죽었다. 고국의 언덕에 장사지냈다.

(2)에 갑자기 나타나는 백제 공격의 원인은 (4)에 적혀있다. 근초고왕을 백제왕이라고 부르는 것이다. 이 말은 근초고왕이 공립되어 백제왕을 칭하게 되자 한강 북쪽의 모든 지역이 일제히 근초고왕의 신민으로 굴복하게 되었다는 뜻이다.

근초고왕의 공립으로 인하여 백제의 군대 규모는 이들 지역 담로주(臣智)들이 자기 군대를 모두 이끌고 올 것이기 때문에, 수천 규모가 아니라 수만 규모로 커지게 된다. 하지만 왕의 직속군대가 아니라 명령체계도, 갑옷 등 무장도 각기 다 다르므로 지휘체계를 통일시키는 것이 시급하다.

- 근초고왕 24년(369); 겨울 11월, 漢水 남쪽에서 대대적으로 군사를 사열하였다. 모두 황색의 깃발을 사용하였다.

이렇게 깃발로 각 담로주들이 이끌고 온 군대들의 지휘체계를 통일시켰다. 만일 담로주들이 전투에서 여러 물자를 노획하면 각자 가져갈까? 아니면 왕에게 바칠까?

- 근초고왕 24년(369); 가을 9월, 고구려왕 사유가 보병과 기병 2만 명

을 거느리고 치양에 와서 주둔하며 군사를 시켜 민가를 약탈하였다. 왕이 태자에게 군사를 주어, 지름길로 치양에 이르러서 불시에 공격하여 그들을 격파하고, 적병 5천여 명의 머리를 베었다. 노획한 물품은 장병들에게 나누어 주었다.

왕이 하사하는 형식을 취하여 다 각자 자기 것을 가져가는 것이다. 신라였으면 상상할 수도 없는 일이다. 만일 왕이 공격 명령을 내렸는데 담로들이 '우리 안가.' 하면 어떻게 될까?

※ 근구수왕 원년(375); ... 이 때 장수 막고해가 간하였다. "일찍이 도가의 말에 '만족할 줄을 알면 욕을 당하지 않고, 그칠 줄을 알면 위태롭지 않다'고 하였습니다. 지금 얻은 바도 많은데 어찌 더 많은 것을 바라겠습니까?" 태자가 이 말을 옳게 여겨 추격을 중단하였다. 그는 즉시 그곳에 돌을 쌓아 표적을 만들고, 그 위에 올라가 좌우를 돌아보면서 말했다. "오늘 이후로 누가 다시 이곳에 올 수 있는가?"

근구수왕이 자기 군사가 있어야 추격하여 갈 것이 아닌가? 군사가 없으니 못 가는 것이다. 그리고 부여의 풍습을 이어받은 백제라는 나라의 국가조직의 한계를 한탄하는 것이다. 신라는 부여계가 아니어서 이런 방식으로 국가를 만들지 않았다. 신라는 정복을 통한 강력한 중앙집권제를 만들어 왕이 명령을 내리면 마지막 한 명의 군사가 남더라도 공격하는 나라였다.

진왕은 그 이전부터 공립되어 삼한 전체를 통치하였지만 고구려와 충돌하지 않은 이유는 삼국사기에 나온다. 말갈 왕조인 고이왕조를 보면 위의 침공을 받은 고구려를 돕는다. 즉 한강유역에 말갈국가가 들어서서 친고구려 정책을 펴고 있어서 공립된 진왕과 고구려 사이에 충돌이 없었던 것이다. 그러다 말갈 왕조가 물러나고 과거 해씨 왕통인 근초고왕이 들어서 백제왕을 칭하게 되자 문제가 생긴 것이다.

만일 고국원왕의 비가 발견되고 백제와의 전쟁과 관련된 내용이 적혀있다면 어떤 내용이 적혀있을까? 거기에는 368년(무진년)에 한성백제가 과거에는 자신들의 복속민이었던 남쪽의 소국들을 굴복시켜 신하국으로 만들어 고구려의 지방통치를 흔들었다는 내용이 나올 것이다. 우리는 삼국사기를 보고 368년 봄에 근초고왕이 신라 여인을 왕비로 세우고 공립되어 백제왕을 칭하게 되었음을 안다. 이 비문 내용에 대하여 '무진년에 근초고왕의 군대가 고구려 남쪽인 황해도지역을 정복했나보다.' 하고 생각하는 사람이 있다면 삼국사기나 삼국지 동이전의 진왕제를 전혀 이해하지 못하는 것이다.

## 8.8 근초고왕의 천도

백제본기를 보면 백제의 천도는 다음처럼 4번 나온다.

(1) 온조왕대
(2) 근초고왕대
(3) 문주왕대
(4) 성왕대

무왕이 익산으로 천도하려고 오랜 준비를 했으나 실패한 것까지 치면 5번이다. 그런데 각각의 경우에 왜 천도했을까?

(1)은 요하하류에서 한반도 중부로 천도한 것으로 천도한 이유를 천도 후 온조왕의 회고에서 찾을 수 있다.

- 온조왕 13년(BC 6); 夏五月, 王謂臣下曰: "國家<東有>樂浪 <北有>靺鞨 侵軼疆境 少有寧日, 況今妖祥屢見 國母棄養 勢不自安 必將遷國 予

昨出巡 觀<漢水>之南 土壤膏腴 宜都於彼 以圖久安之計." 秋七月, 就<漢山>下 立柵 移<慰禮城>民戶.

온조왕 13년에 국가의 동쪽에는 낙랑이, 북쪽에는 말갈이 있어 항상 변경을 침공해 편안한 날이 없었다고 한다. 그래서 이제 한수 남쪽으로 천도했다고 한다. 한수는 큰물이라는 우리말을 한자로 옮긴 것으로서 한강이다. 또 아리수로도 불렸다. 한성백제의 수도는 이때부터 한강 남쪽이었다. 지금의 서울 강남에서 하남시에 이르는 지역으로서 한강은 말갈을 막는 자연 방어벽이었다.

온조왕때 낙랑과 말갈을 피해 한반도에 오니 마한이라는 적이 있었다. 이 마한은 대동강유역에서 BC 2세기에 남하한 세력이었다. 풍납토성을 쌓기 시작한 세력이 마한이다. 이번에는 마한을 멸망시키고 왕권을 장악한다.18.

5세기 문주왕대 한성에서 웅진으로의 천도는 고구려와의 전쟁에서 패전으로 인하여 갑작스럽게 발생한 것이다. 이것도 적을 피해 수도를 옮긴 것이다. 6세기에 성왕이 웅진에서 사비로 수도를 옮긴 이유는 웅진의 토착세력들을 피해 옮긴 것이다. 이것도 따지고 보면 적을 피해 옮긴 것이다. 7세기에 무왕이 사비에서 익산으로 천도하려고 하였던 이유도 성왕의 천도나 마찬가지로 사비지역 토착세력의 등쌀에 시달려 이들을 피하기 위한 것이다. 결국 모든 천도는 왕실을 위협하는 내외의 적들 때문이었다.

그런데 근초고왕도 천도한다. 고구려와의 전쟁 중에 승리하자 기다렸다는 듯이 강남에서 강북으로 천도한다. 천도한 이유가 무엇

---

18. 『재조명1』 제7장, 4. 후한서와 삼국지가 기록한 마한의 멸망. p. 143.

일까? 다른 기록으로 보면 왕실을 위협하는 내외의 적을 피해서다. 그러면 고구려 때문인가? 고구려를 피해 천도한다면 북쪽이 아니라 더 남쪽으로 천도해야 맞다. 하지만 근초고왕은 북쪽으로 천도했다. 이는 천도의 이유가 고구려 때문이 아니고 그보다 더 무서운 존재 때문이라는 뜻이다. 이 부분의 삼국사기 백제본기의 기록은 다음과 같다.

(1) 근초고 26년(371, 고국원 41); 고구려가 군사를 동원하여 공격해왔다. 왕이 이를 듣고 패하 강가에 복병을 배치하고 그들이 오기를 기다렸다가 불시에 공격하였다. 고구려 군사가 패배하였다. 겨울, 왕이 태자와 함께 정예군 3만 명을 거느리고 고구려에 침입하여 평양성을 공격하였다. 고구려왕 사유가 필사적으로 항전하다가 화살에 맞아 죽자 왕이 군사를 이끌고 물러났다. 도읍을 한산으로 옮겼다(移都漢山).

(2) 근초고 27년(372); 봄 정월, 遣使入<晉>朝貢.

(3) 근초고 28년(373); 봄 2월, 遣使入<晉>朝貢. 가을 7월, 청목령에 성을 쌓았다. 독산 성주가 주민 3백 명을 거느리고 신라로 도망갔다.

(4) 근초고 30년(375, 소수림 5); 가을 7월, 고구려가 북쪽 변방의 수곡성을 공격하여 함락시켰다. 왕이 장수를 보내 방어하게 하였으나 승리하지 못했다. 왕이 다시 군사를 크게 동원하여 보복하려 했으나 흉년이 들었기 때문에 실행하지 않았다. 겨울 11월, 왕이 죽었다.

근초고왕은 당시 진왕인 여구왕과 사이가 좋지 못했다. 여구왕의 입장에서 보면 한성백제가 고구려를 막아주니 좋기는 하지만 백제왕을 칭하니 불편해진 것이다. 이 문제는 근초고왕이 371년에 고구려를 격파하고 북으로부터의 안전이 확보되자 한강 북쪽으로 천도함으로써 어느 정도 해결된다.

여구왕과의 갈등을 천도로 해결한 다음해에 여구왕이 동진에 사신을 보내자 근초고왕도 동진에 사신을 보냈다. 하지만 동진은 큰 나라 왕인 여구왕만 백제왕으로 책봉하는데 이것은 당연한 것이다.

## 8.9 백제본기에서 왕비 기록 찾는 법

삼국사기 신라본기는 원칙적으로 거의 모든 왕에 대한 왕비의 기록을 남기고 있다. 반면에 백제본기는 왕비의 기록이 거의 없는데 어떻게 왕비에 관하여 알 수 있을까? 다음 2가지로 안다.

### 가. 봄에 외국과 친선사절을 교환한 기록.

- 삼한 소국들은 서로 혼인으로 연결되어 있었는데 주로 봄에 이루어졌기 때문이다. 특히 3월을 선호하여 봄 3월의 친선 사절이면 확실한데, 국혼이 이루어졌는지는 앞뒤를 보고 판단해야 한다.

### 나. 왕자의 신분에 대한 호칭.

- 어머니의 출신에 따라 왕자의 호칭이 결정된다.

(1) 元子: 백제왕으로 공립되게 한 왕비가 낳은 큰 아들이인 경우다. 즉 왕비가 강력한 지방 세력(신라 포함) 출신인 경우.

(2) 仲子: 선왕을 백제왕으로 공립시킨 왕비의 아들이지만 큰 아들이 아니라 둘째 아들인 경우.

(3) 長子: 선왕의 큰 아들이지만 아버지가 백제왕으로 공립되지 못한 경우.

(4) 子: 부자관계이나 (1)~(3)에 해당되지 않는 경우.

(5) 第二子: 선왕과 같은 계열이지만 부자관계가 아닌 경우.

(6) 庶子: 왕통이 바뀐 경우.

6세기 초에 무령왕과 합장된 왕비는 성왕 나이의 젊은 여자였다. 이 경우 성왕은 이 합장된 왕비의 아들이 아니므로 元子나 仲子는 쓸 수 없다. 아버지가 공립되었으므로 長子도 아니고, 성왕은 무령왕의 친아들이니 第二子나 庶子도 아니다. 그러면 子뿐이다. 이제 삼국사기에서 성왕을 무엇이라고 기록했는지 찾아보자.

- 聖王, 諱明穠 武寧王之<子>也.

근초고왕의 아들인 근구수왕은 무엇이라고 써야 할까? 아버지가 말년에 신라 왕실과 혼인하고 백제왕을 칭했는데 그 왕비의 아들이 아니므로 元子나 仲子는 쓸 수 없다. 아버지가 공립되었으므로 長子도 아니고, 근초고왕의 친아들이므로 第二子나 庶子도 아니다. 그러면 子뿐이다. 이제 삼국사기에서 근구수왕을 무엇이라고 기록했는지 찾아보자.

- 近仇首王[一云 諱須], 近肖古王之<子>

**[복습문제]** 만일 백제 의자왕의 어머니가 신라 공주라면 삼국사기 백제본기는 의자왕의 왕자 신분을 무엇이라고 적어야 할까?

(1) 원자 (2) 중자 (3) 장자 (4) 자 (5) 제2자 (6) 서자

## 8.10 백제본기 왕들의 출생 연도 추정

삼국사기 백제본기에 나오는 왕들의 출생 연도를 추정하는 것은 어렵기 전에 위험한 일이다. 그래도 해보고 싶은 것이 사람의 욕심이다. 연구해서 틀리면 또 고치면 된다. 고치고 또 고치고... 이런 과정이 역사 공부다. 아예 해보지도 않는 것이 더 문제다.

**표 8.1** 삼국사기 백제본기 왕들의 생몰 연도 추정.[19]

| | 출생 연도 | 즉위 연도 | 퇴위 연도 | 즉위 나이 | 사망 나이 | 비고 |
|---|---|---|---|---|---|---|
| 온조 | BC 36 | BC 18 | 28 | 18 | 64 | 동명왕 즉위직후 탄생 |
| 다루 | BC 6 | 28 | 64 | 34 | 72 | 재위 37년째 사망[20] |
| 기루 | 60 | 97 | 128 | 37 | 68 | 재위 21년째 즉위 |
| 개루 | 90 | 128 | 132 | 38 | 42 | 재위 5년째 사망 |
| 초고 | 140 | 166 | 214 | 26 | 74 | |
| 구수 | 170 | 214 | 234 | 44 | 64 | |
| 고이 | 210 | 234 | 286 | 24 | 76 | |
| 책계 | 240 | 286 | 298 | 46 | 58 | |
| 분서 | 270 | 298 | 304 | 28 | 34 | |
| 비류 | 270 | 304 | 344 | 34 | 74 | |
| 계(설) | 300 | 344 | 346 | 44 | 46 | |
| 근초고 | 300 | 346 | 375 | 46 | 75 | 전쟁시 연로 |
| 근구수 | 325 | 375 | 384 | 50 | 59 | |
| 침류 | 345 | 384 | 385 | 39 | 40 | |
| 진사 | 348 | 385 | 392 | 37 | 44 | |
| 아신 | 365 | 392 | 405 | 27 | 40 | |
| 전지 | 385 | 405 | 420 | 20 | 35 | |
| 구이신 | 410 | 420 | 427 | 10 | 17 | |
| 비유 | 390 | 427 | 455 | 37 | 65 | |
| 개로 | 413 | 455 | 475 | 42 | 62 | 곤지 416년생[21] |
| 문주 | 435 | 475 | 477 | 40 | 42 | |
| 삼근 | 464 | 477 | 478 | 13 | 14 | 출생정확 |
| 동성 | 440 | 478 | 501 | 37 | 61 | |
| 무령 | 461 | 501 | 523 | 40 | 62 | 출생정확 |
| 성 | 490 | 523 | 554 | 33 | 64 | |
| 위덕 | 525 | 554 | 598 | 29 | 72 | 출생정확 |
| 혜 | | 598 | 599 | | | |

19. 마지막 부분은 미완성이란 뜻으로 일부러 비워두었다.

| | 출생 연도 | 즉위 연도 | 퇴위 연도 | 즉위 나이 | 사망 나이 | 비고 |
|---|---|---|---|---|---|---|
| 법 | | 599 | 600 | | | |
| 무 | | 600 | 641 | | | |
| 의자 | | 641 | 660 | | | |
| 풍 | | 660 | 663 | | | |

20. 『재조명1』 제9장 고구려 3대왕과 백제 3루왕 시대. p. 162.

21. 일본서기 웅략의 나이

# 9장

# 신라의 마립간시대

## 9.1 지구의 마지막 빙하기와 인류의 이동

지구의 마지막 빙하기가 11,600년 전에 끝나는데 그 무렵의 기온변화를 [그림 9.1]의 그린란드 얼음 층을 분석한 기록으로부터 알 수 있다.[1]

12,800년 전부터 11,600년 전까지의 약 1,200년[2] 동안이 영거드라이아스기(YD, Younger Dryas)라고 불리는 최후의 빙하기다. 지금보다 지구 평균 기온이 15~20도 정도 낮았고, 바다 수위는 120 m 이상 낮았다. 인도차이나반도와 인도네시아가 하나로 연결되어 [그림 9.2]처럼 순다랜드라고 불리는 인도보다도 더 큰 아대륙(sub-continent)이었다. 빙하기 당시 아시아에서 사람들이 살며 문명을

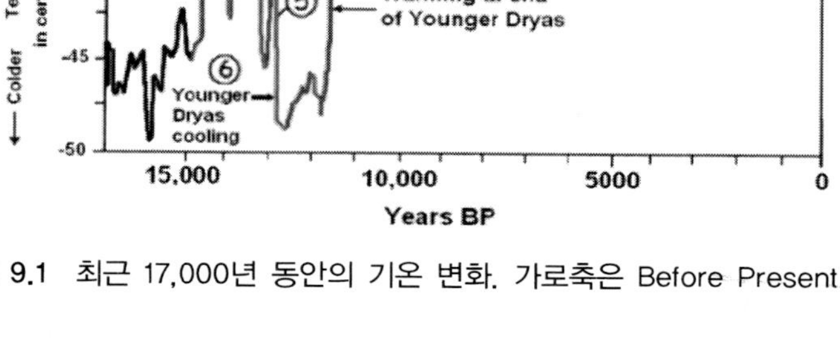


그림 9.1 최근 17,000년 동안의 기온 변화. 가로축은 Before Present다.[3]

1. https://blog.naver.com/roh_mp3
2. 12,900년 전부터 11,500년 전까지 1,400년으로 보기도 한다.

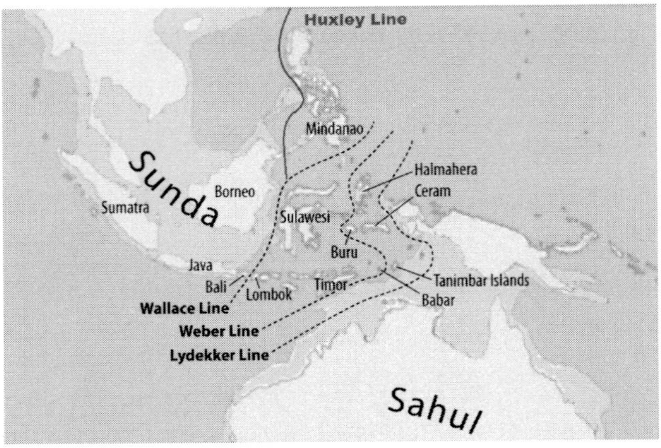


**그림 9.2** 빙하기 시기의 동남아시아에 있었던 순다랜드 아대륙(Wikipedia.org). 해면이 현재보다 120m 정도 낮았다. 아시아주와 대양주 생물권의 경계는 빙하기 때 섬들이 어느 쪽에 연결되어 있었느냐를 기준으로 나뉜다.

이룰 만 한 곳은 여기뿐이었을 것이다. 따라서 인도네시아 부근 얕은 바다는 해저 고고학의 보고다. 사하라가 초원이었다는 것은 오늘날 사하라 사막에 남아있는 당시의 암각화를 통해서도 잘 알 수 있다. 빙하기 직후에 아프리카 중앙에는 사하라 초원과 함께 차드호와 콩고호라는 거대한 호수가 있어 마치 대륙 중앙에 바다가 있는 듯 했었다.[4]

그림 9.1에서 (1)~(2)의 약 천년 동안은 지금처럼 따뜻했는데고 인류가 고문명을 이루었으면 이 시기였을 것으로 추측한다. (2)~(6)의 기온 급락은 모두 유성 충돌 때문이다.

---

3. https://wattsupwiththat.com/2012/06/19/the-intriguing-problem-of-the-younger-dryaswhat-does-it-mean-and-what-caused-it/

4. https://blog.naver.com/roh_mp3/221559137020

시베리아와 알래스카 사이의 베링해가 얼어서 연결되어있던 시기는 (3)~(6)이다. 이 사이에 시베리아인들이 베링육교를 건너 북미 대륙으로 이주하였다. 그들이 도착하였을 때도 북미 대륙에는 먼저 이주해온 사람들이 있었다. 현재 북미에서 가장 오래된 인간의 유적은 13만 년 전 것이다.5. 호모사피엔스가 아프리카를 떠난 것이 약 20만 년 전이라고 하므로 초창기 호모사피엔스 이주민이다.

최근 전 지구적 대홍수가 2번 있었는데, 빙하기가 끝나고 기온이 급상승하는 (1)14,500년 전과 (7)11,500년 전이다. 특히 (7)11,500년 전에는 서부 사하라 대초원을 대서양 물이 덮었다. 이때도 당시 인류문명이 홍수에 의하여 멸망했을 것으로 본다. 그 멸망한 문명의 수준에 대해서는 사람마다 의견이 다르나, 문명을 기록하여 후세에 전달하고 축적할 수 있는 문자가 없이 도달할 수 있는 문명 수준에는 한계가 있다는 점은 일치한다.

(8)번의 소빙하기가 끝난 후인 약 7,500년 전에도 상당한 규모의 홍수가 발생하였는데, 이때 내륙 호수이던 흑해가 지중해와 연결되었다. 흑해의 확장으로 인하여 흑해 북쪽의 인간 거주지가 모두 수몰되었다. (8)번 소빙하기 직후인 약 8천년 전에 부호 형태의 원시 문자가 출현하여 기록이 시작되었다. 이로써  인류의 문명이 無文字 문명에서 有文字 문명으로 전환되게 되었고, 고고학에서 역사학이 갈려 나왔다. 사람이 기록을 남기는 것은 당시 겪은 고난에서 얻은 경험과 교훈을 후손들에게 알려주기 위해서다.

---

5. http://www.livescience.com/58851-humans-occupied-north-america-earlier-than-thought.html

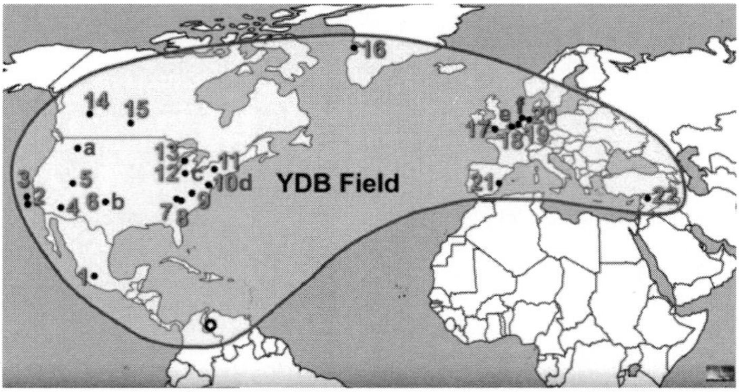


**그림 9.3** 빙하기에 불탄 북반구 지역으로 YDB(Younger Dryas Boundary)라 불린다. 재가 층을 이룰 정도로 지층에 쌓였다. 왜 북미 대륙 동물들이 집중적으로 멸종했는지를 보여준다.

YD 빙하기의 이유는 12,900년 전에 지구에 밀려온 유성우(meteorite shower) 때문이다. 지구 북반구가 외계에서 온 천체들에게 폭격 당했고, 그 결과 [그림 9.3]처럼 북반구에 거대한 화재가 발생하여 수백년 동안 탔으며, 그 재들이 하늘로 날아올라 태양빛을 가렸다. 이 YD 빙하기에 동물들이 대거 멸종하였는데, 특히 북미 대륙에서 코끼리와 말과 치타와 사자를 비롯한 대형 포유류들이 거의 다 멸종하였다.

심지어 어떤 분은 병자호란도 운석충돌로 발생한 잔해들이 태양빛을 가려 지구가 온도가 낮아지자, 먹고 살기 힘든 만주인들이 남하한 것이라는 의견을 내놓기도 하였다.[6] 지구의 기온 변화는 필히 민족이동을 동반한다는 뜻이다. 물론 반대 방향도 가능하다. 지구 기온이 전반적으로 따뜻해지면 북반구에서는 사람들이 남쪽에서 더

---

6. http://www.donga.com/news/article/all/20020505/7815603/1

선선하고 살기 좋은 북쪽으로 이동한다.

오늘날 지구 온난화로 인한 평균 온도 상승은 국제 원유 가격의 하락을 가져왔고, 북극해가 녹아 북극 항로가 열리고 있어 적어도 여름에는 유럽에 가기 위해 싱가포르 앞바다를 지나지 않아도 되는 시대가 오고 있다. 머지않아 부산에서 블라디보스토크를 거쳐 런던까지 가는 유라시아 대륙철도가 연결된다면 그것도 기후 변화의 한 현상으로 볼 수 있다.

## 9.2 중앙아시아의 쿠르간

중앙아시아에 있는 유목민족 무덤인 쿠르간과 내부 구조가 같고 유물도 비슷한 중앙아시아 고분이 4세기 후반에 어느 날 갑자기 한반도 동남쪽에 위치한 경주에 출현한다. 이 고분들의 기원은 BC 3세기의 중앙아시아 스키타이로 거슬러 올라간다.

**그림 9.4** 아제르바잔의 쿠르간[7].

4세기 후반에 경주 일원에 출현하는 쿠르간에 대한 고고학자 2명의 견해는 다음과 같다.

> "4~6세기 무렵 경주평야를 무대로 발전한 신라의 대형 돌무지덧널무덤(적석목곽분)은 선행하던 재지 무덤이 자체 발전한 결과라기보다는 외부의 강력한 충격에 의해 나타난 것으로 보인다."
>
> – 권오영 (스키타이 문명의 뿌리 아르잔 쿠르간을 파다, 한겨레신문, 2019년)

> "필자의 주장을 포함하여 지금까지 학계에 제시된 신라 적석목곽분의 기원이나 계통론은 사실 모두 쉽게 입증되기 어려운 가설들일 뿐이다. ... 가설을 입증하려는 노력은 더욱 계속되어야 하겠지만 정확한 사실들에 기초해야 하며, 그 과정에서 자료를 왜곡하거나 확대·과장하는 해석은 지양되어야 한다. 그보다는 차라리 미래의 새로운 자료 출현을 기다리는 것이 온당하다."
>
> – 최병헌 (신라의 적석목곽분 기원 연구의 방향, 2016년)

최병헌이 말한 '새로운 자료'가 바로 삼국사기다. 당사자들의 기록인 삼국사기가 적석목곽분의 출현에 관한 상세한 기록을 남기고 있기 때문이다. 권오영이 말한 '외부의 강력한 충격'이 당사자들의 기록인 삼국사기에 상세히 기술되어 있다.

## 9.3 고구려-전연 전쟁

3세기 후반부터 시작되어 5세기까지 진행된 아시아 대륙의 한랭화는 초원지대가 남쪽으로 이동하여 필연적으로 그곳에 살던 유목

---

7. http://www.hani.co.kr/arti/culture/religion/892625.html

민족들의 남하를 불러왔고, 4세기 이후 유라시아 대륙 전체에 정치적인 대격변이 시작된다. 4~6세기에 중앙아시아는 남쪽은 엽달족이 북쪽은 훈족이 양분하고 있었다. 엽달족은 주로 페르시아와 인도, 파키스탄 지역을 침공하고, 훈족은 주로 유럽과 중국을 침략하였다. 이것이 중국사에 나타나는 5호16국시대다. 보통 4세기부터 5세기 중반까지의 150년을 뜻하는데, 그 사이에 왕조가 하도 많이 바뀌어 북위가 북중국을 통일하며 끝났다는 것을 제외하고는 왕조 이름들을 기억하기 힘들 정도다.

한국사 역시 아시아사의 일부로서 그 유목민족의 이동에서 예외가 될 수 없다. 이 시기에 맞추어 한반도에도 훈족 계통 유목민족 문화가 출현하니 신라의 마립간시대다.

유목민족은 인구는 얼마 안 되어도 영역이 엄청나게 넓은데 그 이유는 기동력이 뛰어나기 때문이다. 따라서 문명의 전파자 역할을 했다. 유라시아 대륙의 동몽골부터 동유럽까지는 말이 달릴 수 있는 초원문명지대였는데 이것이 훗날 원제국의 최대 판도와 일치한다.

유목민족들이 몰려오자 洛陽에 도읍하고 삼국시대를 통일했던 西晋이 316년에 멸망한다. 그리고 위나라 사마의의 먼 친척으로 알려진 사마예가 잔존 세력을 이끌고 동남쪽의 健康(지금의 남경)에 317년에 국가를 세우니 이것이 東晋이다. 서진은 삼국통일 후 단 20년 만에 멸망했으나 양자강 남쪽에 세워진 동진은 백년이나 지속된다. 중국사에서 백년 이상 지속된 왕조는 수명이 긴 편에 속한다. 동진은 불교를 동아시아에 널리 전하게 되는데 고구려와 백제에도 불교가 들어오게 된다.

4세기 초중반에 선비족 모용부가 요서를 근거지로 하여 몽골 초원을 통일하고 국호를 燕으로 정하니 이것이 前燕이다. 이들의 목표는 남쪽의 동진을 멸망시켜 중국을 통일하는 것이었는데 배후의 고구려가 걱정이 되었다. 먼저 고구려를 굴복시켜 배후를 안정화시킨 다음에 남진하여 중국을 통일할 생각이었다.

이 시기가 고구려의 고국원왕 시절이다. 삼국사기 편집진의 고국원왕조의 전연과의 전쟁에 대하여 고구려측 기록이 충분하지 못하여 주로 중국측 기록을 인용하였다. 약 백년 전에 있었던 위와의 전쟁보다 고구려 자체 기록이 적었다.

(1) 고국원 9년(339); 燕王 皝이 침입하여 그의 군사가 新城까지 이르렀다. 왕이 동맹을 요청하자 그들이 곧 돌아갔다(王乞盟 乃還).

(2) 고국원 10년(340); 왕이 燕王 皝에게 세자를 보내 예방케 하였다.

(3) 고국원 12년(342); 봄 2월, 환도성을 보수하고, 국내성을 쌓았다. 가을 8월, 왕이 환도성으로 옮겨 왔다.

(4) 겨울 10월(342); 燕王 皝이 龍城[8]으로 도읍을 옮겼다. 입위장군 翰이 皝에게 다음과 같이 권고하였다. '먼저 고구려를 빼앗고, 다음에 우문씨를 멸해야만 중원을 도모할 수 있다.' 고구려에는 두 길이 있었다. 북쪽 길은 평탄하고 넓으며, 남쪽 길은 험하고 좁다. 따라서 사람들은 항상 북쪽 길을 선택하였다. 한이 말했다. "적국은 일반적으로 상황을 고려하여, 우리 대군이 반드시 북쪽 길로 오리라고 생각할 것입니다. 따라서 북쪽 길을 중시하고 남쪽 길을 가볍게 취급할 것입니다. 왕께서 응당 정예부대를 이끌고 남쪽 길로 가서 불의의 공격을 하면, 북쪽 도성은 공격할 필요도 없을 것입니다. 또한 별도로 소부대를 북쪽 길로 보내면 다소 차질이 있더라도, 그들의 심장부가 이미 무너졌으므로, 사지를 움직일 수 없을 것입니다." 皝은 이 말을 따랐다.

8. 현 요서지역인 요령성 조양

(5) 11월(342); 燕王 皝이 직접 강병 4만을 거느리고 남쪽 길로 진군하였다. 모용한과 모용패를 선봉으로 삼고, 별도로 장사 王寓 등으로 하여금 군사 1만 5천을 거느리고 북쪽 길로 진군하게 하여 우리나라를 침범하였다. 왕은 아우 武로 하여금 정예병 5만을 이끌고 북쪽 길을 방어하게 하고, 자신은 약한 군사를 거느리고 남쪽 길을 방어하였다. 이때 모용한 등이 먼저 와서 전투를 벌였고, 연이어 皝의 대군이 도착하였으므로, 우리 군사가 대패하였다. 좌장사 韓壽가 우리 장수 아불화도가(阿佛和度加)를 죽이자, 모든 적들이 승기를 타고 드디어 환도성으로 쳐들어왔다. 왕은 단기로 斷熊谷으로 도주하였다. 燕 장군 모여니가 따라와서 왕모 周씨와 왕비를 잡아 돌아갔다.

(6) 이때 燕 장군 왕우 등은 북쪽 길에서 우리 군사와 싸우다가 모두 죽었다(皆敗沒). 이로 말미암아 皝은 더 이상 추격하지 않고 사람을 보내 왕을 불렀다. 왕은 가지 않았다. 皝이 돌아가려 할 때 한수가 말했다. "고구려 땅은 우리가 남아 지키기가 어렵습니다. 지금은 그들의 임금이 도주하고 백성들이 흩어져 산골짜기에 잠복하였으나, 우리 대군이 철수한 뒤에는, 틀림없이 다시 모여 나머지 군사를 수습할 것입니다. 이는 족히 근심거리가 될 것입니다. 그러므로 고구려왕의 아버지의 시체를 싣고, 그의 생모를 사로잡아 돌아갔다가, 고구려왕이 제 발로 와서 사죄하기를 기다린 후에 돌려주어 은혜와 신의로써 무마하는 것(撫以恩信)이 상책입니다." 皝이 그 말에 따라 미천왕의 무덤을 파서 그 시체를 싣고, 대궐 창고에 있는 역대 보물을 탈취하고, 남녀 5만여 명을 사로잡고, 궁실을 불태우고, 환도성을 헐어버리고 돌아갔다.

## 해설

[1] 전연이 최초로 고구려에 침입한 사건인데 고구려는 전연과의 관계를 맹으로 막고 해결하였다. 협력을 약속하고 돌려보낸 것이다.

[2][3] 고구려 입장에서는 자신들은 동북아를 지배하던 4백년 제국인데 전연은 이제 막 생긴 신생국이다. 고구려가 전연에게 신하국으로 굽히고 들어갈리 없다. 전쟁준비에 나서는 것은 당연하다.

[4] 전연이 겨울에 공격을 시작하는데 그 이유는 강이 얼어야 유목민족 기마군단이 이동할 수 있기 때문이다. 또 유목민족은 군대만 가는 것이 아니고 일정한 거리를 두고 가족들도 따라가므로 통행로가 보장되어야 한다. 그러기 위해서는 강이 어는 겨울에 전쟁을 시작할 수밖에 없다. 만주는 음력 11월은 되어야 강들이 통행이 가능할 정도로 언다. 참고로 한반도는 음력 12월은 되어야 강들이 통행이 가능할 정도로 언다.

[5] 전연의 모용황이 군대를 둘로 분리하였는데 어떤 기준으로 분리하였는지는 안 나온다. 모용황이 동몽골 출신이므로 동몽골 출신 군대는 자신이 이끌고, 멀리서 온 서몽골 군대를 떼어 북쪽 길로 보냈다고 판단하는 것이 합당하다. 북쪽 길로 보낸 군대는 고구려군에게 패할 가능성이 큰데 자신의 직속 군대를 보내지는 않았을 것이다.

군대가 1만 5천명이라는 뜻은, 인구 5명당 1명의 병사를 내보냈다고 보면, 대략 5~10만 명의 서몽골과 중앙아시아에서 온 유목민족이 342년 말 겨울에 고구려를 뚫고 동진한 것이다.

[6] 북쪽 길로 간 군사가 모두 죽었다는 것은 자치통감의 기록이다.9. 단 한 명도 돌아온 사람이 없다는 뜻이다. 삼국사기

에 기록된 백년 전 魏와의 옥저전투를 보면 구체적인 전황이 있는데 이것은 고구려측에서 실제로 전투를 했기 때문이다. 당시 고구려군이 북쪽 길로 간 전연군대를 전멸시킬 정도로 승리했으면 무엇인가 구체적인 전황이 있어야 하는데 아무 것도 없다. 또 고구려군이 승리하였으면 과거의 유유와 밀우처럼 상을 받는 사람도 나와야 하는데 그런 것도 없다. 전연 측은 물론이고 고구려측에서도 이 전투와 관련된 아무런 기록이 없었다는 것은 고구려군이 이들을 만나지 못했다는 뜻이다. 그리고 기동력이 뛰어난 유목민족 군대가 모두 다 죽는다는 것은 상식에도 맞지 않다.

모용황은 북쪽 길로 간 군대를 잃고 더 이상 전쟁을 수행하지 못했다고 하는데, 상식적으로 판단하면 북쪽 길로 간 군대는 이겼든 졌든 자신들의 황제에게 전투결과를 보고하고 다음 지시를 받는 것이 당연한 과정이다. 하지만 모용황에게 보고를 하지 않았다. 이 말은 북쪽 길로 간 군대가 모용황 세력과 별로 가까운 사이가 아니었다는 뜻이다. 즉 동몰골 출신 군대가 아니라 서몽골 출신 군대로서 전쟁에 강제로 동원되었을 가능성을 준다.

북쪽 길로 간 군대의 입장에서 생각해보면 자신들에게 고구려 정예 주력군을 맞아 싸우라고 하는데 이것은 死地로 들어가라는 말이다. 따라서 모용황이 보낸 왕우 등을 죽이고 전선에서 이탈했다고 보는 것이 합당하다. 요약하면 고구려-전연의 전쟁은 342년 말

---

9. 乙丑,魏燕王譚攻崇之等,三營<皆敗沒>,質按兵不敢救。澄之,燾之孫;熙祚,脩之之兄子也。是夕,質軍亦潰,質棄輜重器械,單將七百人赴城。初,盱眙太守沈璞到官,王玄謨猶在

인 겨울 11월에 벌어졌는데, 고구려는 수도인 환도성이 함락되고 많은 백성들이 포로로 잡혀간 피해가 컸고, 전연은 북쪽 길로 보낸 군대를 모두 잃은 피해가 컸다.

## 9.4 흘해이사금 35년의 기적

기림-흘해이사금의 약 50년 동안은 신라가 망해서 진한에 들어가 있는 상태였다. 국명도 바꾸고, 인구는 절반으로 줄고, 군대도 없었다. 백제와 혼인하려고 해도 이제는 약소국이 되어 받아주지 않았다. 왕은 실권을 상실하고 정신적인 지도자의 업무나 하고, 국가는 종주국이던 임나가야 왕과 혼인한 실세가 움직였다. 그런 평범한 삼한 소국의 날들이 계속되는데 갑자기 신라에 변화가 찾아왔다. 바로 흘해 35년이다.

(1) 흘해 35년; 봄 2월, 왜국이 사신을 보내 청혼하였으나 딸이 이미 출가하였다는 이유로 거절하였다.

(2) 흘해 36년; 봄 정월, 강세를 이벌찬에 임명하였다(拜<康世>爲伊伐湌). 2월, 왜왕이 절교한다는 글을 보내왔다(倭王移書絶交).

(3) 흘해 37년; 왜병이 갑자기 風島에 와서 변경의 민가를 약탈하고, 또한 金城을 포위 공격하였다. 왕은 군사를 보내 전투를 벌이려 하였다. 그러나 이벌찬 康世가 말했다. "적병이 멀리서 왔으니 그 예봉을 당할 수 없습니다. 시간을 늦추어 그들이 피로해지기를 기다리는 것만 못합니다." 왕이 그렇다고 생각하여 성문을 닫고 나가지 않았다. 적들은 식량이 떨어지자 물러나려 하자 왕이 강세로 하여금 강한 기병(勁騎)을 이끌고 추격하게 하여 그들을 격퇴하였다.

## 해설

[1] 왜국이 청혼을 요구한다는 것은 신라의 실세가 바뀌었다는 뜻이다. 봄에 청혼하는 것을 보아 기록은 정확하며, 그 전 해인 흘해 34년에 신라의 실세가 바뀐 것이다. 흘해 35년에는 서기 연도를 함께 적지 않았는데 적을 필요가 없기 때문이다. 신라의 실세가 바뀐 흘해 34년은 고구려 전연의 전쟁이 끝난 직후인 343년일 것이므로, 그 다음해인 흘해 35년은 344년이라는 것을 바로 알 수 있다.

[2] 삼한 소국이 삼한체제에서 이탈하려면 종주국과의 혼인관계를 단절해야 하는데 이런 경우 종주국은 1년의 말미를 주는 것을 알 수 있다. 그래도 말을 듣지 않으면 절교선언을 하고 군사력을 동원하여 해결하는 것이다. 절교선언을 한 후에 왜왕(임나왕)은 변진한 전체의 군사를 모아 연합군을 편성했을 것이다. 절교선언 후 군사를 동원하기까지 1년이나 걸렸다는 것은 임나왕이 본 신라군의 기세가 만만치 않았다는 뜻이다. 강세가 신라에 들어온 흉노·돌궐계 기마군단의 대장으로서 훗날의 내물이사금이다. 그의 능으로 추정되는 것이 한반도 최대의 고분으로 5세기 초에 건립된 황남대총이다. 거대한 능은 정복자의 상징으로 당시 신라에 정복자가 등장하였다는 뜻이다.

[3] 풍도는 경주에서 가까운 곳으로 왜의 국경에 있다. 신라가 전투를 해본 것은 유례이사금 이래 50년 만이며, 전투에서 이겨본 것은 미추이사금 이래 70년 만이다. 신라본기는 신라군의 규모를 적지 않았으나 우리는 1만 5천 명임을 안다.

> 당시 신라 수도 금성을 포위한 변진한 연합군의 병력은 적어도 2만 명 이상 되었을 것이다. 저 멀리 초원지대에서 온 기병부대가 강세의 지휘 하에 변진한 연합군을 제압하는 것을 목격한 신라 사관은 강한 기병이라고 간단히 기록하고 있으나 생전 처음 보는 놀라운 모습이었을 것이다.

서몽골과 중앙아시아에서 온 기마군단의 힘을 목격한 변진한 연합군도 크게 놀랐을 것이다. 기마기술이 놀라운 것은 물론이고, 그들의 복장과 무기 속에는 처음 보는 것들이 많았을 것이다. 그들은 금속을 동양식이 아닌 서양식으로 제련하였기 때문에[10], 갑옷과 병기들 속에 페르시아군이나 로마군의 흔적이 많았을 것이다. 오늘날 마립간시대의 신라 고분이 고구려나 백제와 전혀 다른 것으로부터 그들의 놀라움을 예측할 수 있다.

신라에 새로운 시대가 열렸는데 과거 미추이사금 때처럼 수백 명이 온 것이 아니고 수만 명이 왔다. 한마디로 유목민족 국가가 남하한 것이나 마찬가지였다. 경주 미추왕릉지구에서 발굴된 [그림 9.5]의 목걸이의 인면유리구슬 속에 중앙아시아 투르크계 여인의 얼굴이 새겨져 있는데[11], 이 얼굴이 당시 이들의 모습에 가장 가까울 것이다. 그들은 동서 문명의 교차점에서 살았기 때문에 페르시아나 로마 등 국제정세에도 밝았다고 본다.

서쪽으로 간 훈족은 수가 많았지만 그 후 유럽사에 섞여 자신

---

10. 철의 성질을 결정하는 가장 중요한 요소는 탄소를 집어넣는 방법인데 마립간시대의 신라는 중국식(동양식)으로 제련한 고구려나 백제와 다르게 로마식(서양식)으로 제련하였다. - 박장식(홍익대)

11. 인도네시아의 자바섬에서 생산되었다고 한다.

**그림 9.5** 경주 미추왕릉지구에서 발굴된 목걸이 속의 인물상

들만의 흔적을 찾기 어렵다. 반면에 동쪽으로 간 훈족의 일파는 수는 적었으나 4백년 신라의 정치체계와 문화를 그대로 이어받아 강력한 국가를 만들고 스스로의 역사 기록도 남겼다.

가야사가 고구려-위 전쟁을 경계로 전·후기로 나뉜다면, 신라사는 고구려-전연 전쟁을 경계로 전·후기로 나뉜다. 백제사 연구의 핵심이 요하유역 이주민들이 어떻게 한국문화의 표준이 된 서울/경기 문화를 이룩했느냐를 공부하는 것이라면, 신라사 연구의 핵심은 서몽골과 중앙아시아 이주민이 어떻게 한국사의 주역으로 성장하였는가를 공부하는 것이라고 할 수 있다. 화랑도 역시 흉노·돌궐계 유목민족의 문화에서 비롯된 것이며, 그들의 기록인 화랑세기 역시 흉노·돌궐계 유목민족의 풍습을 간직하고 있을 것이다.

일본고대사는 아시아 대륙사의 일부로 한국고대사의 연장이다. 모두 한반도로부터 이민에 의한 새로운 주역이 등장함으로써 시대가 전환된다. 고구려-위 전쟁에 의하여 야요이시대에서 전기고분시대로 전환하는 동력을 얻게 되며, 고구려-전연 전쟁에 의하여 전기고분시대에서 중기고분시대로 전환되는 동력을 얻게 되고, 백제-북위 전쟁에 의하여 중기고분시대에서 후기고분시대로 전환되는 동력을 얻는다.

고구려를 침공했다가 퇴로가 차단된 전연의 기마군단이 343년에 동해안을 따라 신라에 들어와, 4세기에 신라를 접수하고, 5세기에 신라말과 한자를 배우는 등 신라화의 과정을 거쳐, 6세기에 가야를 통합하고, 7세기에 백제와 고구려를 통합하여 한국사의 주축으로 우뚝 섰다. 따라서 흘해이사금 35년의 새 이민 집단의 출현 기록은 신라사에서 가장 중요한 기록임은 말 할 것도 없고, 한국사에서도 정말로 중요한 기록이다.

## 9.5 내물이사금의 시대

343년에 신라에 들어온 흉노·돌궐계 유목민족은 당시 비무장 국가였던 신라를 바로 접수했을 것이다. 그런데 내물이사금은 바로 왕이 되지 않고 흘해이사금이 죽을 때까지 10년 이상 기다렸다. 칸(간)대신에 이사금이라는 왕호도 그대로 사용했다. 신라라는 국호와 제도도 그대로 계승했다. 신생국이 아니라 4백년 신라를 잇는 왕조가 된 것이다. 이는 로마를 점령한 게르만족이 스스로 로마인이 되고 로마 황제가 되었던 것과 유사하다. 이들에게 신라는 자신들이 본 로마나 페르시아 못지않은 문명국이었던 것이다. 이로부터 이들이 신라를 접수하는 과정에서 대학살은 없었을 것이라는 생각이 들게 한다. 만일 이들이 신라를 유혈로 정복하고, 이전 역사를 잘라내고 내물이사금을 시조로 하는 새 국가를 건국하였다면, 이들이 한반도의 세력 쟁패전에서 살아남아 최종 승자가 되기는 어려웠을 것이다.

5세기 신라 고분들은 한반도에 축조된 고분 역사상 가장 크다. 이들이 거대 고분을 축조하며 신라인을 동원하고 신라인들 앞에 힘을 과시하였는데 이 자체가 신라인을 두려워하였다는 뜻이다. 지배층이 백성들 앞에서 힘을 과시할 필요가 없는 고구려나 백제는 거대 고분이 없다. 이후 법흥왕과 진흥왕을 거치며 자신들의 성을 정하고 신분제도를 확립하였는데, 근원을 따져 자신들과 가장 비슷한 계통인 김씨를 성으로 삼았다. 단 같은 김씨라도 백년 전에 들어와 자신들과 혼인한 미추계는 함께 성골로, 그 이전에 들어왔으나 왕을 배출한 적이 없는 김씨들은 진골로 하여 구분하였다.

내물이사금의 기록을 보면 그는 매사에 매우 조심스럽고 신중한 사람이었다. 무모하리만큼 과감하고 저돌적이었던 실성이사금과 대조되는데, 실성가문은 신라에 들러오기 전부터 왕족이었고, 내물가문은 본래 왕족이 아니었으나 신라로 들어오는 과정에서 공을 세워 왕족이 된 것으로 보인다. 내물이사금의 주요 기록은 다음과 같다.

(1) 내물 2년(357); 봄에 왕이 특사를 보내 홀아비, 과부, 고아, 자식 없는 노인들을 위문하고, 그들에게 각각 곡식 3곡 씩을 주었다. 특별히 효성이 지극하고 우애가 깊은 자들에게는 직위를 한 급씩 주었다.

(2) 내물 3년(358); 봄 2월, 왕이 시조묘에 직접 제사를 지냈다. 보랏빛 구름이 묘당 위에 감돌고 신기한 새가 시조묘의 뜰에 모였다.

(3) 내물 7년(362); 여름 4월, 시조묘 뜰에 있는 나뭇가지가 맞붙어 하나가 되었다.

(4) 내물 9년(364); 여름 4월, 왜병의 대부대가 공격해왔다. 왕이 이를 듣고 대적할 수 없다고 생각하여, 풀로 허수아비 수천 개를 만들어 옷을 입히고, 옷을 입힌 허수아비마다 병기를 들게 하여 토함산 아래

**그림 9.6** 카자스탄에서 발굴된 유리잔(왼쪽)과 5세기 초 황남대총에서 발굴된 유리잔(오른쪽).[12] 같은 곳에서 만들었다고 보고 있다. 흉노·돌궐계 이주민이 343년에 신라에 들어올 때 수레에 싣고 왔다고 본다.

에 열지어 세워놓고, 勇士 1천 명을 부현 동쪽 벌판에 매복시켰다. 왜인은 자신의 병력이 많은 것을 믿고 곧장 진격해왔다. 복병들이 갑자기 공격하여 허를 찌르니, 왜인이 대패하여 도주하였다. 우리 군사가 추격하여 거의 모두 죽였다. – **왜와의 1차 전쟁**

(5) 내물 11년(366); 봄 3월, 백제인이 와서 예방하였다(百濟人來聘).

(6) 내물 13년(368); 봄, 백제가 사신을 보내 좋은 말 두 필을 바쳤다.

(7) 내물 18년(373); 백제 禿山城主가 백성 3백 명을 이끌고 투항하였다. 왕은 이들을 받아 들여 6부에 나누어 살게 하였다. <백제왕>은 "두 나라가 화목하여 형제처럼 지내기로 약속하였다. 그러나 지금 대왕은 우리나라에서 도망간 백성들을 받아 들였다. 이는 화친하자는 뜻과 크게 어긋나는 것이며, 대왕에게 기대했던 바가 아니다. 청컨대 그들을 돌려보내기를 바란다."는 내용의 글을 보내왔다. 왕은 "백성이란 항시 같은 마음을 갖는 것이 아니다. 왕이 그들을 돌보아 주면 오고, 힘들게 하면 가나니, 백성이란 원래 그런 것이다. 대왕이 백성

12. http://www.hani.co.kr/arti/culture/religion/878117.html

들을 편안하게 해주지 않은 것을 걱정하지 않고, 과인을 책망함이 어찌 이토록 심한가?"라고 대답하였다. 백제가 이를 듣고 다시 말을 하지 못했다(百濟聞之 不復言).

(8) 내물 26년(381); 衛頭를 부진(符秦{苻秦})에 보내 토산물을 바쳤다. 부견(符堅{苻堅})이 위두에게 물었다. "경이 海東의 사정을 이야기함에 있어 사용하는 언어가 옛날과 같지 않으니 무슨 까닭인가?" 위두가 대답했다. "이는 또한 中國과 동일한 현상입니다. 시대가 변하면 명칭과 호칭도 바뀌는 법이니 오늘날의 언어가 어찌 예전과 같겠습니까?"

(9) 내물 37년(392); 봄 정월, 고구려가 사신을 보내 왔다. 고구려가 강성했기 때문에 왕은 이찬 大西知의 아들 實聖을 인질로 보냈다.

(10) 내물 38년(393); 여름 5월, 倭人이 와서 金城을 포위하고 닷새가 되도록 풀지 않으니 모든 장병들이 나아가 싸우기를 요청하였다. 왕이 "지금 적이 배를 버리고 육지로 깊이 들어 와서 죽음을 각오하는 마당에 있으니 그 예봉을 당할 수 없다"라고 말하고 성문을 닫았다. 적은 성과 없이 물러갔다. 왕이 먼저 용감한 기병 2백 명을 보내 그들의 퇴로를 막았다. 그리고 또한 보병 1천 명을 보내 독산까지 추격하여 양쪽에서 협공하여 그들을 대파하였다. 죽은 적병과 포로로 잡힌 적병이 아주 많았다. **– 왜와의 2차 전쟁**

(11) 내물 40년(395); 가을 8월, 말갈이 북쪽 변경을 침범하므로 군사를 보내 실직평원(悉直之原)에서 그들을 대파하였다.

(12) 내물 45년(400); 겨울 10월, 왕이 타고 다니던 궁중의 말이 무릎을 꿇고 눈물을 흘리며 슬프게 울었다.

(13) 내물 46년(401); 가을 7월, 고구려에 인질(質子)로 가있던 실성이 돌아왔다.

(14) 내물 47년(402); 봄 2월, 왕이 죽었다.

## 해설

[1]~[3] 신라를 장악하고 왕이 되기까지 10년 동안 이들은 신라의 4백년 역사를 배운 것이다. BC 1세기에 몽골 초원을 떠나 한반도 들어오고 한강유역에서 첫 국가를 세우던 이야기, 1세기에 와산성 일대에서 백제에 밀려 서부로 못 가고 동부인 변진한 지역으로 가게 된 이야기, 2세기 파사이사금 때 변진한 지역에서는 가야에 막혀 더 남하하지 못하고 경주항에 도읍한 이야기. 지마이사금이 말갈의 침략을 백제와의 혼인을 통해 막아낸 이야기, 아달라이사금이 진한지역을 정복하고 또 3만에 가까운 대군으로 한강유역을 공격하던 이야기 등이다.

2세기에 국력이 약해지자 벌휴이사금이 이민자들을 이끌고 새 왕통을 연 이야기, 3세기에 내해이사금이 가야제국이 모두 멸망하는 가운데 국가를 지켜낸 이야기, 조분이사금 때 고구려-위 전쟁 중에 미추이사금이 고구려를 뚫고 내려온 이야기, 이후 왕이 되어 국가를 방어하던 이야기, 유례이사금 때 나라가 망해서 백제의 진한에 들어간 이야기, 4세기 기림-흘해이사금 때 나라가 둘로 쪼개지고, 국호를 신라로 변경하고, 임나의 담로국이 되었던 이야기 등등이다. 이들이 한반도에서 최종 승자가 될 수 있는 배경은, 자신들이 가져온 초원의 문화 위에, 혁거세의 건국에서 시작하여 4백년 동안 쌓아왔던 신라의 제도와 문화를 더하면서 만들어졌다.

[4] 흘해 37년(346) 전쟁에서 신라군의 군세를 확인한 변진한 연합군이 다시 신라를 공격할만한 군사를 모으는데 10년 이

**그림 9.7** 경주 계림로 14호 고분에서 발굴된 보검.[13] 보물 제635호, 길이 36cm. 6세기 초 고분의 시신 허리 부분에서 발견되었다. 철제 칼집과 칼은 썩어 없어져 버리고 금으로 된 장식만이 남아 있다. 오른쪽은 카자스탄의 벽화인데 당시 신라 지배층의 얼굴과 복장이 저 벽화의 모습이었다고 본다.

상 걸렸다. 이 변진한 연합군은 일본서기 흠명 23년조에서 말하는 임나 10국으로서[14] 대략 변진한지역 10개 나라의 군대를 모은 것이다. 신라는 변진한 연합군의 대규모 공격을 다시 한 번 격퇴하여 삼한지역의 강국으로 떠올랐고, 이는 근초고왕으로 하여금 혼인할 생각을 굳히게 했을 것이다. 신라는 비류왕이 국혼을 거절할 당시의 신라가 아닌 것

13. http://www.hani.co.kr/arti/culture/religion/878117.html

14. 欽明天皇 二三年 春; 正月 新羅打滅任那官家 一本云 二一年任那滅焉 總言任那 別言加羅國 安羅國 斯二岐國 多羅國 卒麻國 高嵯國 子他國 散半下國 乞湌國 稔禮國
『재조명1』 제2장, 5 임나가야와 대가야의 비교, p. 38.

이다.

고구려와 백제가 전쟁을 시작하기 훨씬 전인 4세기 중반부터 낙동강유역에서 대규모 기마군단을 동원한 치열한 전투가 있었음은 지금도 발굴되는 갑옷과 마구 등 무기류로 확인할 수 있다. 삼국사기 신라본기에는 아직 가야가 나타나지 않고 왜만 있던 시기다. 한반도에서 유라시아 대륙 최강의 기마군단 사이에 치열한 전투가 벌어지던 이 시기에 일본열도는 아직 전기고분시대로서 말이 없었다. 전쟁도 없었으니 통일국가를 만들 수도 없었다.

[5][6] 2년 후 백제에서 혼인을 요청하는 사신이 왔다. 과거 미추이사금은 왜(임나)가 자기편이라 고이왕의 한성백제를 상대로 맞아 싸울 만 했다. 그런데 이제 신라는 주변이 완전히 적으로 둘러싸여 고립무원의 상태였다. 이때 한강유역 최강국이 혼인하자고 하니 거절할 이유가 없다. 2년 후 말 선물이 혼인 선물이다. 이로써 신라는 든든한 우군을 확보하게 되었다. 내물이사금의 최대 치적을 하나만 들라고 하면 나는 이 근초고왕과의 혼인 기록을 든다. 또한 근초고왕은 2세기 개루왕 이후 2백년 만에 공립되어 한강유역의 지배자로서 백제왕을 칭할 수 있게 되었다. 하지만 고구려와의 국경부근이 모두 근초고왕에게 복속함으로써 고구려가 백제를 침공하는 원인이 된다.

[7] 백제 독산성주가 백성들을 데리고 신라로 달아난 것에 대하여 내물이사금은 근초고왕에게 여기가 좋아서 살려고 왔는데 그것이 무슨 문제냐는 태도를 보이는데, 농사짓고 사는 지역이 정해진 농경민족과 다르게 항상 이동해가며 사는 유

목민족의 생활을 생각하면 당연한 것이다. 고구려나 백제와 다르게 5세기 마립간시대 신라고분에서 한자가 거의 안 나오는 것으로부터 4세기에 이들은 한자를 몰랐다고 본다. 근초고왕으로부터 국서를 받은 내물이사금은 피지배인인 신라인을 불러 이게 무슨 뜻이냐고 물었을 것이다.

[9] 고구려가 신라왕의 아들이 아닌 이찬 대서지의 아들을 인질로 데려간 것은 그 인질이 충분히 중요한 인물이라고 판단해서다. 대서지는 이민 1세고 실성은 이민 2세인데, 서몽골과 중앙아시아에 있었을 때는 대서지의 신분이 내물이사금보다 더 높았을 것이다. 내물이사금은 신라로 내려와 임나를 물리치고 안착하는 과정에서 공을 세워 왕이 된 것이다. 고구려가 인질을 요구했다는 것은 이들이 모용황군의 대열에서 이탈하여 고구려군을 피해갔음을 알고 경계하는 것이다.

[10] 한강유역에서 고구려와 백제가 수만 대군을 동원하여 전쟁을 하던 무렵에 낙동강유역에서도 신라와 임나 사이에 수만 대군을 동원한 전쟁이 벌어졌다. 이번에도 신라는 임나의 공격을 격퇴하는데 임나에게 밀리던 신라가 점차 대등해지고 있는 과정이다. 4세기에 가야지역 유물수준이 신라지역을 압도할 때는 신라본기의 왜가 신라를 압도하고, 5세기가 되어 두 지역 유물수준이 대등해질 때는 신라본기의 왜와 신라가 대등해지고, 6세기가 되어 신라지역 유물수준이 가야지역을 압도할 때는 신라본기에서 왜가 사라진다. 가야지역의 유물변천은 신라본기의 가야 기록을 따라가지 않고 왜 기록을 따라간다.

3세기 이전 김해평야가 바다였을 때는 가야의 해상군단

이 신라의 기마군단에 우세하였으나, 바다가 점차 육지로 바뀌자 5세기 이후 신라의 기마군단이 점차 가야의 해상군단에 우세하게 되었다. 그리고 그 결과 6세기에 신라가 가야를 통합하게 된 것이다. 김해바다가 평야로 전환됨에 따라 가야의 해상군단도 육지의 기마군단으로 전환하였겠지만, 중앙아시아에서부터 수천년을 거쳐 쌓아온 기마기술을 가진 신라의 기마군단을 당할 수 없었던 것이다. 가야가 신라에게 패배한 것은 김해바다의 지형변화를 따라가지 못한 결과였다고 본다.

[11] 실직은 강원도 남부인 동해-삼척 지방으로 추정된다. 평원에서 전투를 했으니 기마전일 것이다. 말갈군은 전투 장소를 잘못 택했다. 달리는 말 위에서 활을 쏘는 탁월한 기마궁술

**그림 9.8** 중국 길림성 집안현 무용총 벽화. 고구려 기마무사는 화살 끝에 화살촉 대신에 날아가는 소리만 나고 짐승에게 박히지 않는 명적(鳴鏑)이라는 화살촉을 장착하고 있다. 고구려에 불교가 도입된 이후에 축조된 고분이다 (400년 경 추정). 모자는 새의 깃털을 꽂았기 때문에 조우관(鳥羽冠)이라고 한다.

때문에 당시 게르만군도 로마군도 이들 신라 형제군의 상대가 되지 못했다. 고구려벽화를 보면 고구려군도 기마궁술에 뛰어나지만, 말 위에서 태어나, 말 위에서 살다가, 말 위에서 죽는 이들을 당할 수 없다. 이들이 고구려를 통과할 때 高武장군이 지휘하는 5만 고구려군과 만나, 산이나, 언덕이나, 숲이나, 계곡이나, 공성전이 아니고, 만일 평원에서 기마전을 했으면 고구려가 승리를 장담하기 어려웠을 것이라고 본다. 모용황이 이들에게 고구려 주력 군단을 맡긴 것은 나름대로 해볼만하다고 판단했기 때문이었을 것이다.

[13][14] 실성이 고구려에서 돌아왔는데 고구려의 힘을 업고 왕이 된다. 이로써 신라에 친고구려정권이 들어섰다.

## 9.6 유목민족국가 출현에 대한 백제의 입장

신라의 상황을 지켜보던 근초고왕의 입장은 무엇이었을까? 비류왕 39년(342) 겨울에 연나라의 군대가 고구려를 침공하여 고구려 수도인 환도성이 함락되는 등 고구려가 큰 피해를 보았다는 소식을 들었을 것이다. 그리고 비류왕 40년(343)에는 전열에서 이탈한 연나라 군대 일부가 퇴로가 막혀 신라로 들어왔다는 소식도 들었을 것이다. 계왕 1년(344)에 임나(왜)가 신라에 혼인을 통한 담로관계 지속을 요구했는데 신라가 이를 거절했다는 소식도 들었을 것이다. 계왕 2년(345)에는 임나가 신라에 경고를 했다는 소식도 들었을 것이다. 근초고왕 원년(346)에는 임나가 주변 소국 군대를 모두 모아 신라로 쳐들어갔는데 그 남하한 연나라 군대에게 패하고 돌아갔다는 소식도 들었을 것이다. 이 역사적인 대 변혁기는 한성백제도 정권교체의 혼란기로 비류왕(해씨)-계왕(우씨)-근초고왕(해씨)이 모두 부자관계가 아니었다.

근초고왕이 신라에 관심을 가지게 된 것은 권력을 조정좌평 진정에게 물려주고 자신은 정신적인 지도자의 위치로 물러난 근초고 2년(347) 이후일 것이다. 만일 신라가 과거처럼 변진한지역 맹주가 된다면 과거 3루왕 시절처럼 신라 왕실의 여인을 왕비로 세우고 백제왕을 칭할 수 있기 때문이다.

북에서 고구려를 뚫고 신라로 남하한 유목민족들에 대하여 웅진 백제는 어떤 생각을 하였을까? 바로 일본서기에 그 증언이 있다. 401년에 신라로 쳐들어간 기록이 남아있기 때문이다. 신라로 쳐들어간 이유도 삼국사기에 나온다.

- 아신왕[15] 8년(399); 가을 8월, 왕이 고구려를 공격하기 위하여 군사와 말을 대대적으로 징발하자 백성들이 그 역을 피하여 많은 사람들이 신라로 도망하였고, 그 결과로 호구 수가 줄었다.

399년에 인구가 줄어들 정도로 많은 백제인들이 하필 신라도 도망친 이유는 왜국으로 건너가기 위해서다. 이것이 한강유역에서만 일어난 것이 아니고 왕인이 살던 영산강유역을 비롯한 백제 전국에서 일어났다. 신라는 피난민들이 몰려오자 국가적인 혼란에 휩싸이는데 이들을 무사히 왜국으로 건너가게 도와줄 입장이 아니었다.

---

15. 阿辛王의 莘자는 華자의 오류다. 일본서기는 阿花라고 하고, 삼국사기는 이설로 阿芳라고 했는데이는 莘이 아니라 화려할 華라는 뜻이다. 문서를 옮겨적다 보면 획을 빠뜨리기 쉽다. 阿는 백제에서 존칭 접두어다. 일본서기에 나오는 백제 아지사주(아지왕)의 '아'도 마찬가지로서 존칭 접두어고 이름은 그냥 '지'(왜왕 珍)다. 하지만 관습을 존중하는 의미에서 아화가 아니라 그냥 아신으로 쓰겠다.

401년에 왜국이 자기 백성들을 바다 건너 왜국으로 무사히 이주시키기 위하여 군대를 이끌고 신라로 쳐들어간다. 물론 이 군대는 일본열도에서 온 군대가 아니고 한반도에 있던 웅진백제 군대다. 왜국은 내물이사금을 위협하여 자기 백성들의 무사 이주를 보장할 인질로 내물이사금의 아들인 미사흔왕자를 데려간다. 이때 목격한 기록들이 있다.

중애 9년조는 본래 173년인데 고왕조 기록이 부족하여 고민하던 일본서기 편자들이 신라와 교섭한 기록이 있는 것을 보고, 401년의 신라교섭기록을 옮겨 적었다. 장황하게 길지만 사료적 가치를 갖는 객관적인 서술은 많지 않다. 신라에 간 장군은 신공황후가 아니라 응신 16년(401) 8월조에 나오는 평군목토숙네(훗날의 윤공천황, 왜왕 濟)와 적호전숙네다.

> ※ 중애 9년; 겨울 10월, 기해삭 신축(3일)에 화이진(和珥津)에서 출발했다.... 황후가 "처음에 신의 가르침에 따라 장차 금은의 나라(金銀之國)를 얻으려고 하였다. ... 지금 이미 재국(財國)을 얻었다. ... 드디어 그 나라 안에 들어가 중보(重寶)의 곳간을 봉인하고 도적문서(圖籍文書)를 거두었다. 신라왕 파사매금(波沙寐錦)[16]은 즉시 미질기지파진간기(微叱己知波珍干岐)[17]를 인질로 삼아 금은채색(金銀彩色) 및 능라겸견(綾羅縑絹)을 80척의 배에 실어 관군을 따라가게 하였다. 이로써 신라왕은 항상 배 80척의 조공선을 일본국에 바치게 되었는데 이것이 그 연유이다.
>
> **- 일본서기**

배 80척의 80이란 좋은 숫자라는 뜻이다. 일본서기에 8이나 80 등 8이라는 숫자가 자주 나오는데 백제 8성대족의 8과 같은 의미

16. 내물이사금
17. 미사흔왕자

다. 전방후원분이 사라진 7세기에는 고분도 8각형 고분을 쓴다.

5세기 일본의 고분에서 유리잔 등 신라 유물이 발견되는 것으로부터 당시 상당한 양의 보물이 신라로부터 왜국으로 건너왔다는 것을 알 수 있다. 5세기 초의 신라에 대하여 금은보화가 가득한 보물의 나라라고 하고 있다. 이것이 왜 흉노·돌궐계 기마민족이 모용황의 명령을 거부하고 전선에서 이탈했는지 이유를 말해주고 있다. 343년에 신라에 들어올 때 군대만 들어온 것이 아니고 수레에 금은보화를 가득 싣고 가족들과 함께 왔다는 뜻이다. 유목민족의 특성상 전쟁터까지 아주 먼 거리를 이동해야 했기 때문에 자연스럽게 가족들이 따라왔을 것이다. 이들은 가족을 데리고 있어서 高武장군이 지휘하는 고구려군 주력과 정면으로 맞서는 위험을 감수하지 않은 것이다.

## 9.7 마립간의 기원

[질문자] 다음 신라의 왕호 중에 어느 쪽이 맞습니까?

- 삼국사기: <u>내물이사금</u> - <u>실성이사금</u> - 눌지마립간 - 자비마립간 - 소지마립간 - 지증마립간
- 삼국유사: 내물마립간 - 실성마립간 - 눌지마립간 - 자비마립간 - 소지마립간 - 지증마립간

[一道安士] 둘 다 맞습니다.

[질문자] 그러면 왜 다음은 없는 것입니까?

- <u>내물이사금</u> - 실성마립간 - 눌지마립간 - 자비마립간 - 소지마립간 - 지증마립간

[一道安士] 그것은 틀리기 때문입니다.

내물이사금은 신라사 최초로 중원 왕조에 사신을 보낸다. 북중국 최대 세력이었던 前秦에 衛頭를 대표로 하는 사신을 보낸 것이다.

※ 내물이사금 26년(381); 衛頭를 부진(符秦)[18]에 보내 토산물을 바쳤다. 부견(符堅)[19]이 위두에게 물었다. "경이 海東의 사정을 이야기함에 있어 사용하는 언어가 옛날과 같지 않으니 무슨 까닭인가?" 위두가 대답했다. "이는 또한 中國과 동일한 현상입니다. 시대가 변하면 명칭과 호칭도 바뀌는 법이니 오늘날의 언어가 어찌 예전과 같겠습니까?"

이 기록은 원래 삼국사기 편집진이 가지고 있었던 자체 사료에는 없었던 것으로 중국 사서인 太平御覽에 인용된 秦書를 보고 기록한 것이다. 사신 파견의 시기가 중국 사서는 내물 27년으로 1년 늦게 되어있다. 삼국사기 편집진이 틀림없이 확인했을 텐데 왜 내물 27년이 아니라 내물 26년에 적었는지는 알 수 없다.

위두는 신라를 포함한 한반도 사정이 완전히 변했다는 이야기를 하고 있다. 내물이사금은 그 쪽의 사정을 잘 아는 사람을 사신으로 파견했을 것이니, 위두 역시 343년에 신라에 들어온 유목민족출신일 것이다.

사신이 오면 사신을 보낸 나라의 왕의 이름을 물으며 안부를 교환하는 것이 관례라서 부견도 이때 위두에게 신라왕의 이름을 물었다. 위두가 루한(樓寒)이라고 답했다. '루'는 마루처럼 높다는 뜻이고, 추울 '한'자는 북방에서 왕을 뜻하는 '칸'을 한자를 빌려 소리를 기록한 것이다. 즉 높은 왕, 또는 대왕이라는 뜻이다. 이 '루한'이 마립간의 '립간'에 해당한다. 같은 발음을 전진은 '루한'으로, 신라는

---

18. 부씨의 진나라

19. 前秦 전성기의 왕. 357~385년 재위.

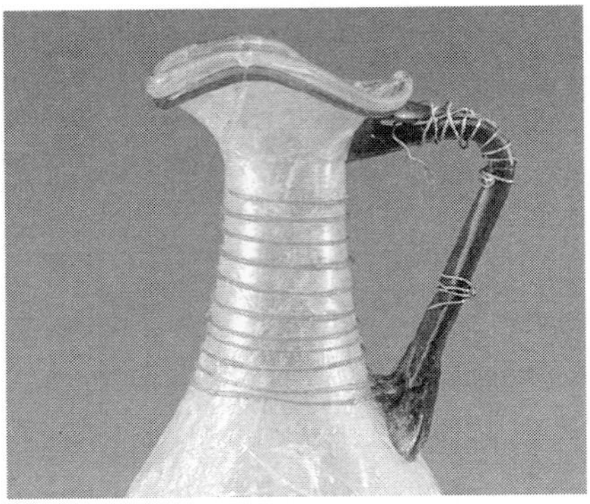

**그림 9.9** 5세기 초 황남대총(98호분) 남분에서 발굴된 지중해식 유리병의 손잡이 부분, 국보 193호. 왕이 파손된 유리병을 금실로 보수하여 사용한 것을 볼 때 고구려를 통과해야 하는 교역이 쉽지 않았다.

'립간'으로 기록한 것이다.

6세기 중국 양나라 역사를 기록한 양서는 법흥왕에 대하여 성은 '募'요 이름은 '秦'이라는 신라왕의 사신이 왔다고 하였다.[20] 이때는 신라 사신이 성과 이름을 모두 답한 것이다. 모나 마는 같은 계열 발음이다. 즉 내물이사금은 성이 '마(모)' 이름이 '립간'으로서, 마(모)부 출신 대왕이라는 뜻이다. 하지만 왕호는 삼국사기처럼 여전히 이사금이었다. 신라의 통치체제를 이어받았기 때문이다.

내물이사금 이후 다른 계열인 실성까지는 이사금을 쓰고, 내물계열인 눌지부터 내물이사금의 이름인 마립간을 왕호로 사용한 것이다. 하지만 내물이사금부터 마립간이므로 삼국유사도 틀렸다고 할 수 수 없다. 단 실성이사금은 내물이사금계가 아니므로 자기부

---

20. 6세기 양나라 직공도에는 왜국 사신도 나오는데 화가의 상상화다. 6세기에 왜국은 외국에 사신을 보낸 적이 없다.

터 내물이사금의 이름인 마립간을 왕호로 사용하지는 않았을 것이다.

이들이 북중국 전진 왕 부견에게 사신을 보내는 것으로부터, 초원 길을 잘 알기 때문에 5세기까지는 자신들의 고향인 중앙아시아와 교역을 했다고 생각된다. 하지만 교역만으로는 소규모의 귀중품 반입을 가능하여도 많은 보물을 싣고 고구려를 통과해 올 수는 없었을 것이다.

## 9.8 금관총의 주인 추정

2세기 고구려 태조왕, 3세기 백제 고이왕, 4세기 신라 내물이사금이 삼국의 중간 건국자들인데 이들이 정복자이냐 아니냐를 두고 논란이 있었던 것을 보았다. 나는 이들이 정복자였다고 본다. 태조왕이 정복한 나라는 고구려였고, 고이왕이 정복한 나라는 한성백제였고, 내물이사금이 정복한 나라는 신라였다. 고구려만 국가 내에서 다른 계열이 정권을 장악한 것이고, 백제와 신라는 외부인들이 들어와 무력으로 정복한 것이다. 고이왕의 실체는 백제본기의 백제를 공격하던 말갈군이고, 내물이사금의 실체는 고구려를 공격한 연나라(전연) 군대다. 정복자의 특징 중 하나가 대형 고분 축조인데 대표적인 곳이 5세기의 일본열도다.

금관은 본래 지중해와 흑해 부근에서 시작한 서양문명의 흔적이다. 신라와 가야를 제외하고 고대 동아사이에서 통치자가 금관을 쓰는 문화를 가진 나라는 없다. 백제 무령왕릉에서 발견된 금제양식은 관이 아니라 머리에 꽂는 장식이다. 신라 금관은 뒤에 가죽 끈으로 연결하는 구멍이 뚫려있고 또 닳아있다. 가죽 끈으로 뒤를 연결하면 머리의 크기에 무관하게 쓸 수 있고 흔들어도 벗겨지지 않는다.

경주의 금관총은 1921년 9월 가옥공사 중 우연히 발견되어 발굴되었는데 출토된 금관은 현재 국보 제87호, 금으로 만든 허리띠와 거기에 달려 있는 장식품은 국보 제88호, 금제 교구(금으로 만든 허리띠고리)는 국보 제89호로 지정되었다. 그 외에 금귀걸이, 금제 뒤꽂이, 금제 관식 등이 장신구・무구(武具)・용기 등이다. 특히 구슬 종류만 총 3만 개가 넘게 나왔다. 금관총의 외관은 지름이 50 m, 높이 13 m 정도의 원형인데 당시 신라 고분들 중에서도 대형급이다.

금관총 금관은 순금관이다. 그 외에 금령총, 서봉총, 천마총 금관이 순금관이다. 가장 큰 황남대총은 왕과 왕비가 합장된 쌍분으로, 왕의 남분에서는 금동관이, 왕비의 북분에서는 순금관이 나와 왕비의 출신이 더 높았던 것으로 보인다.

신라 같은 철저한 신분제 사회에서 순금관은 왕과 왕비만 착용하였다고 생각된다. 금관이 출토된 고분 중 고분 중 가장 먼저 축조된 것이 가장 큰 5세기의 황남대총이고, 가장 늦게 축조된 것이 가장 작은 6세기의 천마총인데, 이는 외부에서 들어온 정복국가가 현지에 적응하며 토착화되는 과정이다.

정복 초기에는 권력이 불안하므로 거대 고분을 쌓으며 피지배민족에게 힘을 과시하고 복종을 강요하나, 권력이 공고해지면 그럴 필요가 없으므로 체면만 구기지 않을 정도로 쌓기 때문이다. 법흥왕이 대형 무덤과 귀금속 등 화려함을 금지하고 불교식 화장을 택한 것은 그만큼 지배층의 권력이 안정되었다는 뜻이다. 이는 일본도 마찬가지로 정복이 시작되는 5세기에 전방후원분이 가장 크고,

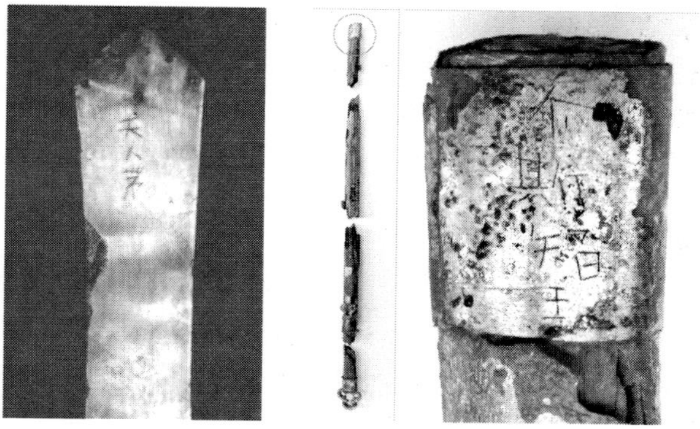

(가) (나)

**그림 9.10** (가) 황남대총 북분에서 출토된 부인대 명문이 새겨진 은으로 된 허리띠. (나) 금관총에서 출토된 이사지왕이란 명문이 새겨진 환두대도.

이후 조금씩 작아지다가, 일본열도 전체 정복을 마치는 7세기에 사라진다.

대형 고분의 출현은 정복자의 상징이다. 3세기 초에 고이왕과 함께 등장하는 한강유역 고구려식 대형 적석총은 이들이 해씨에게 권력을 완전히 뺏기는 4세기 후반 근초고왕 때가 되면 사라져 삼국사기와 일치한다. 4세기에 한성백제 사상 2백년 만에 공립되어 백제왕을 칭한 근초고왕은 권력이 공고하므로 큰 고분을 만들 필요가 없다. 또 근초고왕은 사서를 편찬하는데 이는 왕력을 세우는 것으로, 국가가 안정되었을 때 시대를 정리하는 일이다.

ooo 국립중앙박물관 학예연구관은 21일 국립경주박물관에서 열리는 '마립간의 기념물 적석목곽분' 학술 심포지엄에서 '금관총 피장자의 성격 재고' 발표를 통해 이 같은 의견을 밝힙니다. o연구관은 그러나 금관총의 규모와 부장품을 살펴본 결과 "금관총의 호석(테두리돌)이 남아 있지 않지만 지름이 45 m로 추정된다."며 크기를 기준으로 경주의 적석목곽분을

6개 그룹으로 구분하면 금관총은 왕릉급이 아니다."라고 설명했습니다. 그러면서 o연구관은 "이사지왕은 마립간이 아니라 6부의 최고위급 남성" 이라는 결론을 내렸습니다.

– SBS 뉴스

국립중앙박물관은 3일 "1921년 금관총에서 출토된 환두대도(고리자루 큰칼)에서 전형적인 신라 초기식 표기의 '이斯智王(이사지왕)' '이(이)' '十(십)' 명문을 확인했다"고 밝혔다. 중앙박물관은 "환두대도 보존처리 과정에서 명문을 확인하고 판독했다"며 "경주박물관에 소장된 금관총 출토 환두대도에서도 '十(십)' '이(이)' '八(팔)' 명문이 나타났다"고 설명했다.[21]

무덤의 크기를 기준으로 크면 왕릉이고, 작으면 귀족이라는 판단은 위험하다. 그런 식이라면 전남 해남군에 있는 길이 80 m에 이르는 장고산 고분은 왕릉인가? 왕릉이 아니다. 백제 전성기를 연 6세기 초 무령왕릉은 어떤가? 크기로 왕릉을 판단하는 것은 위험한 일이다.

손잡이에 아무런 장식이 없는 초창기 환두대도에 새겨진 이사지왕이란 글자는 아주 투박하다. 한자를 잘 쓰는 사람은 저렇게 새겨넣지 않는다. 따라서 이 칼의 주인을 왕으로 보지 않는 견해마저 등장하였다. 하지만 이는 마립간 신라의 기원을 몰라서 하는 이야기다. 이제 금관총의 주인을 추정해보기로 하자. 어디까지나 재미로 해보는 추정이니 너무 내 견해에 매이지 말기를 바란다.

왕들의 시호(삼국사기의 왕명)는 후대인 6세기 중반 법흥왕 이후에 결정된 것이다. 이사지왕과 발음이 비슷하다고 하여 소지왕, 사부지갈문왕, 이사부 등을 뽑기도 하나 발음은 하나의 근거가 될 수 있어도 전체를 판단하기에는 부족하다. 예를 들어 신라에는 파사이

21. http://news.khan.co.kr/kh_news/khan_art_view.html?artid=201307032237165

사금과 파사매금이 있는데, 서역에서 온 신라왕이란 의미로 둘 다 경주에 백성들을 이끌고 내려온 왕이라는 공통점이 있다. 그 중에 파사매금에게는 훗날 내물이사금이란 시호를 준다. 파사매금과 내물이사금은 발음상으로는 별 관련이 없다.

금관총에서 3자루의 환두대도가 나왔음에도 불구하고 화려한 유물과 구슬 같은 장신구가 나왔다고 주인을 여성으로 보는 것은 오늘날의 눈으로 판단하는 것으로서 잘못이다. 여성이 주인일 가능성은 제외한다. 쌍분인 황남대총은 북분이 남분보다 나중에 축조되었는데 이것이 왕비능이다.

거대 고분을 축조한 마립간시대에 다음처럼 왕이 6명이 있다.

(1) 내물이사금: 후기신라 건국자

(2) 실성이사금: 비내물계

(3) 눌지마립간: 458년 죽음

(4) 자비마립간: 479년 죽음

(5) 소지마립간: 500년 죽음

(6) 지증마립간: 514년 죽음

순금관이 발견된 무덤은 5개다. 황남대총이 5세기 초로 가장 먼저 축조되고, 천마총이 6세기 초중반으로 가장 나중에 축조되었다. 하지만 중간 3개의 축조 순서는 모른다.

1. 황남대총(왕릉은 금동관, 왕비능은 순금관) - 맨 먼저 축조
2. 금관총
3. 서봉총
4. 금령총
5. 천마총 - 맨 나중 축조

5세기 초에 가장 먼저 축조되었고, 유물들이 투박하고 전쟁 무구가 대규모로 출토된 황남대총은 (1)내물이사금의 능으로 본다. 그는 중앙아시아 시절에 왕족이 아니었는데, 한반도로 들어와 새로운 국가를 건국하는데 가장 큰 공을 세워 새 왕통을 열었다고 본다.

6세기 초중반에 가장 나중에 축조되었으며, 봉분은 가장 작으나 가장 세련된 유물들을 쏟아낸 6세기의 천마총은, 법흥왕이 호화고분을 폐지하고 불교식 화장을 실시하기 바로 직전 왕인 (6)지증마립간의 능으로 본다.

(2)실성이사금은 유일한 비내물계인데 내물계인 눌지마립간에게 실각 당했다. 따라서 크고 화려한 고분을 축조하기는 어렵다. 따라서 화려한 금관 등 부장품 매장을 생각하기 어려운 실성이사금을 제외하면 5명이 남아 순금관이 출토된 5개의 고분과 숫자가 정확히 일치한다.

이제 3명 남았다. 5세기 초에 활동하다 5세기 중반에 죽은 (3)눌지마립간, 5세기 중반에 활동하다 5세기 후반에 죽은 (4)자비마립간, 그리고 5세기 후반에 활동하다 6세기 초에 죽은 (5)소지마립간이다.

금령총 금관은 이상하게도 곡옥이 전혀 달려있지 않은데, 곡옥이 시베리아와 중앙아시아에서 다산을 의미한다는 김병모의 말에 의하면, 위의 6명 왕 중에 자식이 없었던 왕은 (5)소지마립간뿐이다. 즉 금령총은 소지마립간의 능일 가능성이 높다.

이사지왕이란 글자가 새겨진 환두대도는 두 가지 큰 특징이 있다. 손잡이에 장식이 없고 글자가 투박하다는 것이다. 칼을 보면 손잡이에 우리가 흔히 아는 용무늬나 봉황무늬가 없다. 가야 및 영산강유역 무덤에서 발굴되는 5세기 후반의 환두대도들도 다 손잡이에 용무늬나 봉황무늬가 새겨져 있다. 그런데 5세기 초인 황남대총의 환두대도들은 용무늬나 봉황무늬가 없다. 이는 5세기 초반까지는 백제와 동일계인 왜국을 제외하고 아직 다른 지역에서 용무늬나 봉황무늬가 아직 일반화되지 않았고, 5세기 중반 이후에 전국적으로 일반화되었다는 뜻이다.

생전에 사용하던 것을 죽을 때 부장품으로 묻었다고 보면 이 칼은 5세기 초반에 만들어져 사용하다, 5세기 중반에 주인이 죽어 함께 묻혔을 가능성이 크다. 따라서 5세기 후반 이후에 죽은 자비마립간과 소지마립간은 가능성이 적다.

내물이사금이 343년에 신라에 들어올 때는 한자를 사용하지 않았다. 중국 기록에 신라에 문자(한자)가 없다고 하였는데 마립간시대를 기술한 것이라면 정확한 증언이다. 4세기 후반에 근초고왕이 내물이사금에게 국서를 보냈을 때 내물이사금은 이를 직접 읽을 수 없었을 것이다. 신라에 들어와 피지배민족을 통치하고 적응하기 위해 한자를 배우게 되었고 6세기 초 지증마립간대에 완료했다. 즉 한자문화권에 적응하는데 약 150년 걸렸는데, 이는 바이킹이 프랑스 노르만지역에 상륙하여 국가를 세우고 프랑스어를 배우고 프랑스화 하는데 걸린 시간과 비슷하다.

칼에 새긴 이사지왕이라고 쓴 한자 글씨가 매우 투박한데, 세련된 정도가 황남대총 북분에서 나온 부인대라는 명문의 글자와 비슷한 수준이다. 4세기 중반에 신라에 들어온 이들은 5세기 초에는 아직 한자를 배우는 입장이라서 투박한 글자를 사용했다. 그러다 5세기 중후반부터 발전하고, 6세기에는 한자문화에 완전히 적응했다. 503년에 건립된 포항냉수리 신라비는 한자사용이 익숙해졌으나 고구려나 백제처럼 세련되지는 못했음을 보여준다. 6세기 초에 신라

지배층의 한자사용 수준이 과거 1~2세기 신라 지배층 수준에 근접할 정도로 복귀했다고 본다. 따라서 5세기 후반 이후에 죽은 자비마립간이나 소지마립간의 가능성은 다시 제외한다.

그러면 결국 남는 사람은 5세기 초에 활동하다 5세기 중반에 죽은 눌지마립간이다. 나는 이사지왕이라는 투박한 명문이 새겨진 초창기 환두대도가 나온 금관총은 (3)눌지마립간의 능일 가능성이 높다고 본다.

# 10장

# 백제의 왜국 천도 I

## 10.1 14대 진왕 여휘의 재위기간

동진의 진서는 4세기 후반 웅진백제 辰王 여휘에 대하여 다음과 같은 백제왕 책봉 기록을 남기고 있다. 이 시기는 한성백제 진사왕(385~392)과 고구려 고국양왕(384-392)의 재위기간에 해당한다.

- 東晋 孝武帝 太元 11년(386); 夏四月, 以 百濟王世子 餘暉 爲 使持節 <都督> 鎭東將軍 百濟王.

그런데 이 진서 기록이 근거가 있을까? 여휘가 백제왕이 되면 주변의 소국들이 일제히 그의 신하가 되어 복속할 것이므로 고구려가 이를 반길 리 없다. 4세기 후반 소수림왕 이후 고구려와 백제의 전투를 정리해보면 다음과 같다.

- 소수림 5년(375); 가을 7월, 백제의 수곡성을 공격하였다.
- 소수림 6년(376); 겨울 11월, 백제의 북쪽 변경을 침공하였다.
- 소수림 7년(377); 겨울 10월, 백제가 군사 3만을 거느리고 와서 평양성을 침공하였다. 11월, 남쪽으로 백제를 쳤다.

<9년 동안의 소강기>

- 고국양 3년(386); 가을 8월, 왕이 군사를 출동시켜 남쪽으로 백제를 쳤다.
- 고국양 6년(389); 가을 9월, 백제가 침입하여 남쪽 변경 부락을 약탈하고 돌아갔다.
- 고국양 7년(390); 가을 9월, 백제가 달솔 진가모를 시켜 도압성을 쳐부수고, 주민 2백 명을 생포하여 돌아갔다.
- 내물 37년(392); 봄 정월, 고구려가 사신을 보내 왔다. 고구려가 강성했기 때문에 왕은 이찬 대서지의 아들 실성을 인질로 보냈다.

고구려가 376년에 백제를 공격하고 그 다음 해에는 백제의 반격이 있은 후 약 10년 정도 두 나라 사이에 전쟁이 없다. 그러다 386년 8월에 다시 백제를 공격한 것은 직전에 무엇인가 고구려에게 불편한 일이 벌어졌다는 것이다. 가장 가능성 있는 것이 4월에 여휘가 백제왕이 되어 삼한의 통치자가 된 것이다. 고구려 입장에서는 한성백제와 신라는 본래 자신들의 복속민들이었는데 이제 백제 진왕의 복속민이 되니 고구려 남부의 지방 통치가 흔들리는 것이다.

그러면 진왕 여휘는 언제 즉위하여 언제 퇴위하였을까? 진왕은 즉위 2년 이내에 황후를 세우면 된다. 따라서 책봉을 받을 때는 즉위 후 3년은 더 지난 후다. 403년에 응신이 죽자 404년에 그의 아들인 토토태자가 왕이 되었으나 왕비를 세우지 못하자 408년에 인덕에게 죽고 그의 재위기간은 응신의 재위기간에 흡수되어 버리는데 즉위 5년째다. 왜 왕세자 흥 역시 457년에 즉위했으나 왕비를 세우지 못하자 재위 5년째인 461년에 왜왕 책봉을 받기 위해 송에 사신을 보낸다. 따라서 여휘의 책봉도 재위 5년째로 추정하여 즉위 연도는 382년(근구수왕 8년)이 가장 가능성이 높다고 본다.

삼국사기 백제본기가 기록한 근구수왕과 그의 아들 침류왕의 주요 기록은 다음과 같다

(1) 근구수 2년(376); 왕의 외삼촌(王舅) 진고도를 내신좌평으로 삼아 정사를 맡겼다. 겨울 11월, 고구려가 북쪽 변경을 침범하였다.

(2) 근구수 3년(377); 겨울 10월, 왕이 군사 3만 명을 거느리고 고구려의 평양성을 침공하였다. 11월, 고구려가 침입하였다.

(3) 근구수 5년(379); 봄 3월, 晉나라에 사신을 보냈으나 바다에서 폭풍을 만나 진 나라에 도착하지 못하고 되돌아왔다.

(4) 근구수 10년(384); 봄 2월, 햇무리가 세 겹으로 둘러졌다. 대궐 뜰에 있던 큰 나무가 저절로 뽑혔다. 여름 4월, 왕이 죽었다.

(5) 침류 원년(384); 침류왕은 근구수왕의 元子고, 어머니는 아이夫人이다. 가을 7월, 晉에 사신을 보내 조공하였다. 9월, 인도 승려 마라난타가 진에서 오자, 왕이 궁중으로 맞아들여 우대하고 공경하였다(致宮內 禮敬焉). 불교가 이때부터 시작되었다.

(6) 침류 2년(385); 봄 2월, 漢山에 절을 창건하고, 중 10명에게 도첩을 주었다. 겨울 11월, 왕이 죽었다.

## 해설

[1] 근구수왕은 그의 아들인 침류왕을 元子라고 하는 것으로 보아 공립되었다. 하지만 불안하다. 그 이유는 아버지인 근초고왕이 2년째에 조정좌평 진정에게 국정을 내주었듯이 근구수왕도 재위 2년째에 내신좌평 진고도에게 국정을 내주기 때문이다. 진정이 딱 한 번 나타나는 것처럼 진고도도 딱 한 번 나타난다.

왕권이 불안한 이유가 침류왕조에 나온다. 침류왕은 아이<부인>의 아들이다. 즉 근구수왕은 공립되었으나 왕비의 신분이 후-비-부인의 3단계에서 가장 낮은 부인이기 때문이다.

[4] 괴이한 현상이 있은 후에 근구수왕이 죽었는데 자연사가 아닐 가능성이 높다. 삼국사기는 차마 말하기 어려운 지배층 내부의 싸움을 용이나 새나 나무 같은 자연을 통하여 은유적으로 표현하고 있다.

[5] 동진에 사신을 보냈다는 것은 백제왕을 칭했다는 뜻이고, 그러면 그의 아들은 원자여야 한다. 그의 아들인 아신왕조를

찾아보니 阿莘王[或云<阿芳>] 枕流王之<元子>라 하여 기록이 정확하다.

침류왕이 즉위 2년째 죽은 것은 자연사가 아닐 가능성이 높다. 백제본기의 왕들은 재위 2년째 죽거나 또는 2년 째에 실권을 신하에게 이양한 경우가 많은데 이는 진왕제의 흔적이다.

침류왕의 업적은 불교를 받아들인 것이다. 동진의 승려인 마라난타의 전설이 전해져오는 곳은 [그림 10.1]의 전남 영광군 법성포다. 법성포는 성인이 법을 편 곳이라는 뜻이고, 영광군의 대표 사찰인 불갑사는 부처님이 처음 오신 절이라는 뜻이다.[1]

[6] 근구수왕은 재위 5년 이후 죽을 때까지 5년 동안 내치기록이 없는데 내신좌평 진고도의 통치로 본다.

여휘왕의 퇴위는 언제일까? 일본서기에 나오는 신왕조 창업자인 응신천황이 389년에 권력을 장악하고 390년에 즉위했으므로 여휘왕의 퇴위는 아무리 늦어도 389년 이전이다. 퇴위하고 후계에 대한 혼란이 있었다고 보는 이유는 응신에게 형이 있었기 때문이다. 그러면 387~389년 사이에 퇴위한 것으로 추정된다. 결국 여휘는 왕비를 못 세우자 동진으로부터 백제왕의 책봉을 받아 공립을 대신하려고 하였으나, 오래 재위하지 못하고 무너진 것이다. 마치 5세기 중반에 왜국에서 왕비를 세우지 못한 왕세자 흥이 무너지고, 백제 왕

---

1. 법성포 남쪽인 영광군 백수면에는 서해안에서 보기 드물게 해안 절벽을 볼 수 있는 드라이브 코스인 백수해안공원과 백수해안도로가 있다.

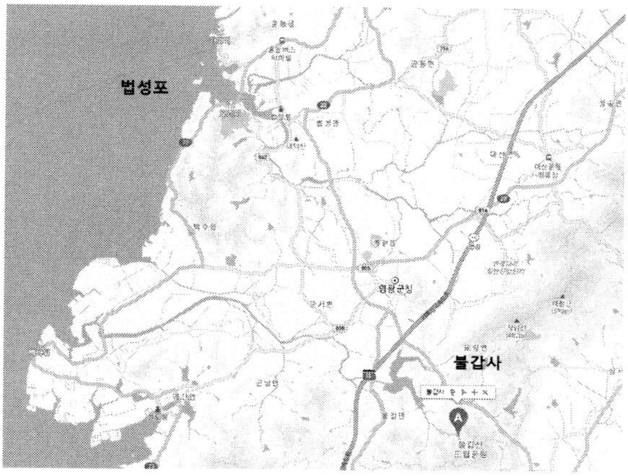


그림 10.1 영광군 법성포와 불갑사

실의 여인[2]을 데려와 왕비로 세운 무가 즉위한 것과 유사하다고 본다.

## 10.2 일본 중기고분시대의 시작

### 가. 4세기 전기고분시대에서 5세기 중기고분시대로의 전환

3세기에 왜국 관리를 만난 중국 관리는 이전의 왜국에 대한 기록을 남겼고 그 중에는 2세기 후반에 있었던 왜국의 내란 기록도 있었다. 그 이유는 3세기의 왜국 관리는 2세기의 내란을 거친 사람들의 후예였기 때문이다. 5세기에도 중국 관리는 왜국 관리를 만났지만 3세기 후반의 대란은 물론이고 가까운 4세기의 왜국에 관한

---

2. 무령왕의 어머니

정보도 전혀 얻지 못했다. 그 이유는 15세기에 미주 대륙에 도착한 콜럼버스에게 14세기 미주 대륙의 정보를 얻을 수 없는 것이나 마찬가지다. 5세기 왜국 관리가 4세기 왜국인들의 후예가 아니었기 때문이다. 대신 그들은 4세기에 백제 진왕 여휘가 했던 도독, 제군사, 마한, 변한, 진한 같은 한반도 남부 이야기를 한다.

일본의 고분시대는 4세기 전기고분시대와 5세기 중기고분시대 사이에 큰 단층이 발생하는데, 전기고분시대 고분에서는 단순한 농경문화의 유물만 나와 국가의 흔적이 안 보인다. 특히 국가 건설에 필수적인 말과 관련된 유물이 전혀 없다. 또한 가야처럼 언덕에 고분을 축조한다.

반면에 중기고분시대 고분에서는 말과 관련된 유물이 출토되고, 금과 은 같은 귀금속, 갑옷과 투구 등 전쟁용구, 장식용 환두대도 등 강력한 국가의 흔적이 나온다. 傳응신능, 傳인덕능 등 초대형 고분도 등장하는데 전기고분시대의 유물과 전혀 무관하다. 또한 백제처럼 평지에 고분을 축조한다. 일본의 전기고분시대를 가야식 고분시대, 중후기고분시대를 백제식 고분시대라고 하는데 둘 간에는 그 이상의 문화적 차이가 있다.

중국 사서에도 야요이시대가 끝나는 3세기 중반 왜 여왕 일여의 기록을 끝으로 왜국이 사라지고, 약 150년 후인 중기고분시대가 시작되는 5세기 초에 찬이라는 이름을 가진 왜왕부터 다시 나타나는데, 이는 전기고분시대인 4세기 일본열도에 국가가 없었다는 고고학적 자료와 일치한다. 4세기 삼국사기 신라본기에는 강력한 왜국이 나오는데 이는 일본열도의 국가가 아니라 부산의 임나가야다. 삼국사기 백제본기의 왜는 백제사의 일부고, 신라본기의 왜는 가야사의 일부로서 둘이 전혀 다른 존재다. 따라서 하나도 겹치는 기록이 없는 것은 당연하다.

흘해이사금조에 왜국의 지방통치제도가 나온다. 지방의 실력자(급리)가 중앙의 왕(왜왕)과 혼인관계를 맺고 지방(신라)을 통치하는데 이를 담로제라고 한다. 삼한 소국들은 이렇게 지배층의 혼인관계로 서로 엮인 사이였다. 5세기 백제와 일본열도 왜국 사이의 혼인도 마찬가지다.

## 나. 초대 신무천황의 건국

흔히 일본서기의 10~14대 중애천황까지를 고왕조, 15대 응신천황부터를 신왕조라 한다. 그리고 그 사이에 신공황후조가 있다. 그러면 1대에서 9대까지는 무엇이냐 하면 좀 유별나다. 1대를 신무천황이라고 하는데 왜국을 건국한 사람이다. 하지만 고왕조 기록이 아니고 후대인 신왕조 형식의 기록이다. 또 왕이 되기 전 7년만 있고 왕이 된 후의 기록은 없다. 이 말은 신왕조 왕들 중 어느 왕의 왕이 되기 전 기록이라는 뜻이다.

신무는 10월에 정복군을 이끌고 구주에서 동쪽으로 출발하여, 7년간의 전쟁과 승리를 거쳐서, 1월에 기내에 도착하여 국가를 건국한다. 물론 구주에서 기내까지 가는데 7년이나 걸리지 않는다. 하지만 신무천황의 동정기록에는 지명, 인명, 문화 등이 자세히 나와 일본학계가 경로를 일일이 따라가며 전설 등을 취합해본 결과 5세기 초에 실제로 있었던 사건이라고 결론을 내렸다고 한다.

또 신무천황조는 국가조직이 출현하여 국가가 없는 4세기가 될 수 없다. 5세기 초라는 시점은 이 직후에 금은 제품 등 국가의 흔적을 담은 초대형 고분이 등장하기 때문에 고고학적으로도 일치한다. 즉 국가가 없는 전기고분시대에서 국가가 출현하는 중기고분시대로 시대가 급변하는 이유를 설명한다는 것이다. 물론 사람이 이주해 유물을 남기는 시기는 생활하다 죽은 후이므로, 와서 전쟁하다 한 번에 몽땅 죽은 경우가 아니면, 보통 이주하고 한 세대인 약 20~30년 후에 나타난다.

이주하자마자 전쟁해서 몽땅 다 죽은 경우도 있다. 475년에 백제가 고구려 장수왕의 공격으로 위험에 빠지자 당시 왜국을 통치하던 곤지가 구원군을 보낸 경우다. 그 구원군은 477년에 웅진에서 곤지를 왕으로 옹립하려다 패하여 대거 죽고, 남은 세력이 영산강 유역으로 후퇴하여 전방후원분을 축조하게 된다. 따라서 영산강유역의 전방후원분은 상한이 477년이다.

일본서기 고왕조의 2대에서 9대까지는 6하원칙에 따른 사건이 없다. 즉 8명은 가왕들이다. 일본서기 편집자들이 8명의 가왕들을 만든 이유는 신왕조 창업자인 응신의 15대라는 대수를 지키기 위해서였다고 본다. 응신이 15대인데 고왕조 5명을 빼면 10명이다. 초대천황은 아무나 할 수 없으므로 후대 응신의 기록을 떼어 메우고, 신공황후는 대수를 안 주었으므로 빼면, 8명이 더 필요하다. 삼국사기 백제본기를 보면 응신과 동시대인 진사왕이 16대로 대수가 비슷하다. 이는 두 나라가 동시에 건국되었기 때문이다.

### 다. 일본서기 고왕조의 자료부족

고왕조 5왕이 10대 숭신, 11대 수인, 12대 경행, 13대 성무, 14대 중애인데 이들에 해당하는 기록이 2세기의 삼국사기 신라본기와 후한서 같은 중국 사서에 나온다.[3] 따라서 비교해보면 쉽게 연도를 확인할 수 있다. 그런데 8세기에 일본서기 편집진이 찾은 기록은

---

3. 『재조명2』 제41장, 1 숭신천황의 4도장군 파견기록 검증, p. 252.

극히 적었다. 예를 들면, 14대 중애의 기록은 즉위와 왕비를 세운 것, 그리고 이후 왕이 죽고 왕비가 신라와 접촉한 것이 전부였다. 도저히 왕의 기록을 만들 수 없을 만큼 적었다.

신왕조 창업자가 응신인데 정작 응신조에는 창업한 과정이 없다. 그리고 고왕조 기록들 속에 후대인 신왕조 기록들이 몽땅 들어가 본래의 고왕조 기록들보다 훨씬 더 많다. 그러다 보니 100년 이상 사는 사람도 나오고, 앞에서 죽었다고 한 사람이 뒤에 또 나오는 등 구조가 엉망이 되었다. 하지만 고왕조 기록에는 원칙이 있는데 응신관련 기록들만(그의 왕후인 중희, 응신의 아들인 토도태자, 응신의 최대 가신인 무내숙네 등) 빼서 고왕조로 옮겼다. 예를 들면, 신공 5년조에 418년의 박제상 기록이 있는데 여기에 황태후가 나온다. 이 황태후는 응신의 왕후인 중희다. 응신이 죽고 인덕이 즉위하며 그녀의 신분을 태후로 변경한 것이다. 만일 이 태후가 인덕의 왕후였다면 기록을 신공조로 옮겨 놓지 않았을 것이다.

응신의 창업 기록으로는 신무천황조를 만들었다. 그 결과 나름대로 풍부한 고왕조 기록을 만들 수 있었다. 물론 고왕조 기록에도 비미호가 죽고 일여가 왕이 되는 3세기 중반 이후부터, 4세기 말, 구체적으로 396년 8월까지의 전기고분시대의 문화, 지리, 풍습 등은 일본서기에서 아직까지 발견되지 않고 있다. 중국 기록에서도 발견되지 않고 있으며, 한국 기록에서도 발견되지 않고 있다. 앞으로 전기고분시대의 일본을 기록한 문헌사료가 나왔으면 좋겠다.

5세기 초대형 고분과 국가의 흔적을 간직한 중기고분시대가 6세기가 되면 고분의 규모가 작아지고 유물이 위세품에서 실용품으로 바뀌는 등 변화를 가져온다. 특히 새로운 지배층으로 소아씨가 등장하고 지역적으로는 기내지역이 영산강유역과 유사해진다. 무열천황과 계체천황의 등장으로 5세기 후반의 현종-인현으로 이어지는 왜국 지배층은 몰락한다.

사람들에게 일본의 전기고분시대에서 중기고분시대로 전환된 이유를 물으면 대부분 4말5초에 한반도에서 벌어진 고구려와 백제의 전쟁을 원인으로 든다. 하지만 왜 6세기에 후기고분시대로 변했느냐고 물으면 제대로 답변하는 사람이 없다. 대신 5세기나 6세기나 같은 백제식 고분시대이므로 크게 차이를 두지 않는다고 말한다. 5세기에 중기고분시대에서 6세기 후기고분시대로 전환되는 이유가 중국 남제서와 삼국사기 백제본기에 적혀있다.

## 10.3 삼국사기가 기록한 응신천황의 즉위

삼국사기 백제본기 진사왕조를 보면 중간에 대외 정책이 크게 변한다.

(1) 진사 원년(385, 을유); 辰斯王 近仇首王之仲子 <枕流>之弟 爲人强勇 聰惠多智略 <枕流>之薨也 太子少 故叔父辰斯卽位

(2) 진사 2년(386, 병술); 봄, 국내의 15세 이상 되는 사람들을 징발하여 관문의 방어시설을 설치하였다. 그 길이가 청목령에서 시작하여 북으로는 팔곤성, 서로는 바다에 닿았다. 가을 8월, 고구려가 침입하였다.

(3) 진사 3년(387, 정해); 봄 정월, 진가모를 달솔로 임명하고, 두지를 은솔로 임명하였다. 가을 9월, 관미령에서 말갈과 싸웠으나 승리하지 못했다.

(4) 진사 5년(389, 기축); 가을 9월, 왕이 군사를 보내 고구려의 남쪽 변경을 공격하였다.

(5) 진사 6년(390, 경인); 가을 9월, 왕이 달솔 진가모로 하여금 고구려

를 치게 하여 도곤성을 함락시키고, 포로 2백 명을 사로잡았다. 왕이 가모를 병관좌평으로 임명하였다. 겨울 10월, 왕이 구원에서 사냥하다가(獵於狗原) 7일 만에 돌아왔다.

**- 1차 구원 방문**

——————— 대외 정책 변화 발생 ———————

(6) 진사 7년(391, 신묘); 봄 정월, 궁실을 중수하면서, 연못을 파고 산을 만들어 진귀한 새를 기르고 기이한 화초를 가꾸었다. 여름 4월, 말갈이 북쪽 변경의 적현성을 공격하여 함락시켰다. 가을 7월, 왕이 서쪽 지방의 큰 섬에서 사냥하다가 직접 <사슴>을 쏘아 적중시켰다. 8월, 왕이 다시 횡악 서쪽 지역에서 사냥하였다.

(7) 진사 8년(392, 임진); 가을 7월, 고구려왕 담덕이 4만 명의 군사를 거느리고 와서 북쪽 변경을 침공하여 석현성 등 10여 성을 함락시켰다. 왕은 담덕이 용병에 능통하다는 말을 듣고 대항하기를 회피하였다. 한수 북쪽의 여러 부락을 빼앗겼다. 겨울 10월, 고구려가 관미성을 쳐서 함락시켰다. 왕이 구원에서 사냥하며(王田於狗原) 열흘이 지나도록 돌아오지 않았다. 11월, 왕이 구원의 행궁에서 죽었다.

**- 2차 구원 방문**

## 해설

[1] 근구구수왕은 적어도 아들이 둘 있었는데, 첫째가 침류왕이고 둘째가 진사왕이다. 웅진백제 진왕이 공립되어 백제왕을 칭하려면 침류왕의 딸이나 진사왕의 딸을 왕후로 세워야 한다. 자기 딸이 진왕의 왕후가 되면 그 사람은 마한왕이 된다.

[2]~[5] 390년 9월까지는 고구려를 상대로 최선을 다해 전투를 한다. 그런데 390년 11월에 웅진백제와의 경계인 지금의 경기도 화성 부근인 구원에 다녀온 뒤로는 정책이 싹 바뀐다.

사냥이 '전'이 아니고 '엽'인 것으로 보아 정말로 짐승을 쏘는 친선의 만남이었던 것 같다. 그런데 둘 사이의 회담 결과는 안 좋았던 것이다.

[6] 진사왕조를 보면 390년까지는 고구려에 대항하여 열심히 싸운다. 그러다 391년이 되면 연못이나 파고 새나 기르고 사냥이나 하고,... 고구려왕이 전략에 능통하다는 핑계를 대고 더 이상 싸우려 하지 않는다. 삼국사기는 진사왕이 용맹하고 총명하고 지략이 많았다고 한다. 그는 머리를 쓰고 있는 것이다.

진사왕이 분노할 수 있는 것이 있다면 자신의 딸이 아니라 침류왕의 딸이 진왕의 왕후가 되는 것이다. 그러면 자기는 마한왕이 될 수 없기 때문이다. 진사왕은 진왕이 자신의 딸을 왕후로 세우지 않자 고구려와의 전쟁에 일부러 태만하여 '누가 백제의 안전을 지켜주는지 보자.' 하는 식으로 나서고 있는 것이다. 진왕이 즉위와 동시에 왕후를 세웠다면 협상할 필요도 없다. 이는 진왕이 즉위한 다음 해에 왕후를 세웠다는 뜻이다.

이를 요약하면 새로운 진왕이 390년에 즉위하였고, 391년에 침류왕의 딸을 왕후로 세우고 공립되었다는 뜻이다. 삼국사기를 보면 국혼은 봄이고 특히 3월이 많기 때문에 진왕이 왕후를 세우는 혼인은 391년 봄 3월일 가능성이 가장 크다. 공립되면 백제왕을 칭하고 삼한의 지배자가 된다.

당시 한반도에는 고구려 외에 크게 4개의 정치세력이 존재하였다. 세력 순으로 쓰면 다음과 같다.

(1) 웅진에 도읍한 진왕의 웅진백제
(2) 서울에 도읍한 진사왕의 한성백제

(3) 부산에 도읍한 임나(삼국사기 신라본기의 왜)
(4) 경주에 도읍한 내물이사금의 신라

고구려 입장에서는 자신에게 복속하고 있었던 한성백제와 신라가 진왕의 신하국이 되었으니 난리가 났을 것이다. 삼국사기를 보면 이 391년 3월에 있었던 진왕의 공립은 다음해인 392년부터 고구려가 백제를 침공하는 원인이 된다.

[7] 진사왕은 392년 11월, 2차 구원 방문 직후 죽는다. 이 사냥은 田인데 정치적인 목적을 가지고 군대를 이끌고 간 것이다. 그리고 두 백제가 만났는데 협상이 깨지고 군사적 충돌이 발생하였으며 그 결과 진사왕이 죽은 것이다. 이것은 웅진백제 진왕의 왕후가 진사왕이 아니라 침류왕의 딸일 것이라는 생각이 들게 한다. 만일 그가 왕후의 장인이었으면 안 죽일 것이기 때문에 진사왕을 죽인 실질적 인물은 진왕의 왕후라고 본다. 진사왕 다음의 왕권 계승자가 침류왕의 아들이란 점에서 더욱 그렇다.

진사왕은 진왕제라는 구체제에 도전하였으나 결과는 참혹했다. 나는 이전의 계왕도 혹시 그러다가 죽은 것이 아닌가 생각된다. 백제본기에 기술된 왕들 중에 활을 잘 쏜 사람은 많았으나, 말도 잘 타고 활도 잘 쏜 사람은 계왕이 유일하다. 반면에 근초고왕은 진왕제에 순응하였으나 인내로 20년을 참고 기다려 성공한 경우다.

* 계왕(설왕)(344); 그는 천성이 강직하고 용맹스러웠으며 말타기와 활쏘기를 잘 하였다 (天資剛勇 善騎射).

## 10.4 삼국유사가 기록한 응신천황의 즉위

삼국사기를 보면 내물이사금의 아들인 미사흔왕자는 실성이사금이 즉위하던 402년에 왜국에 볼모, 즉 인질로 보내졌다. 인질로 간 이유는 고구려 광개토왕의 공격으로 폐허가 된 백제 피난민들이 신라/가야 땅에 가득 차 제 때에 왜국으로 건너오지 못하자, 바로 전해인 401년에 응신이 군대를 보내 내물이사금을 위협하여 피난민들의 도해를 도우라는 보장으로 데려간 것이다. 이 사건이 신공 즉위 전년 조에 실린 신라 정벌이다.

미사흔은 왜국에서 17년을 머물다가, 인덕이 새 왕후를 세우고 정통성 시비에서 벗어나 거국적 축하 분위기이던 418년에 신라로 귀국한다. 418년은 눌지마립간 2년이자 전지왕 14년으로 삼국사기와 일본서기가 연도까지 일치한다. 따라서 미사흔이 가고 오는 두 시점에 대해서는 명확하여 더 이상 이의가 없었다. 그런데 삼국유사를 보면 삼국사기에는 없는 왜 기록이 등장한다.

**삼국유사: 기이편, 내물이사금과 김제상 (紀異-奈勿王/金堤上)**

(1) 제17대 내물이사금(奈勿王, 那密王) 36년(391) 庚寅(390년)에 왜왕이 보낸 사신이 와서 말하기를, "우리 임금이 대왕께서 신성하다는 말을 듣고 신 등을 시켜 백제가 지은 죄를 대왕에게 아뢰게 하는 것이오니(使臣等以告<百濟>之罪於大王也), 원컨데 대왕께서는 왕자 한 분을 보내어 우리 임금에게 성심을 나타내기 바랍니다." 라 하였다.

(2) 이에 왕은 셋째 아들인 미해를 왜국에 보냈는데 이때 미해의 나이가 열 살이었다(美海年十歲). 말과 행동이 아직 익숙지 못하였으므로 내신인 박사람(朴娑覽)을 부사로 삼아 함께 보냈다. 왜왕이 이들을 억류하여 30년 동안이나 보내지 아니하였다(倭王留而不送三十年).

(3) 눌지왕 10년(十年, 乙丑, 426)에 왕이 친히 여러 신하와 나라 안의 여러 호협한 사람들을 모아 잔치를 베풀었는데, 술이 세 순배 돌게 되자 모든 음악이 시작되었다. 왕이 눈물을 흘리면서 여러 신하에게 말하기를, " ... 그런데 고구려에서도 아우를 억류해 놓고 보내지를 않고 있으니, 내 아무리 부귀를 누린다 하여도 일찍이 그 하루라도 이 일을 잊지 않고 울지 않는 날이 없었고, 만일 두 아우를 만나보고 선왕의 사당을 보게 된다면 나라 사람에게 은혜를 갚겠소. 누가 능히 이 계책을 이룰 수가 있겠소." 이 말을 듣고 백관이 말하기를, "이 일은 결코 쉬운 일이 아닙니다. 반드시 지혜와 용맹을 겸비한 사람이어야 합니다. 신들의 생각으로는 삽라군의 태수로 있는 제상이 가할까 합니다." 하였다.

## 해설

[1] 내물왕의 연도가 1년이 틀렸다. 내물왕이 전진에 사신을 보낸 연도가 내물 27년이어야 하는데 26년에 적었다. 이 기록도 1년이 틀려 내물왕 36년은 신묘년(391)이고, 내물왕 35년이 경인년(390)이다. 백제의 죄라면 진사왕의 죄를 말하는데 진사왕과 불협화음이 발생한 것은 제1차 사냥을 다녀온 390년 10월 이후다. 진왕이 왕후를 세우고 공립된 것은 391년 봄 3월이므로 이 기록은 그 사이에 벌어진 일이다.

[2] 미해는 대략 380년생이다. 미사흔이 돌아온 해는 눌지왕 2년인 418년으로 확실하다. 따라서 (3)의 눌지왕 10년이라는 것은 눌지왕 1년의 오기다. 390년이나 391년에 인질로 갔다가 418년에 돌아온다면 약 30년이므로 삼국유사 기록이 맞다. 물론 390년에 간 곳은 웅진이고, 신라로 돌아왔다가 402년에 다시 간 곳은 바다 건너 일본이다. 인질로 미해를 요구한 것은 그가 390년에 웅진을 다녀온 적이 있어서 잘 알기 때

문이다.

왜국에 가는 인질 기록에 '박사람'이라는 추가로 등장하는 인물도 있다. 성이 박씨인 것을 보면 이 사람도 지배층이다. 미사흔의 나이가 당시 10살이라고 나이까지 적었는데 귀국할 당시에는 거의 40세였을 것이므로 형인 눌지왕과 비슷하다고 생각되어 합리적이다.

그런데 인질이 말과 행동이 익숙하지 않으면 문제가 있는가? 인질은 시키는 대로만 하면 되는 것 아닌가? 말과 행동은 외교 행위를 할 때나 필요한 것이 아닌가? 거기에 왜 지체 높은 귀족이 부관이 되어 인질을 따라가는가? 왕자를 표면에 내세우지만 결국 자신이 실무를 다 본다는 말이 아닌가? 391년에 인질로 가는 시점에 대한 기록은 인질이 아니라 외교 행위에 가까운데, 삼국유사의 이 기록은 전체적으로 논리에 무리가 없다.

일본서기 웅략(곤지)조를 보면 461년 11월에 즉위한다. 하지만 왕후는 진왕제의 전통에 따라 다음 해 봄 3월에 세운다. 웅략이 왕후를 세우고 진왕으로 즉위하자 462년 4월에 중국 남부 월주의 吳國을 비롯한 여러 나라에서 즉위 축하사절이 온다. 예나 지금이나 국가원수의 취임식은 외교무대의 큰 장이다. 따라서 내물이사금 36년의 인질 기록은 신라가 미사흔과 박사람을 진왕의 공립 축하 사절로 웅진에 보낸 것이다.

이제 진왕 기록인 일본서기를 확인해본다.

(1) 응신 원년(390); 봄 정월, 정해삭(1일)에 황태자가 즉위했다. 이 해의 간지는 경인(庚寅) 이다.

(2) 응신 2년(391); **봄 3월**, 경술삭 임자(3일)에 중희(仲姬)를 황후로 삼았다.

(3) <1>황후는 황전황녀(荒田皇女), 초료천황(大鷦鷯天皇), 근조황자(根鳥皇子)를 낳았다. 이에 앞서 천황은 황후의 언니 <2>고성입희(高城入姬)를 비(妃)로 삼아 전대중언황자(額田大中彦皇子), 대산수황자(大山守皇子), 래진치황자(去來眞稚皇子), 대원황녀(大原皇女), 노래전황녀(澇來田皇女)를 낳았다. 또 황후의 동생인 비(妃) <3>제희(弟姬)는 아배황녀(阿倍皇女), 담로어원황녀(淡路御原皇女), 기지토야황녀(紀之菟野皇女)를 낳았다.

(4) 다음 비(妃)인 화이신(和珥臣)의 조상 일촉사주(日觸使主)의 딸 <4>궁주댁원(宮主宅媛)은 토도치랑자황자(菟道稚郎子皇子)와 시전황녀(矢田皇女), 자조황녀(雌鳥皇女)를 낳았다. 다음 비인 댁원(宅媛)의 동생 <5>소변원(小甂媛)은 토도치랑희황녀(菟道稚郎姬皇女)를 낳았다. 다음 비인 하파중언(河派仲彦)의 딸 <6>제원(弟媛)은 치야모이파황자(稚野毛二派皇子)를 낳았다. 다음 비인 앵정전부련남서(櫻井田部連男鉏)의 여동생 <7>사원(糸媛)은 준총별황자(隼總別皇子)를 낳았다. 다음 비인 <8>일향천장원(日向泉長媛)는 대엽지황자(大葉枝皇子), 소엽지황자(小葉枝皇子)를 낳았다. 천황의 모든 남녀자식은 합하여 20명이었다. 근조황자는 대전군(大田君)의 시조이며, 대산수황자는 토형군(土形君)과 진원군(榛原君) 두 씨족의 시조이며, 거래진치황자는 심하별(深河別)의 시조이다.

[1][2] 390년에 즉위하였고, 391년 봄 3월에 중희를 왕후를 세우고 백제왕으로 공립되었다. 왕후를 세운 달이 봄 3월인 것으로 보아 삼국사기와 일치한다. 즉위하면 자기 지역만 통치하나 공립되면 삼한 전체를 통치하므로 고구려를 비롯한 외국의 입장에서는 공립이 중요하다.

[3] 일본서기는 원칙적으로 모든 왕후에 대하여 아버지가 누구인

지 신분을 기록하고 있는데 가장 중요한 응신의 장인 신분이 없다. 그 이유는 장인이 한성백제 왕이기 때문이다. 중희는 침류왕의 딸이라고 보는데 그렇게 판단할 근거들이 삼국사기와 일본서기에 계속 나온다.

자식을 20명이나 두었다고 하였는데 자식이 많다는 것은 시조라는 뜻이다. 여러 중요 인물들을 그의 후손으로 입적시켰다. 일본서기에서 왕후의 순서는 서열순이다. 반면에 왕자의 순서는 왕력에 들어간 순서다. 따라서 앞으로 갈수록 친자들일 가능성이 높고, 뒤로 갈수록 양자들일 가능성이 높다.

[4] 이 아들들 중에 일촉사주의 딸 <4>궁주댁원이 낳은 토도치랑자가 태자가 된다. 아(阿)가 남자에게 붙이는 경칭이라면 원(媛)은 여자에게 붙이는 경칭임을 알 수 있다.[4] 궁주택원은 응신이 왕이 되기 전에 결혼한 여인이고 토도치랑자는 그 아들이다. 결국 응신은 본래 왕이 될 신분이 아니어서 사주 정도의 신분을 가진 사람의 딸을 아내로 삼았던 것이다. 처음부터 진왕을 노렸다면 王의 호칭을 가진 지방 최고 세력가와 혼인해야 했다.

일본서기 응신조를 보면 391년 봄 3월에 중희를 왕비로 세우고 백제왕으로 공립되는데, 왕후 기록이 다른 천황들 기록과 이상하게 다르다. 응신의 왕비가 다음과 같다. 1.번이 응신을 백제왕으로 만드는 왕후로서 그 아버지의 신분이 진왕의 공립을 결정한다.

**1.중희(왕후),**[5] 2.고성입희(중희의 언니), 3.제희(중희의 동생), 4.궁주댁원

---

4. 『재조명2』 제37장, 4 웅략의 자립위왕 과정, p. 191.

(일촉사주의 딸, 토토치랑자 태자의 어머니),6. 5.소변원(궁주댁원의 동생), 6.제원(하파중원의 딸), 7.사원(앵정전부련남서의 여동생), 8.일향천장원

– 일본서기

공립은 제1 왕비인 왕후 아버지의 신분에 따라 결정되므로 제1 왕비는 거의 다 아버지의 신분을 적어놓았는데 응신의 경우는 없다. 뒤로 가면 장인들이 잘 모르는 인물이거나 기록의 망실일 수 있으나 공립의 근거인 1번 왕비에 장인의 신분이 없으면 말이 안 된다. 이는 1～3번이 한성백제 왕들인 침류왕이나 진사왕의 딸이기 때문에 어쩔 수 없이 삭제한 것이다. 1～3이 자매들인데 친자매인지 사촌자매인지는 알 수 없다.

침류왕이 강력한 소국 출신 여인을 왕비로 세우고 공립되었다는 것은 그의 아들인 아신왕이 元子임으로부터 알 수 있다. 元子란 왕을 공립시킨 여인이 낳은 아들을 뜻하기 때문이다. 또 동진에 사신을 보냈는데 이때 백제왕을 칭했을 것이다. 백제왕이란 공립되어야만 쓸 수 있는 명칭이기 때문이다.

진사왕이 진왕에게 자기 가문의 여인(예를 들면 딸이나 누이)을 시집보내면 마한왕의 자격을 갖는다. 그런데 390년에 즉위한 응신이 침류왕의 딸을 왕비로 세우려고 하는 것이다. 만일 진사왕이 장인이면 응신은 진사왕을 죽일 수 없다. 자신의 공립 기반이 무너지기 때문이다. 그리고 403년 2월에 응신이 죽자 왕후인 중희가 아신왕에게 도움을 청한 것으로부터 그가 침류왕의 딸이라고 추정하는 것이다.

---

5. 仲嬉命(仲은 둘째라는 뜻),『古事記』에는 中日賣命(중일매명).
6. 『古事記』에는 宮主矢河枝比賣(궁주시하지비매).

응신의 왕후로 자신의 딸이 아닌 다른 여인이 세워지니 진사왕이 반발하는 것은 당연하다. 그렇지 않아도 조카를 밀어내고 왕이 되어 내부 반발이 있었는데, 진왕이 자신의 딸이 아닌 형의 딸을 왕비로 세우고 백제왕을 칭한다고 하면 자신의 집권 정통성이 흔들리게 되는 것이다. '자신이 죽을 힘을 다해 고구려를 막고 있어서 백제가 안전을 보장받고 있는데 자신을 이렇게 대우하다니,'하고 생각했을 것이다.

고구려와 치열하게 싸우던 진사왕의 대 고구려 정책이 390년 10월부터 변하는 것으로 보아 이때 왕후가 침류왕의 딸로 결정되었다고 본다. 결국 391년에 응신이 침류왕의 딸을 왕후로 세우고 백제왕이 되자 진사왕이 크게 반발하였고, 다음해인 392년에는 자신도 백제왕이라고 선포한 것이다.

응신은 왕이 되기 전에 결혼한 부인들로부터 이미 자식이 있었다. 제4 왕비가 태자의 어머니인데, 장인의 신분이 일촉사주로 충분히 높지 않아 백제왕으로 공립이 안 되는 것이다. 이 말은 응신이 본래 왕위를 계승할 신분이 아니었다는 뜻이다. 즉 선왕인 여휘왕의 장자가 아니었다. 여휘왕이 오랫동안 왕비를 세우지 못하여 동진으로부터 백제왕 책봉을 받아 이로써 공립을 대신하였는데 장기 집권을 못한 것이다.

응신을 이은 인덕은 갈성대신의 딸을 왕후로 세우고도 반발이 생기자, 한성백제에서 온 팔전황녀를 다시 왕후로 세우고서야 왕권의 안정을 얻는다. 결국 여휘왕 사후 혼란 중에 응신이 실력으로 정권을 잡고, 한성백제 공주를 왕후로 세우고 공립된 것이다. 따라서 응신은 391년 봄 3월에 삼한을 모두 신민으로 거느리는 백제왕이 되었다.

백제에 응신왕과 진사왕의 두 명의 백제왕이 있으니 문제가 발생하였다. 이를 해결하기 위해 392년 10월 말에 두 백제의 국경인 지금의 화성시 부근인 구원(狗原)으로 군대를 이끌고 갔다가 협상이 깨져 전투가 발발한 것이다. 시간이 지나자 명분에서 불리한 진사왕이 밀리게 되었는데 결정적인 패인은 진사왕의 군대가 창을 반대로 돌리게 된 것이라고 본다. 진사왕이 죽자 4명의 숙네들과 진사왕 군대가 한성백제 왕성으로 들어가 침류왕의 아들인 아신왕을 왕으로 세우고 돌아갔다. 따라서 응신의 왕후 중희는 진사왕 계열이 아니고 침류왕 계열일 수밖에 없다.

## 10.5 일본서기가 기록한 진사왕의 죽음

일본서기 응신조는 392년 11월에 두 백제의 경계인 구원에서 발생한 진사왕의 죽음에 대하여 상세히 적고 있다.

- 응신 3년(392, 진사 8년); 11월, 이 해에 백제 진사왕이 서서(立) 귀국(貴國) 천황에게 무례하였다. 그래서 (1)기각숙네(紀角宿禰), (2)우전시대숙네(羽田矢代宿禰), (3)석천숙네(石川宿禰), (4)목토숙네(木菟宿禰)를 파견하여 그 무례함을 꾸짖었다. 이에 백제국은 진사왕을 죽여(百濟國殺辰斯王) 사죄하였다. 기각숙네 등은 아화를 왕으로 세우고 돌아왔다 (便立阿花爲王 而歸).

일본서기로 진사왕이 죽은 이유를 알 수 있다. '立之失禮於貴國天皇'이라 했는데 여기서 '立'이라는 것은 즉위가 아니라 공립했다는 뜻이니 스스로 백제왕을 칭했다는 것이다. 자격을 갖춘 왕비를 세우고 백제왕을 칭해야 하는데 그렇지 않은 것인데 이것이 얼마나 위험한 일인지를 알 수 있다. 貴國은 국명이 아니다. 일본서기 편자들이 본 원사료에는 百濟였는데, 한반도와 관계를 단절하는 것이 저술의 목적이어서 百濟라고 쓸 수가 없으니 어쩔 수 없이 이렇게 쓴 것이다.

이 사건은 삼국사기와 일본서기가 11월이라는 달까지 같다. 웅진백제의 응신은 자신이 국경까지 가지 않고 4명의 숙네를 보냈다. 진사왕은 자신이 강력한 군사력으로 고구려를 방어하고 있으니 응신이 세게 나올 수 없다고 생각한 것이다. 하지만 오산이었다. 적은 내부에 있었다. 일본서기가 백제국이 진사왕을 죽였다고 하는 것으로 보아 진사왕의 군대가 진사왕이 아니라 백제왕인 응신의 명령을 들은 것을 알 수 있다.

이 일본서기 기록에는 육하원칙 중에 '어디서'가 없다. 일본서기 원사료에도 본래는 장소가 있었을 것이나 기록을 일본열도로 돌리고자 하던 일본서기 편집진에 의하여 빠졌다고 본다. 하지만 11월이라는 달은 그대로 남아 이 모든 사건이 한 달 안에 발생하고 종료되었음을 알려준다.

백제본기를 보면 즉위를 하고도 2년 만에 이유 없이 죽은 왕들이 4명(계왕, 침류왕, 혜왕, 법왕)인데 대부분 이와 관련이 있다고 생각된다. 왕의 비정상적인 죽음에 대하여 국가 기록이 침묵한다는 것 자체가 비정상적이라는 말을 하고 있는 것이다. 삼국사기는 원본이 된 구삼국사 편집시 진왕관련 기록을 모두 삭제하였는데, 그때 죽은 이유도 함께 삭제된 것으로 생각된다.

4명의 숙네들의 기록 순서는 서열 순이다. 특히 (4)의 목토숙네는 훗날 왕이 되는데 송서의 왜왕 濟다. 그런데 (2)우전시대숙네와 (3)석천숙네는 웅진으로 돌아와 보고한 후에 일본서기에 다시는 안 나오는데 어디에도 죽었다는 말이 없다. 목토숙네보다 서열이 앞서는 중요한 인물 2명이 갑자기 사라진다는 것은 자연스런 일이 아니다. 웅진백제는 396년 8월에 고구려에게 수도가 함락되고 바다 건너 왜국으로 천도하는데, 이때 수도를 방어하다 고구려군에게 죽었거나 포로가 되었다고 보아야 한다.

삼국사기 각국 본기 전체에 396년의 고구려와 백제 사이의 엄청난 전쟁 기록이 없다는 것은 전쟁 장소가 한강유역이 아니고, 금강, 영산강, 혹은 낙동강유역이라는 뜻이다. 당시 낙동강유역은 변한으로, 가야는 3세기 초에 멸망한 후 아직 재건국되지 않았을 때다. 기록을 삭제할 때는 3국 본기를 모두 삭제해야지 그렇지 않으면 상호 비교할 때 모순이 발생한다.

일본서기를 보면 중앙관료들 중에서는 숙녜와 사주라는 직책이 가장 높아 大臣이라 불렸다. 大臣이라는 용어는 일본서기와 고구려본기에서는 국초부터 사용하던 용어고, 신라본기와 백제본기에는 후기인 7세기에 나타난다. 4~5세기에 백제와 신라에는 大臣이라는 용어나 직책 자체가 없었다.

### 삼국사기 각국 본기의 최초 대신 기록

<고구려본기> 대무신왕 15년(32); 春三月 黜<大臣>仇都-逸苟-焚求 等三人爲庶人

<백제본기> 무왕 25년(624); 春正月 遣<大臣>入唐朝貢

<신라본기> 선덕왕 원년(632); 二月 以<大臣>乙祭摠持國政

## 10.6 응신천황의 왜국 천도

일본 중기고분시대의 시작은 1대로 설정된 신무천황에 의해서다. 그는 10월에 원정군을 이끌고 구주를 출발하여, 7년 동안 동쪽으로 정복해간 끝에, 1월에 기내에 도착하여 일본이라는 새 국가를 세웠다는 것이다. 물론 구주에서 기내까지 가는데 항상 이기기만 하는 군대가 7년이나 걸렸다는 것은 상징적인 의미고, 전쟁을 하면서 간다고 해도 실제로는 7개월도 안 걸린다. 정복군이 주로 배를 타고 갔는데 이후 기록을 보면 오사카에서 서울까지 빠르면 1달 이내에 갔다.

신무조의 기록은 상당히 자세한데 신무를 비롯한 원정군 일행이 일본열도의 지리, 해수의 흐름, 각 지역의 실력자 등을 전혀 모르고 있어, 토착인 노인의 자문을 받기도 하고, 길 안내자를 고용해 진격한다. 신무의 군대에 일본의 지리를 아는 병사가 단 한 명도 없었다는 뜻이다. 마치 카리브해에 도착한 콜럼버스의 선원들 중에 미주 대륙의 지리를 아는 선원이 단 한명도 없었던 것과 같다. 또 전기고분시대에는 말이 없었는데 신무일행은 말이 있고, 또 국가통치 조직을 갖추고 있다. 따라서 이것이 기마민족이 한반도로부터 바다를 건너와 구주에 도착하고, 이후 기내로 진격하여 왜국을 건국했다는 기마민족 정복설의 기원이다.

중기고분시대의 문을 연 신무천황에 대하여 일본학계는 경로와 지명을 고증하여 이 신무전설이 사실이며, 시기는 5세기 초로 추정했다고 한다. 그러면 390년에 즉위한 응신의 재위기인데, 응신 기록은 어디를 보아도 정복의 흔적이 잘 안 보인다. 즉 신무천황조는 응신이 왕이 되기 전 기록이거나, 응신의 재위기간 중에 어느 시기의 기록을 떼어다 신무천황조를 만든 것이다. 만일 응신이 왕이 되기 전 기록이라면 4세기 후반인 380년대라는 뜻인데 그러면 5세기 초로 고증한 일본학계의 연구결과와 모순이다.

일본서기는 해는 자주 속여도 달은 잘 속이지 않는다. 따라서 일본서기를 볼 때는 달에 집중해야 한다. 신무조에서 신뢰도가 높은 것은 10월에 구주를 출발했다는 것과, 1월에 기내에 도착하여 국가를 건국했다는 것이다.

삼국사기는 고려 유학자들의 합리적 사고에 바탕을 둔 기록으로 이상한 기록은 거의 다 빼버렸다. 그러다보니 내가 한 줄씩 검증해 본 결과 초기 기록도 90% 이상이 단 한 달도 안 틀린다. 신무천황이 언제 국가를 건국했는가는 삼국사기에 정확히 나온다.

삼국사기 백제본기를 보면 397년에 왜국이 최초로 출현한다. 왜국과 우호관계를 맺기 위해 태자 전지를 왜국에 인질로 보냈다고 하는데, 태자를 인질로 보낼 정도라면 틀림없이 그 전에 무엇인가 복잡한 일이 있었을 텐데 아무런 설명이 없다. 그리고 왜국은 백제보다 강국이다. 그런 나라는 삼국사기에서 삭제된 웅진백제뿐이다.

삼국사기를 보면 왜국이 최초로 등장하는 것이 397년 5월이다. 이때 아신왕이 전지태자를 왜국에 볼모로 보내 두 나라가 화해했다는 것인데, 태자가 외국에 볼모로 갈 정도면 그 앞에 적어도 다음 정도의 이야기가 있어야 한다. 서울에서 오사카를 가는데 대략 1달이 걸린다고 추정한다.

1. 왜국이 건국된다. - 397년 1월
2. 한 달 후에 그 소식이 백제에 알려진다. - 397년 2월
3. 백제에서 그 소식을 듣고 왜국으로 사신을 보낸다. 백제와 왜국 사이에 협상이 이루어지고 백제는 전지태자를 볼모로 보

내는 것으로 한다. - 397년 3월 (일본서기 응신 8년 3월 기록)

4. 백제 사신이 서울에 도착하여 아신왕에게 보고하는데 1달이 걸린다. - 397년 4월
5. 이 협상안에 따라 아신왕이 전지태자를 왜국에 보낸다. - 397년 5월 (삼국사기 아신 6년 5월 기록)

이와 같이 삼국사기가 말하는 왜국의 건국 시점은 뒤로 거슬러 올라가면 397년 1월이다. 신무조와 1월이라는 달이 일치한다.

일본서기는 신왕조가 시작되는 15대 응신부터는 기록이 대단히 많다. 그런데 응신 초반은 다음처럼 기록이 등장하는 지역이 다르다.

### 가. 한반도 기록

(1) 응신 원년(390); 봄 1월, 즉위.

(2) 응신 2년(391); 봄 3월, 왕비를 세움.

(3) 응신 3년(392); 겨울 11월, 진사왕을 죽이고 아신왕을 세움.

(4) 응신 5년(394); 가을 8월, 여러 나라에 명하여 해인부와 산수부를 두게 했다(定海人及山守部). 겨울 10월, 이두국(伊豆國)에 배를 만들게 하였다. 길이가 10장이었다.

(5) 응신 6년(395); 봄 2월, 근강국의 토도야에 행차하여 노래하였다.

응신 5년조를 보면 웅진백제가 해양국가였음을 알 수 있다. 해양수산부격인 해인부가 있었고, 농림수산부격인 산수부가 있었고, 조선소가 있는 이두국이 있었다. 이두국의 위치는 현재도 조선소들이 몰려있는 한반도의 서해안이나 남해안 지대로 추정된다. 이런 지명들은 훗날 사람들이 왜국으로 이주함에 따라 함께 왜국으로 이전된다.

## 나. 일본 구주 기록

(6) 응신 7년(396); 9월, 고려인, 백제인, 임나인, 신라인이 함께 내조하였다.(高麗人・百濟人・任那人・新羅人, 並來朝). 무내숙녜에게 명하여 한인들을 거느리고 연못을 만들게 하였다.

396년 9월에 고구려인, 백제인, 임나인, 신라인에 함께 내조하였다고 하여 일본서기에 나오는 최초의 대규모 이민기록이다. 이는 396년 8월에 한반도에 고구려, 백제, 임나, 신라가 관련된 대규모 전쟁이 있었다는 뜻이다.

이 기록이 신뢰성이 높은 이유는 가야가 안 나오기 때문이다. 당시 가야제국은 멸망하여 모두 변진한에 흡수되어 있었고, 유일하게 임나만 웅진백제의 간접 통치지역으로 존재했다. 천황위를 받은 왕들 중에서 오로지 응신만 구주에서 태어났다고 하고 있는데, 그곳이 응신의 도착점이기 때문이다.

응신이 8월에 웅진을 떠나 9월에 구주에 도착하였으니 10월에 기내로의 원정군이 출발했을 것이다. 따라서 신무의 원정군이 10월에 출발했다는 신무조의 기록은 믿을만하다. 이로부터 일본 전기고분시대의 하한이자 중기고분시대의 상한은 웅진백제의 수도가 함락되고 응신이 수많은 피난민들과 함께 구주에 도착하는 396년 9월이 된다. 중기고분시대의 하한이자 후기고분시대의 상한도 삼국사기에 나오는데 498년 8월이다.

이런 최초의 대규모 이민이 발생하면 기내가 아닌 한 구주에서 기내로 오는 중에 기존 토착세력들과의 만남 같은 무슨 사건이 있어야 하는데 전혀 없고, 마치 수많은 이주민들이 비행기로 날아온 것처럼 기내 기록으로 연결된다. 즉 396년 10월부터 397년 1월 사이의 기록을 떼어내 신무천황조로 독립시켰다. 왜국 왕이 되기 전

7년은 390년에 백제왕이 되었다가 397년에 다시 왜국왕이 되었으니 그 기간이 7년인 것이다. 일본서기는 많은 응신시기의 기록들을 고왕조로 옮겼는데 그 예가 아래와 같은 것들이다. 하이(蝦夷)는 전기고분시대인을 뜻하는 말이다.

- 경행 25년(149); 가을 7월, 경진삭 임오(3일)에 무내숙네를 보내 북륙(北陸) 및 동방 여러 나라의 지형과 백성의 소식을 살피게 하였다.
- 경행 27년(150); 봄 2월, 신축삭 임자(12일)에 무내숙네가 동국에서 돌아와 "동방의 시골에 일고견국(日高見國)이 있습니다. 그 나라 사람은 남녀 모두 상투를 틀고 문신을 하며 사람됨이 용감합니다. 이를 모두 하이(蝦夷)라 합니다. 또 토지는 비옥하고 광대합니다. 공략하십시오."라고 말하였다.

### 다. 일본 기내 기록

(7) 응신 8년(397); 봄 3월, 백제인이 내조하였다. 『백제기(百濟記)』에 "아화왕(阿花王)이 서서(立) 귀국에게 무례하였다. 그래서 우리의 1. 침미다례 및 2.현남(峴南), 3.지침(支侵), 4.곡나(谷那), 5.동한(東韓)의 땅을 빼앗았다. 이에 왕자 直支를 天朝에 보내 선왕의 우호를 닦도록 하였다."고 한다.

(8) 응신 9년(398); 여름 4월, 무내숙네를 축자(筑紫)로 보내서 백성을 감찰하게 했다.

응신 8년조는 최초의 백제 사신 기록이다. 이때 두 나라가 처음 만나 것으로서 삼국사기 백제본기와 일치한다. 백제본기에 나오는 직지(전지) 왕자의 인질 기록에 해당하는데 일본서기는 인질이라고 하지 않고 선왕의 우호를 회복하기 위하여 보냈다고 한다. 선왕시대를 언급하는 것은 이때 처음 만난 것이 아니라는 뜻이다. 그런데 선왕시대의 기록은 없다.

진사왕을 죽인 이유가 섰기(立) 때문이라고 했는데 아신왕이 왕자를 보낸 이유도 섰기(立) 때문이라고 한다. 결국 응신이 왜국으로 천도해버리자 아신왕이 백제왕을 칭한 것이고, 이것이 문제가 되어 전지태자가 왜국에 인질로 간 것이다. 응신이 천도하며 자신이 통치하던 한반도의 5개 지역을 아신왕에게 맡기고 갔는데, 아신왕이 백제왕을 칭하자 다시 내놓으라고 하였다가, 전지(직지)왕자를 보내고서야 다시 관리권이 아신왕에게 넘어갔다는 뜻이다.

한반도의 5개 지역은 웅진백제 진왕의 한반도내 통치영역으로 다음처럼 추정된다. 한반도 중남부에서 삼국사기의 백제와 신라 기록이 나오는 지역을 제외한 나머지 지역으로, 소위 '4세기 이전 삼국사기의 공백지대'라고 부르는 곳이다.

1. 침미다례 : 제주도
2. 현남(峴南) : 전라도
3. 지침(支侵) : 충청남도
4. 곡나(谷那) : 황해도
5. 동한(東韓) : 경상남도

응신 9년조 기록은 396년에 구주를 출발하여 397년에 기내에 도착하여 국가를 세웠는데, 구주로 계속 이민이 몰려들자 수상격인 무내숙네를 보내 관리하게 했다는 뜻이다. 응신일행이 떠난 이후에도 이민이 계속되면서 구주지역이 굉장히 혼란스러웠다는 뜻이다.

일본서기는 396년 10월부터 397년 1월까지 4개월 동안의 응신 기록을 고왕조로 옮겨 신무천황조로 독립시켰는데, 시작과 끝의 달은 맞추고 그 안에 7년으로 만들어 기록을 적당히 배분했다. 단 사건의 순서는 바꾸지 않았다.

백제와 전쟁 중이던 고구려인들도 온 것으로 보아 금강유역의 웅진성이 396년에 광개토왕의 고구려군에게 공격을 받아 함락되었고, 정확한 시기는 백제가 한창 농번기로 군사를 모으기 어려운 396년 8월이었음을 알 수 있다. 고구려 대군이 육로로 서해안을 따라 금강유역까지 남하했으면 한강유역을 방어하던 한성백제를 만났을 것이므로 삼국사기에 기록이 있어야 하는데 없다. 그 이유는 고구려군이 육군이 아니라 수군을 이용하여 서해안을 남하하여 웅진의 입구인 아산만에 기습적으로 상륙했기 때문이다.

왕이 천도할 정도라면 수도인 웅진성만 함락된 것이 아니라 백제 주요부 대부분이 고구려군에게 함락되어 바다 건너 왜국을 제외하고는 안전한 곳이 없었다는 뜻이다. 그래서 8월에 응신이 웅진성을 버리고 해양국가의 장점을 살려 배를 타고 왜국으로 천도한 것이고, 9월에 구주에 도착한 것이다.

### 라. 천도 직후 이민 기록

(9) 응신 14년(400); 봄 2월, 백제왕이 봉의공녀(縫衣工女)를 바쳤는데 이름이 진모진(眞毛津)이었다. 지금 내목의봉(來目衣縫)의 시조이다. 이 해에 弓月君[7]이 백제에서 와서 "신은 저희 나라의 인부(人夫) 120현민들을 이끌고 귀화하고자 하였으나 신라인이 방해하여 모두 加羅國에 머물러 있습니다."라고 말하였다. 그래서 갈성습진언을 보내 궁월군의 인부를 가라에서 불러들이도록 하였으나 3년이 지나도록 습진언이 돌아오지 않았다.

(10) 응신 16년(401); 봄 2월, 왕인이 왔다. 왕인을 토도치랑자 태자의 스승으로 삼았다. 여러 전적을 배우니 통달하지 못하는 것이 없었다. 왕인은 서수(書首)의 시조다.

---

7. 훗날의 인덕천황

(11) 응신 20년(402); 가을 9월, 왜한직(倭漢直)의 조상 阿知使主[8].와 그의 아들 都加使主가 그들이 이끄는 무리 17현민들을 데리고 왔다.

5세기 초에 이루어진 대규모 이민인데 국가가 천도하니 당연한 것이다. 웅진의 백제정부는 396년에 천도하여 82년을 보내고 477년에 다시 백제로 돌아온다. 이 천도기간 동안에 한반도에서 일본열도로의 이민이 계속되어 규모가 수십만 명 이상으로 추산된다. 일본열도의 인구도 급속도로 늘었다,[9]. 이 82년 천도기간에 이주한 사람들에 의하여 왜국이란 국가가 틀을 잡은 것이다.

일본서기의 진왕 기록은 7명의 왕을 배출하고 21대 웅략에서 끝난다. 그 이유는 장수왕의 공격으로 한반도의 백제가 왕통이 끊기자 웅략(곤지) 때인 477년에 다시 한반도로 천도해 돌아오기 때문이다. 웅략 다음인 22대 청령부터는 진왕이 아니라 백제의 지방통치를 담당하는 담로왕이 된다.

왜국은 백제가 천도하여 396년부터 477년까지 7왕이 82년을 보낸 지역이고, 이것이 한일고대사의 핵심이다. 동시에 백제의 일본열도 천도는 한반도에 힘의 공백을 가져와 신라가 흥기할 수 있는 기반이 되었다. 이 백제의 천도기간 82년을 어떻게 처리할 것이냐가 삼국사기의 틀을 만들었는데, 삼국사기 편집진이 아니라 구삼국사 편집진이 결정한 것이다.

---

8. 훗날의 반정천황

9. 『재조명1』 제1장, 6 고대 일본의 인구변화, p. 21.

## 10.7 신무천황의 정복

일본서기는 396년부터 408년 사이의 응신시대 기록들을 대거 고왕조로 옮겨놓았는데, 396년 10월부터 397년 1월까지 4개월 동안 군대를 이끌고 구주에서 기내까지 동정하던 기록을 떼서 1대 神武天皇조를 만들었다. 현재까지 4세기의 일본을 기록한 사료는 이곳 일본서기 신무천황조가 유일하다. 신무조는 왜 왜국이 전기고분시대에는 중국 왕조에 사신을 보낼 수 없었는지 그 이유를 설명하고 있다. 4개월 동안의 사건이 7년에 적당히 안배되었는데 중요한 사항만 뽑아보면 다음과 같다.

(1) 신일본반여언천황(神日本磐余彦天皇) 신무천황(神武天皇) 신일본반여언천황의 휘(諱)는 언화화출견(彦火火出見)이다. 언파렴무로자초즙불합존(彦波瀲武鸕鷀草葺不合尊)의 넷째 아들이다. ... 나이 45세에 이르러 천황이 형들과 아들들에게 말하였다. ..

여기서 믿을만한 것은 신무가 넷째 아들이었다는 것과 신무가

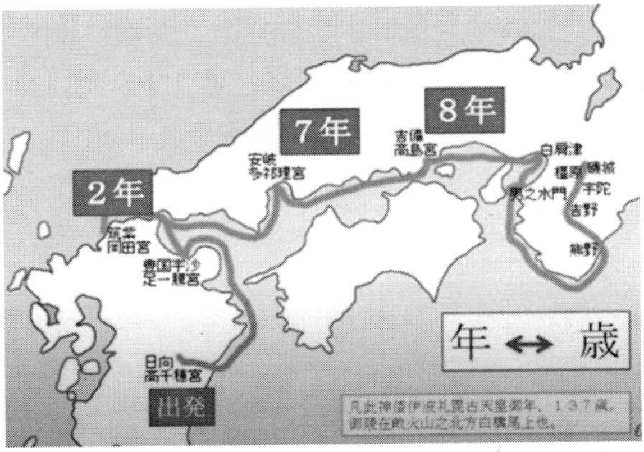


그림 10.2 일본 유튜브에서 추정한 신무의 동정로.[10]

동정을 떠날 때 45세였다고 하는 것 정도다. 그러면 351년생으로 여구왕 시기에 출생하였다. 그런데 이상한 것이 있는데 신무가 형들은 있는데 동생이 없다는 것이다. 통상 왕이 되는 것은 형이 정통성이 더 있다고 판단하기 때문에 동생이 있으면 기록하나 형이 있으면 잘 기록하지 않는 것이 일반적이다. 이 말은 신무가 형이 있었다는 것은 사실일 가능성이 높다는 뜻이다.

(2) 먼 지방은 아직 왕의 통치를 받고 있지 않아 읍에는 군(君)이 있고 촌에는 장(長)이 있어, 각각 영역을 나누어 서로 이기려고 싸움을 한다. 그런데 염토로옹(鹽}土老翁)이 '동쪽에 아름다운 땅이 있는데, 청산이 사방을 둘러싸고 그 안에 또한 천반선(天磐船)을 타고 내려온 사람이 있습니다.'라고 말하였다. 나는 그 땅이 필히 대업을 펴서 천하를 다스리기에 족할 것이라고 생각한다.

비록 4세기 말이지만 일본서기에서 4세기의 일본 모습을 볼 수 있는 유일한 기록이다. 왕이 통치하지 못하고 있다는 것으로부터 전기고분시대에 외교를 수행하거나 할 중앙정부가 없었다는 것을 알 수 있다. 신무일행은 왜국 사정을 전혀 모르고 있다. 어떤 노인으로부터 동쪽에 통치의 중심이 될 넓은 땅이 있다는 말을 듣고 이동한다.

(3) 같은 해(갑인년) 겨울 10월 정사삭 신유(5일)에 천황이 친히 여러 황자와 수군을 거느리고 동쪽을 정벌하러 나섰다. 속흡지문(速吸之門)에 이르렀을 때, 한 어부가 작은 배를 타고 다가왔다. 천황이 불러서 "너는 누구냐?"라고 묻자, "臣은 國神으로 이름을 진언(珍彦)이라고 합니다. 곡포(曲浦)에서 낚시할 때 天神의 아드님께서 오신다는 이야기를 듣고 즉시 마중하러 나와 기다렸습니다."라고 대답하였다. 또

10. https://www.youtube.com/watch?v=PBVILBAxeO0

천황이 "네가 나를 위해 인도할 수 있는가."라고 묻자, "인도하겠습니다."라고 대답하였다.

신무는 해양국가의 왕답게 수군을 이용하여 진격한다. 중간에 만나는 사람들을 전혀 모르는데 이는 처음 왔다는 뜻이다. 왜국의 지리를 전혀 몰라 현지인을 길 안내로 세우고서야 갈 수 있었다.

(4) 그때 장수언(長髓彦)이 듣고 "천신의 아들들이 오는 것은 반드시 우리나라를 치기 위해서일 것이다." 라고 말하고, 즉시 전군을 이끌고 공사위판(孔舍衛坂)으로 가서 맞아 싸워 격전이 벌어졌다. 그때 적이 쏜 화살이 오뢰명(五瀨命)의 팔뚝에 명중하였다. 천황의 군대는 형세가 불리해져 더 이상 싸울 수 없었다. … 천황은 병사들에게 "정지하라. 나아가지 말라."고 명하고 군대를 철수시켰다. 적도 감히 뒤쫓지 않았다. … 더 가서 기국(紀國)의 조산(竈山)에 도착하였을 때 오뢰명이 軍中에서 죽었으므로 조산(竈山)에 묻었다.

신무의 군대가 후퇴를 거듭하는 것을 보면 전기고분시대인들과의 싸움이 쉽지 않았다. 신무의 형인 오뢰명이 화살을 맞고 죽은 것으로 보아 그들의 전력도 상당하였다. 신무천황의 승리는 대부분 술수를 써서 적을 속여서 이룬 것인데, 이는 더 복잡한 사회에서 온 사람들이라는 뜻이다.

(5) 이 때문에 천황 군대의 사기가 꺾였다. 이때 그곳에 한 사람이 있었는데, 이름을 웅야(熊野)의 고창하(高倉下)라고 하였다. 갑자기 그가 밤에 꿈을 꾸었는데 꿈에서 천조대신(天照大神)이 무옹뢰신(武甕雷神)에게 "위원중국(葦原中國)은 아직도 소란하다고 한다. 그대가 다시 가서 평정하여라."라고 말하니, …

당시 일본에 정부라 부를만한 것이 없었다는 뜻이다. 그러니 4세기에 한반도나 중원 국가에 사신을 보낼 수 없는 것이다.

(6) 전처(前妻)가 반찬거리를 달라면 메밀의 열매가 없는 것을 많이 주고, 후처(後妻)가 달라면 제현목(齊賢木) 과 같이 열매가 많은 것을 많이 주어라. 이것을 내목가(來目歌)라 한다. 지금 악부(樂府)에서 이 노래를 부를 때에는 손을 크게 벌리기도 하고 조금 벌리기도 하며, 또는 소리를 굵게 내기도 하고 가늘게 내기도 한다. 이것은 옛날 방식이 그대로 전해진 것이다.

신무조에 전쟁 중임에도 불구하고 단체로 노래하고 춤추는 장면이 많이 나온다. 이런 모습은 삼국지 왜조에는 없고 한조에 있는데 당연하다. 당시 웅진백제에는 악부라 불리는 현재의 문화관광부에 유사한 통치조직이 있었다고 본다. 이로부터 왕의 행적을 기록하는 사관도 있었을 것이라는 생각이 들게 한다. 삼국지 동이전의 마한 기록들 중 다음 기록에 해당하는데 부여에서 온 것이다.

해마다 5월에는 농사일을 마치고 귀신에게 제사를 지내는데, 낮이나 밤이나 술자리를 베풀고 떼 지어 노래 부르고 춤춘다. 춤출 때는 수십 명이 서로 줄을 서서 땅을 밟으면 장단을 맞춘다. 10월에 추수를 마치면 또 이와 같이 한다.

\- 삼국지 동이전 마한

(7) 9월 갑자삭 무진(5일)에 천황이 토전의 고창산(高倉山) 꼭대기에 올라가서 나라 안을 바라보았다. 그때 국견구(國見丘) 위에 80효수(八十梟師)가 있었다. 또 여판(女坂)에 여군(女軍)을 배치하고 남판(男坂)에 남군(男軍)을 배치하고 묵판(墨坂)에는 빨갛게 달아오른 탄을 놓아 두었다. ... 그러자 꿈에 천신(天神)이 나타나서 "천향산(天香山)의 사(社)의 흙을 가지고 천평옹(天平瓮) 80매를 만들고 아울러 엄옹(嚴瓮)을 만들어서 천신지기를 제사지내라. 또 엄저주(嚴呪詛)를 거행하라. 그러면 적이 저절로 복속할 것이다."라고 가르쳐 주었다. ... 그때 또 제활이 "왜국(倭國)의 기성읍(磯城邑)에는 기성(磯城)의 80효수(八十梟師)가 있고 또 고미장읍(高尾張邑)에는 적동(赤銅) 80효

> 수가 있습니다. … 이에 천황이 매우 기뻐하며 그 흙으로 80평옹(八十平瓮), 천수결(天手抉) 80매, 엄옹을 만들고 단생천(丹生川) 상류로 가서 천신지기를 제사지냈다.

여군이 나오는 것으로 보아 응신의 군대는 병력이 부족했다. 일본서기에는 8 또는 80이 많이 나오는데 이상적인 숫자라는 뜻이다. 당시 백제에서는 8을 이상적인 숫자로 생각하는 경향이 있었다고 본다. 따라서 '배 80척이 왔다.' 라고 한다면 적합한 숫자의 배가 왔다는 뜻이다.

> (8) 12월 계사삭 병신(4일)에 천황의 군대가 드디어 장수언을 공격하여, 여러번 싸웠지만 이길 수가 없었다. … 또 장수언의 성품이 비뚤어져서 천손과 사람은 전혀 다르다고 가르쳐도 알아듣지 못하리라는 것을 알고 그를 죽이고 무리를 거느리고 귀순하였다. 천황은 처음부터 요속일명이 하늘에서 내려온 것을 알고 있었다. 그리고 지금 과연 충성을 다하는 것을 보고 포상하고 총애하였다. 이가 물부씨(物部氏)의 먼 조상이다.

신무는 항복한 집단을 받아들여 세력을 키우는데 요속일명 집단이 본래 백제계 이주민이었다는 뜻이다. 어느 문명에서나 자기들이 하늘에서 내려왔다고 하는 것은 외부 이주민이라는 뜻이다. 일본서기나 고사기를 보면 신무가 정복 중에 하는 일은 만나는 사람들마다 "너는 누구냐?"고 묻는 것이다. 마치 콜럼버스가 미주 대륙 원주민에게 묻는 느낌이다. 신무일행은 왜국에 대하여 전혀 정보가 없다.

> (9) 이 세 곳의 토지주(土蜘蛛)가 그 용감함을 믿고 귀순하지 않았다. 천황이 곧 일부 군대를 보내 다 주살하였다. 또 고미장읍(高尾張邑)에 토지주(土蜘蛛)가 있었다. 그 모습이 키가 작고 수족이 길어서 난쟁이와 비슷하였다. 천황의 군대가 칡으로 그물을 만들어 급습하여 죽였다.

신무조를 보면 토지와 관련된 기록들이 많다. 이는 전기고분시대가 토착세력들의 영토 확장을 위한 내전시대였다는 것을 보여준다. 하지만 이 내전의 승자는 백제에서 고구려와 전쟁하다 패하고 건너온 외부세력이었다.

(10) 3월 신유삭 정묘(7일)에 천황이 영(令)을 내려 "내가 동쪽을 정토한 지 이제 6년이 되었다. 천신의 위광 덕분에 흉도를 멸하였다(賴以皇天之威 凶徒就戮). 그러나 변방의 땅은 아직 평정되지 않아서 요상한 무리가 아직 버티고 있지만, 중주 땅(中洲之地)에서는 다시는 풍진이 일어나지 않을 정도도 평온하다. 그러니 皇都를 넓히고 대장(大壯) 괘를 본떠 대궐을 만들자. 그런데 지금 세상이 시작된 지 얼마 안 되어 민심도 소박하다. 나무 위에서 살고 굴 안에 살면서 미개한 습속은 그대로이다. ... 바라다보니 무방산(畝傍山) 동남쪽의 강원(橿原) 땅은 깊숙이 안주할 만한 땅이다. 그곳을 도읍으로 정하자."라고 하였다. 이 달에 곧 관리[有司]에게 명하여 도읍을 조영하기 시작하였다. ... 9월 임오삭 을사(24일)에 원비 도오십영원명을 들여 정비로 삼았다.

신무가 흉도를 멸했다고 하는데 북해도를 제외한 일본열도 전체를 통일하는 것은 7세기 초 소아마자 때고, 이 당시는 구주에서 기내로 가는 교통로를 확보했다는 뜻이다. 일본의 4세기 전기고분시대에 대한 증언으로서 왜 전기고분시대에 왜국이 중국 왕조에 사신을 보낼 수 없었는가를 설명하고 있다. 외교를 담당할만한 통치조직을 갖춘 국가가 없었던 것이다. 반면에 승리한 신무는 궁궐 건축을 담당하는 현재의 국토교통부에 해당하는 통치조직이 있었다.

(11) 신유년 봄 정월 경진삭(1일)에 천황이 강원궁(橿原宮)에서 즉위하였다. 이 해를 천황 원년으로 하였다.

1월에 기내에 도착하여 왜국을 건국하였다는 기록은 삼국사기 백제본기 아신왕 6년조에 의하여 신뢰성이 높다.

(12) 2년 봄 2월 갑진삭 을사(2일)에 천황이 논공행상을 하였다. 도신명에게 택지를 주어 축판읍(築坂邑)에 살게 하고 특별히 총애하였다. 또 대래목(大來目)을 무방산 서쪽의 냇가 주변 땅에 거주하게 하였다. 지금 내목읍(來目邑)이라 하는 것은 이로 말미암는다. 진언(珍彦)은 왜국조(倭國造)로 삼았다. 또 제활에게 맹전읍(猛田邑)을 주어 맹전현주(猛田縣主)로 삼았는데, 그가 바로 토전주수부(菟田主水部)의 선조다. 이름이 흑속(黑速)이었던 제기성을 기성현주(磯城縣主)로 삼았다. 또 검근(劍根)이라고 하는 사람을 갈성국조(葛城國造)로 삼았다. 또 두팔지오도 논공행상의 열에 들었는데 그 후예가 갈야주전현주부(葛野主殿縣主部)다.

논공행상은 공신에게 새로 땅을 떼어 주거나, 아니면 이미 땅을 가지고 통치하는 지역의 통치권을 인정해주는 것인데 이것이 담로제의 주요 골격이었음을 알 수 있다.

응신이 형만 있고 동생이 없는 것은 2가지 중에 하나다. 첫 번째는 원래부터 막내였을 가능성이다. 그런데 이유 없이 막내가 형들을 밀치고 처음부터 태자로 책봉되고 왕이 된다는 것은 자연스럽지 못하다. 두 번째는 동생도 있었는데 천도하지 못한 것이다. 일본서기는 이런 경우 구태여 기록할 필요가 없다고 생각한다.

만일 응신의 동생이 있었는데 천도하지 못했다면 어떤 일이 있었을까? 그 답변을 삼국유사에서 찾는다. 웅진성 함락으로 인한 응신의 피신과 아주 유사한 경우가 있다.

### 구형왕(仇衡王)

김씨, 정광 2년에(521, 正光二年) 즉위하여 42년 동안 다스렸다, 보정 2년 임오(562) 9월(保定二年壬午九月)에 신라 제24대 진흥왕이 군사를 일으켜 쳐들어오자 왕이 친히 군사를 지휘했다. 그러나 적병의 수는 많고 이쪽은 적어 맞싸울 수가 없었다(彼衆我寡 不堪對戰也). 이에 왕은 아우 탈지이즐금(同氣<脫知爾叱>)을 보내 나라에 머물게 하고, 왕자와 상손 졸지공 등과 함께 항복하고 신라로 들어갔다(王子上孫<卒支公>等 降入新羅).

– 삼국유사 가락국기

남가야의 마지막 왕을 기록한 삼국유사 가락국기는 신라군의 포위공격을 받아 함락되는 상황을 설명하였는데, 나라를 동생에게 맡기고 항복했다는 것이다. 여기서 중요한 것은 수도가 함락되는 위기에 처하면 왕은 수도를 동생에게 맡기고 떠난다는 것이다. 왕이 왕자들을 데리고 호위병과 함께 지리산으로 피신했다고 하는 견해도 있다.[11]

만일 웅신에게 동생이 있었다면 웅진성은 동생에게 맡기고 형들과 함께 피신했을 것이다. 그러면 동생은 고구려군을 막다가 웅진성이 함락될 때 전사했거나 고구려군에게 포로로 잡혀갔을 가능성이 크다.

## 10.8 삼국사기 백제본기의 4말5초 왜국 기록 7개

삼국사기 백제본기에는 왜국 기록이 4세기말~5세기 초의 30년 동안에 한해서 7개가 나온다.[12] 397년부터 409년까지는 고구려와의 전쟁기인데 이때 5개가 집중된다. 그리고 약 10년 후인 418년

11. 김성호, 한국사학논총 上 (박영석교수 회갑기념 논총간행위원회, 1992), 임나·김해가야사 연구, p. 107.
12. 단 백제 말기인 7세기는 제외한다.

에 하나, 다시 10년 후인 428년에 하나가 마지막으로 나온다. 공통점은 모두 倭國으로 칭했다는 것이다. 이 백제본기의 왜는 신라본기의 왜와 다르게 모두 일본열도 기록이다.

(1) 아신왕 6년(397); 夏五月, 王與<倭國>結好 以太子腆支爲質. 秋七月, 大閱於漢水之南.

(2) 아신왕 11년(402); 夏五月, 왜국에 사신을 보내 큰 구슬을 요청했다(遣使<倭國> 求大珠).

(3) 아신왕 12년(403); 봄 2월, 왜국의 사자가 도착하여 왕이 위로하고 후대하였다. 가을 9월, 신라의 변경을 쳤다.

(4) 전지왕 원년(405); 재위 14년째에 아신왕이 사망하자, 왕의 仲弟 훈해(訓解)가 정사를 대리하며 태자의 귀국을 기다렸는데, 왕의 季弟 첩례(碟禮)가 훈해를 죽이고 스스로 왕이 되었다. 이때 전지가 왜에서 부고를 듣고 울면서 귀국을 요청하니 <왜왕>이 1백 명의 군사로 하여금 그를 보호하여 귀국하게 하였다. 그가 국경에 이르자 한성 사람 해충이 와서 고하기를 "대왕이 죽은 후에 왕의 동생 첩례가 형을 죽이고 자기가 왕위에 올랐으니 태자께서는 경솔히 들어오지 마시기 바랍니다."라고 하였다. 전지가 왜인을 체류시켜 자기를 호위하게 하면서, 바다 가운데의 섬에서 대기하고 있었는데, 백성들이 첩례를 죽이고 전지를 맞이하여 왕위에 오르게 하였다.

(5) 전지왕 5년(409); 왜국에서 사신을 보내 야명주를 보내오니 왕이 후하게 대우하였다(<倭國>遣使 送夜明珠 王優禮待之).

(6) 전지왕 14년(418); 夏, 遣使<倭國> 送白綿{錦}十匹.

(7) 비유왕 2년(428); 春二月, <倭國>使至 從者五十人.

## 해설

[1] 397년 5월에 백제본기에 왜국이 처음 출현한다. 내용상으로

보아서는 서로 잘 아는 관계인데 왜 그 전에는 기록이 전혀 없었을까? 원래는 아주 많이 있었는데 어떤 이유에서인지 이전 기록들은 삼국사기 백제본기에 하나도 실리지 못했다고 보아야 한다.

삼국사기에 하나도 실리지 못한 기록에는 무엇이 있을까? 그것은 삼한이다. 3세기에 마한이 54국이었는데 삼국사기에는 1국만 나오고 나머지 53국은 없다. 변한과 진한도 마찬가지다. 가야가 삼한에 들어가지 않았을 때는 신라본기에 나오다, 망해서 삼한에 들어가자 사라져버린다. 결국 이 왜국은 삼국사기에 실리지 못한 삼한과 관련된 존재임을 알 수 있다. 그 삼한이 한반도에 있을 때는 실리지 못하다 한반도를 벗어나 왜국으로 가자 실린 것이다.

지역적으로 보면 낙동강유역만 신라본기에 왜국으로 나올 뿐, 아직도 금강유역, 영산강유역, 섬진강유역, 제주도 등 한반도 남부지역은 나오지 않는다. 따라서 이 왜국은 삼국사기에 나오지 않는 바로 거기에 있었다고 판단해야 합당하다.

[2][5] 402년에 왜국에 구슬을 요청했는데 7년이나 지난 409년에 온다. 일본서기를 보면 403년부터 408년까지는 왕이 없는 공위기로서 대혼란기라 구슬을 못 보낸 것이 이해가 간다. 433년인 비유왕 8년(눌지왕 18년)조를 보면 구슬은 국가 간 혼인선물이다. 이 기록과 관련한 일본서기 기록은 407년에 전지왕의 누이인 신제도원공주가 7명의 여자들을 데리고 왜국으로 갔다는 것이다. 이 7명의 여자들은 백제 지배층인 해씨나 진씨들일 것이다.

[3] 삼국사기 신라본기를 보면 대 백제관계는 크게 3기로 나뉜다.

· 1기: 국초~미추이사금, 많은 전쟁이 있음
· 2기: 유례이사금~법흥왕, 약 250년으로 전쟁이 없음
· 3기: 진흥왕~국말, 많은 전쟁이 있음

2기에 전쟁이 없는 이유는 국력이 백제가 압도적으로 커서 전쟁이 불가능하기 때문이다. 그런데 그 기간에 백제가 신라의 변경을 친 이상한 전투 기록이 하나 있다. 바로 403년 9월의 이 기록이다. 전투의 원인은 무엇일까? 백제군 지휘관의 이름은 무엇일까?

일본서기에 답이 나온다. 403년 2월에 응신이 죽자 왕후인 중희가 아신왕에게 사신을 보낸 것이다. 오사카에서 서울까지 빨라 가면 한 달 안에 갈 수 있다는 것을 알 수 있다. 응신이 죽자 왜국은 왕권을 두고 내전에 휩싸인다. 이를 안 신라 실성이사금이 바다를 건너 왜국을 공격한다. 왜국이 위기에 빠지자 백제가 신라 변방을 공격하여 왜국을 구하고 있는 것이다. 백제의 공격을 받은 신라는 공격을 멈추고 화친을 맺고 돌아온다.[13]

일본서기를 보면 목(협)만치는 목라근자라는 백제 장군이 신라를 공격할 때 만난 신라여인으로부터 낳은 아들이라고 한다. 4세기 이전에 백제가 신라를 공격한 것은 두 나라 자체의 문제가 아니라 왜국 때문에 벌어진 것으로 이것뿐이다. 그러면 목협만치는 404년 출생이다.

오사카에서 서울로 급하게 사람을 보낸 일은 475년에 또 벌어지는데, 백제 개로왕이 고구려 장수왕의 포위 공격을 받

---

13. 『재조명1』 제24장, 7 신라의 왜국 공격. P. 487.

자 곤지(웅략천황)가 목협만치와 조미걸취에게 군사를 주어 백제를 구원하게 한 것이다. 하지만 이들이 도착했을 때는 이미 한성은 불타서 폐허가 되고 개로왕은 죽은 후였다.

[4] 전지태자가 귀국할 때 호위병을 붙여준 왜왕은 응신의 아들인 토도치랑자다. 응신이 죽자 아들인 토도치랑자 태자, 왕후인 중희, 그리고 수상격인 무내숙네가 왜국을 통치한다. 중희는 아신왕의 누이고 토도치랑자는 중희의 아들이 아니다. 이 시기에 내란이 계속 발생하는데 일본서기 편자들은 이 시기 기록들을 고왕조로 옮겨놓았다. 혼란이 수습되려면 토도치랑자가 백제 왕실의 여인을 왕비로 세우고 공립되어야 하나 불가능한 상태였다. 이 공위기의 혼란은 408년에 인덕이 토토치랑자를 죽이고, 409년에 진왕으로 즉위함으로써 끝난다.

[7] 이때 인덕이 죽고 왜국에 후계를 두고 대혼란이 발생한다. 백제 왕실의 여인을 데려오는 사람이 승리한다. 그렇지만 데려가지 못했다. 인덕의 아들인 이중이 왕이 되었으나 왕비 신분이 비이기 때문이다. 왜국은 백제 왕실의 여인을 데려오지 못했다. 이 기록은 백제본기에는 실리고 실패한 일본서기에는 실리지 못했다. 왕후를 세우는 최적 시기가 3월인데, 서울에서 오사카까지 1달이 걸리므로, 2월에 사신들이 왔다는 기록은 정확하다.

이와 같은 대규모 왜국 사신은 461년에 다시 한 번 발생한다. 이번에는 성공적으로 백제 왕실의 여인을 데려가니 이 여인이 무령왕의 어머니다. 이 기록은 백제본기에는 실리지 못하고 성공한 일본서기에만 실렸다.

[질문자] 아버지가 목라근자이면 아들도 목라씨거나 우리 말을 한자로 옮겼다고 해도 '라'와 비슷한 글자여야 하는 것 아닙니까? 그런데 아들은 목협(木劦)씨로서 '라'와 '협'은 전혀 다른 발음 아닌가요? 아니면 목씨에 목라씨와 목협씨 2가지가 있는가요?

[一道安士] 일본서기를 보면 목씨를 목리 또는 목례(木劦)씨라고도 합니다.

## 10.9 삼국사기가 기록한 응신천황의 죽음

일본서기를 보면 응신이 죽었다는 것을 알게 된 대외 기록이 토도치랑자 태자가 응신 28년(404) 가을 9월에 고구려 사신을 접대하는 것이다. 일본서기에 출현하는 최초의 고구려 사신 기록인데 왕이 아니라 태자가 사신을 받는 것으로부터 이때 응신이 죽었다는 것을 확인할 수 있다.

- 응신 28년(404); 가을 9월, 고구려왕이 사신을 보내 조공하고 표를 올렸다. 그 표에 "고구려왕은 일본국에 교(教)한다."라고 적혀 있었다. 이때 태자인 토도치랑자가 그 표를 읽고 노하여 고구려의 사신을 꾸짖고 '표문에 예가 없다(以表狀無禮).'라고 하며 그 표를 파기해 버렸다.

  \- 일본서기

고구려 사신이 가져온 국서에 日本國이라고는 적혀있지 않았을 것이다. 일본이라는 국호는 7세기 말에 백제와 고구려가 망하자 만든 국호이기 때문이다. 일본서기 편자들이 원문을 지우고 일본국으로 교체한 것인데 그러면 국서에 무엇이라고 적혀있었을까? 아마도 百濟였을 것이다.

'教'에는 잘못을 지적한다는 뜻이 있다. 404년 9월에 고구려 사신이 왜국에 와서 화를 냈다는 것은, 8월에 고구려가 크게 화를 낼 일을 했다는 것이고, 이에 대하여 고구려가 사신을 보내 따지는 것이다. 고구려 사신이 왜국에 와서 화를 내고 토도치랑자 역시 이에 대하여 '예가 없다.'라고 했다면 이는 과거에 많은 사신이 교환되어 두 나라 간에 외교의 예가 확립되어 있었다는 뜻이다.

고구려 사신이 화를 낸 것에 대하여 전쟁 중에 이런 일이 별 대수냐고 할 수도 있지만 고구려 입장에서 보면 충분히 이해가 된다. 일본서기를 보면 400년부터 임나·신라 지역에 갇힌 수많은 백제인들이 궁월왕과 아지왕의 지휘 하에 바다를 건너 왜국으로 몰려오는데 고구려가 추격하지도 않고 막지도 않은 것이다. 이때 두 나라 사이에 휴전이 성립된 것이 아닌가 하는 생각이 드는데 고구려는 404년에 왜국(천도한 백제)이 휴전협상을 깼다고 보는 것이다. 당시에 왜국은 응신이 죽고 대혼란이 발생하여 한반도에 군대를 동원할 여력이 없었다. 이에 항의하는 고구려 사신에게 토도치랑자가 화를 낸 것은 자신들과는 무관하다는 뜻이다. 404년 8월에 고구려의 후방을 공격한 것은 천도하지 않고 한반도에 남아있던 백제세력이다.

만일 토도치랑자가 지시하여 고구려를 공격한 것이라면 다음과 같은 작은 공격도 기록한 일본서기에 빠질 리가 없다.

* 웅략 23년(479), 축자의 안치신(安致臣)과 마사신(馬飼臣) 등이 선사(船師)를 거느리고 고구려를 쳤다.

479년에 동성왕이 왜국에 있는 수군을 이용하여 고구려를 치게 한 사건인데 이런 작은 공격도 기록되어 있다. 이에 반하여 404년 8월의 공격은 고구려가 사신을 보내 분노하고, 이후 406~407년에 대규모 보기 군단을 동원하여 이들의 근거지인 남해안을 보복공격할 정도로 큰 사건이었다.

5세기 초에 임나·신라 지역에 피난민들로 인하여 대규모 혼란이 발생하였다는 것은 일본서기 신공조로도 알 수 있다. 백제가 왜국으로 천도했다가 다시 백제로 천도한 다음인 무령왕 때 백제는 백년 전인 5세기 초에 임나지역으로 피난 왔다가 왜국으로 건너가지 않고 눌러 산 사람들을 조사하여 다시 고향으로 돌려보낸다.

- 계체천황 3년(509); 봄 2월, 사신을 백제로 보냈다. 임나의 일본 현읍에 사는 백제 백성들 중에 본관지로부터 도망하여 호적에서 삭제된 지 3, 4대를 지난 자를 조사하여 백제로 보내 관에 올렸다.

  – 일본서기

고구려 사신이 오기 전 해인 403년이 응신 22년인데 가을 9월을 보면 왕이 땅을 나누어 주고 통치자로 책봉한다. 마치 논공행상을 하는 듯하다. 일반적으로 논공행상이란 전쟁이 끝나서 공을 세운 사람들에게 대가를 지불하는 것이다. 예를 들면 이런 것이다.

- 근초고왕 24년(369); 가을 9월, 고구려왕 사유가 보병과 기병 2만 명을 거느리고 치양에 와서 주둔하며 군사를 시켜 민가를 약탈하였다. 왕이 태자에게 군사를 주어 지름길로 치양에 이르러서 불시에 공격하여 그들을 격파하고 적병 5천여 명의 머리를 베었다. 노획한 물품은 장병들에게 나누어 주었다.

403년에 왜국에 전쟁이 있었는가가 문제인데 일본에는 403년인 응신 22년에 신라군이 왜국에 쳐들어왔다는 전설이 전한다. 그러면 전쟁이 끝나고 9월에 신라군을 격퇴하는데 공을 세운 세력들에게 왕이 대가를 지불하는 것이다. 그런데 이때 논공행상을 한 왕이 응신이 아니다. 응신은 죽고 공을 세운 지방 세력들이 각자 자기 몫을 챙겨가는 것이다. 신라가 이때 수군을 동원하여 바다 건너 왜국을 공격한 이유는 응신이 죽어 왜국이 혼란에 빠졌기 때문이었다.

삼국사기 신라본기에 나오지 않는 이유는 진왕관련 기록을 삭제했기 때문이다.

403년 있은 응신의 사망 기록은 분리하여 고왕조의 중애 9년조로 옮겼다. 단 사건의 달은 그대로 했다.

* 중애 9년(173); 봄 2월, 계묘삭 정미(5일)에 천황이 갑자기 몸이 아프더니 다음날 죽었다.[이때 나이 52세였다. 바로 신의 말을 듣지 않아서 일찍 죽었다는 것을 알았다. 어떤 책(一)에서는 천황이 친히 웅습을 정벌하고자 하였으나 적의 화살에 맞아 죽었다고 한다.]

  이에 황후와 대신 무내숙네는 천황의 죽음을 감추고 천하에 알리지 않았다. 황후가 대신 및 중신오적진련, 대삼륜대우주군, 물부담사련, 대반무이련에게 "지금 천하는 천황이 죽었다는 사실을 아직 모르고 있다. 만일 백성들이 알면 일을 게을리 하는 자들이 나오지 않겠는가."라고 말하였다. 그리고 4인의 大夫에 명하여 백관들을 거느리고 궁중을 지키게 하였으며, 몰래 천황의 시신을 거두어 무내숙네에게 해로를 통해 혈문으로 옮기도록 했다. 그리고 풍포궁에 빈소를 차리고 무화빈렴(无火殯斂)을 하였다. 갑자(22일)에 대신 무내숙네는 혈문에서 돌아와 황후에게 보고하였다. 이 해에는 신라역으로 인하여 천황을 장사지낼 수 없었다 (是年 由新羅役 以不得葬天皇也).

  – 일본서기

응신은 403년 2월 5일에 웅습을 정벌하다 화살에 맞아 죽은 것이다. 국가가 수도를 옮기는 천도란 이렇게 어려운 것이다. 신라役으로 인하여 응신을 장사지낼 수 없다고 하였는데 役이란 고통이나 어려움을 뜻한다. 왕의 장례를 치룰 수 없을 정도로 힘든 역이 무엇이었는가는 403년의 일본서기 기록인 응신 22년조 외에도 당시의 삼국사기 백제본기와 신라본기에 자세히 기록되어있다.

응신이 52세에 죽었다는 기록은 신뢰성이 높다. 그 이유는 신무조에 신무가 동정을 떠날 때 45세라고 했는데 그 해가 396년이기 때문이다. 403년은 7년 후인데 45세에 7년을 더하면 52세이기 때문이다.

응신이 죽으면 이민시기의 대혼란 속에 내전이 벌어질 것이기 때문에 왕후인 중희는 응신의 죽음을 숨긴 것이다. 특히 당시 왜국이란 이민자들의 나라였기 때문에 대표적 이민 지도자들인 궁월왕(훗날의 인덕천황, 讃)과 아지왕(훗날의 반정천황, 珍)이 경계의 대상이었을 것이다. 응신 사후 실제로 많은 내전이 벌어져 무내숙녜 등이 진압하기도 하였는데 그 기록들은 모두 고왕조기 옮겨져 있다.

응신이 403년 2월 초에 죽으니 중희가 기댈 곳은 남매간인 백제 아신왕뿐이다. 이때의 삼국사기 백제본기와 신라본기를 보면 다음과 같다.

- 아신왕 12년(403); 春二月, <倭國>使者至 王迎勞之 特厚. 秋七月, 遣兵侵<新羅>邊境.
- 실성이사금 2년(403); 봄 정월, 미사품을 서불한으로 임명하고 군사와 정치에 관한 일을 맡겼다. 가을 7월, 백제가 변경을 침범하였다.

중희가 보낸 왜국의 사자가 2월 말에 한성에 도착하여 아신왕에게 응신의 죽음을 알리고 도움을 요청한 것이다.

- 응신 22년(403); 봄 3월, 갑신삭 무자(5일)에 천황이 난파(難波)로 행차하여 대우궁(大隅宮)에 머물렀다.

– 일본서기

2월에 응신이 웅습을 정벌하다 죽자, 3월에 마치 살아있는 것처럼 해서 궁에 돌아와 대우궁에 시신을 안치한 것이다. 하지만 비밀이 제대로 지켜질리 없다. 왜국은 대혼란에 빠지고 이 소식이 신라에도 전해진다. 신라 실성이사금은 원정군을 편성하여 바다를 건너 왜국을 공격한다.

전쟁 후 논공행상이 9월인데 어떻게 전쟁을 끝냈는지가 삼국사기에 나온다. 7월에 아신왕이 군대를 보내 신라의 변방을 공격함으로써, 8월에 신라군이 왜국에서 철수한 것이다. 따라서 9월에 논공행상이 벌어졌다는 일본서기의 기록은 합리적이다. 이것이 백제와 신라의 전쟁이 없는 283년~553년 사이에 나오는 유일한 전투 기록의 배경이다.

수전에 약한 유목민족이 대규모로 바다를 건넜다는 것으로부터 이들이 이전 석씨신라의 전통을 버리지 않고 계승하였다는 것을 알 수 있다. 경주항에서 대규모 선단에 말과 군대를 싣고 남하하여 낙동강하구와 대마도를 통과하여 구주에 도착했을 것이다. 5세기 이전 고대에 흉노·돌궐계 기마군단이 선단을 이용하여 바다를 건넌 예가 또 있는지 알 수 없으나, 이 실성이사금의 왜국 공격은 초원의 유목민족이 바다의 해상군단으로 전환될 수 있다는 점에서 초원사 연구에 중요한 자료가 될 것이다.

이후 왜국은 무려 6년 동안이나 토도태자를 명목상의 왕으로 세운 채 여러 세력들이 왕권을 두고 싸운다. 응신의 최대 가신이었던 무내숙네가 내란을 진압하는 등 노력하는 모습이 고왕조 기록에 옮겨가 있다. 토도태자는 왕비를 세울 수 없었다. 408년에 토도치랑자 태자가 죽고, 5세기 초에 수많은 백제 피난민을 이끌고 들어온 이민 집단의 지도자가 409년에 즉위하니 일본서기 최고의 성군으로 불리는 인덕이다.

왜국이 왕의 죽음을 감춘 것은 이것만이 아니다.[14] 477년에 웅

14. 오늘날도 국가건 회사건 최고 통치자의 죽음을 감추기도 한다.

략(武)이 백제로 천도하다 죽고 그의 시신이 왜국에 돌아오자 왜국을 통치하던 웅략의 아들인 말다황자는 아버지의 죽음을 감춘다. 그리고 이번에는 백제가 아니라 478년에 송에 사신을 보내, 아버지가 사신을 보냈던 462년과 다르게, 아버지의 책봉을 사정한다. 그리고 이 아들이 백제로 돌아와 왕이 되니 동성왕이다. 이로써 왜국의 백제 천도는 동성왕에 의하여 마무리된다.

동성왕은 왜국을 자신의 동생에게 맡기고 돌아왔는데 동생은 웅략에게 죽은 시변황자(흥)의 아들들에게 왕위를 뺏긴다. 시변황자의 후손들은 498년에 다시 영산강유역에서 동성왕에게 쫓겨 온 후왕들에게 왕권을 뺏긴다. 이후 왜국은 무령왕이 6세기 초에 계체를 왜왕으로 파견함으로써 다시 백제의 통치하에 귀속된다.[15]

---

15. 『재조명2』 제39장 계체천황의 자립위왕, p. 216.

# 11장

# 백제의 왜국 천도 II

## 11.1 407년 부여씨의 삼국사기 출현

영산강유역 3대 성씨인 여씨, 목씨, 사씨가 금강유역에 진출하여 4세기에 진왕권을 장악하게 되니 웅진백제의 귀족들도 대부분 이 세 성씨가 차지하게 되었다. 5세기 일본서기에 출현하는 숙네들도 대부분 이 세 성씨들이다. 이들은 396년 8월에 고구려군에게 웅진성이 함락되고 왕이 왜국으로 천도하자 일부는 왕을 따라 함께 떠나고, 또 남은 일부는 한성백제와 결합하게 된다. 즉 이 세 성씨가 백제본기에 출현하는 것은 396년 9월 이후라는 뜻이다.

가장 먼저 나타나는 것이 사씨다. 396년 9월 이후인 398년에 사씨가 출현한다는 것은 이 기록이 믿을만하다는 뜻이다.

* 아신왕 7년(398); 봄 2월, 진무를 병관좌평으로 삼고 <사두>를 좌장으로 삼았다 (以眞武爲兵官佐平 <沙豆>爲左將), 3월, 쌍현성을 쌓았다.

목씨의 최초 출현은 403년 7월에 신라의 변경을 친 사건이다. 이때 백제군 지휘관이 목협만치의 아버지인 목라근자로 추정된다. 웅진백제 왕족인 부여씨도 이 무렵에 나타나는데 최초 출현은 407년 2월이다.

(1) 전지왕 3년(407); 봄 2월, 왕의 서제 餘信을 내신좌평으로 임명하고, 해수를 내법좌평으로, 해구를 병관좌평으로 삼으니 모두 왕의 친척이었다,

(2) 전지왕 4년(408); 봄 정월, 餘信을 상좌평으로 임명해 군사와 국정에 관한 일을 맡겼다.

(3) 전지왕 12년(416); 동진의 안제가 사신을 보내와 왕을 사지절도독 백제제군사 진동장군 백제왕으로 책봉하였다.

(4) 비유왕 원년(427); 동진의 안제가 사신을 보내와 왕을 사지절도독 백제제군사 진동장군 백제왕으로 책봉하였다.

사씨와 목씨는 왕족이 아니니 한성백제에 일찍 협력할 수 있다. 하지만 왕족인 부여씨가 나타나 한성백제와 결합한다는 것은 웅진백제가 재기가 불가능할 정도로 파괴되어 새로운 국가 건국을 모색한다는 뜻이고, 한성백제와의 결합은 그 방법이다. 결국 여신이 나타나기 직전인 407년에 1월에 고구려군과 전쟁이 벌어졌고, 여기서 여신이 지휘하는 웅진백제군이 고구려군에게 패한 것이다. 이때 이미 웅진백제 세력인 사씨와 목씨들이 한성백제에 들어가 있었으므로 부여씨가 들어가자마자 권력을 장악하는 것은 이상한 일이 아니다.

407년 1월 전쟁 원인은 일본서기 응신 28년(404)조에 나온 404년 8월의 백제의 고구려에 대한 공격이다. 고구려에게 밀리던 백제가 고구려에 반격한 것인데, 해양국가의 장점을 살려 대규모 선단을 동원하여 고구려 후방 어떤 곳을 대대적으로 공격한 것이다. 그런데 고구려본기를 보면 404년인 광개토왕 13년조에는 겨울 11월에 군사를 보내 연나라를 공격하였다는 기록 하나 뿐이다. 8월에 후방을 공격 받은 기록이 없다. 즉 웅진백제 진왕 기록을 삭제할 때 함께 삭제되었다고 본다.

404년에 일본열도로 천도하지 않고 한반도에 남아있던 백제가 수백 척의 배에 수만 대군을 싣고 서해안을 북상했을 것이니, 평양의 서쪽 관문인 대동강 하구나, 한 때는 자신들의 영토였지만 고구려가 점령한 임진강이나 예성강 하구를 공격했을 가능성이 크다. 396년 8월 고구려의 아산만 상륙작전에 대응할 정도의 대규모 전쟁으로 고구려는 이를 격퇴하였으나 피해가 컸던 것으로 보인다.

이 전쟁으로 인하여 발생한 407년 전쟁의 장소를 한반도 남부로 보는 또 하나의 이유는 3세기 초에 망해서 변진한에 들어갔던 가야 제국들이 약 2백년 만에 일제히 재건국되기 때문이다. 가락국기를 보면 남가야는 407년에 재건국되는데 남가야뿐만 아니라 가야제국 전체가 이 직후에 재건국되었을 것이다. 낙동강유역을 비롯한 한반도 남부에서 대규모 전쟁이 있었고, 그 결과 변한지역을 통치하던 백제가 패배하여 가야제국이 재건국될 수 있는 힘의 공백이 만들어졌다.

여신의 출현을 봄 2월로 기록한 것은 정확하다고 본다. 고구려군이 백제 후방 깊숙한 곳을 해로로 공격하기에는 백제가 바다를 장악하고 있어서 불가능하다. 그러면 육로인데 남해안까지는 강이 많다. 따라서 강이 어는 겨울이어야 한다. 고구려 보기 군단은 406년 12월에 강들을 건너 407년 1월에 한반도 남부에 도착하여 전쟁이 벌어졌고, 철군하던 고구려군을 추격하던 백제군이 2월에 한강유역에 도착하여 한성백제를 점령하게 된 것이다. 그 결과 404년과 407년의 두 차례 전쟁을 지휘했던 백제군 지휘부가 삼국사기에 이름을 보이니, 407년 2월에 나타난 여신과, 427년에 부여씨 왕통을 여는 비유왕 여비가 그들이다.

한성백제를 장악한 부여씨는 416년에 한성백제사 최초로 중국왕조에 사신을 보내 백제왕의 책봉을 받는데, 당시 동진에 간 백제 사신은 근초고왕, 근구수왕, 침류왕 등에 대해서는 일체 언급하지 않았다. 대신 이전에 백제왕의 책봉을 웅진백제 진왕들인 여구왕과 여휘왕을 선대로 언급하였다. 이 말은 백제 사신이 웅진백제 출신이었다는 뜻이다. 백제 왕성은 부여씨라고 하는데, 왕의 이름은 '영'이라고 하자, 중국 사관은 사신을 보낸 백제왕을 餘映이라고 적었다. 반면에 삼국사기 편집진은 이 기록을 검토하여 보았는데 자신들이 가진 어느 사료에도 전지왕이 부여씨라는 기록은 없었던 것이다. 그래서 성을 빼고 이름만 映[1]이라고 적었던 것이다.

## 11.2 실성이사금의 풍도 공격

신라의 (1)내물이사금-(2)실성이사금-(3)눌지마립간-(4)자비마립간-(5)소지마립간-(6)지증마립간을 마립간시대 6왕이라고 하는데, 실성이사금은 내물계가 아니고 나머지 5왕은 내물계다. 내물이사금 기록을 읽어보면 그는 매우 사려 깊고 매사에 조심스러운 인물이었다. 신라에 들어온 343년에 바로 흘해이사금을 제거하고 왕이 될 수 있었지만 그렇게 하지 않았다. 신라의 전통을 존중한 것이다. 이민 집단을 이끌고 새로운 땅에 무사히 안착해야 하는 입장이었기 때문에 그럴 수밖에 없었을 것이다. 하지만 내물을 이은 실성은 성격이 전혀 다르다. 삼국사기 신라본기의 실성이사금 주요 기록은 다음과 같다.

(1) 실성 원년(402); 3월, 왜국과 우호 관계를 맺고(與倭國通好), 내물이사금의 아들 미사흔을 인질로 보냈다.

(2) 실성 2년(403); 봄 정월, 미사품을 서불한으로 임명하고, 군사와 정치에 관한 일을 맡겼다(委以軍國之事). 가을 7월, 백제가 변경을 침범하였다.

(3) 실성 3년(404); 봄 2월, 왕이 직접 시조묘에 참배하였다.

---

1. 腆으로 보기도 한다.

(4) 실성 4년(405); 여름 4월, 왜병이 명활성을 공격했으나 이기지 못하고 돌아가는데, 왕이 기병을 거느리고(王率騎兵) 독산 남쪽(獨山之南)에서 요격하였으며, 다시 싸워 그들을 격파하고 3백여 명을 죽였다.

(5) 실성 6년(407); 봄 3월, 왜인이 동쪽 변경을 침범했다. 여름 6월, 왜인이 다시 남쪽 변경을 침범하여 1백 명을 잡아갔다.

(6) 실성 7년(408); 봄 2월, 왕은, 왜인이 對馬島에 병영을 설치하고 병기와 군량을 저축하여 우리나라를 습격하려 한다는 말을 듣고, 그들이 공격해오기 전에 먼저 정병을 뽑아 그들의 군사 시설을 공격하고자 하였다. 서불한 미사품이 말했다. ... 왕이 이 의견을 따랐다.

(7) 실성 11년(412); 내물이사금의 아들 복호를 고구려에 인질로 보냈다.

(8) 실성 12년(413); 평양주 대교를 새로 축성하였다(新成<平壤州>大橋).

## 해설 1

[1] 실성이사금을 왕위에 옹립한 것은 신라에 친고구려정권 수립을 원했던 고구려였다. 내물이사금의 아들을 고구려에 인질로 보낸 것은 내물계의 세력을 누르고 왕권을 보호하기 위한 것이다. 하지만 그가 고구려로부터 벗어나려고 하자 392년에 고구려에 인질로 갔던 눌지가 417년에 돌아와 고구려의 힘을 빌려 실성을 죽이고 왕이 된다. 이로써 신라의 왕권은 내물계로 다시 복귀한다.

[4] 당시 신라 기병은 중앙아시아와 몽골 초원에서 온 유목민족 군대로 세계 최강이었다.

[6] 이 기록은 실성이사금이 응신이 죽던 403년에 바다를 건너 왜국을 공격했다는 일본의 전설이 사실이라는 생각이 들게 한다.

[8] 평양이 아니라 평양주인데 넓은 땅이라는 말이다. 대동강의 평양은 아니라고 보는데 어디인지 알 수 없다.

(9) 실성 14년(415); 가을 7월, 왕이 혈성벌판에서 크게 군대를 사열하고(大閱於穴城原), 또한 금성 남문에 행차하여 활쏘기를 관람하였다. 8월, 왜인과 風島에서 싸워 이겼다.

(10) 실성 16년(417); 여름 5월, 왕이 죽었다.

## 해설 2

[9] 신라본기를 보면 신라는 항상 왜로부터 공격을 받고 방어만 하지 왜를 먼저 공격한 기록은 없다. 그런데 유일하게 신라가 왜를 먼저 공격했을 것 같은 기사가 이것이다. 415년 7월에 신라군이 혈성원에서 대규모 군사열병을 하고, 다음 달인 8월에는 풍도에서 왜인과 싸워 이겼다는 내용이다. 마립간시대에 대규모 군사열병은 이 기록이 유일하다. 그리고 이전의 기록은 자기들처럼 유목민족 군대를 이끌고 들어왔던 미추이사금이 281년에 대 군사열병을 한 것이다.

전쟁 상대가 왜국이 아니라 왜인인 것으로 보아 국가적 전면전은 아니고 국지전이다. 이 기록에 대하여, '동해안에 섬이라고 해야 포항 앞바다에 무인도가 몇 개 있을 뿐인데 어떻게 풍도라는 괴상한 섬에서 싸웠다는 말을 믿을 수 있느냐?'라고 의문을 제기할 수도 있다. 풍도라는 섬은 김부식을 비롯한 삼국사기 편집진도 위치를 모르는데 신라본기에 또 나온다.

- 흘해 37년(346); 왜병이 갑자기 風島에 와서 변경의 민가를 약탈하고,

> 또한 金城을 포위 공격하였다. 왕은 군사를 보내 전투를 벌이려 하였다. 그러나 이벌찬 康世가 말했다. "적병이 멀리서 왔으니 그 예봉을 당할 수 없습니다. 시간을 늦추어 그들이 피로해지기를 기다리는 것만 못합니다." 왕이 그렇다고 생각하여 성문을 닫고 나가지 않았다. 적들은 식량이 떨어지자 물러나려 하자 왕이 강세로 하여금 강한 기병을 이끌고 추격하게 하여 그들을 격퇴하였다.

346년에 강세가 신라군을 지휘하여 왜병과 싸운 곳이 풍도인데 이로부터 풍도는 왜국과의 국경에 위치한다는 것을 알 수 있다. 4세기에는 가야지역의 문화가 신라지역보다 우세하지만, 5세기에 들어서면 서로 비등해지고, 6세기에 들어서면 역전이 일어나 신라가 우세해지자 가야가 사라진다.

풍도의 위치로 우선 김해바다를 생각할 수 있는데 4백년 전인 1세기에는 목출도가 있었다. 하지만 5세기에는 김해바다가 상당히 메워져 김해평야로 바뀌는 중이었다. 따라서 당시에는 김해바다에 큰 섬을 기대하기 어렵다고 본다. 또 하나는 풍도라는 이름인데 바람이 많이 부는 섬이라는 뜻이다. 풍도가 김해바다에 위치한 내륙호라면 바람이 많이 불기 어렵다고 보고 바람이 많이 부는 바닷가에서 찾으려 한다.

풍도라는 섬은 신라와 신라본기의 왜(임나)의 국경에서 찾아야 하는데 국경은 울산의 태화강이었다. 울산에서는 의외로 많은 삼국시대 전쟁 유물이 발굴되는데 신라와 임나의 국경이었기 때문이다. 그러면 태화강 하류에서 섬이라고 불릴만한 곳이 있는지를 찾아보면 [그림 11.4] 정도가 당시에는 섬이었을 가능성이 높다.

하지만 정말로 이 무렵 신라의 국력이 대 사열을 단행할 정도로 상승하였는지에 관해서는 의문을 거두지 못하는 것이 보통이다. 신라가 작은 적인 임나와는 맞서지만 큰 적인 바다 건너로 천도한 백

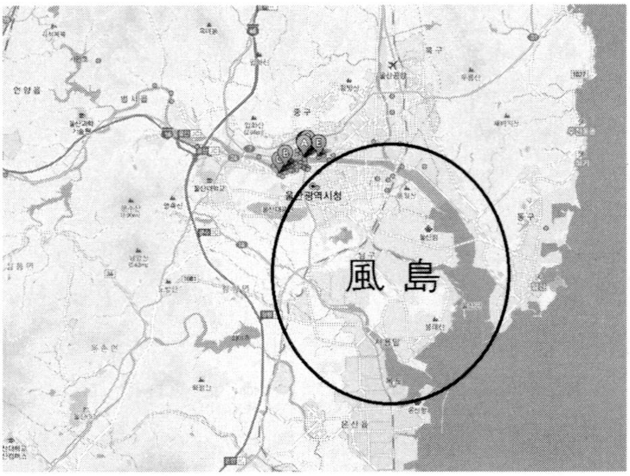


**그림 11.1** 풍도의 후보지는 울산이다. 신라와 신라본기의 왜(임나가야)의 국경이다.

제와도 맞설 수 있느냐다. 신라와 임나의 접촉은 삼국사기 신라본기에 왜로 기록되지만 웅진백제와의 접촉기록은 신라본기에 안 나온다. 이제 415년의 일본서기를 편다.

- 인덕 17년(415); 신라가 조공하지 않았다. 적신의 선조 지전숙녜와 소박뢰조의 선조 현유신을 보내 조공하지 않은 일에 관해 묻게 하였다. 신라인이 두려워하여 공물을 바쳤다. 조로 바치는 비단 1,460필 및 여러 잡물을 합하여 배 80척 분량이었다.

- 일본서기

배 80척이란 적합하다는 뜻의 상징적인 숫자다. 지전숙녜와 현유신이라는 인명이 등장하며, 비단이라는 당시 귀중한 교역품이 1,460필이라는 구체적 숫자와 함께 나온다. 실제로 일본 오사카의 大仙古墳(傳인덕능) 등 5세기 왕릉급 고분에서 유리잔 등 신라 유물들이 발굴된다. 이는 신라에서 왜국 왕실에 보내준 것으로밖에 생각할 수 없다. 신라에 다녀온 현유신이라는 사람은 인덕 12년(412)에 고구려 사신이 왔을 때 접대하던 사람이다.

유물의 양이 적으면 초원길을 통하여 교류로 가져올 수도 있지만, 유물의 양이 상당한 것을 볼 때 흉노·돌궐계 이주민들이 한반도에 들어오기 전에 로마와 접촉할 때 얻은 것들로서, 343년에 신라 땅에 들어올 때 가지고 들어온 것들일 것이다. 따라서 삼국사기로 비교할 때 신라의 왜국에 대한 조공 거부는 신뢰성이 높은 기록이다.

실성이사금은 내물이사금과 다르게 무모하리만큼 자부심과 자립심이 강했다. 그가 신라에 들어오기 전인 아버지 대서지의 시대 이전에는 아마도 내물계보다 더 명문가였을 것이다. 海東(아시아 대륙 동쪽 끝)에 들어와 보니 고구려니, 백제니, 임나니 하는 4백년 터줏대감들이 버티고 있었다. 하지만 자신들이 볼 때 이들은 로마가 어디 있는지도 모르고, 페르시아가 어디 있는지도 모르는 시골 국가들일 뿐이다. 고구려나 백제 지배층이 진흙을 빚어 구운 그릇으로 물을 마실 때 신라의 지배층은 로마에서 가져온 유리잔으로 물을 마셨다. 세상의 중심에서 온 자신들이 이들 시골 국가들에게 질 리가 없다고 생각했을 것이다.

## 11.3 신라 미사흔왕자의 귀국

삼국사기 백제본기를 보면 전지왕 14년에 백제는 왜국에 많은 천을 보낸다. 이것이 기록에 남은 이유는 중요하기 때문인데 왜 중요할까?

- 전지왕 14년(418); 夏, 遣使<倭國> 送白綿{錦}十匹.

418년에 왜국에 많은 옷감을 보내는 것이 왜 그렇게 중요한지가 일본서기에 나온다.

- 인덕 35년(417); 여름 6월, 황후 반지원명이 봉성궁에서 죽었다(薨).
- 인덕 37년(417); 겨울 10월, 황후를 내라산에 장사지냈다.
- 인덕 38년(418); 봄 정월, 八田황녀를 세워 황후로 삼았다.

인덕의 왕후인 반지원명이 신분이 낮아 인덕이 정통성 시비에 시달리다가, 418년에 팔전이라는 새 왕후를 세우고 정통성 시비에서 벗어난 기록이다. 팔전황녀의 팔전은 이상적인 여인이라는 뜻이다. 일본서기를 보면 왕을 공립시킨 왕후는 죽음이 薨이며, 죽기 전에는 바꿀 수 없다.

417년에 왕후 반지원명이 알 수 없는 이유로 죽고, 3년 후에 새 왕후를 세운 것 같지만 실제는 그렇지 않다. 417년에 죽자 바로 장사지내고, 다음 해 봄 정월에 곧 새 왕비를 세웠다. 왕후는 봄에 세우는 것이 전통인데 1월에 세우는 것을 보니 급했다. 고사기 인덕조를 보면 대부분 왕비관련 기록들이어서 당시 인덕의 고통을 읽을 수 있다. 일본서기에 천황으로 기록된 사람들 중에 가장 성군이라는 인덕도 진왕제의 틀 안에서는 별 수 없었다.

결혼식에 맞추어 백제에서 옷감 열 필이 왜국으로 가는 것으로부터 새 왕후의 신분이 확실하다. 아신왕의 딸이고 전지왕의 누이로, 407년에 왜국으로 건너온 신제도원 공주다. 전지왕 14년조의 면 기록이 달이 없는데 정월임을 알 수 있다. 이로서 인덕은 모든 정통성 시비를 털어내고 대외적으로 당당히 백제왕 또는 왜왕을 칭할 수 있게 되었다.

이 해 가을에 신라에는 왜국에 인질로 갔던 미사흔왕자가 돌아온다.

* 눌지마립간 원년(417); 내물이사금의 아들이다. 어머니는 보반부인[내례길포라고도 한다.]이며 미추왕의 딸이다. 왕비는 실성왕의 딸이다. ... 고구려 사람이 눌지를 보니 외모가 쾌활하고 정신이 고상하여 군자의 기풍을 갖추고 있었다. 그는 "그대의 국왕이 나로 하여금 그대를 죽이도록 하였으나 이제 그대를 보니 차마 죽일 수 없다"라고 말하며 돌아갔다. 눌지가 이를 원망하여 도리어 왕을 시해하고 스스로 왕이 되었다.

신라는 실성이사금과 눌지마립간이 모두 고구려에 인질로 다녀온 사람들인데 실성이 친고구려 노선을 따르지 않고 자립하자 고구려가 눌지로 왕을 교체한 것이다. 내물이사금계인 눌지가 왕위를 이어받고 그 후손들이 왕통을 이어감에 따라 내물이사금이 중시조로 확립되었다. 반면에 실성계는 왕통에서 완전히 탈락하였다.

* 눌지마립간 2년(418); 봄 정월, 왕이 시조묘에 직접 참배하였다. 왕의 아우 복호(王弟 卜好)가 고구려에서 내마 제상과 함께 돌아왔다. 가을, 왕의 아우 미사흔(王弟 未斯欣)이 왜국에서 도망쳐왔다(自倭國逃還).

봄에 인덕이 새 왕후를 세우니 그 이후에 돌아와야 하므로 가을에 미사흔이 돌아왔다는 삼국사기 기록은 신뢰성이 높다. 왕의 동생 복호를 고구려에서 데려온 것은 제상이라고 밝히고 있으나, 미사흔에 대해서는 제상을 언급하지 않고 미사흔은 도망쳐 나왔다고 하고 있다. 대신 열전에서는 박제상이 미사흔의 탈출을 돕고 자신은 죽은 것으로 되어있다. 삼국사기 편집진이 본 구삼국사 원본에는 본기처럼 박제상의 언급 없이 미사흔이 도망쳐 나온 것으로 되어있고, 별도의 자료를 보니 박제상에 대한 기록이 있어 이를 열전에 수록한 것이다.

왜 하필 418년에 올 수 있었는가를 백제본기를 보고 이해한다. 또 일본서기는 이 미사흔의 귀국 사건에 대하여 자세히 기록하고 있다. 응신의 왕후인 중희의 기록이라서 떼어다 신공 5년조에 실었다.

- 신공 5년(418); 봄 3월, 경묘삭 기유(7일)에 신라왕이 오례사벌(汙禮斯伐), 모마리질지(毛麻利叱智), 부라모지(富羅母智) 등을 보내 조공하였다. 이전에 인질이 되었던 미질허지벌한(微叱許智伐旱)을 데려 오려는 마음이 있었다. 그래서 허지벌한에게 다음과 같이 거짓말하도록 시켰다. "사자 오례사벌, 모마리질지들이 저에게 '우리 왕은 허지벌한이 오래 돌아오지 않으므로 그의 처자를 모두 관노로 하였다.'라고 말하였습니다. 원컨대 잠시 본국에 돌아가서 사실인지 아닌지 알아보고자 합니다." 황태후가 허락하였다. 그리하여 갈성습진언(葛城襲津彦)을 함께 보냈다.

  대마(對馬)에 이르러 서해(鉏海)의 항구에서 묵었는데, 그때 신라의 사자 모마리질지들이 몰래 배와 뱃사공을 나누어 미질한기를 태우고 신라로 도망가게 하였다. 그리고 허수아비를 만들어 미질허지의 침상에 놓고, 거짓으로 병에 걸린 척하며 습진언에게 "미질허지가 갑자기 병에 걸려 죽어간다."고 말하였다. 습진언은 사람을 보내 병자를 보게 하였다. 곧 속은 것을 알고 신라의 사신 3인을 붙잡아 감옥에 가두고 불태워 죽였다. 이에 신라로 가서 도비진(蹈鞴津)에 진을 치고, 초라성(草羅城)을 함락하고 돌아왔다. 이때의 포로들은 지금의 상원(桑原), 좌미(佐糜), 고궁(高宮), 인해(忍海) 등 4읍 漢人들의 시조다.

  – 일본서기

당시 신라 사신이 오례사벌, 모마리질지(박제상), 부라모지의 3명인데 박제상은 서열이 2번째였음을 알 수 있다. 신라 지배층이던 박제상이 흉노계 모부 출신이어서 모씨로 기록된 것을 보아 3명의 이름은 정확하다고 보아야 한다. 미사흔도 당시 발음이 "미질허지"와 유사했을 것이다. 여기의 황태후는 응신의 왕후였던 중희인데 인덕이 즉위한 이후 태후가 되어 물러나있었다.

열전을 보면 박제상이 미사흔을 구하고 잡혀 죽는데 이때 만난 왜왕이 인덕의 장인이던 갈성습진언임을 알 수 있다. '갈성'은 성이고 '습진언'은 이름이다. 당시 백제는 복성이 유행이었다. 자기 딸을 진왕에게 시집보내 공립시킨 마한인이 마한왕이 되는 것이니 갈성습진언을 왜왕으로 부른 것이다.

신라의 초라성을 함락시켰다고 하는데 왜국에 있는 군대를 동원한 것이 아니라 한반도의 군대를 동원한 것이다. 당시만 해도 일본열도에는 자신들의 군대가 별로 없었다. 초라성의 위치는 알 수 없으나 구삼국사 편집진이 본 신라의 원사료에는 이 사건이 다 있었을 것이다. 신라본기에서 웅진백제 진왕관련 기록은 다 삭제하고 가야관련 기록은 남겨두었는데 다행히 미사흔의 기록이 남았다.

## 11.4 인덕천황의 퇴위

인덕이 죽고 장사지내면 후계자가 옥새를 받는다. 누가 후계자가 되느냐는 백제 왕실의 여인을 왕후로 세운 자가 후계자가 된다. 인덕 사후 장사지낼 때까지의 공위기간에 절대적 강자가 없었던 왜국은 여자를 서로 차지하려고 치열한 내전이 벌어지는데 이는 진왕제에서는 당연한 일이다.

- 비유왕 2년(428); 春二月, 倭國使至 從者五十人.

왜국에서 50명의 대규모 사신단이 백제에 왔다. 봄 2월이다. 왜 왔는지 벌써 짐작이 된다. 이로부터 약 30년 뒤에 왜국에 또 다시 권

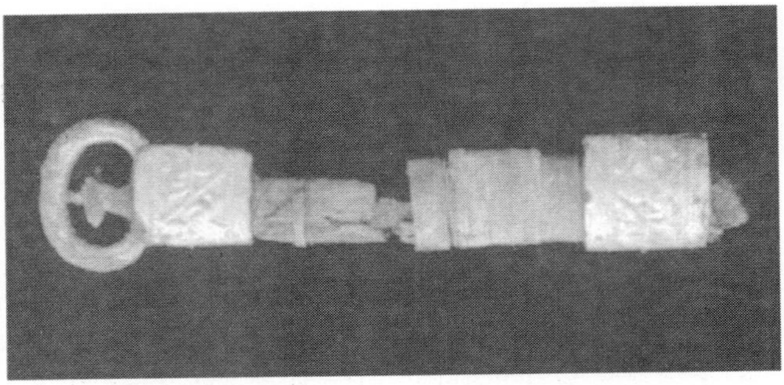

그림 11.2 傳인덕능 출토 환두대도의 손잡이 부분으로 봉황이 새겨져있다. 2차대전 직후 미국 군정시기에 미국으로 반출되어 현재 보스턴 미술관에 있다.

력투쟁이 벌어지고, 461년에 또 한 명이 백제로 온다. 그 사람을 통해서 428년에 왜 왜국 사신이 왔는가를 추정한다. 428년은 인덕의 후계 자리를 노리고 왜국 실력자들이 경쟁에 들어간 시점이다. 백제 왕실의 여인을 왕후로 세우는 사람이 승리하는 상황이었다. 따라서 백제에 사신을 보낸 사람은 다음 4명 중에 한명이다.

## 가. 태자(훗날의 이중천황)

태자는 천황의 상중에 거처에서 나와, 천황의 자리에 오르기 전 우전시대숙네[2]의 딸 흑원(黑媛)을 비로 삼고자 하였다.

- 일본서기

## 나. 중황자(仲皇子)

주길중황자(住吉仲皇子)를 파견하여 길일을 묻게 하였다. 그때 중황자

---

2. 진사왕을 폐위하고 아신왕을 세운 숙네로서 천도 후 사라진 인물이다. 이런 중요 인물의 사라짐에 대하여 일본서기는 아무런 말이 없는데, 396년 8월에 웅진성을 방어하다가 죽거나 고구려군의 포로가 된 것으로 추측한다.

(仲皇子)가 태자의 이름을 사칭하고 혹원을 범하였다. ... 태자를 죽이려 마음먹고 몰래 군사를 일으켜 태자궁을 둘러쌌다.

- 일본서기

### 다. 평군목토숙네(훗날의 윤공천황)

평군목토숙네, 물부대전숙녜, 한직(漢直)의 선조 아지사주의 세 명이 태자에게 아뢰었다. ... 세 사람이 태자를 부축하여 말에 태우고 도망쳤다.

- 일본서기

### 라. 아지사주(서치별황자, 훗날의 반정천황)

서치별황자는 자령건을 몰래 불러 "나를 위하여 중황자를 죽여 다오. 내가 반드시 후하게 너에게 보답할 것이다."라고 꼬드기고 비단옷과 하의(褌)를 벗어 주었다. 자령건은 그 감언을 믿고 혼자서 창을 들고 중황자가 뒷간에 들어간 틈을 타 찔러 죽였다. ... 서치별황자는 자령건을 죽였다.

- 일본서기

인덕이 425년에 죽었는데 그 태자인 이중이 429년에 아지사주의 도움으로 중황자와의 대결에서 승리하고 430년에 즉위한다. 따라서 430년에 宋에 사신을 보낸 사람은 이중이거나 실세인 아지사주(반정천황)다.[3] 왜왕 彌는 이중으로, 왜왕 珍은 반정으로 본다. 또 왕비를 세웠으나 신분이 后가 아니고 妃니 실권이 있을 수 없다. 고사기는 이중이 64세로 죽었다고 하는데, 그러면 인덕이 30세 전후에 낳은 아들이 되어 믿을만하다.

재위기간 내내 아지사주의 눈치만 보다 자신이 사냥 나간 사이

---

3. 文帝 元嘉 7년(430); 春正月 癸巳, 以吐穀渾慕容□爲征西將軍、沙州刺史. 是月, 倭國王遣使獻方物. - 송서

에 妃를 죽게 하고 새 여자로 后를 들이려다 실각한다. 이런 왕비 바꾸는 것은 새로운 일이 아니고 이미 아버지인 인덕이 한 일이다. 하지만 인덕은 임나·신라 땅에 가득 찬 수십만 피난민을 이끌고 고구려군의 공격을 피해 바다를 건넌 사람이다. 백성들의 지지가 있을 때 왕비 바꾸는 것도 가능한 것이다. 만일 이중이나 반정이 백제와의 국혼에 성공했으면 왕권의 정통성 때문에 승리한 사람이므로 곤지의 경우처럼 일본서기에 백제 사신 기록을 남겼을 것이다.

백제의 천도기인 5세기의 일본서기를 보면 응신에서 웅략까지 7명의 진왕들 중에 자연사한 사람이 별로 없다. 또 선왕이 죽고 아들이 평안하게 왕위를 물려받은 경우가 거의 없고 대부분 실력대결을 통하여 강자가 즉위하는데 이 과정이 보통 3년 정도 걸린다. 3세기에도 진왕이 칠지도를 당해(227)에 보내지 못하고, 선왕이 죽고 3년 뒤(230)에 보냈는데, 이것으로부터 진왕의 교체에 따른 혼란은 5세기에 새롭게 나타난 것이 아니고, 그 이전부터 늘 벌어진 일이었다는 것을 알 수 있다.

## 11.5 인덕천황능의 지석 예측

오사카부근에 전해 내려오는 傳인덕능이 실제로 일본서기의 인덕릉이고 만일 지석이 나온다면 무령왕릉과 비교했을 때 다음 7가지를 검토해야 한다.

(1)나라 이름, (2)왕 이름, (3)죽을 때 나이, (4)죽은 날, (5)죽음을 표시하는 글자, (6)지석을 묻고 장사지낸 날(葬), (7)중국 왕조의 책봉 기록

대초료황자, 인덕천황, 이런 것들은 일본서기 쓰던 8세기 만들어져 추존된 시호이니 당연히 당시 지석에 나올 수 없다. 마치 백제에서 '무령'이라는 시호는 죽은 후 받은 것이므로 무령왕릉 지석에 나올 수 없는 것과 같다. 현재까지 발굴된 자료로는 5세기의 일본 최고 통치자에 대한 호칭은 大王이다. 여러 왕들의 상위에 위치한 왕이라는 뜻이다.

인덕이 통치한 나라는 백제였고 자신의 이름은 궁월이다. 따라서 (1)과 (2)를 추측할 수 있다. (1)百濟, (2)弓月王. 만일 지석에 왕의 대수가 나온다면 비류에서 시작하는 16대 백제왕이므로 건국자의 15세손이라고 쓴다. 十五世孫

인덕은 58년(425)년 여름 5월에 죽었으므로 乙丑年이다. 죽을 때 이미 나이가 많았다. 따라서 고사기의 83세는 믿을만하다고 보면 342년생이다. 이로부터 인덕이 응신보다 나이가 많았다는 견해가 나오는 것이다. (3)年八十三.

409년에 즉위하였으므로 17년 동안 왕위에 있었다. 일본서기는 8월에 양자강 하류의 오국과 고구려가 (조문)사절을 보내왔다고 하는데, 바다 건너에 죽음이 알려지고 사신이 오는데 보통 3개월이 걸리므로 이 사절기록은 믿을만하다. (4)乙丑年, 五月

본래 고구려 왕실에서 기록한 장수왕조에는 사신 보낸 기록이 다음처럼 실려 있었을 것이다. '고구려 장수왕 13년, 가을 7월, 백제왕 궁월이 죽었다 하여 조문사를 보냈다.' 후대에 읽는 사람이 보면 혼란을 일으킬 것이다. 따라서 삼국사기 원사료인 구삼국사에서 이런 기록들을 모두 버리고 한성백제 1국만 남겼다. 따라서 김부식이 받은 고구려본기 원사료에도 저 장수왕 사신 파견 기록이나 왜국에 관한 기록이 전혀 없었다. 고구려본기에 倭라는 글자는 딱 한 번 나오는데 倭山(만리장성 동쪽 끝의 갈석산 추정)이라는 지명이다.

인덕의 왕비는 일본서기에 "황후"로 기록되었으므로 공립되었고, 따라서 王이므로 王世子라고 나올 수 없다. 또한 그의 죽음은 崩이다. (5)崩.

부여씨 왕실은 죽은 지 2년 3개월 후에(무령왕릉 지석) 장사지내는 풍습이 있었기 때문에 428년 8월에 지내야 한다. (6)戊辰年, 八月, 安厝. 왕비를 后로 세웠으므로 외국의 책봉 기록 같은 것은 안 나온다. (7)책봉 기록 없음.

## 11.6 백제에 부여씨 왕통 출현

5세기 백제사에서 가장 획기적인 일을 든다면 부여씨 왕통이 등장한다는 것이다. 이를 왜국으로 천도한 부여씨와 구분하기 위하여 편의상 신부여씨로 부르겠다. 전지왕의 아들인 구이신왕이 즉위하였으나 이미 전권은 신부여씨에게 가 있었다. 신부여씨 왕통의 출현은 이제 시간문제였다.

비유왕의 주요 기사는 다음과 같다. 초대 왕으로서 많은 기록을 가지고 있다.

(1) 비유왕, <久尒辛王>之長子.[或云 <腆支王>庶子, 未知孰是.] 美姿貌, 有口辯, 人所推重, <久尒辛王>薨, 卽位.

(2) 비유 2년(428); 봄 2월, 왕이 4부를 순행하며 백성들을 위무하고 가난한 자들에게 정도에 따라 곡식을 주었다. 왜국 사신이 왔는데 수행자가 50명이었다.

(3) 비유 3년(429); 가을, 宋에 사신을 보내 조공하였다. 겨울 10월, 상

좌평 여신이 죽자 해수를 상좌평으로 임명하였다.

(4) 비유 4년(430); 여름 4월, 宋 文皇帝는 왕이 다시 조공한다 하여 사신을 보내 선대 임금 映의 작위를 주었다.4.

(5) 비유 7년(433); 가을 7월, 신라에 사신을 보내 화친을 요청하였다.

(6) 비유 8년(434); 봄 2월, 신라에 사신을 파견하여 좋은 말 두 필을 보냈다. 가을 9월, 다시 흰 매를 보냈다. 겨울 10월, 신라에서 좋은 금과 구슬을 답례로 보내 왔다.

(7) 비유 14년(440); 겨울 10월, 송에 사신을 보내 조공하였다.

(8) 비유 21년(447); 여름 5월, 대궐 남쪽 연못에서 불길이 일어났는데 불꽃이 수레바퀴 같았고 밤새도록 타다가 사그라졌다. 가을 7월, 가뭄이 들어 곡식이 익지 않았으므로 백성들이 굶주려 신라로 들어간 자가 많았다.

(9) 비유 29년(455); 봄 3월, 왕이 한산에서 사냥하였다(獵). 가을 9월, 흑룡이 한강에 나타났는데 잠시 구름과 안개가 끼어 어두워지자 날아갔다. 왕이 죽었다.

## 해설

[1] 백제본기의 서제나 서자는 성이 다른 경우다. 비유왕의 출신에 대하여 여러 가지 말들이 전하는 자체가 다른 왕통이라는 뜻이다. 비유왕의 출신은 왜국으로 천도하지 않고 한반도에 남아 404년과 407년에 수만 대군을 동원하여 고구려와 전쟁을 치른 주역이다. 한반도에서 가장 강한 군사력을 그들이 가지고 있었다.

4. 전지왕 12년, 동진에서 전지왕을 사지절도독백제제군사진동장군<백제왕>으로 책봉했다.

[2] 왜국에서 인덕 사후 왕권을 두고 내란이 벌어졌다. 봄 2월에 백제에 왕후를 구하러 사신이 왔으나 구하지 못했다. 5세기 중반에 왜국의 왕권도 신부여씨 왕족이 차지하니 웅략(곤지)의 출현이다.

[3] 여신이 죽었는데 그는 여비를 왕으로 세운 사람으로서 신부여씨의 실질적 시조다.

[5][6] 신라와의 혼인 기록이다. 하지만 개로왕은 이 전에 이미 태어난 왕자다.

[4][7] 송에 사신을 보내 자신의 지위를 굳히고 있다. 공렵이 다소 불만족스러운 것이다.

[8] 궁에 내란이 발생했다. 하지만 진압되었다.

[9] 비유왕이 내란 중에 살해되었는데 내란의 주모자들(재증걸루, 고이만년)은 모두 고구려로 도망간다. 이들은 부여씨 왕통에 반대하던 한성백제인들로서 그들이 본래 말갈계였다는 것을 생각하면 고구려로 도망간 것이 이상하지 않다. 이들은 475년 겨울에 장수왕이 한성백제를 토벌할 때 고구려군의 선봉이 되어 쳐들어온다. 그만큼 고구려문화권인 한강유역에 남쪽의 백제가 들어와 이루어진 왕통 교체는 내부 반발이 컸다.

3, 4세기에 영산강유역에서 금강유역으로 올라온 부여씨를 구부여씨라고 한다면, 5, 6세기에 영산강유역에서 한강유역으로 올라온 부여씨는 신부여씨다. 구부여씨는 여구에서 시작하여 응신과 인덕을 거쳐 왜국에서 이어지다 5세기 중반에 맥이 끊긴다. 반면에 여신과 여비 등에 의하여 시작된 신부여씨는 5세기 전반에는 한반도

를, 중반에는 왜국을 장악하고 새 부여씨 왕통을 연다. 이들 신부여씨가 백제가 망할 때까지 왕통을 이어간다. 7세기 무왕에서 시작하는 신부여씨의 일파가 백제가 망한 후에도 일본으로 건너가 왕통을 유지하는데 현 일본 천황가의 뿌리다.5.

## 11.7 환두대도와 금동모의 상한과 하한 연도

4~5세기 백제문명을 대표하는 위세품이 환두대도와 금동모다. 위세품은 생전에 사용하다 죽으면 함께 묻힌다. 한반도는 4세기 후반 금강유역과 그 이남에서 나오고, 일본열도는 전기고분시대에는 안 나

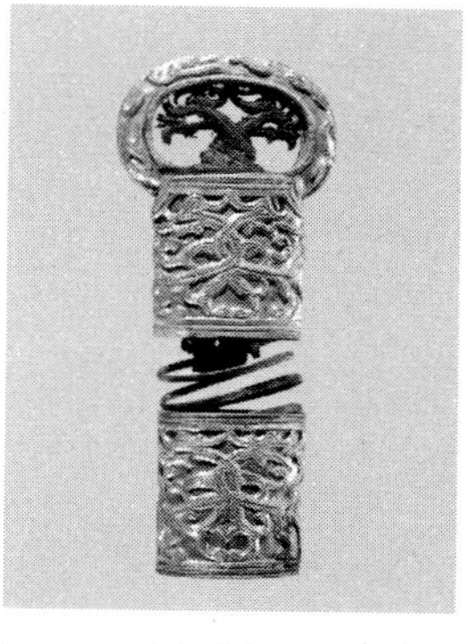

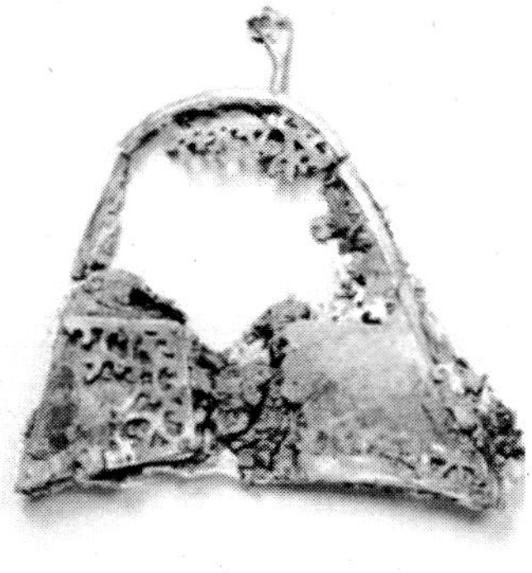

**그림 11.3** 삼성미술관의 쌍용문 환두대도(보물 776호)와 경북 의성에서 출토된 금동모

5. 『재조명2』 제46장 무왕과 교기왕자, p. 383.

오고 중기고분시대인 5세기부터 나온다. 한강유역에서 안 나오는 이유는 줄 필요가 없거나 줄 수 없었기 때문이다.

모와 관은 다르다. 관 속에 쓰는 것이 모로 조선시대 왕들이 쓰는 것은 천으로 만든 모다. 우리가 아는 신라 금관은 모두 관이다. 모는 공주 수촌리, 천안 용원리, 익산 입점리, 고흥 길두리, 경북 의성, 일본 후나야마, 나주 신촌리,... 등지에서 출토되었다. 환두대도는 무령왕릉의 경우처럼 백제왕도 직접 가지고 있는 물품이었으나, 금동모는 무령왕릉에서 나온 금제장식보다 격이 한 단계 낮은 것으로 보아 백제왕은 사용하지 않았다. 금동모는 형태가 모두 유사하여 중앙에서 제작하여 배포한 것이나, 환두대도는 후기로 가면서 다양한 모습으로 등장하는 것으로 보아 처음에는 중앙에서 제작하여 배포하였으나 곧 각자 경쟁적으로 제작한 것이다.

[그림 11.3]의 환두대도는 5세기 중후반으로 추정되는데 불행히도 언제 어디서 출토되었는지는 모르니 조상의 흔적에 대하여 학술적인 연구가 어렵다. 따라서 이것은 절대로 도굴을 해서는 안 되는 이유다. 금동모는 2014년에 경북 의성에서 출토된 것으로서[6] 한성백제영역과 신라영역을 제외한 구 웅진백제영역 전체에 배포되었다.

유물은, 살아서 사용하던 것을 죽어서 매장한다고 보면, 출현과 매장에 대략 한 세대의 차이가 있다. 가야를 예로 들면 위군이 3세기 중반에 가야지역에 들어왔으나 그들의 유물은 3세기 후반부터 나오고, 신라를 예로 들면 전연 군대가 4세기 중반에 신라에 들어왔으나 그들의 유물은 4세기 후반부터 나오는 것과 같다. 4세기 후반 고분에서 환두대도가 처음 발굴되었다는 것은 4세기 중반에 출

6. https://www.mk.co.kr/news/culture/view/2014/10/1372371/

현한 것이고, 5세기 중반에 처음 금동모가 발굴되었다는 것은 5세기 초반에 출현한 것이다.

환두대도가 출현하는 4세기 중반은 영산강유역에서 옹관묘 쌓던 집단인 부여씨가 진왕권을 장악한 시기와 일치한다. 따라서 여구왕의 출현시점인 비류왕 30년(333)이 백제 환두대도의 상한선이다. 부여씨가 새로운 진왕으로 등장하며 전국의 지방 세력들에게 환두대로를 내려 보내 그들의 통치권을 인정해주는 형태로 복속시킨 것이다. 단 한강유역은 한성백제 통치지역으로서 자신들의 왕권이 미치지 않는 지역이므로 환두대도를 내려 보내지 않은 것이다. 하지만 진왕의 천도 이후 전국의 지방 세력이 각자 경쟁적으로 제작하기 시작했다. 6세기 전반인 무령왕릉의 환두대도는 거의 끝 무렵이다.

금동모 역시 환두대도와 목적이 유사한데, 진왕이 천도한 후 전국이 춘추전국시대의 양상을 보이는 가운데 백제왕 책봉을 받은 전지왕대의 백제가 이를 이용하여 지방 세력을 흡수하는 방법이었다. 따라서 금동모의 상한은 한성백제 최초의 백제왕 책봉인 전지왕 12년, 즉 416년이다. 한강유역은 자신들이 직접 통치하는 지역이라서 금동모를 내려 보낼 필요가 없었다.

이후 왜국으로 천도했던 백제가 477년에 다시 한반도로 돌아와 정권을 잡고 지방 세력을 흡수하는데, 천도하기 전에 자신들이 통치하였던 지역이므로 금동모 같은 위세품을 주고 포섭하려 하지 않는다. 대신 말을 듣지 않으면 498년 무진주 출병처럼 무력으로 제압했다. 따라서 금동모의 하한은 477년이다. 유물이 한 세대 후에 묻힌다고 해도 6세기 고분에서는 금동모가 나올 수 없다.

지질학에서 표준화석이란 고생대의 삼엽충이나 중생대의 암모나이트처럼 한정된 시기에 널리 분포해야 한다. 금동모는 5세기에 제작되어 백제권에 널리 뿌려졌고, 또 5세기에 매장되었으므로, 5세기 백제권의 표준유물이라고 할 수 있다.

백제라는 나라의 시작이 소국을 만들면서인데 이것이 담로다. 3세기 중반에는 한반도에만 80개의 담로를 가지고 있었다. 그런데 4~5세기에 고구려와 전쟁하다 대부분 사라지고, 또 남은 담로들은 5~6세기에 동성왕과 무령왕의 중앙집권화 과정에서 사라졌다. 그리고 6세기 무령왕 때 22개 남은 것이다. 무령왕이 다시 강국이 되었다(更爲强國)고 한 것은 천도 기간인 5세기 한반도가 힘의 공백지대가 되었지만 동성왕-무령왕대를 거치며 4세기처럼 다시 복속시켰다는 뜻이다.

12장

# 광개토왕과 장수왕의 시대

12.1 황해도의 안악 3호분
12.2 소수림왕의 국가 재건
12.3 삼국사기의 民饑相食(饑人相食)
12.4 광개토왕의 정복시대
12.5 407년 좌지왕의 후기가야 건국
12.7 일본서기가 기록한 장수왕의 즉위
12.8 장수왕의 후연/북연 인수
12.9 북위에 온 물길 사신 을력지

## 12.1 황해도의 안악 3호분

황해남도 안악군에 위치한 안악 3호분은 4세가 중후반에 축조된 왕릉급 벽화 고분이다. 1949년에 발견되었는데 유물들은 모두 도굴되었으나 벽화가 남아있었다. 특히 벽화가 유명한데 중앙 회랑에 '백라관'을 쓰고 수레를 탄 주인공이 문무백관, 악대, 무사 등 250여 명에 달하는 인물들의 호위를 받으며 나아가는 대행렬도가 그려져 있다. 이 고분벽화가 다른 고분벽화와 크게 다른 것 중에 하나가 묘주의 부인으로 보이는 여자가 많은 사람들의 시중을 받는 모습으로 그려져 있다는 점이다.

이 고분에 대한 북한 사학계의 정설은 370년에 사망한 고국원왕의 능이다. 단 안악 3호분을 고국원왕 자신의 능이냐, 비의 능이냐, 왕과 비의 합장능이냐, 아니면 왕모의 능이냐의 세부 문제가 있는데 이것은 2차적인 것이므로 생략한다. 안악 3호분을 고국원왕과 관련

그림 12.1 안악 3호분 중앙의 주인도

된 능으로 보는 견해의 근거를 살펴보기로 하자.[1]

무덤의 문을 열고 들어가면 주인은 중앙에 앉아있고 중앙 현실로 들어가는 입구의 좌우에 장하독(청와대 경호과장 정도의 직책임)이라는 직책을 가진 문지기가 1명씩 서 있는 그림이 있다. 2명 중에 한 쪽은 낡아 사라졌으니 다른 한쪽은 그림과 글자가 남아있다.

문지기를 통과하여 들어가면 [그림 12.1]처럼 중앙 현실 가운데 백라관을 쓴 주인이 앉아있는데 중국 사서에 의하면 백라관은 고구려의 왕이 쓰는 관이다. 또한 벽에는 벽화가 그려져 있는데 중앙 행렬도는 10 m가 넘는다. 특히 묘 벽화에서 깃발 위에 붉은 글씨로 '聖上幡'이라는 글자가 적혀있다.

일반적으로 刺史의 지위는 태수를 여러 명 거느리므로 태수보다 높다. 13 태수를 거느리고 幽州刺史를 지낸 鎭의 무덤인 덕흥리 고

**그림 12.2** 안악 3호분 묘주인의 부인도.

---

1. 2003.01.06 14:41 원본 작성

분[2]은 규모에서 안악 3호분의 절반에도 미치지 못하며, 품격에서는 아예 비교 자체가 불가능하다. 따라서 안악 3호분의 주인은 자사보다 훨씬 높은 사람이다.

중앙 현실 입구에 서 있는 2명의 문지기 머리 위에는 각각 간략하게 출신이 적혀있는데 한 명은 글자가 잘 보이나 다른 한 명은 낡아서 글자가 거의 보이지 않는다. 그리고 보이는 그 글씨는 그림을 그린 후에 적어 넣었고, 예정에 없던 것이라 머리 부분을 피하여 흘림체로 적었다.

중앙 현실에 그려져 있는 주인의 좌우에도 여러 명의 인물이 있는데 그 위에 출신이 적혀 있는 사람이 여럿 있다. 즉, 모든 인물마다 인물 그림 옆에 그의 직위 등을 기록하고 있고, 심지어 우물 옆에는 우물이라고 표시하고 있을 정도이다. 그러나 주인의 머리 위에는 누구라고 적지 않았다. 이는 당연한 것으로 오늘날로 따지면 청와대에 들어갈 때 누구나 표찰을 차지만 대통령은 차지 않는 것과 같다. 누구나 아는 왕을 누구라고 적을 필요가 없기 때문이다.

그런데 들어가는 방향에서 보면 왼쪽이고 주인의 입장에서 보면 오른쪽에 서 있는 문지기는 묵서 글자의 판독이 가능하여 신분이 밝혀졌다. 그 문지기의 이름은 冬壽인데, 지위는 장하독이며 357년(동진의 永和 13년)에 죽은 것으로 되어 있다. 즉, 이 무덤은 357년 이후에 축조되었다는 뜻이다.

---

2. 평안남도 남포시 강서구역 덕흥동(평남 대안시 덕흥리)에 위치한 고구려 벽화고분으로, 주인공의 이름을 따서 '유주자사진묘(幽州刺使鎭墓)'로 불린다한다. 평양에서 20여 ㎞ 떨어진 덕흥동 舞鶴山 서쪽 옥녀봉 남단 구릉에 자리잡고 있다. 1976년 발굴했다.

그런데 자치통감에 전연에서 형 모용황과 동생 모용인이 싸울 때 본래는 모용황의 장군으로 모용인에게 투항하였으나, 이후 모용인이 모용황에게 패하자 고구려로 도망친 인물 중에 동수라는 인물이 나온다. 묵서가 나타내는 바와 같이 동수는 요동의 평곽 출신이고, 자치통감의 336년 정월 기사에 나타나는 평곽 지명과 동수라는 이름으로 볼 때, 자치통감의 동수와 안악 3호의 동수는 동일인임이 분명하다. 동수 맞은편의 또 다른 문지기 위에 적힌 글자는 낡아서 잘 보이지가 않는다.

1. 永和十三季十月戊子朔卄六日
2. 癸丑使持節都督諸軍事(癸丑 더함)
3. 平東將軍護撫夷校尉樂浪
4. (相)昌黎玄兎(艸+兎)帶方太守都
5. 鄉候幽州遼東平郭
6. 鄉敬上里冬壽字
7. □安季六十九薨官(□安 더하고 壬을 뺌)

묘의 주인에 대한 누리꾼들의 견해는 다음과 같다.

(1) "묘의 출입구의 두 사람, 즉 왼쪽의 동수 묵서가 있는 인물과 반대편인 오른쪽의 '장하독'이라는 주서가 있는 인물의 위치는 동일할 것이다. 그런데 자치통감에 의하면 동수는 장하독과 거의 같은 지위임이 확실하다. 만일 이 무덤이 동수의 무덤이라고 가정한다면 맞은편의 장하독은 누구인가? 왜 입구에서 오른쪽의 인물은 무덤의 주인이 될 수 없고, 왼쪽 인물인 동수만 무덤의 주인이 되어야 하는가? 단지 글자가 보이지 않는 사람은 주인이 아니고 글자가 보이는 사람이 주인이 되어야 한다는 말인가? 아니면 안학 3호분은 동수의 무덤이면서 또 다른 장하독도 묻힌 그런 무덤이란 말인가? 정중앙에는 주인이 단 1명뿐이 아닌가?" - 작성자 00

참고로 중국의 감숙성에서 태수의 묘가 발견되었는데 안악 3호분과 유사하다고 한다. 이에 대한 견해를 보면 다음과 같다.

(2) "중국 감숙성에 있는 주천 정가갑묘는 중국의 도록에서도 안악 3호분과 거의 같은 기법과 양식을 나타낸다고 설명하고 있다. 정가갑묘는 중국 내지의 어떤 벽화보다도 안학 3호분이나 장천 12호분을 더 많이 닮고 있다. 심지어 동일인을 모델로 그린 것인가 하는 착각마저 불러일으키는 이 묘는 이 지역 태수의 묘이다. 그러나 안악 3호분의 벽화 품격에는 애당초 비교 자체가 불가능하다. 그리고 주인공이 백라관을 쓰고 있지 않음이 확인된다. 즉 안학 3호분은 주천 정가갑묘보다 몇 등급 상위의 묘이다. 그렇다면 안악 3호분은 과연 도망자의 무덤이 될 수 있을까?" - 작성자 ㅁㅁ

능이 장군총 같은 기단식 적석총이 아니고 흙으로 쌓은 봉토분이며, 북중국식 풍습이 보인다는 것으로 고구려인의 무덤이 아니라는 주장은 받아들이기 어렵다. 당시 황해도지역은 주로 전축분이므로 무덤의 주인은 황해도 사람이 아닐 것이다. 또 고구려는 단일민족 국가가 아니었고, 따라서 문화 역시 북방의 여러 문화가 다 보인다. 중국문화는 고구려가 흡수한 여러 문화들 중 일부일 뿐이다.

백제 역시 마찬가지다. 전축분인 무령왕릉은 백제 전통양식과는 전혀 관계가 없고 완전히 남중국식이다. 만일 지석이 안 나왔으면 무령왕릉을 백제에 파견되어 있던 양나라 어떤 태수의 무덤이라고 했을 것 아닌가?

(3) "안악 3호분의 피장자는 동수를 무척 총애한 인물로 보는 견해도 있다. 자기의 생전에 동수가 큰 도움이 되어서 죽어서도 그를 문지기로 두면서 그의 생사를 기록한 자는 누구인가? 336년에 망명했고 357년에 죽은 동수를 재임기간 동안 품을 수 있는 왕은 누구인가?" - 작성자 xx

이 능을 고국원왕의 능으로 보는 큰 근거는 그 위치이다. 능의 위치가 백제와 싸우다 전사한 남평양 지역에 위치하기 때문이다. 그러면 고구려는 이 지역을 고국원이라 불렀을 가능성이 있다. 또 무덤의 정확한 축조시기이다. 동수의 출신지를 기록하는 내용에 <유주 요동군 평곽 도향 경상리>로 되어 있어서 요동군이 유주에 속해있는 것으로 되어 있다. 그런데 통상 요동군은 유주에 속해있지 않았으며, 370년대 초에 잠깐 속해 있었다고 한다. 이는 고국원왕이 죽은 시기와 정확히 일치한다.

## 12.2 소수림왕의 국가 재건

4세기 후반 고구려는 342년 겨울에 전연의 공격을 받고 수도가 함락되어 수많은 백성들이 포로로 잡혀간 고통을 당했으며, 남쪽으로는 368년 봄에 황해도와 경기 북부가 백제의 신하국이 되는 광경을 목격하였다. 고구려의 지방통치가 흔들리는 상황을 맞이하자 백제를 공격하였으나 반격을 받아 오히려 고국원왕이 전사했다. 이런 국가적 위기는 다음의 소수림왕을 통하여 극복하는데 그 과정이 삼국사기에 있다. 소수림왕의 기록은 크게 3기로 나뉜다. 가. 평화기, 나. 백제와의 전쟁기, 그리고 다. 기록공백기다.

### 가. 평화기(4년)

(1) 소수림왕[소해주류왕이라고도 한다.]의 이름은 구부이며 고국원왕의 아들이다(故國原王之子也). 체격이 장대하고 웅대한 지략이 있었다. 고국원왕 25년에 태자가 되었다. 고국원왕이 41년에 왕이 죽자 태자가 왕위에 올랐다.

(2) 소수림 2년(372); 여름 6월, 秦왕 부견이 사신과 중 順道를 파견하여 불상과 경문을 보내 왔다(送佛像・經文). 왕이 사신을 보내 답례로 토산물을 바쳤다. 太學을 세워 자제들을 교육하였다.

(3) 소수림 3년(373); 처음으로 법령을 반포하였다(始頒律令).

(4) 소수림 4년(374); 중 아도가 왔다(僧阿道來).

## 나. 백제와의 전쟁기(4년)

(5) 소수림 5년(375); 봄 2월, 처음으로 초문사를 창건하여 순도로 하여금 이 절을 주관하게 하였다. 또한 이불란사를 창건하여 아도로 하여금 이 절을 주관하게 하니, 이것이 해동 불법의 시초가 되었다. 가을 7월, 백제의 수곡성을 공격하였다.

(6) 소수림 6년(376); 겨울 11월, 백제의 북쪽 변경을 침공하였다.

(7) 소수림 7년(377); 겨울 10월, 눈이 오지 않았다. 우레가 있었다. 민간에 전염병이 돌았다. 백제가 군사 3만을 거느리고 와서 평양성을 침공하였다. 11월, 남쪽으로 백제를 쳤다. 秦왕 부견에게 사신을 보내 조공하였다.

(8) 소수림 8년(378); 가뭄이 들고 백성들이 굶주려 서로 잡아 먹었다(旱民饑相食). 가을 9월, 거란이 북쪽 변경을 침범하여(契丹犯北邊) 8개 부락을 함락시켰다.

## 다. 기록공백기(5년)

(9) 소수림 14년(384); 겨울 11월, 왕이 죽었다. 소수림에 장례를 지내고 시호를 소수림왕이라 하였다.

### 해설

[1] 소수림왕은 아버지인 고국원왕 재위 25년째에 태자로 책봉되었는데 아버지가 41년이란 긴 시간 동안 재위한 결과 16

년 동안을 태자로 지내다가 40세 이상의 당시로는 늦은 나이에 즉위하였다. 그는 아버지 시대에 있었던 두 차례의 큰 전쟁을 목격하였다. 한 번은 적에게 수도가 함락되고 적국 군대가 고구려를 관통하는 일이 벌어졌다. 다른 한 번은 적의 반격을 받아 아버지가 전사하는 일이 벌어졌다. 그가 왕위를 이어받았을 때의 고구려는 백년 전 魏와의 전쟁으로 수도가 점령되고 나라가 황폐해진 다음 왕위를 받았던 중천왕보다 더 어려운 입장이었다. 당시 중천왕은 내부 문제로 소란하여 국가 재건의 기회를 살리지 못하였다.

[2][3] 소수림왕의 국가 재건이 3가지 방향으로 이루어진다. 불교를 통하여 국가의 정신을 바로 세우는 것, 고등교육기관을 세워 국가의 인재를 길러내는 것, 그리고 법령을 바로 잡는 것이다. 고구려의 국가조직은 이때 완성되었다고 본다. 소수림왕 이후 3세기의 위, 4세기의 전연과의 전쟁에서 같은 수도가 함락되는 일은 다시는 없다. 5세기의 전성기를 거쳐 7세기에 망할 때까지 고구려 후기 3백년은 소수림왕의 토대 위에 있었다.

[4] 고구려에 불교가 들어왔다. 백제보다 약간 먼저 들어왔다

[5]~[8] 소수림왕의 재위기는 한성백제 전성기인 근초고왕-근구수왕 시기에 해당한다. 고구려는 백제와의 전쟁을 통하여 자각하는 계기가 된 것으로 보인다. 동시에 4세기 후반부터 고구려에 복속되었던 민족들이 서서히 힘을 키워 일어서고 있는데 대표적인 두 나라가 말갈국가인 한성백제와 훗날 요나라를 건국하고 발해를 흡수하는 거란족이다. 말갈족이 중국

사보다 한국사에 먼저 등장하듯이 거란족도 중국사보다 한국사에 먼저 등장한다. 거란족은 키탄 또는 키타이라 부르는데 몽골 초원의 여러 유목민족이 남하하여 내몽골 지역에서 결합한 민족이다. 이런 새로운 유목국가의 출현은 유목민족 이합집산의 특징이다.

[9] 즉위 후 매년 기록하던 왕력이 마지막 5년은 기록이 없는데 이상하다. 기록이 없는 이 소수림왕 말기는 신라의 내물이사금 말기이며 한성백제의 근구수왕 말기다. 짐작할 수 있는 것은 기록이 사라지는 소수림왕 8년이 흉년과 거란의 침입으로 고구려가 어려운 시기였다는 것이다. 거란의 침입 원인은 바로 이 흉년으로서 먹을 것을 구하기 위하여 고구려로 남하한 것이다.

## 12.3 삼국사기의 民饑相食(饑人相食)

조선시대에 백성들에게 가장 힘든 시기는 임진왜란이나 병자호란 같은 전쟁기가 아니고 '경신대기근'이라고 하는 흉년이었다. 17세기 후반인 1670년(현종 11[3], 경술년)~1671년(현종 12, 신해년)으로서 아시아는 물론이고 유럽과 중남미까지 흉년이 들었다.[4]

삼국사기를 보면 가뭄으로 흉년이 들어 그 결과 먹을 것이 없어

---

3. 효종의 아들이고 숙종의 아버지다.

4. 거대한 먼지구름이 태양을 가린 것인데 천문학 문제이므로 더 이상의 설명은 생략한다.

서 사람들이 서로 잡아먹었다는 기록이 고구려에 3번, 백제에 4번 나온다. 특히 4세기에 기록이 많은데, 4세기는 북아시아의 한랭화로 많은 사람들이 먹을 것을 찾아 남쪽이나 서쪽으로 이동하던 시기다. 일본서기에도 흠명천황[5]. 28년조에 或人相食이라 하여 유사한 기록이 나온다.

(1) 백제 온조왕 33년(15); 봄과 여름에 큰 가뭄이 들었다. 백성들이 굶주려 서로 잡아먹었으며, 도적이 많이 생기자 왕이 이들을 위무하여 안정시켰다.

(2) 백제 기루왕 32년(108); 봄과 여름이 가물어 흉년이 들어 백성들이 굶주려 서로 잡아먹었다. 가을 7월, 말갈이 우곡에 침입하여 주민들을 약탈하고 돌아갔다.

(3) 고구려 봉상왕 9년(300); 봄 정월, 지진이 있었다. 2월부터 가을 7월까지 비가 오지 않았다. 흉년이 들어 백성들이 서로 잡아먹었다. 8월, 왕이 국내의 15세 이상의 남녀를 징발하여 궁실을 수리하게 하였다. 백성들은 식량의 결핍과 부역의 고통으로 인하여 사방으로 유랑하였다. 창조리가 왕에게 간하였다. ... 그는 왕 앞에서 물러나와 군신들과 의논하여 왕을 폐위시키고 을불을 왕으로 세웠다. 왕은 화를 면할 수 없음을 알고 스스로 목매어 죽었다. 그의 두 아들도 따라 죽었다. 봉산 언덕에 장례를 지내고 호를 봉상왕이라 하였다.

(4) 백제 비류왕 28년(331); 봄과 여름에 큰 가뭄이 들어(春夏大旱) 풀과 나무와 강물이 말랐다. 가을 7월에 되어서야 비가 내렸다. 흉년이 들어 사람들이 서로 잡아먹었다.

(5) 고구려 소수림왕 8년(378); 旱 民饑相食, 가을 9월, 거란이 북쪽 변경을 침범하여 8개 부락을 함락시켰다.

---

5. 흠명천황의 행적은 소아도목의 기록이다.

(6) 고구려 고국양왕 6년(389); 봄, 기근이 들어 사람들이 서로 잡아먹으므로 왕이 창고를 풀어 구제하였다. 가을 9월, 백제가 침입하여 남쪽 변경 부락을 약탈하고 돌아갔다.

(7) 백제 동성왕 21년(499); 여름에 큰 가뭄이 들어 백성들이 굶주려서 서로 잡아먹었다. 도적이 많이 생기자 신하들이 창고를 풀어 구제하자고 하였으나 왕이 듣지 않았다. 漢山 사람들 중에 고구려로 도망간 자가 2천 명이나 되었다. 겨울 10월, 전염병이 크게 돌았다.

## 해설

[1][3][7] BC 2～AD 1세기는 민족 대 이동기인데 그 이동의 주요 원인 중 하나가 기후 변화로 보인다. 흉년의 책임을 왕에게 묻는데 이는 부여에서 온 농경사회의 전통이다. 농경사회는 농사를 지으려면 인구가 중요한데 흉년이 들면 먹여 살려야 하는 인구가 많기 때문에 또한 타격이 크다. 신라는 그런 기록이 없는데, 유목사회의 전통이 많이 남아있었고, 또 사회 자체가 작아서 먹을 것을 찾아 이동하기 쉬웠기 때문이다. 신라는 흉년이 들어도 왕에게 책임을 묻지 않았을 것이다.

[2][5] 말갈이 백제로, 거란이 고구려로 쳐들어온 것이 모두 먹을 것을 구하기 위해서였다. 이는 백제나 고구려의 삶이 말갈이나 거란보다 나았다는 뜻이다.

[4] 왕이 흉년을 제어하지 못하고 있다. 이는 2년 후 궁궐에 불이 나고 권력이 진의에게 이동되는 원인이 된다.

[6] 백제가 고구려 남쪽으로 쳐들어간 것은 먹을 것을 구하기 위해서였다. 이 기록은 신라 벌휴이사금조의 다음 기록과 유사하다.

- 신라 벌휴이사금 10년(193); 6월, 왜인 천여 명이 큰 기근으로 인하여 식량을 구하기 위하여 왔다.

왜인들도 농경민족이었던 것이다. 물고기 잡아먹는 사람들이라면 신라에 안 온다. 이는 울산-동부경남 지역 가야인들이 먹을 것을 찾아 북쪽의 신라로 온 것이다.

## 12.4 광개토왕의 정복시대

고구려는 광개토왕과 장수왕의 2대에 걸쳐 요하문명 국가이던 후연과 그를 이은 북연을 인수하게 된다. 광개토왕의 주요 기록은 다음과 같다. 크게 가. 전기, 나. 공백기, 다. 후기로 나뉜다.

### 가. 전기: 백제와의 전쟁기

(1) 광개토 원년(392); 가을 7월, 남쪽으로 백제를 공격하여 10개의 성을 점령하였다. 9월, 북쪽으로 거란을 공격하여 남녀 5백 명을 생포하고, 또한 본국에서 거란으로 도망갔던 백성 1만 명을 달래어 데리고 돌아왔다. 겨울 10월, 백제의 관미성을 공격하여 점령하였다. 그 성은 사면이 절벽이고, 바다로 감싸여 있었다. 왕이 일곱 방면으로 군사를 나누어 공격한 지 20일 만에 점령하였다.

(2) 광개토 2년(393); 가을 8월, 백제가 남쪽 변경을 침략하자 장수에게 명령하여 막게 하였다. 평양에 아홉 개의 절을 창건하였다.

(3) 광개토 3년(394); 가을 7월, 백제가 침범해왔다. 왕은 정예 기병 5천을 거느리고 그들을 쳤다. 남은 적들이 밤에 달아났다. 8월, 남쪽에 일곱 개의 성을 쌓아 백제의 침범에 대비하였다.

(4) 광개토 4년(395); 가을 8월, 왕이 패수에서 백제와 싸웠다. 왕은 그

들을 대패시키고, 8천여 명을 생포하거나 목베었다.

### 해설 1

[1] 고구려본기에는 광개토왕의 군사 규모가 안 나오지만 백제본기 진사왕조를 보면 4만 명이다. 그런데 이전 391년부터 백제 진사왕의 대외 정책이 변하여 고구려왕의 용병술을 핑계로 싸우려 나가지 않는 시점이다. 진사왕이 적극적으로 막았다면 392년에 북쪽의 10여 성을 잃지 않았을 것이다. 삼국사기 백제본기는 진사왕에 대하여 다음처럼 기록하고 있다.: "사람됨이 억세고 용감했으며 총명하고 지략이 많았다." 11월에 진사왕이 죽는다.

[2] 백제본기를 보면 관미성을 되찾기 위하여 고구려를 공격한 백제 장수가 좌장 眞武다. 하지만 성공하지 못했다. 평양은 247년 동천왕의 천도 이후 고구려의 제2 수도 역할을 해왔다. 수도가 아닌 곳에 이렇게 많은 절을 창건한다는 것은 곧 천도하겠다는 의미다.

[3] 백제군 지휘관의 이름은 백제본기에 안 나온다. 만일 국방을 담당하던 진무였으면 나왔을 것이다. 이전에 서제 洪을 내신좌평에 임명하는데 洪과 관련된 인물이 아닐까 생각한다. 백제본기에서 서제란 성이 다른 인물이라는 뜻이다. 따라서 기존의 지배층이던 解씨나 眞씨는 아닐 것이다.

[4] 전투에서 패배한 백제군 지휘관이 백제본기에 나오는데 좌장 진무다.

## 나. 기록 공백기

광개토 5년(396)~광개토 8년(399)

### 해설 2

광개토왕 5년부터는 백제와 한창 전쟁이 진행 중이다 갑자기 기록이 사라진다. 결말이 없다. 상식적으로 생각하면 여기에도 백제와의 전쟁이 나와야 한다. 삼국사기에는 삼국지 동이전에 나오는 많은 삼한 소국들이 없다. 웅진백제 진왕기록 삭제할 때 함께 삭제되었기 때문이다. 이와 마찬가지로 여기도 웅진백제 진왕이 관련되어 함께 사라진 것이라고 판단해야 한다. 즉 일본서기에 나오는 396년의 천도에 해당하는 대사건이 있었다.

광개토왕 5년(396)에 고구려 대군이 수군으로 아산만에 상륙하여 웅진백제 중심부이던 금강유역을 완전히 초토화했다고 보아야 한다. 구주에 도착한 것이 9월이므로 수도인 웅진성은 8월에 함락되었다. 광개토왕 8년인 399년의 백제본기를 보면, 아신왕이 고구려를 치기 위하여 인마를 징발하자 많은 백성들이 신라로 도망하여 호구수가 줄었다고 하는 것으로부터,6. 396년부터 내내 전쟁이 계속되었다.

이 전쟁 후에 일본서기를 보면 중앙각료인 숙네 몇 명이 사라지는데 비하여 삼국사기 백제본기를 보면 진무 등 국방을 관장하는 인물들은 전혀 피해가 없다. 또 한성백제는 고구려에 반격까지 도모한다. 이로부터 396년에 웅진백제는 멸망했지만 한성백제는 큰 타격을 입지 않았다는 것을 알 수 있다.

---

6. 『재조명1』 제24장, 2 영락 10년의 전쟁명분, p. 473.

한성백제는 392년에 고구려에게 관미성을 포함하여 10여성을 잃었지만 웅진백제는 천도까지 한 것을 볼 때 이보다 훨씬 많은 성들을 잃었을 것이다. 하지만 웅진백제의 함락된 성들은 구삼국사 편집시 모두 삭제되었을 것이다. 만일 기록이 남아있다면 성의 위치는 한강유역이 아니라 금강유역을 중심으로 한 이른바 삼국사기의 기록공백지대에 위치하고 있을 것이다.

### 다. 후기: 후연 및 북연과의 교섭기

(5) 광개토 9년(400); 봄 정월, 왕이 燕에 사신을 보내 조공하였다. 2월, 燕王 盛이 우리 왕의 예절이 오만하다는 이유로(以我王禮慢) 직접 군사 3만을 거느리고 공격해왔다. 그들은 驃騎大將軍 慕容熙를 선봉으로 삼아 新城 南蘇의 두 성을 함락시키고 7백여 리의 땅을 점령하여 그들 백성 5천여 호를 이주시켜 놓고 돌아갔다.

(6) 광개토 11년(402), 왕이 군사를 보내 燕의 수비군을 공격하였다. 燕의 平州刺史 慕容歸가 성을 버리고 도주하였다.

(7) 광개토 13년(404); 겨울 11월, 군사를 출동시켜 燕을 공격하였다.

(8) 광개토 14년(405); 봄 정월, 燕王 熙가 요동성을 공격하였다. 성이 함락될 즈음에 熙가 장병들에게 명령하였다. "성에 먼저 오르지 말라. 성이 평정되면 내가 황후와 함께 가마를 타고 들어가리라." 그러나 이로 말미암아 성 안에서는 삼엄한 대비를 할 수 있었기 때문에 그들은 이기지 못하고 물러갔다.

(9) 광개토 15년(406); 가을 7월, 메뚜기 떼가 생기고 가뭄이 들었다. 겨울 12월, 燕王 熙가 契丹을 공격하기 위하여 경북(陘北)에 도착하였다. 그러나 거란의 군사가 많은 것을 겁내어 돌아가려 하다가, 수레의 무거운 군수품을 버리고 경병으로 우리를 공격하였다. 그러나 燕軍은 3천여 리를 행군하여 왔기 때문에 군사와 말이 피로하였고 동사자가 길에 줄을 이었다. 그들은 우리의 목저성(木底城)[7]을 공격하다가 이기지 못하고 돌아갔다.

(10) 광개토 16년(407); 봄 2월, 궁궐을 증축 수리하였다(增修宮闕).

(11) 광개토 17년(408); 봄 3월, 北燕에 사신을 보내 같은 종족의 예를 차렸더니(且叙宗族) 北燕王 雲이 시어사 이발을 보내 답례하였다(遣侍御史<李拔>報之).

(12) 광개토 18년(409); 여름 4월, 왕자 거련을 태자로 삼았다. 가을 7월, 동쪽 지방에 독산 등 여섯 개의 성을 쌓고 평양의 백성들을 이주시켰다. 8월, 왕이 남쪽을 순행하였다(王南巡).

(13) 광개토 22년(413); 겨울 10월, 왕이 죽었다. 시호를 광개토왕이라 하였다.

## 해설 3

[5] 고구려가 후연의 공격을 받아 고구려 영토를 점령했는데도 불구하고 강력한 군사력을 가진 고구려 군대의 반격 기록이 없다. 광개토왕의 군대는 어디에 있는가?

백제본기에 의하면 당시 백제 피난민이 신라 땅에 가득차고, 일본서기를 보면 왕이 천도한 다음 백성들의 이주를 돕기 위하여 400～401년에 임나·신라 땅에 군대를 파견한다. 그러면 400년에 고구려 군대의 주력도 왜국으로 가기 위해 피난민들이 몰려있던 임나·신라 땅에 왔다고 보는 것이 합당하다. 그래서 당시 후연의 공격을 막을 여력이 없었던 것이다.

당시 후연과 백제 중에 어느 나라가 더 강했느냐를 판단하기는 쉽지 않으나, 고구려에게는 후연보다 백제가 훨씬 위험한 적이었다. 후연은 중원에 위치하여 중원 국가의 행세를

---

7. 요령성 심양시 동남쪽으로 추정

하고 있었으나 국력 면에서 고구려나 백제에 비할 바가 못 되었다. 영토를 비교해도 한반도, 일본열도, 요서, 월주, 대만, 필리핀을 비롯한 동남아 일대를 지배하던 백제가 후연보다 훨씬 넓었다.

[6] 402년부터는 후연에 반격하는 것으로 보아 고구려 주력군이 요동으로 돌아왔다.

[7] 일본서기를 보면 404년 9월에 매우 화가 난 고구려 사신이 왜국에 항의하러 오는데 고구려본기에 8월에 그 이유가 없다. 고구려 원사료에는 8월에 웅진백제가 고구려 후방을 수군으로 공격한 기록이 있었을 것이나 구삼국사 편집시 삭제된 것이다.

[6] 고구려와 후연의 전쟁은 402년부터 406년까지 4년 동안 계속 된다. 하지만 고구려가 후연의 중심부를 공격하여 위기에 빠뜨리게 한다든가 하는 것은 없고 대부분이 국경분쟁 수준이다. 이는 두 나라 관계가 크게 악화되지 않았을 것이라는 생각이 들게 한다. 즉 고구려에게 위험한 나라는 백제였지 후연이 아니었다. 5세기에 육군과 수군으로 고구려를 공격할 수 있는 나라는 백제뿐이었다.

[8] 후연은 모용수-모용보-모용성-모용희까지 4명의 왕이 통치하는데 모용희는 마지막 왕이다. 그는 고구려에 대한 무리한 공격을 시도하다가 실패하고 결국 왕통이 친고구려계인 고운에게 넘어가는 계기가 되는데 이때부터를 북연이라 한다. 하지만 고운도 곧 암살당하고 풍발이 왕이 된다. 그리고 그의 동생 풍홍대에 북위에게 망한다.

[9] 406년 12월에 후연이 쳐들어왔는데 상태가 고구려를 공격할 입장이 못 된다. 그런데 고구려는 성을 방어하는 정도지 반격하지 않는다. 만일 반격하였으면 후연군은 전멸했을 것이다. 후연은 고구려가 반격하지 않을 것임을 미리 알았단 말인가? 그 강력한 광개토왕의 고구려군은 당시 어디에 있었을까? 목저성으로부터 아주 먼 곳에서 후연보다 훨씬 더 강한 적을 상대하고 있었던 것은 아닌가?

[11] 고구려가 후연과 대립하는데 이 대립은 후연을 군사적으로 굴복시켜 해결된 것이 아니라 408년에 후연 내부에 친고구려계 정권이 수립됨으로써 해결된 것을 알 수 있다. 이로써 고구려는 후연과의 문제를 비교적 평화적으로 해결하였다. 모용씨의 후연이 망하고 풍씨의 북연이 들어서는데 북연은 북위의 공격을 받자 고구려에게 귀의한다. 이는 요서에서 발견되는 4~5세기 모용씨 유물이 부여/고구려와는 비슷하고 신라와는 전혀 다른 이유다.[8]

## 12.5 407년 좌지왕의 후기가야 건국

남가야, 즉 낙동강 서쪽의 김해가야 역사는 왕통에 따라 크게 3기로 나뉜다.

**1기: 전기가야(42~227)**

8. 『재조명1』 제17장, 3 [답변] 4세기 조양부근 선비문화. p. 336.

<1.수로왕, 2.거등왕, 3.마품왕, 4.거질미왕, 5.이시품왕>의 5명이 통치했다.

**2기: 변진한기(227～407)**

나라가 없어지고 임나에 통합되었던 시기로서 삼국사기 신라본기의 왜국의 일부였다.

**3기: 후기가야(407～562)**

<1.좌지왕, 2.취희왕, 3.질지왕, 4.겸지왕, 5.구형왕>의 5명이 통치했다.

삼국유사 가락국기는 전기가야 건국자인 수로왕과 후기가야 건국자인 좌지왕에 대해서는 기록이 상세한데 이들이 건국자들이기 때문에 당연하다.[9] 이 중에 후기가야 건국자인 좌지왕의 기록은 다음과 같다.

**坐知王**

김질(金叱)이라고도 한다. 의희(義熙) 3년(407)에 즉위하였다. 용녀(傭女)에게 장가를 들어 여자의 무리를 관리로 삼으니 나라 안이 소란스러웠다. 계림국(鷄林國)이 꾀를 써서 치려하니, 朴元道라는 신하가 간하여 말하기를 "유초(遺草)를 보고 또 보아도 역시 털이 나는데 하물며 사람에 있어서이겠습니까? 하늘이 망하고 땅이 꺼지면 사람이 어느 곳에서 보전하겠습니까? 또 점쟁이가 점을 쳐서 해괘(解卦)를 얻었는데, 그 점괘의 말에 '小人을 없애면 군자君子가 와서 도울 것이다'라고 했으니 왕께선 易의 괘를 살피시옵소서"라고 하니 왕은 사과하여 "옳다."고 하고 용녀를

9. 『네티즌 고대사』 제4부, 3 신라라는 국호, p. 253.

내쳐서 荷山島에 귀양보내고, 정치를 고쳐 행하여 길이 백성을 편안하게 다스렸다. 치세는 15년으로 영초(永初) 2년 신유 5월 12일(421년)에 죽었다. 왕비는 도령(道寧) 대아간(大阿干)의 딸 복수(福壽)로, 아들 취희(吹希)를 낳았다.

– 삼국유사 가락국기

전기가야와 다르게 후기가야는 친신라 정책만 고수하다가 결국 신라에게 멸망하게 되는데 후기가야 건국자인 좌지왕조는 그 이유를 설명하고 있다. 용녀와 그의 집안은 좌지왕과 함께 후기가야를 건국한 주역이다. 그런데 신라가 압력을 가하여 그 가야 왕비를 몰아내고 친신라 집안의 여자로 왕비를 세우는 것이다.

용녀를 몰아낼 마땅한 이유가 없자 점쟁이까지 데려온다. 용녀를 다른 사람들과 접촉을 못하도록 섬에 가둔 것을 보면 그녀의 영향력이 대단하였음을 알 수 있다. 그녀야말로 후기가야를 건국한 가야의 國母였을 것이다. 이것이 국가를 건국할 당시 남가야의 대외 정책 방향을 결정한 중요한 사건이었으므로 좌지왕조에 남은 것이다.

그러면 후기가야는 407년 몇 월에 건국했을까? 이것은 삼국사기로 추정할 수 있다.

406년 12월 겨울에 요동의 고구려 목저성이 후연의 공격을 받는데도 반격하지 않는다. 목저성은 요하를 건너 국내성이 이르려면 지나는 길목에 위한 전략적 요충지로 342년에 고구려를 침공하던 전연의 모용황 군대도 이곳을 지났다. 목저성 같은 전략적 요충지를 공격받고도 방어만 하고 반격하지 않은 것은 후연군이 강해서가 아니라 고구려 주력군이 부근에 없었기 때문이다. 그리고 407년 2월에 백제본기에 웅진백제 진왕의 성씨인 부여씨가 최초로 출현하여 한성백제를 장악한다.

고구려가 한반도 남부를 치려면 강을 건너는 것이 중요한데 보기 군단이 신속히 이동하려면 강이 어는 겨울이어야 한다. 342년에 전연의 대군이 고구려를 공격할 때도 강이 어는 겨울이었다. 즉 406년 겨울 12월에 고구려 주력군이 한반도 남부로 대거 남하하는 중이라 후연의 침입에 반격할 수 없었다.

결국 407년 1월에 한반도 남부에서 고구려군과 여신과 여비가 지휘하는 웅진백제군 사이에 최후의 전쟁이 벌어졌고, 이 전쟁에서 고구려가 승리한 것이다. 그 결과 웅진백제의 한반도 남부에 대한 장악력이 무너지자 그 휘하에 있었던 가야제국이 일제히 재건국된 것이다.

웅진백제군은 철군하는 고구려군을 추격하여 북상하여 한성백제를 장악하니 이것이 407년 2월의 백제본기의 부여씨 출현이다. 따라서 가야제국의 재건국도 백제본기에 부여씨가 출현하는 407년 2월로 추정한다.

404년 전쟁이 백제의 반격이라면 407년 전쟁은 이에 대한 고구려군의 응징이다. 407년에 해당하는 고구려본기 광개토왕 16년(407)조에는 이 전투에 대한 기록이 없다. 404년이나 마찬가지로 여기도 웅진백제와의 교섭기록이 삭제된 것이다.

광개토왕은 백제를 공격한 것으로 그치지 않고 토벌하여 삼한체제를 해체시켰다. 광개토왕이라는 시호는 영토를 널리 확장한 왕이라는 뜻인데 한반도 중남부를 정벌하여 백제 수도 웅진을 점령하고 백제왕을 왜국으로 쫓아냈으니 충분히 그렇게 부를만하다고 본다.

## 12.6 일본서기가 기록한 장수왕의 즉위

부여에서 함께 갈라져 나온 두 나라가 4백년 동안 한 나라는 한반도 북부와 만주를, 다른 한 나라는 한반도 중·남부와 바다를 양분하고 있었다. 그러다 <고국원왕-소수림왕-고국양왕-광개토왕>의 4대 40년 동안 전쟁을 하였다. 두 나라는 2세기에 요서에 마한이 등장할 때부터 수시로 사신을 교환했을 것이다. 그 두 나라는 언제 어떻게 사신을 교환했고, 사신이 오면 어떤 행사를 치렀을까? 두 나라의 관계가 악화된 5세기 이후 기록만 남은 삼국사기에는 전혀 사신이 교환된 기록이 없다. 따라서 두 형제 국가가 사이좋게 동아시아를 양분하던 4백년 동안 어떤 사신이 교환되었을지 우리는 정말로 궁금하다.

삼국사기를 보면 광개토왕이 재위 22년째인 413년 겨울 10월에 죽고 장수왕이 바로 즉위하여 413년은 장수왕 원년이기도 하다.

- 광개토왕 18년(409); 여름 4월, 왕자 거련을 태자로 삼았다. 가을 7월, 나라 동쪽에 여섯 성을 쌓고 평야의 민호를 옮겼다. 8월, 왕이 남쪽 지방을 돌아보았다.
- 광개토왕 22년(413); 겨울 10월, 왕이 죽었다. 시호를 광개토라고 하였다.

그런데 일본서기를 보면 412년 가을 7월에 고구려에서 사신이 온다. 사신은 새로 왕이 된 사람이 보내는 것이 보통이다. 따라서 나는 혹시 광개토왕은 413년(광개토 22)이 아니라 왜국에 고구려 사신이 도착하기 직전인 412년(광개토 21) 여름에 죽은 것이 아닌가 생각된다. 이 시점은 장수왕이 아직 즉위식만 안 했을 뿐 새로 왕이 되며 보낸 사신이라는 뜻이다. 또 하나의 가능성은 광개토왕이 죽기 1년 전인 이때부터 장수왕이 실질적으로 국정을 운영한 것이 아닌가 하는 것이다. 물론 일본서기가 413년 7월 사건을 412년 7월에 기록하여 1년이 틀렸을 가능성도 있다.

* 인덕 12년(412); 가을 7월, 辛未 초하루 癸酉日, 高麗國이 철로 만든 방패와 과녁을 바쳤다.

  8월, 庚子 초하루 己酉, 高麗의 사신들에게 조정에서 향응을 베풀었다. 이 날에 群臣 및 百官들을 모아놓고 高麗가 바친 철로 된 방패와 과녁에 활을 쏘게 하였다. 모든 사람들이 과녁을 쏘았으나 과녁을 꿰뚫지 못하였다. 다만 的臣의 선조인 盾人숙네만이 철과녁을 관통하였다. 이때 高麗에서 온 사신들이 그것을 보고 그 활 쏘는 솜씨의 훌륭함에 경외를 표하며 모두 일어나 절하였다. 다음날 인덕은 盾人숙네를 칭찬하고 的戸田숙네라는 이름을 내렸다. 같은 날에 소박뢰조(小泊瀨造)의 선조인 숙네신(宿禰臣)에게 이름을 내려 현유신(賢遺臣)이라 하였다.

이것이 일본서기에 나오는 두 번째 고구려 사신 기록인데 두 나라는 새 왕이 즉위할 때 사신을 교환했음을 알 수 있다. 사신들은 선물을 가지고 왔고, 사신을 영접하는 쪽은 만조백관을 모아놓고 사신들과 함께 큰 잔치를 벌였다. 그리고 기싸움도 하였다. 삼국의 대표 문화를 들면 신라는 말, 백제는 칼, 고구려는 활이다. 고구려 사신이 활과 관련된 선물을 가지고 간 것을 볼 때, 백제 사신이 고구려에 갔을 때는 칼과 관련된 선물을 가지고 갔지 않았을까 생각된다.

5세기에 고구려가 고려로도 불렸음을 알 수 있다. 우리의 국호인 코리아는 고구려인들이 만들어 준 것이다. 왕이 신하들에게 적臣, 숙네臣, 현유臣 등 臣자가 들어가는 관직을 내려주는 것으로부터 신하가 공을 세우면 진왕이 신지의 직위를 내려주었다는 것도 알 수 있다. 이 기록으로부터 삼국지 동이전의 신지 기록 배경을 알 수 있다.

장수왕은 40년 전쟁에서 고구려가 최종 승리하여 백제를 왜국으로 밀어냈는데 상황이 고구려가 의도치 않은 방향으로 흘러갔다. 4백년 동안 육지 영토는 고구려가 백제보다 훨씬 넓었으나 해양 영토는 백제가 고구려보다 훨씬 넓었다. 그런데 이제는 백제가 왜국까지 장악했으니 육지 영토도 백제가 고구려보다 넓은 나라가 되었다. 백제의 해양국가 특성이 그렇게 만든 것이다. 흔히 삼국 중에 어느 나라 영토가 가장 넓었느냐를 두고 여러 가지 이야기를 하는데 일본열도를 포함한 백제가 가장 넓었다. 인구도 마찬가지인데 백제가 말기인 7세기에 백제의 왜국 영토 인구는 적어도 5백만 명 이상으로 추정된다.

- 인덕 58년(425); 여름 5월, 황릉의 소나무 숲 남쪽 길에 갑자기 두 그루의 상수리나무가 뿌리를 내렸다. 길을 사이에 두고 끝은 합쳐있었다. 겨울 10월, 吳國과 高麗國이 나란히 조공하였다.

일본서기를 보면 425년 5월에 인덕이 죽자 고구려 장수왕(13년)이 조문사를 보낸다. 장수왕은 외교의 신이었다. 그는 아버지와 다르게 가능한대로 전쟁을 피하고 외교로 국제 문제를 해결하고자 하였다. 인덕의 죽음 소식이 양자강 하류에 알려지고 조문사가 오는데 만 5개월 걸렸다. 웅략조를 보면 웅략이 461년 11월에 즉위하는데 오국으로부터 축하사절이 462년 4월에 도착하여 역시 만 5개월이다. 편도에 2~3개월 걸린다는 뜻이므로 당시의 항해술을 고려하면 합리적인 기록이다.

## 12.7 장수왕의 후연/북연 인수

한국사를 보면 북중국에 통일국가가 등장할 때마다 전쟁을 했다. 누구든 북중국을 통일한다고 해도 고구려가 뒤에 버티고 있으면 불안할 수밖에 없다. 전한과 전쟁한 고조선을 필두로 후한, 공손연, 위, 전연, 후연, 수, 당과 전쟁한 고구려, 요, 금, 원과 전쟁한 고려, 후금 및 청과 전쟁한 조선 등, 전쟁을 하게 되면 수많은 사람들이 죽고 다치고 재산을 잃는 백성들의 고통이 따른다.

이런 가운데 북중국 통일정권과 전쟁을 하지 않고 외교로써 평화를 지켜낸 경우가 두 번 있었으니, 5세기에 북위를 상대한 고구려와, 15～16세기에 明을 상대한 조선이다. 고구려본기 장수왕조는 어떻게 어느 정도로 외교를 해야 전쟁을 피하고 평화를 유지할 수 있는가를 보여준다. 장수왕은 재위기간 동안에 북위에 41번 조공하였는데 평균 2년에 한 번씩이다. 하지만 북위에 일방적으로 매이지 않고 북위와 사이가 나빴던 남조 국가들인 송이나 남제와도 사신을 교환했으며, 아무리 친선외교라도 거절할 필요가 있는 경우는 거절했다. 그의 주요 기록은 다음과 같다.

### 가. 5세기 초반

(1) 장수 15년(427), 평양으로 도읍을 옮겼다(移都平壤).

(2) 장수 23년(435); 魏가 燕을 자주 공격하였기 때문에 燕의 형세가 나날이 위급해졌다. 燕王 馮弘이 "만일 사태가 위급하면, 동쪽으로 고구려에 잠시 의탁하며 훗날을 도모하겠다."라고 말하고, 비밀리에 尙書 양이(陽伊)를 보내 받아주기를 요청하였다(請迎於我).

(3) 장수왕 24년(436); 燕王이 魏에 사신을 보내 조공하고, 侍子를 보내주기를 요청하였다. 魏 임금이 이를 허락하지 않고 군사를 동원하여

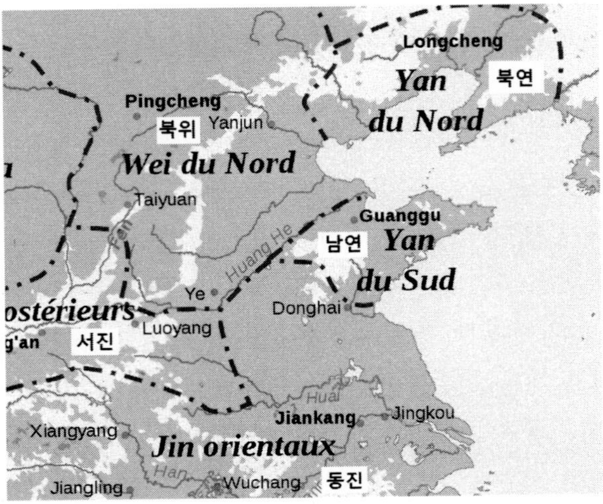


**그림 12.3** 5세기 전반 북연, 남연, 북위의 위치

燕을 공격하려 하면서 우리에게 사신을 보내 이 사실을 알려 주었다. 여름 4월, 魏가 燕의 백낭성을 공격하여 승리하였다. 왕은 장수 갈로(葛盧)와 맹광(孟光)으로 하여금 군사 수만 명을 거느리고 燕의 사신 陽伊를 따라 和龍에 가서 燕王을 맞도록 하였다. 갈로와 맹광이 燕의 성에 들어가, 군사들에게 헌 옷을 벗게 하고, 燕의 무기고에 있는 정장을 내주어 입게 하였다. 그들은 대규모로 성을 약탈하였다.

5월, 연왕이 龍城에 남아 있는 주민들을 동쪽 고구려로 옮기고 궁전에 불을 질렀다. 불길은 열흘 동안 꺼지지 않았다. 이동하는 부녀자들에게는 갑옷을 입혀 행렬의 복판에 서게 하고, 양이 등은 정병을 거느리고 행렬의 바깥쪽에 서게 하였으며, 갈로와 맹광은 기병을 거느리고 후미에 서서 수레를 나란히 몰아 진군하였다. 행렬의 길이가 80여 리에 이어졌다. 魏 임금이 이 소문을 듣고, 散騎常侍 봉발(封撥)을 고구려에 보내 연왕을 압송하라고 하였다. 왕이 魏에 사신을 보내 표문을 바치면서, 연왕 풍홍과 함께 魏 임금의 교화를 받들겠다고 하며 거절하였다. 魏 임금은 고구려왕이 자기의 소칙을 어겼다는 이유로 고구려를 공격할 것을 논의하였다. 그는 농우 지방의 기병을 출동시키려 하였으나 유혈, 낙평왕 비(劉絜, 樂平王 丕) 등이 간하여 이를 중지하였다.

(4) 장수왕 26년(438); 봄 3월, 처음 연왕 풍홍이 요동에 당도했을 때, 왕이 사신을 보내 위로하여 말했다. "용성왕 풍군이 이곳에 와서 야숙을 하고 있으니 군사와 말이 피곤하겠소." 풍홍은 부끄러워하면서도 분노하여 법도를 들먹이며 왕을 꾸짖었다. 왕은 풍홍을 평곽에 있게 하다가 얼마 후에 다시 북풍으로 옮겼다. 풍홍은 원래 우리를 업신여기고, 정치와 법제도와 상벌을 자기 나라와 동일하게 하려고 하였다. 왕은 곧 그의 시종을 빼앗고, 그의 태자 王仁을 볼모로 삼았다. 풍홍이 이를 원망하여 宋에 사신을 보내 표문을 올리고 자기를 맞아가 줄 것을 요청하였다. 송 태조가 사신 王白駒 등을 보내 그를 맞이하게 하고, 우리로 하여금 그를 치송하게 하였다. 왕은 풍홍이 남쪽으로 가는 것을 원치 않았기 때문에, 장수 손수(孫漱), 고구(高仇) 등으로 하여금 北豐에서 풍홍과 그의 자손 10여 명을 죽이도록 하였다.

송의 사신 왕백구 등은 풍홍이 지휘하던 군사 7천여 명을 이끌고, 고구려 장수 손수와 고구를 습격하여 고구를 죽이고 손수를 생포하였다. 왕은 왕백구 등이 고구를 마음대로 죽였다는 이유로, 그를 잡아 사신 편에 송에 보냈다. 송 태조는 먼 곳에 있는 나라인 고구려의 뜻을 어기지 않게 위하여 왕백구 등을 옥에 가두었으나 얼마 후에 석방하였다.

## 해설 1

[1] 대동강유역으로의 천도인데 평양은 이미 3세기 중반 위의 관구검 침입 직후부터 고구려의 제2의 수도 역할을 했다. 고구려의 천도에 대하여 4세기 이후 지구 기온이 낮아져 전 세계적으로 사람들이 남으로 이동하는 중이었으며, 고구려나 백제의 천도도 이 과정의 하나로 보는 시각도 있다.

[2] 후연은 모용희 이후 [그림 12.3]처럼 요서를 중심으로 한 모용운의 북연과 산동반도를 중심으로 한 모용덕의 남연으로 나뉜다. 이 중에 북연이 전진의 공격을 받자 장수왕의 고구려에게 국가를 의탁했다는 것이다. 이는 북연의 전신인 후연이 고구려와 큰 전쟁을 치르지 않았기에 가능했다.

[3] 북연의 백성들을 고구려로 데려온 고구려 장군이 갈로와 맹광이다. 국가가 이동한 것이나 마찬가지인데 수십만 명 이상으로 추정된다. 대부분 선비족을 비롯한 남하한 북방민족 출신들이다. 이때 고구려로 들어온 이들 북연 주민들의 후손들이 훗날 수나라와 당나라의 공격을 막고 고구려를 구하는 주역이 된다.

[4] 이주민의 숫자가 많다보니 갈등도 생기기 마련이지만 북위와의 관계 때문에 어쩔 수 없이 북연의 마지막 왕 풍홍을 죽이는 것에 대한 핑계의 성격이 크다.

## 나. 5세기 중・후반

(5) 장수왕 38년(450); 신라인이 우리의 변방 장수를 습격하여 죽였다. 왕이 노하여 군사를 출동시켜 공격하려 하였으나, 라왕(羅王)이 사신을 보내와 사죄하였으므로 이를 중단하였다.

(6) 장수왕 60년(472); 봄 2월, 魏에 사신을 보내 조공하였다. 가을 7월, 魏에 사신을 보내 조공하였다. 이때부터 공물의 수량이 종전에 비하여 배로 늘었으며, 보답으로 魏에서 주는 물량도 다소 증가하였다.

(7) 장수왕 63년(475); 봄 2월, 魏에 사신을 보내 조공하였다. 가을 8월, 魏에 사신을 보내 조공하였다. 9월, 왕이 군사 3만을 거느리고 백제를 침공하여 백제왕의 도읍지 漢城을 점령하고 백제왕 扶餘慶을 죽이고 남녀 8천 명을 생포하여 돌아왔다.

(8) 장수왕 79년; 여름 5월, 魏에 사신을 보내 조공하였다. 가을 9월, 魏에 사신을 보내 조공하였다. 겨울 12월, 왕이 죽었다. 그의 나이 98세였다. 호를 長壽王이라 하였다. 魏 孝文 황제가 이 소식을 듣고, 흰 색의 위모관를 쓰고, 베로 만든 심의를 입고, 동쪽 교외에서 애도의 의식을 거행한 후, 謁者僕射 李安上을 보내와 왕을 車騎大將軍太傅遼東郡開國公<高句麗王>으로 추증하고 시호를 康이라 하였다.

### 해설 2

[5] 당시에 신라왕을 '라왕'이라고 하는 것으로 보아 신라인은 '라인'으로도 불렀음을 추측할 수 있다.

[6] 당시의 조공이란 국가 간의 공무역임을 알 수 있다.

[7] 한성을 점령하고 개로왕을 죽인 사건에 대하여 의외로 간략하게 적고 있다.

[8] 장수왕은 고구려뿐만 아니라 삼국 전체에서 가장 오래인 79년을 재위한 왕이다.

이로써 고조선 문명의 후예이던 요하문명의 주역들을, 3세기의 공손연은 백제가, 4세기의 전연은 신라가, 5세기의 후연과 북연은 고구려가 계승함으로써 한국사에 계승된다.

## 12.8 북위에 온 물길 사신 을력지

427년에 고구려 장수왕이 남쪽인 평양으로 천도하고, 이후 백제와의 관계가 악화되어 두 나라 사이에 전운이 감돌 무렵에 고구려 북쪽에 물길이라는 새로운 정치세력이 나타난다.

> 지난 정흥(延興, 471~475) 중에 사신 을력지(乙力支)를 보내 조회하고 방물을 바쳤다. 太和(477~499) 초에 또 말 500필을 바쳤다. 을력지는, "처음 나라에서 출발하여 배를 타고 難河를 거슬러 서쪽으로 오르다가, 太滲河에 이르러 배를 물속에 감추어 두고, 남으로 육로를 걸어서 洛孤水를 건너 契丹의 서쪽 국경을 따라 和龍에 이르렀다."고 말하였다.
>
> 또 스스로 말하길, "그 나라에서 먼저 고구려의 열 부락을 함락하고, 은밀히 백제와 함께 바다와 강(水道)을 따라 힘을 합쳐 고구려를 취할 것을 꾀하고, 을력지를 大國에 사신으로 파견하여 그 가부를 청한다."하였다. 이에 조칙으로, "세 나라는 똑같은 주변 나라의 신하로서 마땅히 서로 和順해야 할 것이니, 서로 침입하지 말라."하였다. 을력지가 이에 돌아가는데, 그가 온 길을 따라 본래 가지고 온 배를 타고 그 나라에 이르렀다.
>
> \- 위서 물길전

북위의 역사서인 위서 물길전에는 5세기 후반에 을력지라는 물길 사신이 북위에 왔는데, 백제와 연합하여 고구려를 공격하겠다고 하고 있다. 중국 사서에 물길이나 말갈이라고 나타난 존재는 항상 친고구려 성향이었다는 것을 근거로, 혹시 고구려와 백제를 바꾸어 쓴 것이 아닌가 하는 의심하는 사람도 있지만, 5세기는 말갈국가였던 한성백제가 백제를 대표하고 있었을 때라서 이 을력지 기록이 신뢰성이 높다는 것을 알 수 있다.

당시는 백제가 고구려를 공격하기 위해 북위를 비롯하여 여러 나라에 사신을 보내 주변국을 모으고 있는 시점이었다. 이 과정에서 물길과도 접촉한 것이다. 하지만 북위는 국경을 맞대고 있었던 고구려의 눈치를 보지 않을 수 없어서 백제의 제안을 거절한 것과 마찬가지로 물길의 제안도 거절한다. 이후 백제는 개로왕 때 분노한 고구려의 공격을 받는데, 이로 인하여 백제는 5세기 말 동성왕 때 북위와의 관계가 급속히 악화된다. 동성왕은 북위의 공격을 막는 데는 성공했으나 결국 이것이 실각의 원인이 된다.

# 13장

# 왜국의 백제 천도

## 13.1 우현왕 여기

458년에 개로왕이 劉宋에 국서를 보내 관직을 요청하는 인물들이 11명인데 여기에 동성왕의 아버지인 좌현왕 여곤이 있다.

1. 관군장군 우현왕 여기餘紀 - 대표자
2. 정로장군 좌현왕 여곤餘昆
3. 정로장군 여훈餘暈
4. 보국장군 여도餘都
5. 보국장군 여예餘乂
6. 용양장군 목금沐衿
7. 용양장군 여작餘爵
8. 영삭장군 여류餘流
9. 영삭장군 미귀糜貴
10. 건무장군 우서于西
11. 건무장군 여루餘婁

이 중에 서열 2위인 여곤은 당시 왜국에 있었다. 이 사람이 일본서기가 기록한 윤공의 5번째 아들인 대박뢰황자 웅략이다. 5번째 아들이란 실제로 낳은 아들이건 아니건 상관없이 왕력에 입적된 순서가 5번째라는 뜻이다. 진왕제에서는 왕의 아들로 태어난다고 해서 왕자가 되는 것이 아니고 왕력에 입적되어야 왕자가 된다. 그리고 그 입적 순서가 왕자의 순서다. 예를 들어 인덕은 응신과 동년배이지만 훗날 4번째로 왕력에 입적되었기 때문에 응신의 4번째 아들이 되는 것이다.

당시 백제와 왜국은 모두 부여씨가 다스리던 나라로 위의 11명이 백제와 왜국 둘 다에 있었을 가능성을 가진다. 하지만 396년에 백제가 웅진에서 왜국으로 천도한 이후 백제 수도가 오사카부근이어서 저 11명은 여곤 포함 대부분이 왜국에 있었다고 생각된다. 개로왕이 관직을 요구하던 458년은 안강천황 사후 내란을 수습하고 시변압반황자를 대표로 하는 새로운 집권세력이 등장한 시기다. 따라서 개로왕은 그 혼란기를 수습하는데 공을 세운 사람들에게 관직을 수여했다고 보는 것이다.

興(시변압반)이 왕비를 못 세우자 권력이 불안해지고 劉宋에 사신을 보내 이전 진왕들처럼 도독지위를 요구한다. 도독지위를 받으면 흥의 지배권이 굳어지기 때문에 흥이 송[1]에 사신을 보내자 이에 놀란 다음 서열인 여곤이 아예 백제로 건너가 임신한 개로왕의 젊은 왕비를 데리고 들어왔다. 그리고 서열 2위인 여곤(웅략, 대박뢰황자, 武)이 서열 1위인 시변압반을 죽이고 왕이 되었다.

공립되지 못하고 퇴위한 시변압반은 진왕(천황)위를 못 받고 그의 5년 재위기간은 웅략의 재위기간에 흡수되어버렸다. 이에 따라 461년에 웅략이 왜국 지배층을 모두 척살하고 왕이 된 사건은 시변압반이 왕이 되던 456년으로 올라가 기록되어 다음해인 457년이 웅략 원년이 된다. 이것이 진왕제하의 왕력 기록방식이다.

457년에 왜국의 왕이 된 흥(시변압반)은 무(여곤)보다 서열이 높았다. 그래서 안강 이후 왜국 왕이 된 것이다. 하지만 백제 왕실의 여인을 왕비로 세우지 못해 '세자'자를 떼지 못하고 있다가, 왕비를 세운 서열 2위인 여곤에게 밀려난 것이다.

저 11명 중에 왜국의 집단지도체제를 이끌던 흥이 있으면 누구

---

1. 420년에 유유에 의해 건국된 남조의 첫 번째 왕조로 유송이라고도 한다.

였을까? 여곤보다 서열이 높은 인물이 있으면 그 사람일 가능성이 크다. 그래서 흉은 관군장군 우현왕 여기가 아닌가 생각된다. 당시 왕권을 노리고 경쟁하다 웅략에게 죽은 주요 인물들인 백언황자, 흑언황자 등도 역시 저 11명 속에 있다고 생각된다.

응신에서 웅략에 이르는 8왕 시기를 보면 단 한 번도 평화적으로 왕권이 교체된 적이 없다. 그러다보니 교체될 때마다 평균 3년 정도의 공위기간이 있었다. 칠지도의 3년 공위기간도 한 예다. 이로부터 이들이 396년에 왜국으로 천도하기 전에 4백년 동안 한반도에서 백제라는 간판을 걸고 있었을 때도 비슷했다고 본다.

왜국은 곤지와 동성왕이 백제로 천도한 후 곤지의 세 번째 아들인 청령에게 나라를 맡겼으나 곧 실각하고, 과거 곤지에게 죽은 시변압반의 후손들이 왕권을 이어가게 된다. 그러다 498년부터 영산강유역에서 대규모 이민이 시작되자 정권이 바뀌는데[2]. 이것이 후기 고분시대의 시작이다.

**[복습문제]** 왜왕 무는 462년에 유송에 사신을 보내 자신이 왜를 비롯한 7국의 지배자가 되었음을 알린다.[3]. 이로부터 알 수 있는 것은 무엇인가?

(가) 왜왕 무는 462년에 군사를 이끌고 가서 왜국을 비롯한 7국을 정벌하였다.
(나) 왜왕 무는 462년에 왜국에서 온 이민자들을 비롯하여 일본열도 내 7국 이민자들을 통솔하게 되었다.
(다) 왜왕 무는 462년 봄에 왕후를 세우는 화려한 결혼식을 하였다.
(라) 왜왕 무는 462년에 과대망상증 환자가 되었다.

---

2. 『재조명2』 제38장, 4 무열천황의 자립위왕, p. 206.

## 13.2 이민 1세에서 이민 2세의 시대로

백제가 396년에 왜국으로 천도하여 477년에 다시 백제로 돌아올 때까지 7왕이 82년을 보내게 되는데, 7왕 중에 앞의 5명은 이민 1세고 뒤의 2명은 이민 2세다. 이를 정리하면 다음과 같다.

### 가. 이민 1세 ( ~453)

| | | |
|---|---|---|
| 15대 | 응신(백제 15대왕) | 왕비 后 |
| 16대 | 인덕(백제출신 궁월왕) | 왕비 后 |
| 17대 | 이중(인덕의 아들) | 왕비 妃 |
| 18대 | 반정(백제출신 아지왕) | 왕비 夫人 |
| 19대 | 윤공(평군목토숙네) | 왕비 后 |

### 나. 이민 2세 (454~ )

| | | |
|---|---|---|
| 20대 | 안강 | 왕비 后 |
| 21대 | 웅략(백제 왕족 여곤) | 왕비 后 |

이민 1세대는 17대 이중을 제외하고는 모두 이민 집단의 지도자들이다. 이민 1세들은 이민을 통해 자신들이 이끌고 온 백성들이 곧 자기의 세력기반이었으니 당연한 결과다. 하지만 이민 2세는 이민이 어느 정도 주춤한 상황이라서 이민자를 통한 세력기반 확충이 어려웠다. 따라서 다시 진왕제가 왕권 행방에 큰 힘을 발휘하게 된다.

---

3. 使持節 都督 倭·百済·新羅·任那·加羅·秦韓·慕韓 七国諸軍事 安東大将軍 倭国王 － 宋書

이민 1세의 마지막 왕인 윤공은 죽을 당시에 나이가 상당히 많았을 것이다. 고사기는 윤공이 78세에 죽었다고 하는데 신뢰성이 높다. 그러면 대략 370년생으로서 392년 11월에 구원의 행궁에서 진사왕을 폐위할 때 20대 초였다. 당시 진사왕을 만나러 갔던 4명의 숙네들 중 서열이 4번째인데 이는 기록이 정확하다는 뜻이다. 윤공은 응신이 즉위하며 발탁한 각료로 보인다. 앞으로 금강유역에서 宿禰(숙네)라고 적힌 4세기 유물이 출토될 가능성이 있다.

일본서기 편자들은 이민시대를 이민 1세와 이민 2세로 구분한 후, 이민 1세에 해당하는 시기의 왕들 재위연수를 대폭 늘려 비미호와 응신 사이에 존재하는 143년 왕통공백을 메웠다.[4] 단 왕비의 신분이 후가 못 되는 이중과 반정에 대해서는 재위기간을 늘려주지 않았다. 연도를 조작하기 위하여 중국의 연표기술법을 활용했는데, 453년 이전은 의봉력으로, 454년 이후는 남조국가인 유송의 원가력을 사용했다. 그 결과 안강이 즉위하는 454년 이후는 일본서기 기년이 1～2년 차이로 비슷하게 맞는다.

안강(454～456)은 윤공의 태자를 죽이고 힘으로 즉위하였다. 물부대전숙네가 안강을 옹립하였다. 그런데 백제 왕실의 여인들이 더 이상 이민 오지 않아 왕비를 구할 수 없자, 자식까지 있는 인덕의 아들인 대초향을 죽이고 그의 부인인 중체희를 뺏어 后로 세운다. 안강에게는 어쩔 수 없는 상황이었을 것이다. 하지만 대초향의 아들인 미륜왕에게 암살되어 그의 통치는 3년 만에 막을 내리고 왜국은 다시 혼란에 빠져든다.

이후 시변압반이 혼란을 수습하고 왕이 되어 461년까지 5년을

---

4. 『재조명1』 제3장, 2 칠지도가 보여주는 일본서기 초기기년, p. 46.

집단지도체제 방식으로 통치하나 왕비를 세우지 못한다. 461년에 송에 사신을 보내 세자 호칭을 떼어버리기 위해 왜국 왕 책봉을 받으려 하나 오히려 이것이 서열 2위이던 대박뢰황자(곤지)의 반발을 부른다.

461년 8월에 곤지(武)가 백제 왕실의 여인을 데려오니 이 여인이 무령왕의 어머니다. 9월에 백언황자, 흑언황자, 미륜왕, 판압부련지숙네 등이 모두 곤지에게 죽는다. 10월에는 왜국을 실질적으로 통치하던 시변압반(興)을 사냥터에 활로 쏘아 죽이고 왜국의 왕권 쟁탈전이 끝난다.

461년 11월에 곤지가 즉위하니 왜왕 武, 즉 웅략천황이다. 진왕제 기술원칙에 의하여 시변압반의 5년 재위기간은 웅략의 재위기간에 흡수되어 버리고, 웅략이 즉위하는 461년 사건은 시변압반 원년인 457년조에 올라가 기록된다[5].. 그리고 웅략은 462년에 유송에 사신을 보내 자신이 왜왕이 되었음을 알린다. 무령왕릉지석과 일본서기와 송서가 단 하나의 오차도 없이 일치한다.

[질문자] 502년에 양나라 무제가 왜왕 武를 왜왕으로 책봉한 것은 어떻게 된 것입니까?

[一道安士] 502년에 양나라 무제가 즉위하며 과거 기록들을 보고 주변국 왕들을 일제히 새로 책봉하는 자체 축하연을 한 것입니다. 마치 중국의 시진핑이 자신의 생일을 맞이하여, 과거 장개석이 미국의 루즈벨트와 영국의 처칠을 만난 기록을 보고, 루즈벨트를 미국왕으로, 처칠을 영국왕으로 책봉하는 것이나 같습니다.

---

5. 일본서기에 웅략은 즉위한 다음해가 원년으로 되어 있다.

## 13.3 문주왕의 출신

고구려에게 한성을 포위공격당한 백제는 1주일을 버티다가 결국 함락된다. 신라로 구원병을 데리러 간 문주가 1만 신라 기병대를 데리고 돌아왔을 때는 이미 개로왕은 죽고 한성은 폐허가 된 이후였다. 이 기록에 대하여 이상하게 느끼는 것은 외국 사람이 와서 군대를 달라고 하면 바로 주는가 하는 것이다. 신라 자비마립간은 무슨 생각으로 전쟁터에 나가서 다 죽을지도 모르는데 1만 명이나 되는 군사를 내주었을까? 구원군을 파견하는 것은 가능하나 외국 사람에게 지휘권을 포함하여 군대를 주는 것은 비상식적인 일이다, 당시 상황에 대하여 각자의 입장을 들어보기로 한다.

(1) 개로왕 21년(475); 가을 9월, 고구려왕 거련이 군사 3만 명을 거느리고 와서 수도 한성을 포위했다. 왕이 싸울 수가 없어 성문을 닫고 있었다. 고구려 사람들이 군사를 네 방면으로 나누어 협공하고, 또한 바람을 이용해서 불을 질러 성문을 태웠다. 백성들 중에는 두려워하여 성 밖으로 나가 항복하려는 자들도 있었다. 상황이 어렵게 되자 왕은 어찌할 바를 모르고, 기병 수십 명을 거느리고 성문을 나가 서쪽으로 도주하려 하였으나 고구려 군사가 추격하여 왕을 죽였다. ... 문주가 곧 <목협만치>와 <조미걸취>를 데리고 남쪽으로 떠났다. 이때 고구려의 對盧인 제우, 재증걸루, 고이만년 등이 군사를 거느리고 와서 북쪽 성을 공격한지 7일만에 함락시키고, 남쪽 성으로 옮겨 공격하자 성 안이 위험에 빠지고 왕은 도망하여 나갔다. - **백제본기**

(2) 문주왕 원년(475); 文周를 汶州로도 쓴다.[6] 개로왕의 子다. 처음에 비유왕이 죽고 개로가 왕위를 이었을 때 문주가 그를 보좌하여 직

6. 삼국유사는 "文周王 一作 文明"으로, 日本書紀는 汶洲라 한다

위가 상좌평에 이르렀다. 개로왕 재위 21년에 고구려가 침입하여 한성을 포위하였다. 개로가 성을 막고 굳게 수비하면서 문주를 신라에 보내 구원을 요청토록 하였다. 그는 구원병 1만 명을 얻어 돌아왔다. 고구려 군사는 비록 물러갔으나 성이 파괴되고 왕이 죽어서 문주가 마침내 왕위에 올랐다. - **백제본기**

(3) 자비마립간 17년(474)[7]; 가을 7월, 고구려왕 거련이 직접 군사를 거느리고 백제를 공격했다. 백제왕 경이 아들 문주를 보내 구원을 청하였다(遣子文周求援). 왕은 군사를 보내어 구원토록 했는데, 구원군이 도착하기 전에 백제가 이미 함락되었고 또한 경이 죽었다. - 신라본기

(4) 웅략 20년(475); [백제기에서 말하였다. 개로왕 을묘년 겨울, 맥[8]의 대군이 와 大城을 친지 7일 7야에 王城이 함락하여 드디어 위례를 잃었다. 國王, 大后, 王子 등이 적에게 모두 죽었다.] - 일본서기

(5) 웅략 21년(476); [汶洲王은 蓋鹵王의 母弟다.] - 일본서기

(6) 삼근왕 원년(478); 문주왕의 長子다. 왕이 죽자 왕위를 이었으니 나이 13세였다. 군사와 나라 정사에 대한 일체의 권한을 좌평 해구에게 맡겼다(軍國政事一切委於佐平解仇). - 백제본기

(7) 동성왕 원년(479); 諱<牟大>[或作摩牟{摩帝}], 문주왕의 아우 곤지의 아들이다. 담력이 크고 활을 잘 쏘아 백발백중이었다. 삼근왕이 죽자 왕위에 올랐다. - 백제본기

## 해설

[1] 백제본기에서 적국과 싸우다 전사한 왕은 초고왕(말갈), 책계왕(후한), 분서왕(낙랑군), 개로왕(고구려), 성왕(신라) 등이다.

---

7. 1년이 틀렸다.

8. 고구려를 맥이라고도 했다.

내전으로 죽은 왕도 상당수다.

[2] 문주가 상좌평이며 왕자라고 하는데 일반적으로 왕자는 관직에 나가지 않으므로 이는 명백히 거짓이다. 문주는 왕자가 아니었지만 왕력에 넣기 위해 개로왕의 아들로 설정한 것이다.

[3] 신라본기의 기록이 해도 1년 틀리고 달도 2달 틀렸는데 삼국사기 편집진은 모든 것을 확인했을 텐데 그대로 두었다. 왜 그랬을까?

[4] 개로왕의 왕비를 대후라고 하는 것으로 보아 개로왕은 后를 세웠다. 개로왕조가 앞의 14년이 공백인 것으로부터 15년 무렵에 후를 세운 것이 아닌가 추측한다. 그런데 후에 대한 기록이 전혀 없는 것으로 보아 신라여인은 아니다. 당시 고구려의 공격으로 백제의 왕통이 끊겼다고 하고 있다. 이것이 웅략(곤지)이 다시 백제로 천도하게 된 이유다.

[5] 문주를 부여씨가 아니라 母弟, 즉 왕비족이라고 하고 있다. 백제의 왕비족은 신라에서 온 경우가 많았다, 그러면 문주가 신라출신이 아닌지를 확인해 보아야한다. 만일 그가 신라왕족출신이라면 왜 소지마립간이 1만 명이나 되는 군사를 내어주었는지 이유가 설명되기 때문이다.

[6] 문주왕의 아들인 삼근왕은 13세이나 곤지의 아들인 동성왕은 30대 중반으로 삼근왕의 아버지뻘이다. 곤지의 아들인 동성왕의 제2자라고 한, 출생 연도가 461년으로 확실한 무령왕도 삼근왕보다 나이가 많다. 일본서기에 곤지의 나이가 나오는데, 삼국사기가 문주왕의 아버지라고 한 개로왕과 동

년배로서, 당시 60세 정도로 문주왕보다 나이가 훨씬 많다. 즉 생물학적으로는 문주왕은 개로왕의 아들이 아니며, 곤지는 문주왕의 동생이 아니다.

문주왕은 갑작스런 천도로 인하여 예정에 없이 왕이 되었고, 만 2년 동안 재위했으므로 왕이라 불릴 시기가 아주 짧았다. 따라서 당시 백제에서 王弟라 불렸으면 당연히 개로왕의 동생이다. 문주왕은 삼국사기 백제본기가 부여씨 왕통에 넣어준 것이다.

[7] 동성왕 이름은 '모대'인데 삼국유사는 '여대'라고 한다. 일본서기에 '모대(MD)'라고 한 이유가 나온다. 웅략(곤지)은 4명의 왕비가 있었고[9] 아들이 여섯 명이었다. 1.반성, 2.말다, 3.백발, 4.성천, 5.남제,[10] 6.사마. 앞의 5명은 친자고 뒤의 1명은 왕력상으로는 아들이나 생물학적으로는 조카다. 여기서 2.말다(末多, MD)가 동성왕으로 모대의 원형이다. 즉 이름이 '부여말다,' 혹은 '부여모대'였다. 모대는 末多의 당시 발음 중에 하나였던 것이다.

3.백발은 청령천황, 5.남제는 계체천황이 되고, 6.사마는 무령왕이 된다. 무령왕은 동성왕과 아버지와 어머니가 모두 다르지만 동일계이므로 이런 경우 동성왕의 제2자로 표기한다.

9. 『재조명2』 제37장, 4 웅략의 자립위왕 과정, p. 191.

10. 530년 경에 80세 정도로 죽었으므로 대략 450년 경 출생이니 무령왕보다 약 10살 많다. 1자~5자는 대부분 440~450년 사이에 태어났다. 동성왕은 대략 440년 경 출생이다. [표1] 참조.

삼국사기 집필진은 문주왕에 대하여 자신들의 의견을 별도로 남겼다. 삼국사기 백제본기는 원사료에 가급적 손대지 않았으며 자신들의 견해는 별도로 구분하여 기록하였다.

(1) 책부원귀(冊府元龜)에 다음과 같이 말했다. 남제(南齊) 건원(建元) 2년(480)에 백제 왕 모도(牟都)가 사신을 보내 공물을 바치니 조서(詔書)를 내려 말했다. '보배로운 명령이 새로와 은택이 먼 지역에까지 미쳤다. 모도는 대대로 동방의 번신으로 있으면서, 멀리 떨어진 곳에서 자기의 직무를 다하고 있으므로, 사지절도독백제제군사진동대장군을 제수할 만하다.'라고 하였다.[11]

(2) 또 영명(永明) 8년(490)에 백제왕 모대(牟大)가 사신을 보내 表를 올렸다. [남제는] 알자복야와 손부를 보내 모대를 책명(冊命)하여 돌아가신 祖父 모도의 작호를 잇도록 하고, 백제왕으로 삼는 책명을 내리면서 말하기를 '... 행도독백제제군사(行都督百濟諸軍事) 진동대장군(鎭東大將軍) 백제왕(百濟王)을 삼는다.'라는 기록이 있다.

(3) 그러나 三韓古記에는 모도가 왕이 되었다는 사실이 없었다. 또 살펴보니 모대는 개로왕손자요, 개로왕 둘째 아들인 곤지의 아들로서 그 할아버지를 모도라고 하지 않았으니, 제서(齊書)에 실린 것은 의심스럽다고 하지 않을 수 없었다.

## 해설 1

[1] 문주왕의 이름이 '모도'로 동성왕의 '모대'와는 개념이 다르다. 그는 성이 내물이사금과 같은 모(마)씨다. 즉 흉노족 모부 출신이다. 즉 신라출신 백제인인 것이다. 백제 사신이

---

11. 使兼謁者僕射孫副 策命大襲亡祖父<牟都>爲<百濟王> - ≪南齊書≫ 권58 열전 백제전

480년에 남제에 도착하였으면 479년에 출발했을 것이고, 그렇다면 삼근왕이 아버지의 책봉을 원했을 가능성이 크다. 삼근왕이 문주왕의 長子라고 하는 것으로 보아 문주왕이 백제에서 공립이 안 되고 왕 대우를 못 받자 이전의 예를 따라 책봉으로 이를 대신하려 했던 것이다.

[2] 동성왕은 남제에 사신을 보냈는데 이름을 牟大라고 한 이유가 밝혀진다. 2대 앞의 문주왕 牟都를 할아버지라 부르면서 그를 계승한다는 것을 보여주기 때문이다. 이는 왜 5왕이 중국 남조 국가에 사신을 보내면서 생물학적으로는 전혀 무관한 선왕과의 관계를 동생이네, 아들이네 하던 것과 똑 같다. 그 이유는 왜 5왕의 국가가 백제로 천도했기 때문이다.

[3] 삼한고기에는 475년에 개로왕이 죽고, 479년에 동성왕이 즉위할 때 사이의 과도기인 476~478년은 왕이 없는 혼란기로 기록되었을 것이다. 즉 부여씨 왕족이 아닌 문주를 왕으로 기록하지 않았다는 것이다.

신라인이었던 문주가 언제 백제에 왔는지를 삼국사기로 알 수 있다. 비유왕조와 근초고왕조의 대 신라 외교를 비교하면 아주 유사함을 알 수 있다.

(1) 비유왕 7년(433), 가을 7월, 신라에 사신을 보내 화친을 요청하였다.

(2) 비유왕 8년(434); 봄 2월, 신라에 사신을 보내 좋은 말 두필을 보냈다(送良馬二匹). 가을 9월, 다시 흰 매를 보냈다. 겨울 10월, 신라에서 좋은 금과 구슬(明珠)을 답례로 보내 왔다.

• 눌지마립간 18년(434); 봄 2월, <백제왕>이 좋은 말 두 필을 보내왔다(送良馬二匹). 가을 9월, 또 흰 매를 보내 왔다. 겨울 10월, 왕이

황금과 명주(黃金明珠)로 백제에 답례하였다.

(3) 근초고왕 21년(366); 봄 3월, 신라에 사신을 보내 예방하였다.

(4) 근초고왕 23년(368); 봄 3월, 신라에 사신을 보내 좋은 말 두 필을 보냈다(送良馬二匹).

- 내물이사금 13년(368); 봄, 백제가 사신을 보내 좋은 말 두 필을 바쳤다(進良馬二匹).

(5) 개로왕[或云 근개루(近蓋婁)]의 諱는 慶司이니 비유왕의 長子다. 비유왕이 재위 29년에 죽자 왕위를 이었다.

(6) 개로왕 15년(469); 가을 8월, 왕이 장수를 파견하여 고구려의 남쪽 변경을 침공하였다. 겨울 10월, 쌍현성을 수축하고, 청목령에 큰 목책을 설치하고, 北漢山城의 병졸들을 나누어 그곳을 수비하게 하였다.

## 해설 2

[1]~[4] 4세기의 근초고왕조나 5세기의 비유왕조나 모두 신라 왕실과의 혼인 기록이다. 계절도 봄으로 같다.

[1][2] 문주왕이 천도하기 약 40년 전에 신라 지배층의 여자가 백제 비유왕에게 시집을 왔다. 이때 왕비뿐만 아니라 왕비의 주변 인물들도 함께 왔으며 비유왕은 이들에게 관직을 내린다. 문주는 이때 함께 온 신라인이거나 조금 후에 합류한 신라인으로 왕비의 친척으로 추정된다. 따라서 그가 웅진으로 천도할 때는 45세 정도였을 것이다. 그가 왕이 된 것은 신라에서 데려온 군대의 힘 때문이었다. 당시 웅진에서 가장 강한 군사력이었다.

백제에서 왕비족이 왕이 된 것은 이전에도 있었다. 3세기에 웅진백제 진왕은 옹관묘 쌓던 영산강유역을 통합하고 그

지역의 최고 유력자와 혼인했다. 영산강유역 마한인들이 대거 수도인 웅진으로 진출하게 되자 자신들을 타인들과 구분할 성이 필요했고, 이들은 자신들이 본래 부여에서 왔다고 하여 부여로 성을 삼았다. 이들은 왕비족으로 시작했으나 4세기에 웅진백제의 왕권을 장악하고, 이번에는 한강유역 최고 세력가와 혼인한다. 그래서 삼국사기 백제본기에 나타난 것이다.

[5] 비유왕은 신라와 혼인했음에도 불구하고 왜 그의 아들인 개로왕은 元子나 子가 아니라 長子일까? 그 답이 개로왕을 근개루왕이라고도 불렀다는데 있다.

백제 3루왕 시대의 마지막왕인 개루왕조를 보면 처음 5년 동안 백제를 통치한 왕이 죽고 그의 아들로 추정되는 새 왕(후개루왕으로 칭함[12].)이 들어섰는데 신라 귀족 길선의 딸을 왕비로 들인다. 그런데 길선의 신분이 너무 낮아 공립이 못 되는 것이다. 결국 길선이 딸을 위해 신라에서 모반을 꾀하다 실패하여 한성백제로 달아난다. 공립에 실패한 후개루왕은 백제왕의 대수와 시호를 못 받고 그의 재위기간은 앞의 개루왕에 통합되어 버린다.

비유왕도 신라와 혼인했으나 왕비의 신분이 신라 공주는 아니었던 것이다. 그녀의 신분이 기준에 비해 너무 낮아 공립이 불완전했던 것이다. 신라는 비유왕을 백제왕이라고 호칭하여 공립에 문제가 없는 것으로 대우하나 백제 내부에서는 그렇지 못했던 것이다. 이와 같이 비유왕이 3백년 전 개루왕의 경우와 유사하여 비유왕을 이은 개로왕을 근개루왕

12. 『재조명1』 제9장, 3 초기백제 3루왕의 시대, p. 169.

이라고 부른 것이 아닌가 생각된다.

[6] 개로왕조를 보면 재위 15년째에 처음으로 왕의 기록이 나타나는데 처음 15년이 혼란기였다는 뜻이다. 한성백제에서 구이신왕으로 해씨 왕통이 끊기고 비유왕부터 부여씨로 바뀌었는데, 이 과정에서 구지배층들이 반발하여 고구려로 달아나고 또 비유왕이 암살된다. 개로왕이 선왕인 비유왕의 무덤을 쓰지 못할 정도로 백제에 대혼란기가 있던 것이다. 眞씨가 오랫동안 한성백제의 왕비족이었으면서도 쉽게 왕을 배출하지 못한 이유를 알 수 있다. 월등한 힘이 있어도 왕통 교체는 어려운 것이다.

## 13.4 웅략천황의 백제 천도

[질문자] 5세기에 중국 남조국가에 왜국 사신이 오는데 478년 왜왕 무의 국서를 끝으로 사라지고 백년 이상 오지 않습니다. 그런데 이 왜국 기록이 사라지는 시점에 한반도의 백제 영역인 영산강유역에 당시 왜국 지배층의 묘제인 전방후원분이 나타납니다. 이것은 우연입니까? 필연입니까? 필연이라면 그 이유가 무엇입니까?

[一道安士] 당시 왜국이 백제로 천도해서 그렇습니다.

475년 겨울에 개로왕의 백제가 고구려 장수왕의 공격을 받아 함락 위기에 놓이자 왜국을 통치하던 개로왕의 동생 곤지는 목협만치를 사령관으로, 조미걸취를 부사령관으로 하는 백제 구원군을 급히 파견한다. 따라서 일본서기는 이 사건에 대하여 상당히 상세한 기록을 남기고 있다.

(1) 웅략 20년(475); 겨울, 高麗의 왕이 군사를 크게 일으켜 백제를 쳐서 없앴다. 이때 조금 남은 무리들이 있어 倉下에 모여 있었는데 군량이 다하자 매우 근심하여 울었다. 이에 高麗의 장수들이 왕에게 "백제는 마음이 일정하지 않습니다. 신들은 그들을 볼 때마다 모르는 사이에 제 정신을 잃습니다. 다시 덩굴이 뻗어 자라듯 되살아날까 두려우니 뒤쫓아 가서 없애기를 청합니다."고 하였다. 왕은 "그럴 수 없다. 과인이 듣기에 百濟國은 日本國의 官家가 되었는데 그 유래가 오래되었다고 한다. 또 그 왕이 들어가 천황을 섬긴 것은 사방에서 다 아는 바이다."라 하였으므로 드디어 그만두었다. [『百濟記』에는 다음과 같이 말하였다. 蓋鹵王 乙卯年(475) 겨울 狛[13]의 大軍이 와서 大城을 7일 낮밤을 공격하였다. 王城이 항복하여 함락되니 위례를 잃었다. 국왕과 태후, 왕자 등이 모두 적의 손에 죽었다.]

(2) 웅략 21년(476); 봄 3월, 천황이 百濟가 고구려에게 멸망되었다는 사실을 듣고 久麻那利[14]를 汶洲王에게 주어 그 나라를 구원해 일으키게 하였다. 당시 사람들이 모두 '百濟국은 비록 거의 망해 倉下에 모여 근심하고 있으나, 실로 천황에게 의지하여 다시 그 나라를 만들게 되었다'고 하였다.

(3) 웅략 22년(477); 봄 정월, 백발황자를 황태자로 삼았다. 가을 7월, 단파국 여사군의 관천사람인 서강포도자가 낚시를 하는데 큰 거북이가 갑자기 변하여 여자가 되었다. ... 봉래산에 이르러 두루 신선들을 만났다.

(4) 문주왕 3년(477); 봄 2월, 궁실을 중수하였다. 여름 4월, 왕의 아우 곤지를 내신좌평으로 임명하고, 맏아들 삼근을 태자로 책봉하였다. 5월, 흑룡이 웅진에 나타났다. 가을 7월, 내신좌평 곤지가 죽었다. ...

---

13. 高句麗의 별칭.
14. 곰나루, 웅진

가을 9월, 왕이 사냥(獵)하기 위하여 나갔다가 외부에서 묵었는데, 해구가 도적으로 하여금 그를 해치게 하여 왕이 마침내 죽었다.

(5) 웅략 23년(479); 여름 4월, 백제의 文斤王[15]이 죽었다. 천황은 곤지왕의 다섯 아들 중 둘째인 말다왕(末多王)이 어린데도 총명하므로 ... 兵器를 주고 아울러 축자국(筑紫國) 군사 500인을 보내 자기나라로 호위해 보냈는데 이 사람이 동성왕이 되었다. 축자의 안치신(安致臣)과 마사신(馬飼臣) 등이 선사(船師)를 거느리고 고구려를 쳤다.
가을 8월, 천황이 죽었다. ... 그가 거느리고 있던 5백 명의 하이(蝦夷)들이 천황이 죽은 것을 듣고, "우리나라를 통괄하여 다스리는 천황이 이미 죽었다. 이때를 놓칠 수 없다."라고 서로 말하였다. 이에 서로 모여서 이웃 郡을 침략하였다. ... 겨울 10월, 대반실옥대련이 여러 신하들을 대동하고 황태자에게 국새를 받쳤다.

(6) 청령 원년(480); 웅략의 3자인 백발황자와 4자인 성천황자가 싸워 백발황자가 승리하고 청령천황이 되었다.[16] 겨울 10월, 웅략천황을 단비고취원릉에 장사지냈다.

## 해설

[1] 일본서기 원사료 중에 장수왕의 고구려군으로 참전하였다가 백제에 남았거나 왜국으로 건너온 사람이 남긴 기록이 있었다고 보아야 하는데, 당시는 日本이란 단어가 만들어지지 않았을 때이므로 원문은 百濟였을 것이다. 하지만 왜 고구려군이 한성을 점령한 후 더 이상 남하하지 않았는가에 대한 설명을 하고 있다. 곤지(웅략)가 파견한 목협만치와 조미걸취가 지휘하는 백제 구원군이 달려오고 있는 것이다. 또한 남하하면 각 지역 담로들이

---

15. 삼근왕인데 삼국사기는 11월에 죽었다고 하고 있다.
16. 둘은 어머니가 다르다.

군사를 이끌고 저항할 것이 뻔한 상황이었다. 백제의 군사력이란 각 지방 세력들인 담로들의 군사력을 합한 것이다.

[2] 웅진이 삼국사기에 처음 출현하는데 왜 문주가 하필 웅진으로 남하해야 했는가에 대한 일본서기의 답이다. 일본서기는 문주에게 웅진을 주었기 때문이라고 한다. 이는 목협만치와 조미걸취가 웅진으로 가자고 한 것이다. 그곳은 고구려 광개토왕군에게 점령되는 396년 8월까지 웅진백제의 수도였다.

4세기에 광개토왕이 백제의 수도를 공격하려면 서해안을 따라 내려와 웅진을 치면 되지만, 5세기에 장수왕이 백제의 수도를 공격하려면 대규모 선단을 동원하여 동해를 건너 오사카를 쳐야 한다. 왜 백제가 한반도가 아니고 바다 건너로 천도해야 했는지를 알 수 있다. 한반도는 모두 고구려의 공격범위 내에 있었으나 일본열도는 고구려의 해운력이 감당할 수 없는 지역이었던 것이다. 5세기에 백제는 선단을 이용하여 수십만 명을 왜국으로 이주시키는 천도를 단행했는데 당시에 백제 외에 이 정도 해운력을 가진 나라는 서양의 로마뿐이었다.

[3] 웅략이 477년 4월에 백제로 천도하기 전에 왜국을 제3자인 청령에게 맡기고 갔다는 뜻이다. 가을 7월의 봉래산 기록은 웅략이 죽었다는 뜻으로서 삼국사기에서 곤지가 죽은 연도와 달이 일치한다.

당시 웅진은 한성에서 내려온 문주왕세력, 구한성백제 왕족이던 해구 등 해씨세력, 백가를 비롯한 금강유역 토착세력, 곤지를 비롯한 왜국에서 돌아온 세력 등이 각축을 벌이고 있었다. 곤지는 내신좌평이 되기 위해 돌아온 것이 아니라 백제의 왕통이 모두 끊겨 자신이 왕이 되려고 돌아온 것이다. 곤지가 내신좌평으로 만족하지 않고 왕위를 노리자 내란이 벌어지고, 그 결과 문주나 해구 측에서 곤지를 죽였다고 본다. 곤지가 죽을 무렵에 그의 호위군사인 목협만치와 조미걸취도 죽었다고 본다. 내란에서 패한 곤지세력은 영산강유역으로 후퇴하였다. 따라서 영산강유역 전방후원분의 상한은 웅진에 흑룡이 날던 477년 5월이다.

396년 8월에 응신이 백제를 떠나 9월에 왜국에 도착했다가, 477년 3월에 웅략이 왜국을 떠나 4월에 백제에 도착하니 왜국에서 7왕이 82년을 보냈다. 응신도 천도 직후 웅습을 정벌하다 죽고, 웅략도 천도 직후 웅진을 장악하려다 죽었다. 천도란 이렇게 어려운 것이다.

일본서기는 478년 기록을 통째로 삭제했다. 이 해에 웅략의 죽음을 감추어야 할 사건이 있었다는 뜻이다. 즉 웅략이 살아있는 것처럼 행세한 사건이 있었을 것이다.

[5] 곤지는 백제로 떠나기 직전에 왜국을 셋째인 백발에게 맡기는데 곤지의 다섯 아들들 중에 둘째인 말다(동성왕)가 가장 뛰어났고 백발은 평범했다. 따라서 곤지가 천도할 때 자신이 백제왕이 되면 뒤를 이을 태자로 말다를 데려갔다고 본다. 하지만 내란 중에 곤지가 죽자 그의 시신을 다시 왜국으로 실어간 것도 말다라고 생각된다. 곤지가 죽고 말다가 동성왕으로 귀국할 때까지(477～479년) 그가 왜국을 통치했다.

왜 웅략의 죽음을 숨기려고 했는지 이유를 설명하고 있다. 후계를 실력자들이 계승하는 진왕제의 방식이 가장 큰 문제였다. 웅략이 죽자 여러 곳에서 반란이 일어나고 있다. 말다가 천도를 마치자 왜국을 통치하던 백발(청령천황)은 곤지가 죽인 시변압반의 후손들에 곧 왕위를 뺏긴다.

동성왕을 호위한 5백 명 군사는 동성왕 자신의 군대다. 왜국의 백제 천도는 동성왕에 의하여 완성되었다. 안치신과 마사신을 시켜 고구려를 치게 한 사람도 당시 왜국을 통치하던 동성왕이다. 당시 수군으로 고구려를 칠 수 있는 나라는 백제뿐이었으므로 신뢰성이 높은 기록이라고 본다.

[6] 전 왕을 장사지내고 새 왕이 국새를 받는데, 국새를 받는 것은 479년 10월이고, 장사지낸 것은 480년 10월로 분리되어 있다. 만일 479년에 같이 쓰면 죽자마자 장사지낸 것이 되어 죽음을 숨긴 것이 드러난다. 따라서 국새를 받은 것은 그냥 두고 장사지낸 것만 1년 뒤에 적었다. 곤지가 죽은 것이 477년 7월인데, 무령왕릉 지석을 보면 당시 부여씨 왕실은 죽은 지 2년 3개월 후에 장사를 지내는 풍습이 있었으므로,[17] 479년 10월에 웅략의 장사를 지냈다는 일본서기 기록은 정확하다.

왜국 정부가 백제로 천도한 이후의 왜국은 통치자가 다음처럼 이어진다.

22.청령, 23.현종, 24.인현, 25.무열, 26.계체

17. 영동대장군 백제 사마왕이 62세 되는 계묘년(523) 5월 7일 임진날에 돌아가셔서, 을사년(525) 8월 12일 갑신날에 이르러 대묘에 예를 갖추어 안장하고 이와 같이 기록한다.

22.청령은 곤지의 3번째 아들이나 23.현종과 24.인현은 시변압반의 후손들이다. 25.무열은 영산강유역에서 이주한 집단의 우두머리다. 22대~25대의 기간은 동성왕 시기로 동성왕은 천도 후 백제를 통합하느라 왜국에 대하여 신경을 쓸 여력이 없었다. 26.계체는 곤지의 5번째 아들로 무령왕이 파견한다. 이후 왜국은 백제의 지방정부로 돌아오게 된다. 하지만 6세기 중반 이후 왜국은 소아씨(목씨)가 담로왕이 되어 통치하게 된다. 이후 7세기 초까지 북해도를 제외한 전 일본열도를 통일한다.

[복습문제] 일본의 곤지신사는 매년 음력 몇 월에 제사를 지내는가?

**그림 13.1** 광주광역시 월계동의 전방후원분 2기, 6세기 초.

## 13.5 삼국의 궁궐 수리 기록

왕이 거처하며 집무를 보는 궁궐이 오래되어 낡으면 수리하는 것은 당연한 일이다. 그런데 궁궐 수리는 막대한 국가예산이 소요되는 일이라서 왕권이 강해야 가능한 일이므로 고대에는 아주 주요한 사항이었다. 궁궐을 수리하였다는 뜻의 重修宮室이런 기록은 삼국사기에 신라 2번, 고구려 1번, 백제 4번으로 모두 7번 나온다. 그런데 백제에 집중적으로 나온다.

### 신라

(1) 일성이사금 10년(143); 봄 2월, 궁실을 수리하였다(修葺宮室).

▸ 일성이사금의 궁궐수리는 2세기 중반에 진한지역 소국들이 신라를 떠나 웅진백제 진왕에게로 넘어갈 때 신라에서 한 대응 중에 한가지다.

(2) 벌휴이사금 13년(196); 봄 2월, 궁실을 중수하였다(重修宮室).

▸ 벌휴이사금이 새로운 석씨왕통을 열고 국가가 안정된 시점에 궁궐을 다시 수리했다. 이전의 궁궐은 유목민족적 전통이 많아 말, 소, 양 같은 가축 그림이나 조각 등이 많이 있었을 것이다. 벌휴이사금이 궁궐을 수리하면서 이런 그림은 내려지고, 대신 배를 타고 항해하고, 씨 뿌리고, 논밭을 갈고, 추수하는 농경민족의 그림과 조각들로 궁궐을 장식했을 것이다.

(3) 소지마립간 18년(496), 3월, 가야국이 흰 꿩을 보내왔는데 꼬리가 다섯 자였다. 궁실을 중수하였다.

▸ 신라에 들어 온지 150년이 되어 완전히 신라사회에 적응하였

다. 신라말도 이해하고 한자도 쓰고 했을 것이다. 이제 임나를 비롯한 가야제국은 더 이상 두려운 존재가 아니라는 자신감의 표현으로 본다. 이전 궁궐은 과거 박씨 왕통의 궁궐처럼 유목 민족적 전통이 배인 모습이었겠으나, 이제 농경화에 들어서며 궁궐을 새로운 왕조에 맞게 단장한 것으로 보인다.

### 고구려

(4) 평원왕 13년(571); 가을 7월, 왕이 패하 벌판에서 사냥(畋)을 하다가 50일 만에 돌아왔다. 가을 8월, 궁실을 중수하는 도중에 메뚜기 떼가 생기고 날씨가 가물어 공사를 중단하였다.

▶ 고구려는 궁궐을 전면적으로 수리한 기록이 이것 하나뿐인데 그것도 시도에 그치고 공사를 못했다. 이 직전에 왕이 수도를 비워두고 전(畋)으로 표시된 사냥을 50일 동안이나 나갔는데 자연스럽지 못하다. 혹시 내란을 진압하러 나갔고 그 사이에 궁궐이 불타거나 다른 안 좋은 일이라도 생긴 것이 아닌지 의심스럽다. 평원왕조는 32년이나 되는데 단 한 명의 신하 이름도 안 나온다. 이로부터 15년이 지난 평원왕 28년에 아버지 양원왕이 쌓은 장안성으로 도읍을 옮겼는데 이것도 궁궐이 더 이상 쓰기 어려울 정도로 문제가 있었던 것이 아닌가 생각해본다.

### 백제

(5) 초고왕 23년(188); 봄 2월, 궁실을 중수하였다.

▶ 이제 더 이상 백제왕을 칭하지 못하고 백제의 마한왕 휘하의 한 소국이 되었으니 웅진백제 진왕의 지시에 따라 다른 마한

소국들 궁궐의 규모에 맞추어 궁궐의 규모를 축소했을 것이다. 국호도 이미 百濟에서 伯濟나 十濟로 변경했을 것이다.

(6) 진사왕 7년(391); 봄 정월, 궁실을 중수하면서, 연못을 파고 산을 만들어 진귀한 새를 기르고 기이한 화초를 가꾸었다. 여름 4월, 말갈이 북쪽 변경의 적현성을 공격하여 함락시켰다. 가을 7월 왕이 서쪽 큰 섬에서 사냥(獵)하며 친히 사슴을 쏘았다. 8월, 또 다시 횡악 서쪽에서 사냥(獵)을 하였다.

▸ 응신이 왕후를 세우는데 관하여 불쾌한 진사왕이 시위하는 모습이다. 적이 쳐들어와도 막지 않고 사냥이나 나간다. 궁궐을 거대하게 증축하고 응신에게 자신의 힘을 과시했다. 사냥이 獵인 것으로 볼 때 진짜로 짐승을 쏘는 사냥이다. 진사왕 생각에 응신의 군사력이란 여러 소국들의 군사력을 합한 것인데, 그 소국들 중에 자신이 가장 강력한 군사력을 가지고 있었으므로 응신도 어쩌지 못할 것이라고 생각했을 것이다. 하지만 다음 해에 내부로부터 무너졌다.

(7) 문주왕 3년(477); 봄 2월, 궁실을 중수하였다. 여름 4월, 왕의 아우 곤지를 내신좌평으로 임명하고, 맏아들 삼근을 태자로 책봉하였다. 5월, 흑룡이 웅진에 나타났다. 가을 7월, 내신좌평 곤지가 죽었다.

▸ 문주왕이 왜 하필 웅진으로 천도했는지 그 이유를 알려준다. 웅진에는 오래 된 궁궐이 있었던 것이다. 396년 8월에 고구려군에게 함락되어 폐허가 된 후 82년 동안 금강유역 세력가들인 백씨나 연씨들이 관리하고 있었을 것이다. 문주왕이 왕이 되었으니 궁궐이 필요한데, 막대한 예산을 동원할 방법도 없고 하여 새로 궁궐을 짓기보다 이전에 웅진백제가 사용하던 궁궐을 수리하여 사용하고자 한 것이다. 이 궁궐을 받는 것은

백제를 계승한다는 뜻도 있으니 최선의 선택이었을 것이다.

(8) 동성왕 8년(486); 봄 2월, 백가를 위사좌평으로 삼았다. 3월, 남제에 사신을 보내 조공했다. 가을 7월, 궁실을 중수하고 우두성을 쌓았다.

▶ 이 기록이 실제로 왜국에서 백제로의 천도의 마무리다.

## 13.6 해구를 위한 변명

解丘라는 이름은 삼국사기 백제본기의 4~5세기에 걸쳐 총 8번 나온다. 비류왕조와 전지왕조에 나오는 해구는 한자가 같으나 다른 인물로 본다. 즉 해구는 모두 3명이다.

### 비류왕 시절

· 拜해구爲兵官佐平 – 비류왕 9년(312)

### 전지왕 시절

· 해구爲兵官佐平 – 전지왕 3년(407)

### 문주왕과 삼근왕 시절

· 해구爲兵官佐平 (476)
· 兵官佐平해구擅權亂法 (477)
· 해구使盜害之 (477)
· 軍國政事一切委於佐平해구 (477)
· 佐平해구與恩率燕信 → 대두성 반란 (478)
· 擊殺해구 (478)

해구는 한성백제 왕족 출신으로서 웅진천도 직후 백제사에 나오는 단 2명의 모씨왕 시기에 실질적인 최고 권력자였다. 백제본기에 왕의 시호를 받지 못한 사람으로 문주왕-삼근왕 2대에 걸쳐 6번 나오는 인물은 해구가 유일하다. 문주왕 시기에 그는 신분도 신라 출신인 문주왕보다 높았고, 기존 개로왕계 부여씨 왕통이 끊겨, 적어도 문주왕 다음에는 자신이 왕위를 계승해야 한다고 생각했을 것이다. 그러면 이들 해구 기록들은 구 한성백제 왕족의 저항으로서 아주 자연스럽다.

위사좌평 백가의 입장에서 보면 웅진은 백제의 왜국 천도 후 80년 동안 자신의 가문이 대를 이어 통치해오던 자신의 지역이었다. 궁궐도 자기 집이었다. 그런데 어느 날 갑자기 고구려에게 패하고 남하한 자들이 웅진으로 몰려와 서로 왕을 칭하고 자신의 영토와 궁궐을 빼앗는 것이었다. 또 왜국에서 왕족을 자처하는 사람들이 오더니 80년 전의 인연을 들어 웅진에 대한 권리를 주장하고 자신에게는 신하의 직위인 좌평을 내리는 것이었다. 아마 기가 막히는 일이었을 것이다.

이 혼란 속에서 왜국에 있던 개로왕의 친척들이 돌아와 승리하며 백제의 왕권을 가져가게 된다. 삼국사기 백제본기는 고구려에게 패한 후 천도를 성공적으로 수행하여 국가를 보존한 문주왕과 삼근왕에게 부여씨를 주어 왕력에 편입시켰다. 반면에 해구와 백가는 반란세력의 주모자로 처리하였다. 하지만 김부식이 본 삼한고기에는 아마 '비유왕-개로왕-(혼란기)-동성왕-무령왕'으로 천도 후에도 부여씨 왕통이 순조롭게 이어진 것으로 되어 있었을 것이다.

만일 해구가 웅진천도 직후 발생한 내란에서 죽지 않고 승리하였다면 백제본기는 문주왕과 삼근왕을 빼고 그 자리에 해구를 넣었을지도 모른다. 이후 죽고 동성왕이 즉위했다고 해도 '비유왕-개로왕-해구왕-동성왕-무령왕'으로 백제 왕통이 기록되었을지도 모르는 일이다.

## 13.7 영산강유역 전방후원분에 묻힌 사람들 이름

[질문자] 백제가 4세기 말에 왜국으로 천도했다가 5세기 후반에 다시 한반도로 천도했다면 왜국에 82년이나 있었으므로 한반도의 백제 영역에 무엇인가 일본열도의 흔적이 나와야 하는 것 아닙니까? 무슨 고고학적인 흔적이 있습니까?

영산강유역이라 함은 전남 서부를 중심으로 고창과 정읍 등 전북 서남부까지를 포함하는 지역이다. 반면에 섬진강유역이라 함은 순천, 여수 등 전남 동부를 중심으로 진주 등 경남 서부와 남원 등 전북 동남 산악지대인 지리산 권역을 포함하는 지역을 말한다. 영산강유역에는 5세기 후반부터 6세기 전반 사이에 당시 일본열도에서 유행하던 지배층 묘제인 전방후원분이 나타난다. 그 출현 및 소멸 시기가 백제의 2차 웅진시대와 거의 일치하여, 5세기 후반 문주왕의 웅진천도 직후에 나타나며 6세기 중반 성왕대에 사라진다.

지금까지 약 10여 기의 전방후원분이 발견되었는데 모두 도굴되어 내부에 지석이라든가 누구인지 특정할 수 있는 유물은 발견되지 않았다. 현재 가장 큰 것은 해남의 장고산 고분이다. 장고산이란 이름이 붙은 것은 장고처럼 생겼다고 하여 그렇게 불렸기 때문이다. 따라서 지명에 장고가 들어가면 그 지역에 장고분이 존재했을 가능성이 있다. 전방후원분은 섬진강유역에는 안 나타나고 영산강유역에만 나타나는데 옹관묘지대와 겹친다. 섬진강유역에서는 대형 옹관묘가 나오지 않는다. 또한 수백년 동안 한 집안에서 가족묘로 사용하던 아파트형 고분은 옹관묘 쓰던 사람들이 전방후원분도 썼음을 보여준다.

475년 겨울에 장수왕이 군대를 이끌고 서울로 내려와 10여일에 걸친 공방전이 벌어진다. 백제의 위기 소식이 왜국에 전달되자 왜국을 통치하던 곤지(웅략)는 급히 구원군을 파견한다. 당연히 한반도에서 가장 가까운 지역 군대가 파견되는데, 지휘관이 삼국사기에 나오는 목협만치(소아만지 숙네)와 조미걸취다.

긴급한 시국이라 최대한 빨리 갔지만 도착해보니 이미 한성(서울)이 불타고 백제가 멸망하여 패잔병뿐이었다. 당시 문주가 신라에서 구원군을 데려왔으나 거기도 이미 늦었다. 문주의 신라군과 목협만치의 왜군이 패잔병을 수습하여 웅진으로 천도하였다. 그곳이 과거 웅진백제의 수도였기 때문이다.

당시 장성한 백제 왕족은 모두 죽어 없는 가운데 유일한 실세는 신라에서 데려온 1만 기병대를 보유한 문주였다. 따라서 그가 왕이 된다. 그러자 왜국을 통치하던 곤지가 477년 4월에 백제로 돌아온다. 왕이 이사 가는 것은 천도다. 웅진의 백제가 396년에 왜국으로 천도하여, 7왕이 82년을 지내고 다시 백제로 천도했다는 것이 한일 고대사의 핵심이다. 삼국사기와 일본서기도 이 바탕 위에 작성되었다.

하지만 곤지의 왕권계승이 쉬울 리가 없다. 구왕족인 해씨와 문주계 등 한강유역세력, 백씨와 연씨 등 금강유역세력, 그리고 왜국에서 온 곤지세력 사이에 충돌이 벌어진다. 이 가운데 곤지세력이 패배하여 죽고 자신들의 근거지인 영산강유역으로 후퇴한다. 영산강유역은 본래 여씨, 목씨, 사씨의 근거지였다.

이때 패하여 곤지만 죽은 것이 아니고 곤지의 장군이었던 목협만치와 조미걸취도 더 이상 보이지 않는데, 자신들의 왕인 곤지가 죽을 정도였으니 호위군사이던 이들도 죽었을 것이다. 곤지의 시신만 왜국으로 돌아가고 나머지는 그대로 영산강유역으로 후퇴하여 묻혔다. 따라서 적어도 영산강유역 전방후원분에 묻힌 사람들 이름을 2명은 댈 수 있다. 바로 목협만치와 조미걸취다. 가장 초창기 전방후원분들 속에 있을 것이다.

**[복습문제]** 영산강유역 전방후원분은 주로 일본의 어느 지역 양식일까?

(가)구주 (나)혼슈 (다)시코쿠 (라)홋카이도

## 13.8 목지국 진왕력(辰王曆)

백제는 한왕(韓王)체제이던 마한으로부터 1세기 초에 왕권을 탈취한 후 진왕(辰王)체제를 수립하는데, 진왕이 어디에 도읍하고 있었느냐에 따라 역사가 3기로 나뉜다.

**[1기] 한반도시대 약 4백년**

1.비류(沸流) ———————— 12.여구(餘句) - 13.여수(餘須) - 14.여휘(餘暉)

**[2기] 일본열도시대 약 80년(396-477)**

15.응신(應神) - 16.인덕(仁德, 讚) - 17.이중(履中, 彌) - 18.반정

(反正, 珍) - 19.윤공(允恭, 濟) - 20.안강(安康) - 21.웅략(雄略, 武)

**[3기] 한반도시대 약 2백년**

22.동성(東城, 餘大) - 23.무령(武寧, 餘隆) - 24.성명(聖明, 餘明) - 25.위덕(威德, 餘昌) - 26.혜(惠) - 27.법(法) - 28.무(武) - 29.의자(義慈) - 30.풍(豊)

百濟王이란 본래 목지국 辰王의 호칭이었다. 3세기 초에 가야제국과 제주도 등 전남 남해안을 정복하여 삼국지의 삼한체제를 완성한 왕은 7대 정도로 추정되는 진왕인데 227년에 죽었다. 칠지도를 보낸 왕은 230년 즉위한 8대 정도로 추정되는 진왕이다.

목지국은 4세기 후반부터 고구려와 전쟁하다 패하여, 응신 때인 396년에 일본열도로 천도했다가, 7왕이 82년을 보내고, 웅략 때인 477년에 다시 한반도로 돌아왔다. 천도는 대단히 험난한 일이어서 응신과 웅략이 천도 직후에 죽었다.

수도를 중심으로 이야기하면, 미추홀 → 웅진1기 → 오사카 → 웅진2기 → 사비 순이다. 따라서 [2기]인 5세기의 백제 왕릉을 찾으려면 일본의 오사카 등 기내지역으로 가야한다. 7명의 왕이 기내지역에 묻혀있을 것이다.

[1기]인 4세기 이전의 백제 왕릉을 찾으려면 서울로 가서는 안되고 천안에서 익산 사이의 금강유역에서 찾아야 한다. 만일 금강유역에서 왕릉급 고분이 발견되었는데 [1기]면 백제 왕릉일 가능성이 크고, [2기]면 백씨 등 금강유역 세력가들의 무덤일 가능성이 크다.

구삼국사 편집시 백제가 왜국으로 천도해 있던 7왕 82년의 시기를 어떻게 처리해야 하느냐를 두고 큰 논쟁이 있었을 것이다. 논쟁이란 천도기 82년이 한국사인가 일본사인가 하는 문제다. 현실적으로 [2기]에 대한 기록이 충분히 많지 않았을 수도 있다. 기록이 있다고 해도 8세기에 일본서기 편집진이 만든 응신이라든가 인덕이라든가 이런 왕명이 아니고 5세기 당시의 왕명이었을 것이다.

우리는 이에 대하여 우리 젊은 세대에게 어떻게 가르쳐야할까? 삼국사기 원사료로 추정되는 구삼국사 편집진도 같은 고민을 하였을 것이고, 그 해결책은 목지국백제 관련 역사를 철저히 지우는 것이었다. 마치 한국전쟁 후 월북한 예술가들을 모두 삭제하고 그들이 남긴 작품은 작가미상 처리를 하는 것과 유사하다. 그러면 그들은 세상에 존재하지 않았던 예술가들이 되는가?

백제의 왜국 천도는 삼국사기의 기본 구조를 결정한 사건이라서 이에 대한 이해가 없이는 4세기 이전 삼국사기를 읽기 어렵다. 백제의 역사를 걷어내고 그 대신에 4~5세기에 백제의 왕비족으로 목지국과 혼인하였으며, 백제의 천도시 백제의 역할을 대신 수행한 한강유역에 있었던 마한 1국의 역사로 대치하였다. 그러다보니 백제 진왕의 통치 지역이던 4세기 이전 한반도 남부가 대부분 기록의 공백으로 남게 되었다.

구삼국사 편집진이 철저히 들어낸다고 하였으나 진왕관련 기록의 한계가 어디까지인지 불명확하여 살아남았던 삼국사기의 기록들로부터 4세기 이전의 진왕 기록들을 상당수 찾아낼 수 있다. 그리고 그 기록들은 다른 사료나 고고학적 유물과 일치하여 우리를 놀라게 한다.

일본서기의 자부심이라는 것은 백제가 천도해 있었던 [2기] 82년이다. 일본서기를 보면 당시 일본서기 편집진도 유사한 고민을 하였고, 앞으로 일본학계도 이 고민을 하게 될 것이다. 문제의 원인은 고대 한국사와 고대 일본사를 구분하려고 한 것이다. 당시에는 구분할 수 없는 것을 현대의 잣대에 맞추어 억지로라도 구분하려고 하니 해석이 이상해지는 것이다.

자라나는 젊은 세대는 우리 기성세대의 예상보다 훨씬 똑똑하고 현명하다. 따라서 강요하지 말고 있는 그대로만 보여주고 판단은 미래의 주인을 믿고 맡기는 것이 좋을 것이다.

# 14장

# 후기의 논점

## 14.1 삼국사기 백제본기의 사냥 기록

고대에 왕이 사냥을 나간다는 것은 무장한 군사들을 이끌고 나가는 것이기 때문에, 단순히 짐승을 잡는다는 것은 핑계고 여러 가지 정치적 목적을 가지는 경우가 많다. 예를 들어 군사훈련, 무력시위, 영토순찰, 다른 세력과의 협상, 정적제거 등이다. 사냥터에는 상대도 합법적으로 무장을 하고 군사를 이끌고 오기 때문에 동서양을 막론하고 사냥터에서 전투가 벌어지는 것은 흔한 일이었다. 고려 때도 광종은 사냥터에서 호족세력의 공격을 받아 죽을 뻔했다.

사냥을 뜻하는 獵과 田 중에 엽은 사슴을 잡았다고 목적물을 기록한 경우가 많은데 전은 그런 경우가 거의 없다. 사냥을 가서 짐승을 잡지 않았다면 다른 정치적 목적이 크거나, 어쩔 수 없는 이유로 사냥으로 포장하여 기록했을 수도 있다. 따라서 주의 깊게 살펴보아야 할 기록은 田으로 기록된 것들이다.

삼국사기는 삼국 모두 왕의 사냥 기록을 남겼는데 이것이 고도의 정치행위이기 때문에 당연한 것이라고 본다. 그런데 사냥이라도 삼국이 상당히 다른 것은 삼국사기의 원사료가 달랐기 때문일 것이다.

예를 들면 고구려와 백제는 사냥이 많은데 신라는 별로 없다. 고구려는 주로 노루를 잡는데 백제는 사슴을 잡는다. 노루나 사슴이나 비슷한 동물로서 고구려나 백제나 다 있었을 텐데, 왜 고구려는 주로 노루(獐)고, 백제는 다 사슴(鹿)일까? 또 고구려에는 장(獐)과 백장(白獐)이 있고 백제에는 록(鹿)과 신록(神鹿)이 있는데 이게 무슨 차이일까? 사냥을 뜻하는 한자에는 獵, 田, 畋 등이 있는데, 신라는 獵자만 쓰고, 백제는 獵과 田을 쓰고, 고구려는 세 글자를 다 쓰는데 그 이유는 무엇일까?

이 중에 백제에 대하여 살펴보기로 한다. 특히 정치적 의미가 짙은 田에 대하여 주목한다. 만일 백제본기에 기록된 사냥의 내용을 이와 독립적인 다른 사서가 기록한 것이 있다면 둘을 비교해봄으로써 사냥의 내용이 무슨 뜻인지를 더 잘 알 수 있을 것이다.

의자왕 이전의 백제본기에 19개(年)의 사냥기록이 나오는데 정치적 의미가 큰 사냥은 고이왕, 진사왕, 동성왕대에 집중되어있다.

(1) 온조왕 5년(BC 14); 겨울 10월, 왕이 북쪽 변경을 순행하면서 사냥하여 신성한 사슴을 잡았다(獵獲神鹿).

(2) 온조왕 10년(BC 9); 가을 9월, 왕이 사냥하다가 신성한 사슴을 잡았다(獵獲神鹿). 이를 마한에 보냈다.

온조왕대는 모두 사슴을 잡는 사냥인데 그 장소가 한반도임을 보여준다. (2)번 기록이 중요한 것은 이때 백제가 마한을 만났기 때문이다. 백제가 건국 10년 만에 마한을 만났다는 것은 온조왕 1년의 백제 건국지가 마한으로부터 아주 먼 곳이었다는 뜻이다. 이후 비류와 온조는 AD 9년에 마한의 왕권을 탈취하게 된다. 마한이 멸망함에 따라 한반도 중남부 각 지역은 힘의 공백기를 맞이하여 소국들이 난립하게 되는데, 대표적인 것이 AD 42년의 가야제국 건국이다. 이 무렵 가야제국이 일제히 건국되었다.

고구려가 멸망하고 발해가 건국된 것, 백제가 멸망하고 일본이 건국된 것을 보면, 국가가 망하고 힘의 공백이 생긴 후 새로운 국가가 들어서는데 보통 1세대인 20~30년이 걸린다. 낙동강 하구의 가야인들이 바다를 건너 대마도를 점령하고, 다시 바다를 건너 구주에 도착하여 기존세력을 정복하고 새로운 국가를 건국한 것이 야마대국인데 AD 100년(숭신 원년)이다. 그러면 삼국사기와 일본서기가 말하는 가야제국의 건국시점은 마한의 멸망과 야마대 건국 사이인 1세기 중반이라는 뜻이 된다. 삼국사기와 일본서기로 본 가야의 건국 시점이 삼국유사의 가야 건국 연도인 AD 42년과 일치한다는 뜻이다.

(3) 다루왕 4년(31); 가을 8월, 고목성 곤우가 말갈과 싸워 크게 이겼다. 2백여 명의 머리를 베었다. 9월, 왕이 횡악 아래에서 사냥하다가(王田於横岳下) 두 마리의 사슴을 연이어 적중시켰다(連中雙鹿). 많은 사람들이 감탄하고 칭찬하였다.

(4) 기루왕 27년(103); 왕이 한산에서 사냥하다가(王獵漢山) 신성한 사슴을 잡았다(獲神鹿).

(5) 개루왕 4년(131); 여름 4월, 왕이 한산에서 사냥하였다(王獵漢山).

(3)의 사냥은 田이면서 목적물인 사슴이 나오는 드문 경우다. 사냥을 통해 경쟁자들에게 자신의 힘을 과시한 것으로 본다. 백제 3루왕 시대는 진왕제 원칙에 충실하게 기록했던 시기다. 2대 다루왕조는 재위 21~28년에 큰 단층이 발생하는데 후반부는 다른 왕의 기록이다. 신라본기 탈해 7년조를 보면 뒷부분을 통치한 왕을 백제왕이라고 부르고 있다. 이로부터 앞부분을 통치한 왕이 왕후를 세우지 못하여 뒷부분을 통치한 왕의 기록에 흡수되어 버렸다.

기루왕조는 21년조에 왕이 바뀌는데 뒷부분을 통치한 왕이 신라와 혼인하고 왕후를 세웠다. 따라서 (4)의 사냥은 축제로 보인다. 앞부분을 통치한 왕의 기록은 뒷부분을 통치한 왕의 기록으로 흡수되어 버렸다.

개루왕은 (5)의 사냥 다음 해에 북한산성을 쌓은 것이 마지막 통치행위로서 그 이후는 다른 왕의 기록이다. 뒷부분을 통치한 왕이 신라인 길선의 딸을 왕후로 세우려다 실패하고 앞부분을 통치한

왕의 재위기간에 흡수되어 버렸다.

(6) 구수왕 16년(229); 겨울 10월, 왕이 한천에서 사냥을 하였다(王田於寒泉). 11월, 말갈이 우곡에 들어와 사람과 재물을 약탈하였다. 왕이 정예병 3백명을 보내 이를 막게 하였으나 적들이 매복해 있다가 협공하니 우리 군사가 크게 패하였다.

(7) 고이왕 3년(236); 겨울 10월, 왕이 서해의 큰 섬에서 사냥하여(王獵西海大島) 직접 40마리의 사슴을 쏘아 맞혔다(手射四十鹿).

(8) 고이왕 5년(238); 봄 정월, 악기를 사용하여 천지신명에게 제사를 지냈다. 2월, 왕이 부산에서 사냥하다가 50일 만에 돌아왔다(田於釜山五旬乃返). 여름 4월, 왕궁의 문기둥에 벼락이 치자 황룡이 그 문에서 날아갔다(震王宮門柱 黃龍自其門飛出).

(6)의 구수왕의 사냥은 왕의 마지막 기록으로서 다음 달에 말갈군에게 패하고 한강유역 전체가 말갈군에게 함락된다. 말갈군은 백제군의 진격로를 미리 알고 매복하고 있었는데 이는 내통한 세력이 있었을 가능성을 준다. 한성백제의 정예군이 3백 명뿐인 것은 아무래도 이상한데, 혹시 그 전 달인 10월에 한천에서 백제 지배층 사이에 전투가 벌어져 구수왕이 군사력의 상당부분을 상실한 것이 아닌가 생각된다. 구수왕에게 반기를 들 만한 세력은 본래 말갈부(북부) 출신인 眞씨들이다. 이들이 解씨인 구수왕에게 반기를 든 것이 아닌가 생각된다. 고이왕 이후 해씨는 추락하는데 진씨는 승승장구한다.

(7)의 기록은 구수왕의 군대를 패배시킨 말갈의 추장이 삼국사기에 출현하여 강화도까지 한강유역 전체를 점령하였음을 과시하는 것이다. 이제 말갈군이 진격할 곳은 남쪽이다. 남쪽으로는 어디까지 갔을까? 이에 대한 답을 주는 것이 (8)번의 釜山 사냥이다. 강화도는 獵인데 부산은 田이다. 백제본기에서 왕이 수도를 50일이나 장

기간 비운 것은, 무왕을 제외하고는, 여기뿐이다. 부산은 경기도 남부인데, 고이왕이 말갈군을 지휘하고 여기까지 남하했으나, 진왕의 백제군에게 막혀 더 이상 남하하지 못하고 장기간의 대치상대가 계속된 것으로 본다. 즉 이 기록은 한강유역의 초기백제 고분인 고구려식 적석총이 왜 금강유역에 나타나지 않는가를 설명한 것이다. 이후 고이왕은 백제 진왕으로부터 한강유역 전체에 대한 통치권을 인정받고 철군했을 것이다. 그러자 사반왕은 더 이상 필요 없는 존재가 되었다.

(9) 비류왕 22년(325); 겨울 11월, 왕이 구원의 북쪽에서 사냥하여(王獵於狗原北) 직접 사슴을 쏘았다(手射鹿).

구원의 북쪽은 웅진백제와의 국경이다. 이 기록은 비류왕이 여구 또는 그 선대로 추정되는 백제왕을 만나 두 나라가 혼인하기로, 즉 왕비족이 되기로 합의한 사건이라고 본다.

(10) 진사왕 6년(390); 가을 9월, 왕이 달솔 진가모로 하여금 고구려를 치게 하여 도곤성을 함락시키고, 포로 2백 명을 사로잡았다. 왕이 가모를 병관좌평으로 임명하였다. 겨울 10월, 왕이 구원에서 사냥하다가(獵於狗原) 7일 만에 돌아왔다(七日乃返).

(11) 진사왕 7년(391); 봄 정월, 궁실을 중수하면서, 연못을 파고 산을 만들어 진귀한 새를 기르고 기이한 화초를 가꾸었다. 여름 4월, 말갈이 북쪽 변경의 적현성을 공격하여 함락시켰다. 가을 7월, 왕이 나라 서쪽의 큰 섬에서 사냥하다가(獵國西大島) 직접 사슴을 쏘았다(王親射鹿). 8월, 왕이 다시 횡악 서쪽에서 사냥하였다(又獵<橫岳>之西).

(12) 진사왕 8년(392,말년); 가을 7월, 고구려왕 담덕이 4만 명의 군사를 거느리고 와서 북쪽 변경을 침공하여 석현성 등 10여 성을 함락시켰다. 왕은 담덕이 용병에 능통하다는 말을 듣고 대항하기를 회피

하였다. 한수 북쪽의 여러 부락을 빼앗겼다. 겨울 10월, 고구려가 관미성을 쳐서 함락시켰다. 왕이 구원에서 사냥하며 열흘이 지나도록 돌아오지 않았다(王田於<狗原> 經旬不返). 11월, 왕이 구원의 행궁에서 죽었다.

(10)과 (11)은 응신이 즉위하고 또 공립되는 과정에서 소외된 진사왕의 불만을 보여준다. (12)는 일본서기 응신조에도 있는데 392년이라는 해는 물론이고 11월이라는 달까지 일치한다. 1달 사이에 모두 벌어진 일이다. 일본서기에는 사냥이라는 말은 없다. 따라서 진사왕은 사냥이 주목적이 아니고 웅진백제와 정치적인 협상을 하러 갔다가 협상이 깨져, 수일간의 전투가 발발하고 이 과정에서 죽은 것을 알 수 있다.

이 해는 진사왕 8년인데 일본서기가 "진사왕이 서서(立之)"라는 표현을 쓰고 있다. 이 말은 이 해에 진사왕이 자기도 백제왕임을 선포한 것이다. 훗날 아신왕이 전지를 왜국에 볼모로 보낸 이유도 일본서기를 보면 阿花王<立无>禮於貴國이어서, 공립절차 없이 진사왕처럼 백제왕을 칭했다가 문제가 발생한 것이다.

(13) 동성왕 5년(483); 봄, 왕이 사냥하기 위하여 한산성에 이르러(王以獵出至漢山城) 군사와 백성들을 위무하고 열흘만에 돌아왔다(浹旬乃還). 여름 4월, 웅진 북쪽에서 사냥하다가 신성한 사슴을 잡았다(獲神鹿).

- 동성왕 10년(488); 魏나라가 우리를 침공하였으나 우리 군사가 그들을 물리쳤다 (魏遣兵來伐 爲我所敗).

(14) 동성왕 12년(490); 가을 7월, 나이가 15세 이상인 북부 사람들을 징발하여 사현과 이산 두 성을 쌓았다. 9월, 왕이 나라 서쪽 사비벌판에서 사냥하였고(王田於國西泗沘原) 연돌을 달솔로 임명하였다.

(15) 동성왕 14년(492); 겨울 10월, 왕이 우명곡에서 사냥하면서(王獵牛鳴谷) 직접 사슴을 쏘아 맞혔다(親射鹿).

* 동성왕 20년(498); 웅진교를 가설하였다. 가을 7월, 사정성을 쌓고 한솔 비타로 하여금 그곳을 지키게 하였다. 8월, 왕이 탐라에서 공납과 조세를 바치지 않는다 하여 그를 직접 치려고 무진주에 이르니 탐라에서 이 소문을 듣고 사신을 보내 사죄하므로 중지하였다.[탐라는 곧 탐모라다.]

(16) 동성왕 22년(500); 봄, 대궐 동쪽에 임류각을 세웠는데 높이가 다섯 길이었다. 또한 연못을 파고 기이한 짐승을 길렀다. 간관들이 이에 항의하여 글을 올렸으나 듣지 않고 다시 간하는 자가 있을까 염려하여 대궐 문을 닫아 버렸다. 여름 4월, 왕이 우두성에서 사냥하다가(田於牛頭城) 비와 우박을 만나서 중지하였다. 5월, 가물었다. 왕이 측근들과 함께 임류각에서 잔치를 베풀며 밤새도록 잔치를 열었다.

(17) 동성왕 23년(501,말년); 봄 정월, 서울에서 노파가 여우로 둔갑하여 사라졌다. 남산에서 호랑이 두 마리가 싸웠는데 잡지 못하였다. 가을 7월, 탄현에 목책을 세워 신라의 침입에 대비하였다. 8월, 가림성을 쌓고 위사좌평 백가로 하여금 그곳을 지키게 하였다. 겨울 10월, 왕이 사비 동쪽 벌판에서 사냥하였다(王獵於泗沘東原). 11월, 왕이 웅천 북쪽 벌판에서 사냥하고(獵於熊川北原) 또 사비 서쪽 벌판에서 사냥하였는데(又田於泗沘西原) 큰 눈에 길이 막혀 마포촌에서 묵었다. 이전에 왕이 백가로 하여금 가림성을 지키게 하였을 때 백가는 가기를 원하지 않아 병을 핑계로 퇴관하고자 하였다. 그러나 왕은 이를 승낙하지 않았다. 이로 말미암아 백가는 왕에게 원한을 품고 있었다. 이때에 와서 백가가 사람을 시켜 왕을 칼로 찔러서 12월에 이르러 왕이 죽으니 시호를 동성왕이라 하였다

(14)를 보면 田으로 표시된 사냥이 나오는데 이후 연돌을 승진시킨다. 사비 서쪽 벌판에서 어떤 세력과 전투가 벌어졌고 연돌이 동성왕을 지킨 것으로 보인다. 연씨는 백씨와 마찬가지로 금강유역

토착세력이다.

곤지가 왜국에서 웅진으로 천도할 무렵에 웅진에는 이미 3개의 세력이 맞서고 있었다. 백가로 대표되는 금강유역 토착세력, 해구로 대표되는 구 한성백제 왕족세력, 문주-삼근왕으로 대표되는 신라계 천도세력들이었다. 이들의 힘겨루기 속에 곤지가 죽고 그 아들인 동성왕이 즉위했으나 왕권은 불안하였다.

동성왕 10년에 북위와의 전쟁은 동성왕에게 또 하나의 고민을 가져다주었다. 이 전투의 승리를 이끈 영산강유역 세력들이 자기 지역의 자치권을 보장해 달라는 것이었다. 중국 왕조의 보장 하에 자기 지역의 후왕으로 임명해달라는 것인데 동성왕은 이를 받을 수가 없었다. 결국 동성왕 20년(498)에 제주도의 거역을 핑계 삼아 후왕을 요구하던 중심 지역인 영산강유역을 쳤는데 이것이 토착세력들이 등을 돌리는 계기가 되었다.

(16)에서 동성왕이 왕궁에 임류각을 세우고 동식물을 키우는 등 궁을 화려하게 꾸민 것은 훗날 대원군의 경복궁 중건이나 마찬가지로 일종의 왕권강화책이다. 신하들이 간했다는 것은 화려한 궁궐을 짓는 것만이 아니라 기존의 지방분권적 담로제를 혁파하고 중앙집권을 꾀하려던 것을 거부한 것이다.

(17)에서 같은 11월인데도 불구하고 웅천 북쪽 벌판에서 사냥한 것은 獵으로, 사비 서쪽 별판에서 사냥한 것은 田으로 구분하여 기록하고 있다. 이렇게 엽과 전을 구분하여 사용하였는데 틀림없이 어떤 원칙이 있었을 것이다.

(16)의 우두성 사냥은 전투에서 승리하고 잔치를 연 것으로 보인다. 하지만 다음 해인 (17)의 괴기 기록은 당시 수도권에 동성왕에게 어떤 불리한 일들이 벌어지고 있음을 말해준다. 같은 11월의

사냥인데도 웅천 북쪽에서는 엽인 것으로 보아 짐승을 사냥한 것 같은데, 사비 서쪽에서는 전인 것으로 보아 짐승을 잡으러 갔다가 백가세력과 전투가 벌어졌는데, 상황이 쉽게 종료되지 않자 마포촌으로 후퇴했다가 부상을 입고 12월에 죽은 것으로 보인다. 동성왕이 암살당한 것은 어느 날 갑자기 발생한 것이 아니라, 영산강유역 출병 등 여러 번의 내란과 암살의 위협을 피해가는 가운데 발생한 것이다.

498년에 동성왕에게 쫓겨난 영산강유역 세력들은 왜국으로 피신하여 왜국을 정복하는데 이것이 무열을 비롯한 새로운 집권세력의 출현이다. 이후 계체 때 구주를 다시 통합하고, 북해도를 제외한 일본열도를 완전히 정복하는 것은 7세기 초에 소아마자가 수나라에 사신을 보낼 무렵이다.

- 무령왕 21년(521); 겨울 12월, 양나라 고조가 조서로 왕을 책봉해 말하기를, "행도독백제제군사진동대장군백제왕 여융은... 사지절도독 백제제군사영동대장군으로 삼는다."라고 하였다.

(18) 무령왕 22년(522), 가을 9월, 왕이 호산 벌판에서 사냥하였다 (王獵于<狐山>之原).

무령왕의 사냥은 축하연이다. 后를 세우지 못해 불안했는데 양나라의 책봉을 통해 이를 보완한 것이다.

(19) 무왕 33년(632), 봄 정월, 맏아들 의자를 태자로 책봉하였다. 2월, 마천성을 고쳐 쌓았다. 가을 7월, 군사를 동원하여 신라를 공격하였으나 불리하였다. 왕이 생초 벌판에서 사냥하였다 (王田于生草之原). 겨울 12월, 당 나라에 사신을 보내 조공하였다.

의자왕자는 무왕 재위 33년에 40대의 나이로 늦게 태자가 되는데 아버지인 무왕의 새 왕후가 낳은 아들이 성장하고 있었기 때문이다. 위기를 느낀 의자왕자는 스스로의 힘으로 태자가 된다. 가을 7월의 사냥은 무왕의 잔존세력을 소탕한 것으로 보인다. 그리고 唐에 사신을 보내는데 이를 실행한 실질적 인물은 의자태자다. 따라서 무왕은 42년 재위 중에 33년에 권력을 의자태자에게 이양한 것이다. 이로써 무왕의 익산천도 계획은 무산되고, 권력은 의자태자에게 넘어간 채 잔치를 베풀고 풍류를 즐기며 시간을 보내게 된다.

하지만 이후 무왕은 일본서기에 서명천황이란 이름으로 집중적으로 출현한다.[1] 일본서기가 이때의 백제왕을 무왕이 아니라 의자왕이라고 한 것은 이상한 일이 아니다. 무왕은 자신들의 왕이니 의자태자와 구분한 것은 당연한 일이다.

## 14.2 삼국사기가 기록한 금관가야의 멸망

[질문자] 금관(김해)가야의 멸망에 대하여 삼국사기는 법흥왕 때인 532년, 삼국유사는 진흥왕 때인 562년이라고 하고 있습니다. 어느 쪽이 맞습니까?

- 삼국사기 - 中大通 4년(법흥 19, 532)
- 삼국유사 - 保定 2년(진흥 22, 562)

[一道安士] 같습니다.

[질문자] 1~2년 차이도 아니고 30년이나 차이가 나는데 어떻게 같을 수가 있습니까?

1. 『재조명2』 제46장 무왕과 교기왕자, P. 383.

삼국사기가 남가야, 즉 금관가야[2] 멸망에 대하여 무슨 이야기를 하는지는 가야 기록을 살펴봄으로써 확인할 수 있다. 가야는 3국본기 중 오로지 신라본기에만 나오는데 모두 19개가 있다.

5백년 금관가야 역사는 크게 전기가야와 후기가야로 나뉘는데, 중간에 270년 기록 공백기가 있다. 즉 시기적으로 절반은 기록이 비어있다. 이는 10명이 약 5백년을 통치한 것이 아니라 3백년을 통치했다는 뜻이다. 따라서 금관가야 왕 10명의 재위기간은 합리적으로 복원이 가능하다.

삼국유사를 보면 전기가야와 후기가야는 아예 정치제도부터 다른 나라다. 두 나라는 같은 지역에 건국되었다는 것을 제외하면 마치 백제와 후백제처럼 아무 관계가 없다. 그런데 삼국유사를 보지 않아도 삼국사기 신라본기만으로도 금관가야사에 대하여 하는 이야기를 들을 수 있다.

## 가. 전기가야

(1) 탈해 21년(77, 수로 36); 가을 8월, <가야>의 군사와 황산진(黃山津) 입구에서 싸워 천여명을 사로잡았다. 길문(吉門)을 파진찬으로 임명하여 그 전공에 해당하는 상을 주었다.

(2) 파사 8년(87, 수로 46); 가을 7월, 왕이 "내가 부덕함에도 불구하고 나라를 맡았다. 우리나라는 서쪽으로 백제를 이웃하고 남쪽으로 <가야>에 접하였으나(西鄰百濟 南接加耶), 나의 덕망은 백성들을 편안히 살게 하지 못하고, 위엄은 외국을 두렵도록 하기에 부족하였으니, 마땅히 성과 보루를 수리하여 외적의 침략에 대비하라"는 명령을 내렸다. 이 달에 두 곳, 즉 가소성과 마두성을 쌓았다(築加召-馬頭二城).

---

2. 금관가야는 남가야 멸망 후 가진 이름이다.

(3) 파사 15년(94, 수로 53); 봄 2월, <가야>가 馬頭城을 포위함으로 아찬 길원(吉元)을 보내 기병 천여 명으로 물리쳤다.

(4) 파사 17년(96, 수로 55); 가을 9월, <가야>가 남쪽 변경을 습격하므로 성주 長世를 보내 막게 하였으나 패하여 죽었다. 왕이 노하여 군사 5천여 명을 인솔하고 나가 싸워 무너뜨렸다. 노획한 물자가 매우 많았다.

(5) 파사 18년(97, 수로 56); 봄 정월, 가야를 치려가다 <가야> 임금(其國主)이 사신을 보내 사죄함으로 중지하였다.

(6) 파사 23년(102, 수로 61); 가을 8월, 음집벌국과 실직곡국이 경계를 다투다 왕을 찾아와 판결해줄 것을 청하니 왕은 <금관국> 수로왕(金官國 首露王)이 연로하여 지식이 많다하고 불러 문의하니 수로왕이 의견을 내어 다투던 땅을 음집벌국으로 하였다. 이에 왕은 6부에 명하여 수로왕을 대접하게 하였는데 모두 伊湌을 주로 삼았으나 오로지 한지부(漢祇部)만이 지위 낮은 자를 주로 삼으니 수로왕이 노하여 종 탐하리(耽下里)로 하여금 한지부주 보제(保齊)를 죽이게 하고 돌아갔다. ... 왕이 음집벌국을 치니 그 임금이 군중과 더불어 스스로 항복하고 실직과 압독 두 나라의 왕도 와서 항복하였다.)

(7) 파사 27년(106, 수로 65); 가을 8월, 마두성주에게 명하여 <가야>를 치게 하였다. - **전쟁 이유가 없는 유일한 기사**

(8) 지마 4년(115, 거등 10); 봄 2월, <가야> 도적이 남변을 침범하였다. 7월, 왕이 가야를 직접 공격하였다. 보병과 기병을 거느리고 黃山河를 지나는데 가야인들이 숲속에 군사를 매복시키고 기다렸다. 왕은 이를 모르고 곧바로 전진하였는데, 복병이 나와 왕을 여러 겹으로 포위하였다. 왕은 군사를 지휘하여 맹렬히 싸워 포위를 뚫고 퇴각하였다.

(9) 지마 5년(116, 거등 11); 가을 8월, 장수를 보내 <가야>를 공격하게 하고, 왕은 정병 1만을 거느려 뒤를 이었다. 가야는 성을 닫고 굳게 수비하였다. 그때 마침 비가 오래 내렸으므로 왕은 되돌아 왔다.

(10) 내해 6년(201, 이시품 4) 봄 2월, <가야>가 화친을 요청해왔다. - **80년 만에 나타난 가야가 갑자기 약해짐.**

(11) 내해 14년(209, 이시품 12); 가을 7월, 浦上八國이 <가야>를 공격하여 가야왕자가 와서 구원을 요청하니, 왕은 태자 于老에게 명하여 이벌찬 利音과 함께 6부의 군사로서 구원하게 하였다. 여덟 나라의 장군을 쳐서 죽이고 포로 6천 명을 구해왔다.

(12) 내해 17년(212, 이시품 15); 봄 3월, <가야>가 왕자를 보내 볼모로 삼았다.

## 270년 가야 기록 공백기

### 나. 후기가야

(13) 소지 3년(481, 질지 31); 봄 3월, 고구려와 말갈이 북쪽 변경에 들어 와서 호명(狐鳴) 등 일곱 성을 빼앗고, 다시 미질부(彌秩夫)로 진군하였다. 우리 군사는 백제 및 <가야>의 구원병과 함께 길을 나누어 방어하였다. 적이 패하여 물러가자 그들을 니하(泥河) 서쪽까지 추격하여 격파하고 1천여 명의 목을 베었다.

(14) 소지 18년(496, 겸지 5); 봄 2월, <가야국>에서 꼬리가 다섯 자인 흰 꿩을 보냈다.

(15) 법흥 9년(522, 구형 2); 봄 3월, <가야국> 왕이 청혼을 하므로 이찬 비조부의 누이를 보냈다.

(16) 법흥 11년(523, 구형 3); 가을 9월, 왕이 국경남쪽을 순시하였으며 <가야국> 왕이 와서 모임을 가졌다(來會).

(17) 법흥 19년(532, 구형 12); **(달이 없음)** 金官國主金仇亥 與妃及三子 長曰奴宗 仲曰武德 季曰武力 以國帑寶物來降 王禮待之 授位上等 以本國爲食邑 子武力仕至角干 (금관국 왕 김구해가 왕비 및 세 아들인 <1자 노종>, <2자 무덕>, <3자 무력>과 함께 국고의 보물을

가지고 항복해 오니, 왕은 예를 다하여 대접하고 상등의 지위를 제수하였으며, 그의 본국을 식읍으로 삼게 하였다. 아들 무력[3]은 벼슬이 각간에 이르렀다. – **사건의 달이 없는 유일한 기사.**

(18) 진흥 12년(551, 구형 31); 봄 3월, 왕이 순행 중에 낭성(娘城)에서 묵으며, 우륵(于勒)과 그의 제자인 이문(尼文)이 음악을 잘한다는 소문을 듣고 특별히 그들을 초청하였다. ... <가야국>이 혼란스러워지자 우륵은 악기를 가지고 귀순해왔었다. 이에 따라 그 악기의 이름을 가야금이라고 하였다.

(19) 진흥 22년(562, 구형 42); 가을 9월, <가야>가 모반하였다(加耶叛). 왕은 이사부(異斯夫)로 하여금 그들을 토벌케 하고, 사다함(斯多含)으로 하여금 이사부를 돕게 하였다. 사다함이 기병 5천을 거느리고 먼저 전단문(栴檀門)으로 들어가서 白旗를 세우자 성 사람들 전체가 두려워하여 어찌 할 줄을 몰랐다. 이사부가 군사를 인솔하고 그곳에 도착하니 그들이 일시에 모두 항복하였다.... – **대가야 기사.**

이 금관가야 기록들이 살아남은 이유는 문무왕의 외가가 가야계이기 때문이다. 19개 중에 가장 중요한 기시는 법흥왕 19년조로 김유신의 할아버지인 김무력의 출자를 밝히기 때문이다. 김유신을 수로왕의 12대손이라고 하는 것은, 마치 후백제의 견훤이 스스로 의자왕의 손자임을 주장하는 것이나 마찬가지로, 유전적으로는 전혀 근거 없지만 정치적 목적상 그의 족보를 수로왕에게 붙인 것이다.

그런데 19개 기사 중에, 심지어 수로왕의 기사도 사건의 달이 있는데, 가장 중요한 김무력이 신라에 들어오는 법흥왕 19년조만 사건의 달이 없다.

삼국사기의 가야 기록을 죽 읽다보면 마치 법흥왕 19년에 가야

---

3. 김유신의 할아버지

가 항복해 신라에 들어오고, 진흥왕 22년에 반란을 일으켰다가 신라군에게 진압당한 것처럼 착각하게 되어 있다. 즉 누가 '가야가 562년에 싸우다 멸망한 것 아니었어?'하고 물으면, '아, 멸망은 532년이고, 562년은 반란을 일으켰다가 진압 당했어.'라고 대답하는 형식이다.

그런데 열전을 읽다보면 진흥왕 22년의 기사는 금관가야와 전혀 무관한 대가야 기사를 끼워 넣은 것이다. 이것으로부터 삼국사기의 의도가 무엇인지 확실해지는 것이다. 결론적으로 삼국사기는 금관가야사에 대하여 다음 4가지를 알려주고 있다.

1. 금관가야는 562년에 망했다.
2. 금관가야는 신라에게 보물을 받치고 항복한 것이 아니라 끝까지 싸우다 망했다.
3. 김무력은 금관가야 마지막 왕인 김구해의 아들이 아니다.
4. 김유신은 수로왕과 아무 관련이 없다.

삼국사기를 보면 법흥왕 시기는 왜로부터 공격이 없는데 당시의 일본서기 흠명조를 보면 신라는 임나를 무차별 공격하고 있다. 따라서 김유신의 할아버지인 김무력은 532년에 항복하고 신라에 들어온 임나가야인일 가능성이 가장 크다. 삼국사기는 구해왕이 신라에 항복한 일이 없었기에 사건의 달을 쓸 수 없었던 것이다.

로마를 공격하던 게르만족 출신이 로마황제가 되는 것이나, 중국 왕조를 공격하던 북방민족 출신이 중국황제가 되는 것이나, 한성백제를 공격하던 말갈족 출신이 한성백제왕이 되는 것이나, 신라를 공격하던 왜인 출신이 신라왕이 되는 것이나,... 다 자연스런 일이다.

## 14.3 백제 후기의 왕권계승

| | |
|---|---|
| 제 26대 왕, 성왕 | |
| 제 27대 왕, 위덕왕; | 성왕의 元子 |
| 제 28대 왕, 혜왕; | 성왕의 第二子 |
| 제 29대 왕, 법왕; | 혜왕의 長子 |
| **제 30대 왕, 무왕;** | **법왕의 子** |
| 제 31대 왕, 의자왕; | 무왕의 元子 |

**그림 14.1** KBS1 역사저널 〈그날〉의 "서동, 백제 제30대 무왕이 되다."에서

우연히 <역사저널 그날>이라는 프로그램을 보니 무왕과 선화공주 이야기를 하고 있었다. 출연진은 왜 무왕이 왕이 되기 전 신라 공주를 데리고 와야만 했는가를 이해하지 못했다.

위덕왕(창왕)이 성왕의 원자라는 뜻은 성왕은 공립되었고 위덕왕의 어머니는 성왕을 공립시킨 왕비의 아들이라는 뜻이다. 즉 다음 봄 2월 기록에 의해 위덕왕의 어머니는 신라 왕실의 여인이거나 그에 준하는 신라 왕족의 여인이다.

* 聖王 3年(525); 春二月, 與新羅交聘.

예상대로 봄이다. 그렇다면 위덕왕은 525년 말이나 526년 초에 출생했을 것이다.[4] 따라서 554년에 30세로 즉위하였고 598년에 73

---

4. 1995년에 부여 능산리에서 발굴된 국보 제28호 창왕 석조 사리감은 창왕 13년을 정해년이라고 하여 567년이다. 그런데 삼국사기는 정해년을 창왕 14년이라고 하여 1년 먼저 적고 있다. 따라서 이 성왕 3년은 525년이 아니라 524년일 가능성도 있다. 그러면 출생이 525년으로 확정된다.

세로 죽었다. 백제왕들 중에서 고이왕과 함께 아주 장수한 편에 속한다.[5]

혜왕을 성왕의 제2자라고 한 것은 성왕의 아들이 아니라는 뜻이다. 대신 혜왕의 어머니가 성왕의 가문과 어떤 관계가 있는 여인일 것이다. 예를 들면, 무령왕의 생물학적 아버지는 개로왕이고, 어머니는 개로왕의 마지막 부인이다. 하지만 법적으로는 개로왕의 동생인 곤지왕의 아들이고, 어머니는 곤지왕을 공립시킨 왕후다. 동성왕은 곤지왕의 아들로 무령왕과는 생물학적으로는 아버지와 어머니가 모두 다르다. 이런 경우 동성왕을 계승한 무령왕은 동성왕의 제2자가 된다.

법왕을 혜왕의 장자라 하였다. 이 말은 혜왕이 공립되지 못했다는 뜻이다. 즉위 2년째까지 해야 하는데 못했다. 그러니 법왕은 혜왕의 비가 낳은 아들 중 큰아들인 것이다. 재위 2년째까지 공립되지 못하면 왕권이 흔들린다. 백제왕들 중에 재위 2년째에 죽거나 권력을 뺏긴(근초고왕) 기록들이 많은데 이는 사건 연도에 대한 신뢰성이 높다는 뜻이다.

무왕을 혜왕의 그냥 아들이라 했는데, 이는 법왕이 공립되었는지는 모르나 공립된 경우 법왕을 공립시킨 왕비의 아들이 아니다. 즉 어느 경우든 무왕의 어머니는 신분이 낮았고, 이것이 무왕에게 한이 되었을 것이다. 의자왕을 무왕의 원자라 하였는데, 이는 무왕이 공립되었고 의자왕은 무왕을 공립시킨 왕비의 아들이라는 뜻이다. 즉 의자왕의 어머니는 신라 공주급에 해당하는 신분의 여인이어야 한다.

---

5. 백제본기 초기의 3루왕은 적어도 6명 이상의 기록이다.

> [복습문제] 무령왕릉이 발견되었는데 합장능이고 왕비는 아들인 성왕과 비슷한 연배의 30대 여자였다. 그러면 삼국사기 백제본기에 성왕은 무령왕의 무엇이라고 기록해야 하는가?

**풀이** 무령왕은 왕이 된 후 부인과 아들이 있었음에도 불구하고 되고 새로 왕비를 세우고 공립된 것이다. 따라서 성왕은 그 왕비의 아들이 아니니 원자는 될 수 없고, 공립되었으니 장자도 될 수 없다. 부자관계니 제2자도 될 수 없고, 큰 아들이니 중자도 될 수 없다. 그러면 子 뿐이다. 따라서 '성왕은 무령왕의 子다.'(武寧王之子也)라고 기록해야 한다.

## 14.4 익산 쌍릉의 주인 추정

익산은 백제 무왕이 천도를 준비했으나 천도하지 못한 곳이다. 무왕은 익산천도가 무산되자 왜국에 건너가 제2 수도 건설을 준비했다고 본다.

그런데 익산에는 2개의 백제 말기인 7세기 왕릉급 무덤이 있다. 하나는 커서 대왕릉, 다른 하나는 이보다 조금 작아 소왕릉이라고 불린다. 대왕묘는 지름 30 m, 높이 5 m 정도, 소왕묘는 지름 24 m, 높이 3.5 m 정도의 원형분이다. 내부는 대소의 차이는 있으나 모두 부여 능산리고분 돌방 형식의 판석재 굴식 돌방이다.6.

일제강점기에 발굴했을 때 무덤은 이미 도굴되어 있었다. 그리고 최근 다시 발굴하다보니 인골을 넣은 상자가 나왔는데 일제가

6. 한국민족문화대백과사전

**그림 14.2** 익산 쌍릉 중 대왕릉

발굴할 때 나온 인골들을 모아 놓은 상자로 추정된다고 한다. 대왕묘에서 나온 치아 4점이 남성의 것이 아니라 여성의 것이라는 주장도 있다. 이 두 무덤의 주인에 대하여 무왕(재위 600~641년)과 선화공주의 무덤일 것이라는 학계의 추정이 있다.

그런데 이 무덤들이 7세기 부여 왕릉 형식의 고분임에도 백제왕릉이 아니라 마한 왕릉이라는 전설이 전해온다고 한다. 무엇보다 백제왕을 지낸 사람이 다른 백제왕들과 다르게 사후에 수도인 부여가 아니라 익산에 묻힌다는 것 자체가 자연스럽지 못하다.

무왕(서명천황)은 백제에서 죽은 후 6개월 후에 왜국으로 시신이 실려가 왜국에서 장사지내졌다고 본다.[7] 따라서 무왕은 일본에 본묘가 있고 백제에는 가묘가 있었을 것이다. 따라서 가묘에는 시신이 없으니 유골이 나올 수 없다.

* 서명천황 3년(631); 3월 庚申 초하루, <백제왕> 義慈가 왕자 豊章을

---

7. 『재조명2』 제46장 무왕과 교기왕자, p. 383.

보내어 볼모로 삼았다.

- 서명천황 11년(639); 12월, 百濟川 옆에 9층탑을 세웠다.
- 서명천황 12년(640); 10월, 百濟宮으로 거처를 옮겼다.

서명천황 3년은 무왕시절인데 일본서기가 의자왕을 백제왕이라고 하여 이상하게 생각할 수 있으나, 무왕은 631년에 이미 의자왕자에게 밀려나 왜국으로 와 있는 상태였기 때문에 정확한 기록이다. 의자왕자에 의한 정변은 630년에 발생했다고 본다. 의자왕자는 632년에 태자가 되는데 이때 대외적으로 자신이 실권자임을 알린 것이다.

미륵사지를 발굴하다보니 당시의 무왕비가 좌평 사택적덕(沙宅積德)의 딸이었다. 당시 사택덕적은 익산지역의 최고 세력가로 권력이 대단했을 것이다. 또 진왕제란 마한지역 최고 세력가가 백제 진왕에게 자신의 딸을 시집보낸 후 마한왕이 되는 것이다. 따라서 이들 쌍릉을 백제왕의 무덤이 아니고 마한왕의 무덤이라고 전해오는 전설은 근거가 없는 것이 아니다.

왕의 장인이니 죽어서 왕릉에 준하는 무덤을 썼을 것이라고 보아도 크게 이상한 일이 아니다. 일본서기는 사택적덕을 모정왕(茅渟王)이라고도 부르고 있다.[8] 따라서 익산 쌍릉 2개 중 하나의 주인을 무왕 외에 사택적덕일 가능성도 함께 고려해보아야 한다고 생각한다.

---

8. 皇極天皇即位前紀 天豊財重日 〈重日此云伊柯之比〉 足姫天皇 渟中倉太珠敷天皇曾孫 押坂彦人大兄皇子孫 〈茅渟王〉女也 – 일본서기

## 14.5 일본 후기고분시대의 시작

임진왜란의 영웅 이순신장군의 생애는 마지막 전투인 노량해전에서 전사하고 끝을 맺었다. 그런데 만일 다음처럼 되었다고 가정하면 어떤 일이 벌어졌을까? 우선 당시 조선을 중앙집권국가가 아닌 일본과 같은 지방분권국가라고 가정하자. 우리 역사에서 대표적인 지방분권국가는 백제였다. 그러니 중앙정권이 무너져도 수년 동안 각지에서 독자적으로 부흥운동이 가능하였던 것이다.

임진왜란 막바지에 이순신이 지휘하는 조선 수군의 위용은 막강하였다. 당시 조선 최대의 지방 군벌로 불러도 손색이 없었다. 중앙으로부터 별다른 지원이 없었어도 곡창지대인 삼남지방의 경제력을 바탕으로 자립할 수 있었다. 당시 세계적으로도 장거리 함포로 무장하고 실전경험마저 풍부한 그만한 강력한 수군은 찾기 어렵다.

만일 이순신이 노량해전에서 전사하지 않고, 또 다시 있을지 모르는 왜군의 침략 가능성을 이유로, 선조에게 충청, 전라, 경상 3도의 통치권을 달라고 요구했으면 어떤 일이 벌어졌을까? 더욱이 명나라 황제의 가칭 '삼남왕' 책봉을 통하여 지위에 대한 국제적인 보장까지 요구했다면.

선조 입장에서 그렇지 않아도 왕권이 견제 받는 것 같아 이순신에 대하여 기분이 안 좋은데 아마 이것은 역적 중에도 상 역적이었을 것이다. 조선시대 역적으로 몰려 죽은 사람들을 보면 대부분 정치적 반대파를 역적으로 본 것에 지나지 않는다.

전국에 영을 내려 대대적인 반란군 토벌대를 조직하였을 것이다. 조선건국이래 최대의 군세를 가진 진압군이 편성되고, 이순신의 근거지인 전라좌수영을 향하여 진군했을 것이다. 임진왜란보다 더한 내전의 기운이 조선을 감쌌을 것이다.

결국 내전을 우려한 이순신이 토벌군과의 싸움을 포기하고 자신을 따르는 군대와 백성들을 데리고 배를 타고 남쪽 섬으로 도망갔다고 치자. 그 섬이 유구국도 될 수 있고, 대만도 될 수 있고.. 그냥 편의상 자바섬이라고 이름을 붙이자. 인도네시아의 자바섬과 꼭 같을 필요는 없다. 단 너무 멀리 있지 않은 섬이라고 가정하자. 자, 그러면 이후 조선과, 일본과, 자바섬에는 어떤 일이 일어날까? 상상이다.

## 1. 조선

왕권에 도전했던 이순신을 역적 중에 상 역적으로 규정하고 이순신의 임진왜란 공적을 모두 삭제했을 것이다. 공신록에 이름이 없는 것은 물론이고 아예 흔적을 없앴을 것이다. 마치 부모를 죽인 불효자는 사형에 처함은 물론이고, 그 집 자리에 방죽을 파서 아예 살았던 흔적마저 없애는 것과 비슷하다. 난중일기 역시 불태워져 아무것도 남지 않았을 것이다.

단, 국가적으로 토벌대를 조성하여 이순신의 근거지를 향하여 진군하였던 흔적은 어디엔가 남기 마련이다. 토벌대가 내려간 이유야 적당히 만들면 그만이지만, 거국적인 일이었기 때문에 토벌대 자체의 흔적은 지우기 어렵다.

## 2. 일본

임진왜란 패전의 기록이 남게 된다, 아무리 패전을 숨기려고 해도 바다에서 계속 졌으니 조선 수군과 그 지휘관에 대한 기록은 어디에든 남게 된다. 단 패배를 숨기고자 윤색은 어느 정도 했을 것이다. 21세기 후대인들은 조선왕조실록이 아니라 일본 기록을 보고 당시 조선 수군의 위용을 간접적으로나마 짐작하게 될 것이다. 하지만 후대인들은 이에 대하여 평가가 갈리고 논쟁을 하게 될 것이다.

우선 정사인 조선왕조실록을 보고, 임진왜란 당시 조선 수군이라든가 이순신이라든가 하는 것은 일본 기록이 적당히 지어낸 이야기로서, 실제로는 명나라 수군만 있었고 조선 수군은 존재하지 않았다고 보는 시각이 우세할 것이다. 그러면 일본 수군의 조선 수군과의 전투 기록은 무엇이냐? 이것은 당시 명나라 수군이 임진왜란에 참전하였다는 것으로부터, 명나라를 이은 청나라와의 외교관계를 염려한 일본정부가 명나라 수군과의 전투를 조선 수군과의 전투로 대치하여 기록하였다는 것이 학계의 정설로 자리 잡을 것이다.

만일 인터넷 사이트에서 임진왜란 당시 조선 수군이 일본 수군을 격파했다고 주장하는 사람이 나오면 국수주의에 사로잡힌 무식한 재야사학의 근거 없는 주장으로 치부될 가능성이 높다. 따라서 학교에서는 다음처럼 가르치고 또 배울 것이다.

"어린이 여러분, 임진왜란 당시 일본 기록에 나오는 왜군을 바다에서 격파한 조선 수군은 사실은 명나라 수군입니다. 조선 수군이 일본 수군을 격파한 일은 없었습니다. 조선정부에서 그런 대규모 수군을 양성하였다는 기록도 없습니다. 당시 조선은 해금정책을 시행한 내륙국가로서 그런 강력한 수군을 갖는다는 것 자체가 불가능하였습니다. 그런 대규모의 수군은 당시 경제규모로 볼 때 명나라나 보유가 가능한 일입니다. 사학이란 이렇게 합리적이고 과학적인 사고를 바탕으로 이루어져야 합니다."

## 3. 자바

자, 이제 이순신의 수군이 자바섬에 도착하였다고 가정하면 자바섬에 어떤 일이 일어나겠는가? 당연히 압도적인 군사력으로 자바의 왕권을 장악하고 왕이 될 것이다. 떡 하고 자바국 왕력에 당당히 올라갈 것이다. 이순신을 보좌하여 임진왜란을 치른 장군들은 자바국의 각료가 될 것이다.

그러면 왕권을 뺏긴 자바인들은 가만있을까? 압도적 군사력에 눌려 대부분은 가만히 있겠지만 아주 먼 곳은 조선에서 온 침략자들에 대항하여 군사를 일으킬 것이다. 그러면 새 자바왕이 된 이순신은 반란군을 토벌하게 될 것이다. 반란군을 토벌하는 중앙군은 자바인일까? 아니면 이순신을 따라온 조선인일까? 당연히 조선인일 것이다. 임진왜란을 경험한 조선 수군들이 토벌군의 주축이 될 것이다.

더욱이 만약 선조가 삼남지방을 역도의 땅으로 규정하고 불평부당한 대우라도 하게 되면 이순신의 행방을 안 삼남지방의 백성들은 배를 타고 자바국으로 몰려올 것이다. 이들 역시 자바국의 군대가 되어 지방에서 저항하는 자바 원주민들을 토벌하는데 합세하게 될 것이다.

자바군은 반란군을 어떤 방식으로 토벌할까? 그들의 지휘부는 어떻게 구성될까? 자바군의 주축이 임진왜란을 경험한 조선 수군이기 때문에 조선 병사들이 임진왜란 당시 왜군을 격파하던 그 모습 그대로 반란군을 토벌한다고 보는 것이 합리적이다. 즉 자바군의 복식은 임진왜란 당시 조선군의 복식이고, 무기는 조선군의 무기고, 전술은 조선군의 전술일 것이다.

자바군의 지휘부는 마찬가지로 이순신을 보좌하여 왜군을 격파하였던 임진왜란의 영웅들일 것이다. 임진왜란 당시 선봉장은 이번에도 선봉장이고, 무기 담당은 여기서도 무기 담당이고, 군량 담당은 여기서도 군량 담당이고, 수송 담당은 여기서도 수송 담당이고, ... 그리고 이런 성공적인 반란군 토벌은, 사실은 자신들이 조선에서 온 침략자들이지만, 자바국 왕실의 자랑스러운 기록으로 후세에 전할 것이다.

자바 왕실은 자신들이 조선에서 도망쳐왔다고는 쓰지 않을 것이다. 단 우리는 조선에서 선조의 토벌군이 삼남지방에 도착한 직후의 자바국 사서를 보면 새로운 지배층이 이때 어디로부터인가 홀연히 출현한 것을 알 수 있을 것이다.

## 4. 광해군의 조선

그러면 자바국과 조선의 관계는 어떠했을까? 만약에 자바국이 조선에서 그리 멀리 있지 않다고 가정하면 말이다. 서로 좋을 리가 없다. 조선 선조의 입장에서도 도망간 자들이 섬나라 왕이 되어 항복하지 않고 있으니 골치가 아플 것이다. 이를 그대로 둘 수 없고 바다를 건너가서 토벌하기도 뭐하고.

만약 선조가 죽었다는 소식이 자바에 알려지면 어떨까? 이제 고국을 마음대로 다녀올 수도 있을 것이라는 희망에 사로잡히게 되니 자바국은 좋아할 것이라고 예측이 가능하다. 또 만일 선조가 자연사가 아니라 암살되었다던가 해서 죽고 광해군이 즉위했으면 어떨까? 만일 이에 대하여 자바국 역사에 기록이라도 남긴다면 어떻게 쓸까? 혹시 이렇게 쓰지 않을까?

"조선왕 연(선조의 이름)이 무도하여 國人이 그를 제거하고 광해를 세웠다."

후대인이 자바국 사서를 보면 이상할 것이다. '조선왕과 무슨 감정이 있기에 선조에게 무도하다고 비난했을까? 참, 이상한 기록이네.' 등등.

광해군이 즉위하면 선조대에 해결하지 못한 자바국 문제를 해결하려 할 것이다. 거국적으로 다시 군사를 일으켜 바다 건너 자바국으로 토벌군을 파견할 수도 있지만 이것은 최후의 방법이고, 우선은 사람을 보내 달래기도 하고 윽박지르기도 하고 그럴 것이다. '너희들의 자치를 보장할 테니 우리 왕(광해군)에게 복속하고 신하가 되어라.'가 아마 가장 큰 요구사항일 것이다. 자바국 입장에서도 명분만 넘겨주면 자바국을 통치함은 물론이고, 고국을 자유롭게 다녀올 수도 있는 등 평화롭게 실리를 챙길 수 있으니 그쪽이 낫다.

하지만 만일 광해군이 조건을 내건다면, 즉 반란의 주모자인 이순신의 목을 넘기면 나머지 모든 자들의 죄를 용서해줄 수 있다고 하면 어떻게 할 것인가? 자바국왕 이순신은 이런 상황이 닥쳤을 때 어떻게 해야 할 것인가? 자바인들을 이끌고 조선과 전쟁을 해야 할 것인가? 전쟁을 한다고 해서 자바인이 자기편이 되리라는 보장이 있는가?

결국 이순신이 자바국 왕위에서 물러나고 타협하게 될 것이다. 자바국 사서는 조선의 압력으로 퇴위한 자신들의 영웅인 이순신에 대하여 어쩔 수 없이 폭군으로 기록해야 할 것이다. 그래야 퇴위명분이 생기기 때문이다. 물론 실제로는 항복이다.

주변국에서 조선에 복속한 자바국을 보면 무엇이 달라졌을까? 자바인들은 여전히 주변국들과 교역도 하는데 주변국에 사신을 보내지는 못했을 것이다. 후대인이 중국 사서를 보면 그 전에는 중국 왕조 등에 종종 사신을 보내던 자바국에서 더 이상 사신이 오지 않는 것이 이상하게 느껴질 것이다.

## 5. 조선과 자바의 교류

이제 자바로 도망쳤던 사람들이 자유롭게 조선으로 돌아오니 교류가 활발해진다. 자바에 조선 문화가 꽃피고 조선의 삼남지방에도 자바 문화가 융성하다. 두 지역이 마치 한 나라처럼 될 것이다. 특히 이민 1대가 살던 시기에는 더 그럴 것이다. 아주 자연스러운 것이다. 후대에 삼남지방 고분에서 자바문화가 발굴된다면 우리는 참 이상하게 생각할 것이다. '그때 두 지역 사이에 교류가 활발했는가? 왜 하필 그때지? 이상하네... 역사의 수수께끼야.'

만일 후대에 임진왜란 때의 해전을 연구하는 사람이 나온다면 어떤 책들을 참조해야 할까? 조선왕조실록도 보아야 하고, 일본 기록들도 보아야 하고, 명나라 기록들도 보아야 할 것이다. 그러면 충분한가? 이것들은 다 당사자(임진왜란 당시 조선 수군 지휘부)의 기록들이 아니다. 조선 수군 당사자의 기록들은 어디에 있는가?

만일 누가 "임진왜란 당시 조선에 수군이 존재하여 일본 수군을 격파했다고 주장하는데 그러면 당시 조선 수군의 지휘관들이 누구였소?"라고 묻는다면 뭐라 답할 것인가? 조선 수군의 전략에 대하여 공부하려면 무엇을 보아야 할 것인가? 임진왜란 당시 이순신이 지휘하던 조선 수군의 무기체계를 연구하려면 무엇을 보아야 하는가? 조선 수군의 전술을 이해하려면 무엇을 보아야 하는가?

임진왜란 당시의 조선 수군 지휘부의 기록을 보려면 자바사를 보아야 한다. 거기에 당사자가 기록한 조선 수군의 위용이 실려 있기 때문이다. 지방 반란군을 토벌하던 자바군의 군사작전에서 임진왜란 당시 조선 수군의 모습을 추측할 수 있는 것이다. 따라서 자바사 없이 임진왜란 당시 조선 수군을 연구한다는 것은 불가능한 일이다. 이것은 사학도가 아니라 누가 보더라도 지극히 상식적인 일이다.

[복습문제] 다음은 5세기 말 백제-북위 전쟁에 관한 질문들이다. 이에 답하라.

1. 백제-북위 전쟁시 백제군 지휘부 구성과 각자의 역할에 관하여 논하라.
2. 백제-북위 전쟁시 백제군의 편제와 전술에 관하여 논하라.
3. 백제-북위 전쟁시 백제군의 무기체계와 복식에 관하여 논하라.

## [부록] 연표

| 서기 | 신라 | 고구려 | 백제 | 남가야 | 왜 |
|---|---|---|---|---|---|
| BC 57 | 赫居世1 | | | | |
| BC 56 | 赫居世2 | | | | |
| BC 55 | 赫居世3 | | | | |
| BC 54 | 赫居世4 | | | | |
| BC 53 | 赫居世5 | | | | |
| BC 52 | 赫居世6 | | | | |
| BC 51 | 赫居世7 | | | | |
| BC 50 | 赫居世8 | | | | |
| BC 49 | 赫居世9 | | | | |
| BC 48 | 赫居世10 | | | | |
| BC 47 | 赫居世11 | | | | |
| BC 46 | 赫居世12 | | | | |
| BC 45 | 赫居世13 | | | | |
| BC 44 | 赫居世14 | | | | |
| BC 43 | 赫居世15 | | | | |
| BC 42 | 赫居世16 | | | | |
| BC 41 | 赫居世17 | | | | |
| BC 40 | 赫居世18 | | | | |
| BC 39 | 赫居世19 | | | | |
| BC 38 | 赫居世20 | | | | |
| BC 37 | 赫居世21 | 東明1 | | | |
| BC 36 | 赫居世22 | 東明2 | | | |
| BC 35 | 赫居世23 | 東明3 | | | |
| BC 34 | 赫居世24 | 東明4 | | | |
| BC 33 | 赫居世25 | 東明5 | | | |
| BC 32 | 赫居世26 | 東明6 | | | |
| BC 31 | 赫居世27 | 東明7 | | | |

| 서기 | 신라 | 고구려 | 백제 | 남가야 | 왜 |
|---|---|---|---|---|---|
| BC 30 | 赫居世28 | 東明8 | | | |
| BC 29 | 赫居世29 | 東明9 | | | |
| BC 28 | 赫居世30 | 東明10 | | | |
| BC 27 | 赫居世31 | 東明11 | | | |
| BC 26 | 赫居世32 | 東明12 | | | |
| BC 25 | 赫居世33 | 東明13 | | | |
| BC 24 | 赫居世34 | 東明14 | | | |
| BC 23 | 赫居世35 | 東明15 | | | |
| BC 22 | 赫居世36 | 東明16 | | | |
| BC 21 | 赫居世37 | 東明17 | | | |
| BC 20 | 赫居世38 | 東明18 | | | |
| BC 19 | 赫居世39 | 瑠璃1 | | | |
| BC 18 | 赫居世40 | 瑠璃2 | 溫祚1 | | |
| BC 17 | 赫居世41 | 瑠璃3 | 溫祚2 | | |
| BC 16 | 赫居世42 | 瑠璃4 | 溫祚3 | | |
| BC 15 | 赫居世43 | 瑠璃5 | 溫祚4 | | |
| BC 14 | 赫居世44 | 瑠璃6 | 溫祚5 | | |
| BC 13 | 赫居世45 | 瑠璃7 | 溫祚6 | | |
| BC 12 | 赫居世46 | 瑠璃8 | 溫祚7 | | |
| BC 11 | 赫居世47 | 瑠璃9 | 溫祚8 | | |
| BC 10 | 赫居世48 | 瑠璃10 | 溫祚9 | | |
| BC 9 | 赫居世49 | 瑠璃11 | 溫祚10 | | |
| BC 8 | 赫居世50 | 瑠璃12 | 溫祚11 | | |
| BC 7 | 赫居世51 | 瑠璃13 | 溫祚12 | | |
| BC 6 | 赫居世52 | 瑠璃14 | 溫祚13 | | |
| BC 5 | 赫居世53 | 瑠璃15 | 溫祚14 | | |
| BC 4 | 赫居世54 | 瑠璃16 | 溫祚15 | | |
| BC 3 | 赫居世55 | 瑠璃17 | 溫祚16 | | |
| BC 2 | 赫居世56 | 瑠璃18 | 溫祚17 | | |
| BC 1 | 赫居世57 | 瑠璃19 | 溫祚18 | | |

| 서기 | 신라 | 고구려 | 백제 | 남가야 | 왜 |
|---|---|---|---|---|---|
| 1 | 赫居世58 | 瑠璃20 | 溫祚19 | | |
| 2 | 赫居世59 | 瑠璃21 | 溫祚20 | | |
| 3 | 赫居世60 | 瑠璃22 | 溫祚21 | | |
| 4 | 南解1 | 瑠璃23 | 溫祚22 | | |
| 5 | 南解2 | 瑠璃24 | 溫祚23 | | |
| 6 | 南解3 | 瑠璃25 | 溫祚24 | | |
| 7 | 南解4 | 瑠璃26 | 溫祚25 | | |
| 8 | 南解5 | 瑠璃27 | 溫祚26 | | |
| 9 | 南解6 | 瑠璃28 | 溫祚27 | | |
| 10 | 南解7 | 瑠璃29 | 溫祚28 | | |
| 11 | 南解8 | 瑠璃30 | 溫祚29 | | |
| 12 | 南解9 | 瑠璃31 | 溫祚30 | | |
| 13 | 南解10 | 瑠璃32 | 溫祚31 | | |
| 14 | 南解11 | 瑠璃33 | 溫祚32 | | |
| 15 | 南解12 | 瑠璃34 | 溫祚33 | | |
| 16 | 南解13 | 瑠璃35 | 溫祚34 | | |
| 17 | 南解14 | 瑠璃36 | 溫祚35 | | |
| 18 | 南解15 | 大武神1 | 溫祚36 | | |
| 19 | 南解16 | 大武神2 | 溫祚37 | | |
| 20 | 南解17 | 大武神3 | 溫祚38 | | |
| 21 | 南解18 | 大武神4 | 溫祚39 | | |
| 22 | 南解19 | 大武神5 | 溫祚40 | | |
| 23 | 南解20 | 大武神6 | 溫祚41 | | |
| 24 | 儒理1 | 大武神7 | 溫祚42 | | |
| 25 | 儒理2 | 大武神8 | 溫祚43 | | |
| 26 | 儒理3 | 大武神9 | 溫祚44 | | |
| 27 | 儒理4 | 大武神10 | 溫祚45 | | |
| 28 | 儒理5 | 大武神11 | 多婁1 | | |
| 29 | 儒理6 | 大武神12 | 多婁2 | | |
| 30 | 儒理7 | 大武神13 | 多婁3 | | |

| 서기 | 신라 | 고구려 | 백제 | 남가야 | 왜 |
|---|---|---|---|---|---|
| 31 | 儒理8 | 大武神14 | 多婁4 | | |
| 32 | 儒理9 | 大武神15 | 多婁5 | | |
| 33 | 儒理10 | 大武神16 | 多婁6 | | |
| 34 | 儒理11 | 大武神17 | 多婁7 | | |
| 35 | 儒理12 | 大武神18 | 多婁8 | | |
| 36 | 儒理13 | 大武神19 | 多婁9 | | |
| 37 | 儒理14 | 大武神20 | 多婁10 | | |
| 38 | 儒理15 | 大武神21 | 多婁11 | | |
| 38 | 儒理16 | 大武神22 | 多婁12 | | |
| 40 | 儒理17 | 大武神23 | 多婁13 | | |
| 41 | 儒理18 | 大武神24 | 多婁14 | | |
| 42 | 儒理19 | 大武神25 | 多婁15 | 首露1 | |
| 43 | 儒理20 | 大武神26 | 多婁16 | 首露2 | |
| 44 | 儒理21 | 閔中1 | 多婁17 | 首露3 | |
| 45 | 儒理22 | 閔中2 | 多婁18 | 首露4 | |
| 46 | 儒理23 | 閔中3 | 多婁19 | 首露5 | |
| 47 | 儒理24 | 閔中4 | 多婁20 | 首露6 | |
| 48 | 儒理25 | 慕本1 | 多婁21 | 首露7 | |
| 49 | 儒理26 | 慕本2 | 多婁22 | 首露8 | |
| 50 | 儒理27 | 慕本3 | 多婁23 | 首露9 | |
| 51 | 儒理28 | 慕本4 | 多婁24 | 首露10 | |
| 52 | 儒理29 | 慕本5 | 多婁25 | 首露11 | |
| 53 | 儒理30 | 太祖1 | 多婁26 | 首露12 | |
| 54 | 儒理31 | 太祖2 | 多婁27 | 首露13 | |
| 55 | 儒理32 | 太祖3 | 多婁28 | 首露14 | |
| 56 | 儒理33 | 太祖4 | 多婁29 | 首露15 | |
| 57 | 脫解1 | 太祖5 | 多婁30 | 首露16 | |
| 58 | 脫解2 | 太祖6 | 多婁31 | 首露17 | |
| 59 | 脫解3 | 太祖7 | 多婁32 | 首露18 | |
| 60 | 脫解4 | 太祖8 | 多婁33 | 首露19 | |

| 서기 | 신라 | 고구려 | 백제 | 남가야 | 왜 |
|---|---|---|---|---|---|
| 61 | 脫解5 | 太祖9 | 多婁34 | 首露20 | |
| 62 | 脫解6 | 太祖10 | 多婁35 | 首露21 | |
| 63 | 脫解7 | 太祖11 | 多婁36 | 首露22 | |
| 64 | 脫解8 | 太祖12 | 多婁37 | 首露23 | |
| 65 | 脫解9 | 太祖13 | 多婁38 | 首露24 | |
| 66 | 脫解10 | 太祖14 | 多婁39 | 首露25 | |
| 67 | 脫解11 | 太祖15 | 多婁40 | 首露26 | |
| 68 | 脫解12 | 太祖16 | 多婁41 | 首露27 | |
| 69 | 脫解13 | 太祖17 | 多婁42 | 首露28 | |
| 70 | 脫解14 | 太祖18 | 多婁43 | 首露29 | |
| 71 | 脫解15 | 太祖19 | 多婁44 | 首露30 | |
| 72 | 脫解16 | 太祖20 | 多婁45 | 首露31 | |
| 73 | 脫解17 | 太祖21 | 多婁46 | 首露32 | |
| 74 | 脫解18 | 太祖22 | 多婁47 | 首露33 | |
| 75 | 脫解19 | 太祖23 | 多婁48 | 首露34 | |
| 76 | 脫解20 | 太祖24 | 多婁49 | 首露35 | |
| 77 | 脫解21 | 太祖25 | 己婁1 | 首露36 | |
| 78 | 脫解22 | 太祖26 | 己婁2 | 首露37 | |
| 79 | 脫解23 | 太祖27 | 己婁3 | 首露38 | |
| 80 | 婆娑1 | 太祖28 | 己婁4 | 首露39 | |
| 81 | 婆娑2 | 太祖29 | 己婁5 | 首露40 | |
| 82 | 婆娑3 | 太祖30 | 己婁6 | 首露41 | |
| 83 | 婆娑4 | 太祖31 | 己婁7 | 首露42 | |
| 84 | 婆娑5 | 太祖32 | 己婁8 | 首露43 | |
| 85 | 婆娑6 | 太祖33 | 己婁9 | 首露44 | |
| 86 | 婆娑7 | 太祖34 | 己婁10 | 首露45 | |
| 87 | 婆娑8 | 太祖35 | 己婁11 | 首露46 | |
| 88 | 婆娑9 | 太祖36 | 己婁12 | 首露47 | |
| 89 | 婆娑10 | 太祖37 | 己婁13 | 首露48 | |
| 90 | 婆娑11 | 太祖38 | 己婁14 | 首露49 | |

| 서기 | 신라 | 고구려 | 백제 | 남가야 | 왜 |
|---|---|---|---|---|---|
| 91 | 婆娑12 | 太祖39 | 己婁15 | 首露50 | |
| 92 | 婆娑13 | 太祖40 | 己婁16 | 首露51 | |
| 93 | 婆娑14 | 太祖41 | 己婁17 | 首露52 | |
| 94 | 婆娑15 | 太祖42 | 己婁18 | 首露53 | |
| 95 | 婆娑16 | 太祖43 | 己婁19 | 首露54 | |
| 96 | 婆娑17 | 太祖44 | 己婁20 | 首露55 | |
| 97 | 婆娑18 | 太祖45 | 己婁21 | 首露56 | |
| 98 | 婆娑19 | 太祖46 | 己婁22 | 首露57 | |
| 99 | 婆娑20 | 太祖47 | 己婁23 | 首露58 | |
| 100 | 婆娑21 | 太祖48 | 己婁24 | 首露59 | 崇神1 |
| 101 | 婆娑22 | 太祖49 | 己婁25 | 首露60 | 崇神3 |
| 102 | 婆娑23 | 太祖50 | 己婁26 | 首露61 | 崇神4 |
| 103 | 婆娑24 | 太祖51 | 己婁27 | 首露62 | 崇神5 |
| 104 | 婆娑25 | 太祖52 | 己婁28 | 首露63 | 崇神6 |
| 105 | 婆娑26 | 太祖53 | 己婁29 | 首露64 | 崇神7 |
| 106 | 婆娑27 | 太祖54 | 己婁30 | 居登1 | 崇神8 |
| 107 | 婆娑28 | 太祖55 | 己婁31 | 居登2 | 崇神9 |
| 108 | 婆娑29 | 太祖56 | 己婁32 | 居登3 | 崇神10 |
| 109 | 婆娑30 | 太祖57 | 己婁33 | 居登4 | 崇神11 |
| 110 | 婆娑31 | 太祖58 | 己婁34 | 居登5 | 崇神12 |
| 111 | 婆娑32 | 太祖59 | 己婁35 | 居登6 | 崇神17 |
| 112 | 祇摩1 | 太祖60 | 己婁36 | 居登7 | 崇神48 |
| 113 | 祇摩2 | 太祖61 | 己婁37 | 居登8 | 崇神60 |
| 114 | 祇摩3 | 太祖62 | 己婁38 | 居登9 | 崇神62 |
| 115 | 祇摩4 | 太祖63 | 己婁39 | 居登10 | 崇神65 |
| 116 | 祇摩5 | 太祖64 | 己婁40 | 居登11 | 崇神68 |
| 117 | 祇摩6 | 太祖65 | 己婁41 | 居登12 | 垂仁1 |
| 118 | 祇摩7 | 太祖66 | 己婁42 | 居登13 | 垂仁2 |
| 119 | 祇摩8 | 太祖67 | 己婁43 | 居登14 | 垂仁3 |
| 120 | 祇摩9 | 太祖68 | 己婁44 | 居登15 | 垂仁4 |

| 서기 | 신라 | 고구려 | 백제 | 남가야 | 왜 |
|---|---|---|---|---|---|
| 121 | 祇摩10 | 太祖69,遂成1 | 己婁45 | 居登16 | 垂仁5 |
| 122 | 祇摩11 | 太祖70,遂成2 | 己婁46 | 居登17 | 垂仁7 |
| 123 | 祇摩12 | 太祖71,遂成3 | 己婁47 | 居登18 | 垂仁15 |
| 124 | 祇摩13 | 太祖72,遂成4 | 己婁48 | 居登19 | 垂仁23 |
| 125 | 祇摩14 | 太祖73,遂成5 | 己婁49 | 居登20 | 垂仁25 |
| 126 | 祇摩15 | 太祖74,遂成6 | 己婁50 | 居登21 | 垂仁26 |
| 127 | 祇摩16 | 太祖75,遂成7 | 己婁51 | 居登22 | 垂仁27 |
| 128 | 祇摩17 | 太祖76,遂成8 | 蓋婁1 | 居登23 | 垂仁28 |
| 129 | 祇摩18 | 太祖77,遂成9 | 蓋婁2 | 居登24 | 垂仁30 |
| 130 | 祇摩19 | 太祖78,遂成10 | 蓋婁3 | 居登25 | 垂仁32 |
| 131 | 祇摩20 | 太祖79,遂成11 | 蓋婁4 | 居登26 | 垂仁34 |
| 132 | 祇摩21 | 太祖80,遂成12 | 蓋婁5 | 居登27 | 垂仁35 |
| 133 | 祇摩22 | 太祖81,遂成13 | 蓋婁6 | 居登28 | 垂仁37 |
| 134 | 逸聖1 | 太祖82,遂成14 | 蓋婁7 | 居登29 | 垂仁39 |
| 135 | 逸聖2 | 太祖83,遂成15 | 蓋婁8 | 居登30 | 垂仁87 |
| 136 | 逸聖3 | 太祖84,遂成16 | 蓋婁9 | 居登31 | 垂仁88 |
| 137 | 逸聖4 | 太祖85,遂成17 | 蓋婁10 | 居登32 | 垂仁90 |
| 138 | 逸聖5 | 太祖86,遂成18 | 蓋婁11 | 居登33 | 垂仁99 |
| 139 | 逸聖6 | 太祖87,遂成19 | 蓋婁12 | 居登34 | 景行1 |
| 140 | 逸聖7 | 太祖88,遂成20 | 蓋婁13 | 居登35 | 景行2 |
| 141 | 逸聖8 | 太祖89,遂成21 | 蓋婁14 | 居登36 | 景行3 |
| 142 | 逸聖9 | 太祖90,遂成22 | 蓋婁15 | 居登37 | 景行4 |
| 143 | 逸聖10 | 太祖91,遂成23 | 蓋婁16 | 居登38 | 景行12 |
| 144 | 逸聖11 | 太祖92,遂成24 | 蓋婁17 | 麻品1 | 景行13 |
| 145 | 逸聖12 | 太祖93,遂成25 | 蓋婁18 | 麻品2 | 景行17 |
| 146 | 逸聖13 | 次大1,遂成26 | 蓋婁19 | 麻品3 | 景行18 |
| 147 | 逸聖14 | 次大2,遂成27 | 蓋婁20 | 麻品4 | 景行19 |
| 148 | 逸聖15 | 次大3,遂成28 | 蓋婁21 | 麻品5 | 景行20 |
| 149 | 逸聖16 | 次大4,遂成29 | 蓋婁22 | 麻品6 | 景行25 |
| 150 | 逸聖17 | 次大5 | 蓋婁23 | 麻品7 | 景行27 |

| 서기 | 신라 | 고구려 | 백제 | 남가야 | 왜 |
|---|---|---|---|---|---|
| 151 | 逸聖18 | 次大6 | 蓋婁24 | 麻品8 | 景行28 |
| 152 | 逸聖19 | 次大7 | 蓋婁25 | 麻品9 | 景行40 |
| 153 | 逸聖20 | 次大8 | 蓋婁26 | 麻品10 | 景行43 |
| 154 | 阿達羅1 | 次大9 | 蓋婁27 | 麻品11 | 景行51 |
| 155 | 阿達羅2 | 次大10 | 蓋婁28 | 麻品12 | 景行52 |
| 156 | 阿達羅3 | 次大11 | 蓋婁29 | 麻品13 | 景行53 |
| 157 | 阿達羅4 | 次大12 | 蓋婁30 | 麻品14 | 景行54 |
| 158 | 阿達羅5 | 次大13 | 蓋婁31 | 麻品15 | 景行55 |
| 159 | 阿達羅6 | 次大14 | 蓋婁32 | 麻品16 | 景行56 |
| 160 | 阿達羅7 | 次大15 | 蓋婁33 | 麻品17 | 景行57 |
| 161 | 阿達羅8 | 次大16 | 蓋婁34 | 麻品18 | 景行58 |
| 162 | 阿達羅9 | 次大17 | 蓋婁35 | 麻品19 | 景行60 |
| 163 | 阿達羅10 | 次大18 | 蓋婁36 | 麻品20 | 成務1 |
| 164 | 阿達羅11 | 次大19 | 蓋婁37 | 麻品21 | 成務2 |
| 165 | 阿達羅12 | 新大1 | 蓋婁38 | 麻品22 | 成務3 |
| 166 | 阿達羅13 | 新大2 | 肖古1 | 麻品23 | 成務4 |
| 167 | 阿達羅14 | 新大3 | 肖古2 | 麻品24 | 成務5 |
| 168 | 阿達羅15 | 新大4 | 肖古3 | 麻品25 | 成務48 |
| 169 | 阿達羅16 | 新大5 | 肖古4 | 麻品26 | 成務60 |
| 170 | 阿達羅17 | 新大6 | 肖古5 | 麻品27 | 仲哀1 |
| 171 | 阿達羅18 | 新大7 | 肖古6 | 麻品28 | 仲哀2 |
| 172 | 阿達羅19 | 新大8 | 肖古7 | 麻品29 | 仲哀8 |
| 173 | 阿達羅20 | 新大9 | 肖古8 | 麻品30 | 仲哀9 |
| 174 | 阿達羅21 | 新大10 | 肖古9 | 麻品31 | |
| 175 | 阿達羅22 | 新大11 | 肖古10 | 居叱彌1 | |
| 176 | 阿達羅23 | 新大12 | 肖古11 | 居叱彌2 | |
| 177 | 阿達羅24 | 新大13 | 肖古12 | 居叱彌3 | |
| 178 | 阿達羅25 | 新大14 | 肖古13 | 居叱彌4 | |
| 179 | 阿達羅26 | 故國川1 | 肖古14 | 居叱彌5 | 神功1 |
| 180 | 阿達羅27 | 故國川2 | 肖古15 | 居叱彌6 | 神功2 |

| 서기 | 신라 | 고구려 | 백제 | 남가야 | 왜 |
|---|---|---|---|---|---|
| 181 | 阿達羅28 | 故國川3 | 肖古16 | 居叱彌7 | 神功3 |
| 182 | 阿達羅29 | 故國川4 | 肖古17 | 居叱彌8 | 神功4 |
| 183 | 阿達羅30 | 故國川5 | 肖古18 | 居叱彌9 | 神功5 |
| 184 | 伐休1 | 故國川6 | 肖古19 | 居叱彌10 | 神功6 |
| 185 | 伐休2 | 故國川7 | 肖古20 | 居叱彌11 | 神功7 |
| 186 | 伐休3 | 故國川8 | 肖古21 | 居叱彌12 | 神功8 |
| 187 | 伐休4 | 故國川9 | 肖古22 | 居叱彌13 | 神功9 |
| 188 | 伐休5 | 故國川10 | 肖古23 | 居叱彌14 | 神功10 |
| 189 | 伐休6 | 故國川11 | 肖古24 | 居叱彌15 | 神功11 |
| 190 | 伐休7 | 故國川12 | 肖古25 | 居叱彌16 | 神功12 |
| 191 | 伐休8 | 故國川13 | 肖古26 | 居叱彌17 | 神功13 |
| 192 | 伐休9 | 故國川14 | 肖古27 | 居叱彌18 | 神功14 |
| 193 | 伐休10 | 故國川15 | 肖古28 | 居叱彌19 | 神功15 |
| 194 | 伐休11 | 故國川16 | 肖古29 | 居叱彌20 | 神功16 |
| 195 | 伐休12 | 故國川17 | 肖古30 | 居叱彌21 | 神功17 |
| 196 | 奈解1 | 故國川18 | 肖古31 | 居叱彌22 | 神功18 |
| 197 | 奈解2 | 山上1 | 肖古32 | 居叱彌23 | 神功19 |
| 198 | 奈解3 | 山上2 | 肖古33 | 伊尸品1 | 神功20 |
| 199 | 奈解4 | 山上3 | 肖古34 | 伊尸品2 | 神功21 |
| 200 | 奈解5 | 山上4 | 肖古35 | 伊尸品3 | 神功22 |
| 201 | 奈解6 | 山上5 | 肖古36 | 伊尸品4 | 神功23 |
| 202 | 奈解7 | 山上6 | 肖古37 | 伊尸品5 | 神功24 |
| 203 | 奈解8 | 山上7 | 肖古38 | 伊尸品6 | 神功25 |
| 204 | 奈解9 | 山上8 | 肖古39 | 伊尸品7 | 神功26 |
| 205 | 奈解10 | 山上9 | 肖古40 | 伊尸品8 | 神功27 |
| 206 | 奈解11 | 山上10 | 肖古41 | 伊尸品9 | 神功28 |
| 207 | 奈解12 | 山上11 | 肖古42 | 伊尸品10 | 神功29 |
| 208 | 奈解13 | 山上12 | 肖古43 | 伊尸品11 | 神功30 |
| 209 | 奈解14 | 山上13 | 肖古44 | 伊尸品12 | 神功31 |
| 210 | 奈解15 | 山上14 | 肖古45 | 伊尸品13 | 神功32 |

| 서기 | 신라 | 고구려 | 백제 | 남가야 | 왜 |
|---|---|---|---|---|---|
| 211 | 奈解16 | 山上15 | 肖古46 | 伊尸品14 | 神功33 |
| 212 | 奈解17 | 山上16 | 肖古47 | 伊尸品15 | 神功34 |
| 213 | 奈解18 | 山上17 | 肖古48 | 伊尸品16 | 神功35 |
| 214 | 奈解19 | 山上18 | 仇首1 | 伊尸品17 | 神功36 |
| 215 | 奈解20 | 山上19 | 仇首2 | 伊尸品18 | 神功37 |
| 216 | 奈解21 | 山上20 | 仇首3 | 伊尸品19 | 神功38 |
| 217 | 奈解22 | 山上21 | 仇首4 | 伊尸品20 | 神功39 |
| 218 | 奈解23 | 山上22 | 仇首5 | 伊尸品21 | 神功40 |
| 219 | 奈解24 | 山上23 | 仇首6 | 伊尸品22 | 神功41 |
| 220 | 奈解25 | 山上24 | 仇首7 | 伊尸品23 | 神功42 |
| 221 | 奈解26 | 山上25 | 仇首8 | 伊尸品24 | 神功43 |
| 222 | 奈解27 | 山上26 | 仇首9 | 伊尸品25 | 神功44 |
| 223 | 奈解28 | 山上27 | 仇首10 | 伊尸品26 | 神功45 |
| 224 | 奈解29 | 山上28 | 仇首11 | 伊尸品27 | 神功46 |
| 225 | 奈解30 | 山上29 | 仇首12 | 伊尸品28 | 神功47 |
| 226 | 奈解31 | 山上30 | 仇首13 | 伊尸品29 | 神功48 |
| 227 | 奈解32 | 東川1 | 仇首14 | 伊尸品30 | 神功49 |
| 228 | 奈解33 | 東川2 | 仇首15 | | 神功50 |
| 229 | 奈解34 | 東川3 | 仇首16 | | 神功51 |
| 230 | 助賁1 | 東川4 | 仇首17 | | 神功52 |
| 231 | 助賁2 | 東川5 | 仇首18 | | 神功53 |
| 232 | 助賁3 | 東川6 | 仇首19 | | 神功54 |
| 233 | 助賁4 | 東川7 | 仇首20 | | 神功55 |
| 234 | 助賁5 | 東川8 | 古爾1 | | 神功56 |
| 235 | 助賁6 | 東川9 | 古爾2 | | 神功57 |
| 236 | 助賁7 | 東川10 | 古爾3 | | 神功58 |
| 237 | 助賁8 | 東川11 | 古爾4 | | 神功59 |
| 238 | 助賁9 | 東川12 | 古爾5 | | 神功60 |
| 239 | 助賁10 | 東川13 | 古爾6 | | 神功61 |
| 240 | 助賁11 | 東川14 | 古爾7 | | 神功61 |

| 서기 | 신라 | 고구려 | 백제 | 남가야 | 왜 |
|---|---|---|---|---|---|
| 241 | 助賁12 | 東川15 | 古爾8 | | 神功63 |
| 242 | 助賁13 | 東川16 | 古爾9 | | 神功64 |
| 243 | 助賁14 | 東川17 | 古爾10 | | 神功65 |
| 244 | 助賁15 | 東川18 | 古爾11 | | 神功66 |
| 245 | 助賁16 | 東川19 | 古爾12 | | 神功67 |
| 246 | 助賁17 | 東川20 | 古爾13 | | 神功68 |
| 247 | 佔解1 | 東川21 | 古爾14 | | 神功69 |
| 248 | 佔解2 | 中川1 | 古爾15 | | |
| 249 | 佔解3 | 中川2 | 古爾16 | | |
| 250 | 佔解4 | 中川3 | 古爾17 | | |
| 251 | 佔解5 | 中川4 | 古爾18 | | |
| 252 | 佔解6 | 中川5 | 古爾19 | | |
| 253 | 佔解7 | 中川6 | 古爾20 | | |
| 254 | 佔解8 | 中川7 | 古爾21 | | |
| 255 | 佔解9 | 中川8 | 古爾22 | | |
| 256 | 佔解10 | 中川9 | 古爾23 | | |
| 257 | 佔解11 | 中川10 | 古爾24 | | |
| 258 | 佔解12 | 中川11 | 古爾25 | | |
| 259 | 佔解13 | 中川12 | 古爾26 | | |
| 260 | 佔解14 | 中川13 | 古爾27 | | |
| 261 | 佔解15 | 中川14 | 古爾28 | | |
| 262 | 味鄒1 | 中川15 | 古爾29 | | |
| 263 | 味鄒2 | 中川16 | 古爾30 | | |
| 264 | 味鄒3 | 中川17 | 古爾31 | | |
| 265 | 味鄒4 | 中川18 | 古爾32 | | |
| 266 | 味鄒5 | 中川19 | 古爾33 | | |
| 267 | 味鄒6 | 中川20 | 古爾34 | | |
| 268 | 味鄒7 | 中川21 | 古爾35 | | |
| 269 | 味鄒8 | 中川22 | 古爾36 | | |
| 270 | 味鄒9 | 西川1 | 古爾37 | | |

| 서기 | 신라 | 고구려 | 백제 | 남가야 | 왜 |
|---|---|---|---|---|---|
| 271 | 味鄒10 | 西川2 | 古爾38 | | |
| 272 | 味鄒11 | 西川3 | 古爾39 | | |
| 273 | 味鄒12 | 西川4 | 古爾40 | | |
| 274 | 味鄒13 | 西川5 | 古爾41 | | |
| 275 | 味鄒14 | 西川6 | 古爾42 | | |
| 276 | 味鄒15 | 西川7 | 古爾43 | | |
| 277 | 味鄒16 | 西川8 | 古爾44 | | |
| 278 | 味鄒17 | 西川9 | 古爾45 | | |
| 279 | 味鄒18 | 西川10 | 古爾46 | | |
| 280 | 味鄒19 | 西川11 | 古爾47 | | |
| 281 | 味鄒20 | 西川12 | 古爾48 | | |
| 282 | 味鄒21 | 西川13 | 古爾49 | | |
| 283 | 味鄒22 | 西川14 | 古爾50 | | |
| 284 | 儒禮1 | 西川15 | 古爾51 | | |
| 285 | 儒禮2 | 西川16 | 古爾52 | | |
| 286 | 儒禮3 | 西川17 | 責稽1 | | |
| 287 | 儒禮4 | 西川18 | 責稽2 | | |
| 288 | 儒禮5 | 西川19 | 責稽3 | | |
| 289 | 儒禮6 | 西川20 | 責稽4 | | |
| 290 | 儒禮7 | 西川21 | 責稽5 | | |
| 291 | 儒禮8 | 西川22 | 責稽6 | | |
| 292 | 儒禮9 | 烽上1 | 責稽7 | | |
| 293 | 儒禮10 | 烽上2 | 責稽8 | | |
| 294 | 儒禮11 | 烽上3 | 責稽9 | | |
| 295 | 儒禮12 | 烽上4 | 責稽10 | | |
| 296 | 儒禮13 | 烽上5 | 責稽11 | | |
| 297 | 儒禮14 | 烽上6 | 責稽12 | | |
| 298 | 基臨1 | 烽上7 | 汾西1 | | |
| 299 | 基臨2 | 烽上8 | 汾西2 | | |
| 300 | 基臨3 | 美川1 | 汾西3 | | |

| 서기 | 신라 | 고구려 | 백제 | 남가야 | 왜 |
|---|---|---|---|---|---|
| 301 | 基臨4 | 美川2 | 汾西4 | | |
| 302 | 基臨5 | 美川3 | 汾西5 | | |
| 303 | 基臨6 | 美川4 | 汾西6 | | |
| 304 | 基臨7 | 美川5 | 比流1 | | |
| 305 | 基臨8 | 美川6 | 比流2 | | |
| 306 | 基臨9 | 美川7 | 比流3 | | |
| 307 | 基臨10 | 美川8 | 比流4 | | |
| 308 | 基臨11 | 美川9 | 比流5 | | |
| 309 | 基臨12 | 美川10 | 比流6 | | |
| 310 | 訖解1 | 美川11 | 比流7 | | |
| 311 | 訖解2 | 美川12 | 比流8 | | |
| 312 | 訖解3 | 美川13 | 比流9 | | |
| 313 | 訖解4 | 美川14 | 比流10 | | |
| 314 | 訖解5 | 美川15 | 比流11 | | |
| 315 | 訖解6 | 美川16 | 比流12 | | |
| 316 | 訖解7 | 美川17 | 比流13 | | |
| 317 | 訖解8 | 美川18 | 比流14 | | |
| 318 | 訖解9 | 美川19 | 比流15 | | |
| 319 | 訖解10 | 美川20 | 比流16 | | |
| 320 | 訖解11 | 美川21 | 比流17 | | |
| 321 | 訖解12 | 美川22 | 比流18 | | |
| 322 | 訖解13 | 美川23 | 比流19 | | |
| 323 | 訖解14 | 美川24 | 比流20 | | |
| 324 | 訖解15 | 美川25 | 比流21 | | |
| 325 | 訖解16 | 美川26 | 比流22 | | |
| 326 | 訖解17 | 美川27 | 比流23 | | |
| 327 | 訖解18 | 美川28 | 比流24 | | |
| 328 | 訖解19 | 美川29 | 比流25 | | |
| 329 | 訖解20 | 美川30 | 比流26 | | |
| 330 | 訖解21 | 美川31 | 比流27 | | |

| 서기 | 신라 | 고구려 | 백제 | 남가야 | 왜 |
|---|---|---|---|---|---|
| 331 | 訖解22 | 故國原1 | 比流28 | | |
| 332 | 訖解23 | 故國原2 | 比流29 | | |
| 333 | 訖解24 | 故國原3 | 比流30 | | |
| 334 | 訖解25 | 故國原4 | 比流31 | | |
| 334 | 訖解26 | 故國原5 | 比流32 | | |
| 336 | 訖解27 | 故國原6 | 比流33 | | |
| 337 | 訖解28,모용황1 | 故國原7 | 比流34 | | |
| 338 | 訖解29,모용황2 | 故國原8 | 比流35 | | |
| 339 | 訖解30,모용황3 | 故國原9 | 比流36 | | |
| 340 | 訖解31,모용황4 | 故國原10 | 比流37 | | |
| 341 | 訖解32,모용황5 | 故國原11 | 比流38 | | |
| 342 | 訖解33,모용황6 | 故國原12 | 比流39 | | |
| 343 | 訖解34,모용황7 | 故國原13 | 比流40 | | |
| 344 | 訖解35,모용황8 | 故國原14 | 楔王1 | | |
| 345 | 訖解36,모용황9 | 故國原15 | 楔王2 | | |
| 346 | 訖解37,모용황10 | 故國原16 | 近肖古1 | | |
| 347 | 訖解38,모용황11 | 故國原17 | 近肖古2 | | |
| 348 | 訖解39,모용황12 | 故國原18 | 近肖古3 | | |
| 349 | 訖解40,모용준1 | 故國原19 | 近肖古4 | | |
| 350 | 訖解41,모용준2 | 故國原20 | 近肖古5 | | |
| 351 | 訖解42,부견1 | 故國原21 | 近肖古6 | | |
| 352 | 訖解43,부견2 | 故國原22 | 近肖古7 | | |
| 353 | 訖解44,부견3 | 故國原23 | 近肖古8 | | |
| 354 | 訖解45,부견4 | 故國原24 | 近肖古9 | | |
| 355 | 訖解46,부생1 | 故國原25 | 近肖古10 | | |
| 356 | 奈勿1,부생2 | 故國原26 | 近肖古11 | | |
| 357 | 奈勿2,부견1 | 故國原27 | 近肖古12 | | |
| 358 | 奈勿3,부견2 | 故國原28 | 近肖古13 | | |
| 359 | 奈勿4,부견3 | 故國原29 | 近肖古14 | | |
| 360 | 奈勿5,부견4 | 故國原30 | 近肖古15 | | |

| 서기 | 신라 | 고구려 | 백제 | 남가야 | 왜 |
|---|---|---|---|---|---|
| 361 | 奈勿6,부견5 | 故國原31 | 近肖古16 | | |
| 362 | 奈勿7,부견6 | 故國原32 | 近肖古17 | | |
| 363 | 奈勿8,부견7 | 故國原33 | 近肖古18 | | |
| 364 | 奈勿9,부견8 | 故國原34 | 近肖古19 | | |
| 365 | 奈勿10,부견9 | 故國原35 | 近肖古20 | | |
| 366 | 奈勿11,부견10 | 故國原36 | 近肖古21 | | |
| 367 | 奈勿12,부견11 | 故國原37 | 近肖古22 | | |
| 368 | 奈勿13,부견12 | 故國原38 | 近肖古23 | | |
| 369 | 奈勿14,부견13 | 故國原39 | 近肖古24 | | |
| 370 | 奈勿15,부견14 | 故國原40 | 近肖古25 | | |
| 371 | 奈勿16,부견15 | 小獸林1 | 近肖古26 | | |
| 372 | 奈勿17,부견16 | 小獸林2 | 近肖古27 | | |
| 373 | 奈勿18,부견17 | 小獸林3 | 近肖古28 | | |
| 374 | 奈勿19,부견18 | 小獸林4 | 近肖古29 | | |
| 375 | 奈勿20,부견19 | 小獸林5 | 近仇首1 | | |
| 376 | 奈勿21,부견20 | 小獸林6 | 近仇首2 | | |
| 377 | 奈勿22,부견21 | 小獸林7 | 近仇首3 | | |
| 378 | 奈勿23,부견22 | 小獸林8 | 近仇首4 | | |
| 379 | 奈勿24,부견23 | 小獸林9 | 近仇首5 | | |
| 380 | 奈勿25,부견24 | 小獸林10 | 近仇首6 | | |
| 381 | 奈勿26,부견25 | 小獸林11 | 近仇首7 | | |
| 382 | 奈勿27,부견26 | 小獸林12 | 近仇首8 | | |
| 383 | 奈勿28,부견27 | 小獸林13 | 近仇首9 | | |
| 384 | 奈勿29,부견28 | 故國壤1,모용수1 | 枕流1 | | |
| 385 | 奈勿30,부비1 | 故國壤2,모용수2 | 辰斯1 | | |
| 386 | 奈勿31,부등1 | 故國壤3,모용수3 | 辰斯2 | | |
| 387 | 奈勿32,부등2 | 故國壤4,모용수4 | 辰斯3 | | |
| 388 | 奈勿33,부등3 | 故國壤5,모용수5 | 辰斯4 | | |
| 389 | 奈勿34,부등4 | 故國壤6,모용수6 | 辰斯5 | | |
| 390 | 奈勿35,부등5 | 故國壤7,모용수7 | 辰斯6 | | 應神1 |

| 서기 | 신라 | 고구려 | 백제 | 남가야 | 왜 |
|---|---|---|---|---|---|
| 391 | 奈勿36,부등6 | 故國壤8,모용수8 | 辰斯7 | | 應神2 |
| 392 | 奈勿37,부등7 | 廣開土1,모용수9 | 阿華1 | | 應神3 |
| 393 | 奈勿38,부등8 | 廣開土2,모용수10 | 阿華2 | | 應神4 |
| 394 | 奈勿39,부숭1 | 廣開土3,모용수11 | 阿華3 | | 應神5 |
| 395 | 奈勿40 | 廣開土4,모용수12 | 阿華4 | | 應神6 |
| 396 | 奈勿41 | 廣開土5,모용보1 | 阿華5 | | 應神7,神武 |
| 397 | 奈勿42 | 廣開土6,모용보2 | 阿華6 | | 應神8,神武 |
| 398 | 奈勿43 | 廣開土7,모용성1 | 阿華7 | | 應神9,11 |
| 399 | 奈勿44 | 廣開土8,모용성2 | 阿華8 | | 應神13 |
| 400 | 奈勿45 | 廣開土9,모용성3 | 阿華9 | | 應神14,15 |
| 401 | 奈勿46 | 廣開土10,모용희1 | 阿華10 | | 應神16,19 |
| 402 | 實聖1 | 廣開土11,모용희2 | 阿華11 | | 應神20 |
| 403 | 實聖2 | 廣開土12,모용희3 | 阿華12 | | 應神22 |
| 404 | 實聖3 | 廣開土13,모용희4 | 阿華1 | | 應神28 |
| 405 | 實聖4 | 廣開土14,모용희5 | 腆支1 | | 應神32 |
| 406 | 實聖5 | 廣開土15,모용희6 | 腆支2 | | 應神37 |
| 407 | 實聖6 | 廣開土16,모용운1 | 腆支3 | 坐知1 | 應神39 |
| 408 | 實聖7 | 廣開土17,모용운2 | 腆支4 | 坐知2 | 應神40,41 |
| 409 | 實聖8 | 廣開土18,풍발1 | 腆支5 | 坐知3 | 仁德1,2 |
| 410 | 實聖9 | 廣開土19,풍발2 | 腆支6 | 坐知4 | 仁德4,5,10 |
| 411 | 實聖10 | 廣開土20,풍발3 | 腆支7 | 坐知5 | 仁德11 |
| 412 | 實聖11 | 廣開土21,풍발4 | 腆支8 | 坐知6 | 仁德12 |
| 413 | 實聖12 | 長壽1,풍발5 | 腆支9 | 坐知7 | 仁德13,14 |
| 414 | 實聖13 | 長壽2,풍발6 | 腆支10 | 坐知8 | 仁德16 |
| 415 | 實聖14 | 長壽3,풍발7 | 腆支11 | 坐知9 | 仁德17 |
| 416 | 實聖15 | 長壽4,풍발8 | 腆支12 | 坐知10 | 仁德22,30 |
| 417 | 訥祗1 | 長壽5,풍발9 | 腆支13 | 坐知11 | 仁德31,35,37 |
| 418 | 訥祗2 | 長壽6,풍발10 | 腆支14 | 坐知12 | 仁德38 |
| 419 | 訥祗3 | 長壽7,풍발11 | 腆支15 | 坐知13 | 仁德40 |
| 420 | 訥祗4 | 長壽8,풍발12 | 久爾辛1 | 坐知14 | 仁德41 |

| 서기 | 신라 | 고구려 | 백제 | 남가야 | 왜 |
|---|---|---|---|---|---|
| 421 | 訥祇5 | 長壽9,풍발13 | 久爾辛2 | 吹希1 | 仁德50 |
| 422 | 訥祇6 | 長壽10,풍발14 | 久爾辛3 | 吹希2 | 仁德53 |
| 423 | 訥祇7 | 長壽11,풍발15 | 久爾辛4 | 吹希3 | 仁德55 |
| 424 | 訥祇8 | 長壽12,풍발16 | 久爾辛5 | 吹希4 | |
| 425 | 訥祇9 | 長壽13,풍발17 | 久爾辛6 | 吹希5 | 仁德58 |
| 426 | 訥祇10 | 長壽14,풍발18 | 久爾辛7 | 吹希6 | 仁德60 |
| 427 | 訥祇11 | 長壽15,풍발19 | 毗有1 | 吹希7 | 仁德62,65 |
| 428 | 訥祇12 | 長壽16,풍발20 | 毗有2 | 吹希8 | 仁德67 |
| 429 | 訥祇13 | 長壽17,풍발21 | 毗有3 | 吹希9 | 仁德87 |
| 430 | 訥祇14 | 長壽18,풍발22 | 毗有4 | 吹希10 | 履中1 |
| 431 | 訥祇15 | 長壽19,풍홍1 | 毗有5 | 吹希11 | 履中2 |
| 432 | 訥祇16 | 長壽20,풍홍2 | 毗有6 | 吹希12 | 履中3 |
| 433 | 訥祇17 | 長壽21,풍홍3 | 毗有7 | 吹希13 | 履中4 |
| 434 | 訥祇18 | 長壽22.풍홍4 | 毗有8 | 吹希14 | 履中5 |
| 435 | 訥祇19 | 長壽23,풍홍5 | 毗有9 | 吹希15 | 履中6 |
| 436 | 訥祇20 | 長壽24,풍홍6 | 毗有10 | 吹希16 | 反正1 |
| 437 | 訥祇21 | 長壽25 | 毗有11 | 吹希17 | 反正2 |
| 438 | 訥祇22 | 長壽26 | 毗有12 | 吹希18 | 反正3 |
| 439 | 訥祇23 | 長壽27 | 毗有13 | 吹希19 | 反正4 |
| 440 | 訥祇24 | 長壽28 | 毗有14 | 吹希20 | 反正5 |
| 441 | 訥祇25 | 長壽29 | 毗有15 | 吹希21 | |
| 442 | 訥祇26 | 長壽30 | 毗有16 | 吹希22 | 允恭1 |
| 443 | 訥祇27 | 長壽31 | 毗有17 | 吹希23 | 允恭2 |
| 444 | 訥祇28 | 長壽32 | 毗有18 | 吹希24 | 允恭3 |
| 445 | 訥祇29 | 長壽33 | 毗有19 | 吹希25 | 允恭4 |
| 446 | 訥祇30 | 長壽34 | 毗有20 | 吹希26 | 允恭5 |
| 447 | 訥祇31 | 長壽35 | 毗有21 | 吹希27 | 允恭7 |
| 448 | 訥祇32 | 長壽36 | 毗有22 | 吹希28 | 允恭8 |
| 449 | 訥祇33 | 長壽37 | 毗有23 | 吹希29 | 允恭9 |
| 450 | 訥祇34 | 長壽38 | 毗有24 | 吹希30 | 允恭10,11,14 |

| 서기 | 신라 | 고구려 | 백제 | 남가야 | 왜 |
|---|---|---|---|---|---|
| 451 | 訥祇35 | 長壽39 | 毗有25 | 銍知1 | 允恭23,24 |
| 452 | 訥祇36 | 長壽40 | 毗有26 | 銍知2 | 允恭42 |
| 453 | 訥祇37 | 長壽41 | 毗有27 | 銍知3 | |
| 454 | 訥祇38 | 長壽42 | 毗有28 | 銍知4 | 安康1 |
| 455 | 訥祇39 | 長壽43 | 蓋鹵1 | 銍知5 | 安康2 |
| 456 | 訥祇40 | 長壽44 | 蓋鹵2 | 銍知6 | 安康3 |
| 457 | 訥祇41 | 長壽45 | 蓋鹵3 | 銍知7 | 雄略1 |
| 458 | 慈悲1 | 長壽46 | 蓋鹵4 | 銍知8 | 雄略2 |
| 459 | 慈悲2 | 長壽47 | 蓋鹵5 | 銍知9 | 雄略3 |
| 460 | 慈悲3 | 長壽48 | 蓋鹵6 | 銍知10 | 雄略4 |
| 461 | 慈悲4 | 長壽49 | 蓋鹵7 | 銍知11 | 雄略5 |
| 462 | 慈悲5 | 長壽50 | 蓋鹵8 | 銍知12 | 雄略6 |
| 463 | 慈悲6 | 長壽51 | 蓋鹵9 | 銍知13 | 雄略7 |
| 464 | 慈悲7 | 長壽52 | 蓋鹵10 | 銍知14 | 雄略8 |
| 465 | 慈悲8 | 長壽53 | 蓋鹵11 | 銍知15 | 雄略9 |
| 466 | 慈悲9 | 長壽54 | 蓋鹵12 | 銍知16 | 雄略10 |
| 467 | 慈悲10 | 長壽55 | 蓋鹵13 | 銍知17 | 雄略11 |
| 468 | 慈悲11 | 長壽56 | 蓋鹵14 | 銍知18 | 雄略12 |
| 469 | 慈悲12 | 長壽57 | 蓋鹵15 | 銍知19 | 雄略13 |
| 470 | 慈悲13 | 長壽58 | 蓋鹵16 | 銍知20 | 雄略14 |
| 471 | 慈悲14 | 長壽59 | 蓋鹵17 | 銍知21 | 雄略15 |
| 472 | 慈悲15 | 長壽60 | 蓋鹵18 | 銍知22 | 雄略16 |
| 473 | 慈悲16 | 長壽61 | 蓋鹵19 | 銍知23 | 雄略17,18 |
| 474 | 慈悲17 | 長壽62 | 蓋鹵20 | 銍知24 | 雄略19 |
| 475 | 慈悲18 | 長壽63 | 文周1 | 銍知25 | 雄略20 |
| 476 | 慈悲19 | 長壽64 | 文周2 | 銍知26 | 雄略21 |
| 477 | 慈悲20 | 長壽65 | 三斤1 | 銍知27 | 雄略22 |
| 478 | 慈悲21 | 長壽66 | 三斤2 | 銍知28 | |
| 479 | 炤知1 | 長壽67 | 東城1 | 銍知29 | 雄略23 |
| 480 | 炤知2 | 長壽68 | 東城2 | 銍知30 | 清寧1 |

# 跋文

약 20년 전 첫 책을 쓸 때에 비하여 이제는 나이가 상당하여 앞으로는 더 이상 역사책을 쓰기 어려울지도 모른다는 생각이 들었다. 그래서 아직 기억력이 남아있을 때 과거에는 확신이 없어 쓰지 않았던 이야기들을 과감하게 쓰고 독자들의 평가에 맡겨보기로 하였다. 생각할만한 주제를 던진 것만으로도 기본적인 할 일은 했다고 생각하기 때문이다.

예전에는 책을 쓰기 전에 학술논문도 많이 보고 했지만 이후 책을 더 쓰지 않을 것이라 생각하고 그만 두었기 때문에 혹시 최근의 고고학 등 연구결과를 담아내지 못할까 걱정된다. 실수하지 않으려 나름대로 노력을 했지만 실수는 있을 것이다.

시간이 지나면 많은 것들이 잊힌다. 그런데 아직도 내가 기억하고 있는 것들을 중심으로 주제를 선택하여 썼기 때문에 이전에 쓴 책들과 다르게 뒷부분에 참고문헌도 싣지 않았다. 그 외에 저작권 문제로 관련사진을 충분히 실을 수 없다는 것이 안타까웠다.

나는 몇 권의 저술을 통하여 일본고대사를 한국고대사에 통합시켰는데 당시는 일본사가 한국사로부터 분리되어 나가기 전이라서 이 둘을 구분할 수가 없었기 때문이었다. 역사 연구란 누구에게 유리하거나 불리한 것과 아무런 관계가 없다. 단지 진실에 가까워질 때 유리하고 멀어질 때 불리한 것이다.

지금도 삼국사기를 읽으면 새로운 것들이 보이고 가슴이 뛴다. 역사를 공부하는 것은 사슬을 끊고 자유를 얻는 것이다. 진실이 우리를 자유롭게 한다.

내게 한국고대사에 관해 관심을 갖게 해주신 김성호 선생님, 내가 일본서기를 읽을 수 있게 해주신 성은구 선생님과 전용신 선생님, 그리고 일본 고사기를 번역해주신 노성환 선생님께 다시 한 번 감사의 말씀을 올린다.

"내가 다른 사람보다 더 멀리 앞을 내다볼 수 있었던 것은 거인들의 어깨를 딛고 서 있었기 때문이다." - 아이작 뉴턴

2021년 1월

一道安士

**삼한사의 재조명 3**

인쇄 | 2021년 1월 20일
발행 | 2021년 1월 25일

지은이 | 김 상
펴낸이 | 조승식
펴낸곳 | (주)도서출판 북스힐

등 록 | 1998년 7월 28일 제22-457호
주 소 | 서울시 강북구 한천로 153길 17
전 화 | (02) 994-0071
팩 스 | (02) 994-0073

홈페이지 | www.bookshill.com
이메일 | bookshill@bookshill.com

정가 25,000원

ISBN 979-11-5971-315-6